金融大治理中的上海银行业监管思考

上海银保监局　编

中国金融出版社

责任编辑：王雪珂
责任校对：孙　蕊
责任印制：程　颖

图书在版编目（CIP）数据

金融大治理中的上海银行业监管思考/上海银保监局编．—北京：中国金融出版社，2018.12
ISBN 978－7－5049－9743－2

Ⅰ.①金…　Ⅱ.①上…　Ⅲ.①银行监管—研究—上海　Ⅳ.①F832.751

中国版本图书馆CIP数据核字（2018）第211599号

金融大治理中的上海银行业监管思考
Jinrong Dazhili zhong de Shanghai Yinhangye Jianguan Sikao
出版
发行　中国金融出版社
社址　北京市丰台区益泽路2号
市场开发部　(010)63266347，63805472，63439533（传真）
网上书店　http://www.chinafph.com
(010)63286832，63365686（传真）
读者服务部　(010)66070833，62568380
邮编　100071
经销　新华书店
印刷　保利达印务有限公司
尺寸　169毫米×239毫米
印张　23.5
字数　445千
版次　2018年12月第1版
印次　2018年12月第1次印刷
定价　62.00元
ISBN 978－7－5049－9743－2

编 委 会

序 言

2017 年，是党的十九大胜利召开之年，是“十三五”规划深化落实之年，是全面深化改革向纵深推进的关键之年，对中国金融业发展和监管而言也是极不平凡的一年。这一年，全球经济复苏显著，根据国际货币基金组织在 2018 年 4 月发布的《世界经济展望》报告，2017 年全球经济增长 3.8%，比 2016 年增加 0.6%，成为 2011 年以来增长最快的一年，尤其欧洲和亚洲地区出现显著增长。尽管国际金融市场受到债务负担加剧、货币政策常态化进程拖延、贸易战及地缘政治等因素影响仍然存在较多不确定性因素，但总体而言，经济的复苏为中国抵御外部风险提供了良好基本面，也为国内金融政策调整和改革推进赢得更多空间。

这一年，在全国金融工作会议上，习近平总书记从历史和战略的高度全面论述了提高金融服务实体经济效率和水平、防范化解金融风险、深化金融改革开放等一系列重大问题。在十九大报告中，习近平总书记明确提出了“深化金融体制改革，增强金融服务实体经济能力”以及“健全金融监管体系，守住不发生系统性金融风险的底线”的要求，为中国金融业的改革、发展和监管指明了方向，开启金融大治理的序幕。

这一年，在金融大治理的背景下，中国银行业始终坚持以习近平新时代中国特色社会主义思想为指导，认真贯彻落实十九大、第五次全国金融工作会议和中央经济工作会议精神，紧紧围绕“服务实体经济、防控金融风险、深化金融改革”三大任务，实现了服务能力和治理水平的显著提升。在服务实体经济方面，全力支持京津冀协同发展、长江经济带、“一带一路”建设等国家重大战略，全力支持供给侧结构性改革“三去一降一补”，全力支持小微三农等薄弱领域、强化金融扶贫。在防控金融风险方面，通过“三违反、三套利、四不当、十乱象”等专项和综合治理，初步遏制各类市场乱象和资金脱实向虚的势头，银行资产负债结构日趋健康，风险抵御能力稳步提升。在深化金融改革方面，紧抓人民币国际化和“一带一路”建设契机，主动布局“走出去”和“引进来”，形成全面开放新格局。同时，积极发展和应用金融科技等新一代信息技术，为传统银行业发展注入新活力。2017 年末，国际货币基金组织和世界银行公布了此轮金融部门评估规划（FSAP）的评估报告，其中银行监管“符合”和“大体符合”国际标准的占比进一步提升。

这一年，在金融大治理的背景下，上海银行业作为中国银行业的重要生力军，以当好新时代“全国改革开放排头兵、创新发展先行者”为使命，主动适应新常态，在强服务、防风险、促改革等方面持续发力。一是服务实体经济开创新局面，满腔热情地支持上海经济社会发展。上海银行业对接“一带一路”“长江经济带”等国家战略，围绕上海“五个中心”“自由贸易区”“四大品牌”的建设，持续加强对城市基础设施、先进制造业、民生保障、社会治理和环境治理等重点领域的金融服务和融资支持；上海银行业全力支持科创中心建设，搭建“4465”科技金融框架，创新商业模式以及业务、产品、服务种类，主动提升普惠金融水平，完善全流程银行业消费者权益保护体系，持续探索多元化纠纷调解的上海模式。二是防范化解风险取得新进展，坚定不移地维护上海金融秩序稳定。年末辖内不良贷款实现“双降”，不良率创 4 年来新低。“三三四十”专项整治初见成效，上海银行业内部杠杆率持续降低。持续推进房地产宏观调控，坚持案防高压态势，加强对账管理和员工异常行为排查。三是改革开放赢得新突破，蹄疾步稳地推动银行业的创新转型。通过“自贸区银行业务创新监管互动机制”支持创新项目落地，支持外资机构“引进来”和中资机构“走出去”，不断加大对内对外开放力度。截至2017年末，共有来自六大洲29个国家和地区的银行在沪设立机构，在沪外资法人银行的资产余额占全国的八成以上，集聚效应进一步凸显。

这一年，在金融大治理的背景下，原上海银监局持续优化内部监管治理，深入学习贯彻习近平新时代中国特色社会主义思想和党的十九大精神，全面加强从严治党和推进“两学一做”学习教育常态化制度化。通过倡导“跳出金融看经济、跳出上海看中国、跳出中国看世界”的宽视角，始终秉持空杯心态，启动并持续推进“两转一提升”讨论学习，审视监管工作中的不足。一是转变监管理念，始终牢记“监管姓监”的职责定位、恪守“失职渎职”的底线意识，树立“严管也是厚爱”的辩证思维，在促进金融和实体经济、金融和房地产、金融体系内部的良性循环上有所作为。二是转变监管方式，提升监管工作的政治站位、目标定位和效率效果。现场检查做好“非现场准备”，带着问题和线索进场，提升检查效率。非现场监管做好“现场化积累”，有效识别、预警和处置各类风险线索，提升前瞻性和预判力。市场准入把好“风险隘口”，深化“放管服”改革，防范风险输入，发挥前置监管功能。三是提升监管工作水平，统筹协调机构监管、功能监管、行为监管三个板块的资源配置，理顺监管与处罚、准入与评级之间的关系，加强人才培养的“传帮带”，实现监管效能的叠加共振。

这些工作的探索和初步取得的成效来自于原银监会党委的坚强领导和上海市委市政府的关心支持，来自于各兄弟局和相关部门的信息共享和相互协同，来自局内各处室和各小组的协助互补和共同努力，更是全体监管人员智慧和汗水的结晶。在实践探索的过程中，上海局监管人员还注重前瞻性研究、持续性跟踪和阶段性总结，形成一批富有理论和实践价值的研究成果，现汇集成册，以飨同仁，也请不吝指正。

2018 年 4 月 8 日，中国银行保险监督管理委员会正式挂牌，标志着中国的金融监管迈入新阶段。12 月 17 日，中国银行保险监督管理委员会上海监管局正式揭牌。上海银保监局将按照银保监会的部署，认真贯彻落实党的十九大、中央经济工作会议和全国金融工作会议精神，深刻领会郭树清主席在年度监管工作会议上就防范化解金融风险、提高服务能力和全面加强党的领导等方面提出的具体要求，充分结合上海实体经济和银行业、保险业发展的实际情况，继续做好强服务、防风险与促改革，开创上海银行业、保险业高质量发展的新局面。事虽微，不为不成；道虽迩，不行不至。持续推进金融大治理，我们一直在路上。

《金融大治理中的上海银行业监管思考》编委会

二〇一八年十二月

目　录

一、服务实体经济篇

上海银行业全流程金融消费者权益保护体系实践探索

摘要：随着金融业务在广度和深度上的快速发展，金融产品与服务创新变得日趋复杂，在为金融消费者带来便利的同时，也伴生了不少侵害消费者权益的行为。加强消费权益保护，是金融领域践行党的十九大精神的重要举措。近年来，上海银监局按照习近平总书记提出的“提升金融服务可得性、满意度”的指示精神，初步探索建立了“全流程金融消费者权益保护体系”，取得了一定成效。但实践发现，在金融产品服务的全流程中，仍存在一些薄弱环节，同时，互联网金融的兴起也对金融消费者权益保护提出了更大挑战，有必要学习借鉴国际经验，结合国内实际，进一步完善全流程金融消费者保护体系。

一、上海辖内全流程消保体系探索

在银监会指导下，上海银监局结合上海自由贸易试验区和国际金融中心建设进程，积极对标国际，在以往一系列创新手段的基础上，探索建立了“全流程金融消费者权益保护体系”，抓住“人”和“产品”两个关键点，从组织架构、绩效考核、产品研发、销售管理、员工行为管控、多元化纠纷解决、行政救济保障、金融知识宣传教育等八个方面入手，持续提升银行业供给体系质量和效率，助力金融供给侧改革。

（一）统筹职责，建立辖内机构消保组织架构

上海银监局强化了对辖内银行业消保组织架构方面的监管要求，包括设置专职部门，统筹消保工作各项职责；加强人员配置，确保工作专业性、独立性和稳定性；理顺流程制度，形成覆盖产品及服务全流程的消保管控机制等。通过这些举措，辖内银行业初步形成了一支颇具战斗力的消保工作队伍。截至2017年末，辖内设立消保专职部门的机构达到27家，是2016年末的3倍，有力保障了消保及投诉处理工作的有序开展。

（二）扭转导向，将消保要求纳入机构绩效考核

针对当前银行业机构“跑马圈地”“鞭打快牛”的经营行为，银监会多次提出要加快推进绩效考评改革。借此契机，上海银监局以每年的消保考评工作为指挥棒，积极引导辖内机构制定内部消保考评体系，并将考评结果纳入综合绩

效考核指标，促使机构形成内生动力。目前辖内已有70余家机构在绩效考核指标中体现了消保工作的相关内容，较2016年末增长130%。

（三）前置关口，探索产品研发消保自评估机制

消保工作不单单是末端事后的投诉争端处理，上海银监局尝试将消保要求向产品研发端延伸。在前期对理财产品准入和“自贸区银行业务创新监管互动机制”的实践基础上，要求机构对于所有面向个人销售的产品，在研发设计环节必须围绕客户知情权、公平交易权、可选择权和客户信息保护等方面，对与消费者权益相关的产品政策、制度或业务规则进行评估。2017年，辖内各机构共对600余个新产品的结构设计、宣传材料、业务规则、营销制度等开展消保自评估，较2016年增加近5倍，最大限度避免了问题产品流入市场。

（四）科技护航，推行销售过程“专区、双录、三公示”制度

自2013年4月开始，上海银监局在全国率先开展理财及代销产品销售“双录”工作，2016年根据银监会最新要求，进一步形成“双录2.0版标准”，构建了“专区、双录、三公示”的完整制度体系。“专区”，即理财及代销产品专区销售，高风险产品专区销售；“双录”，即销售过程的录音录像；“三公示”，即产品信息公示、销售人员资质公示、离职人员公示。目前，上海辖内3 700多个银行网点已全部落实执行。该制度实现了对机构销售环节的行为检查、动态管理和过程控制，提升了精细化管理水平，对加强基层网点销售行为管理、防范员工“私售”起到了积极作用，为创建公正有序的市场环境、实施“卖者尽责基础上的买者自负”，奠定了重要基础和技术支持。

（五）紧守门户，强化基层网点和员工行为管控

针对近年来类金融活动异常活跃，可能形成的各类风险交叉和传染，上海银监局注重督促机构“看好自己的门”和“管好自己的人”。2015年起，利用监管信息系统开展银行员工异常行为联动排查，对涉及私售行为等违规人员进行查处，起到良好的系统过滤和提前排雷作用，防止了潜在风险的扩大和传导，2015年至今，上海辖内没有任何一名银行员工参与非法集资等非法金融活动，避免了外部风险向银行输入传染。同时，建立“上海银行业从业人员监管信息系统”，整合从业人员流动、处罚、合规测试、理财资质等信息，实现辖内13.5万名从业人员履职信息的共建共享，有效防止从业人员“带病”流动。截至2017年末，系统已收录从业人员处罚信息7 000余条、流动信息13万余条、理财资质信息4.3万余条，为上海市正在试点的金融综合监管，加强金融类金融活动从业人员跨行业流动管理提供信息支持。

（六）发挥合力，健全多元化纠纷解决体系

上海银监局率先提出并执行“信访、举报、投诉”依法分类处置的工作机制，针对银行业消费纠纷，形成以行业机构、专业组织为主体，司法部门、

行政机关为补充的“2+2”多元化解决体系，确保及时回应群众诉求。作为其中最重要内容之一，2016年5月，上海银监局推动成立了国内首家民办非企业性质的调解组织——“上海银行业纠纷调解中心”。该中心成立以来，共受理调解量1 553起，组织调解1 286起，调解成功1 039起，成功率81%，并在“互联网+调解”“银行业一站式纠纷调解平台”“诉调对接”“仲调对接”等领域，实现了多项探索和突破，成为全国首家通过ISO9001认证的专业调解机构。

（七）依法履职，完善行政救济保障体系

对于消费者反映机构和从业人员违反监管法规的行为，上海银监局坚持以法律法规为依据，不“和稀泥”、不做“老娘舅”，切实履行监管部门的法定职责。一方面规范内部履职制度流程。制定包括《上海银监局银行业举报和投诉处理操作规程（试行）》《举报投诉事项清分审核要点》《接访工作手册》等一系列内部制度，细化履职工作要求，确保监管履职有据可依。另一方面认真开展履职核查。通过前端的准确清分，做到“可疑线索不遗漏，当查事项及时查”。2017年以来，核查消费者反映的机构违规事项共达1 152件，并针对123件举报查实存在严重违规情形的机构，分别采取了责令整改、监管约谈、暂停业务、行政处罚等监管措施，有力地整肃了银行业经营风气。

（八）双管齐下，开展金融知识宣传教育

上海银监局以银行营业网点为主阵地，辅以针对特定群体的特色活动，开展了一系列宣传教育工作。一是持续开展“金融知识进万家”宣传服务月活动。2017年组织辖内2 700余家银行网点积极参与宣传，投入人员4万余人次，发放宣传材料400万多份，发送短信271万条，发布微博、微信3万余条。二是指导协调银行派员入驻上海市反电信网络诈骗中心，督促辖内机构积极做好网点柜面转账时的宣传提示和劝阻。2017年，上海银行业营业网点共成功堵截电信网络诈骗案件共380起，挽回群众资金损失3 269万元。三是持续推动“万名进城务工者金融教育”“老年人金融知识普及”“社区青少年金融教育公益行动”“中学生金融教育校园行”等多个特色宣传教育项目，普及各类消费群体金融知识。

二、新形势下金融消费者权益保护面临的难点和问题

虽然金融危机后，国内银行业消费者权益保护工作开始逐渐得到重视，相关制度体系逐渐得到充实，但从实践中看，距离真正实现全流程保护的目标仍有一定差距，尤其在产品售前售中管理、个人信息保护、互联网金融消费者保护等环节，还存在较多问题和难点。

（一）金融产品售前、售中环节较为薄弱

目前，国内银行业“跑马圈地”“大而不倒”“鞭打快牛”的经营倾向仍没有根本改观，银行业机构普遍未抓住消费者权益保护工作内生机制的核心，没有贯彻业务全流程，仅少数机构在个别环节有所体现，存在客户投诉甚至诉讼时“头痛医头、脚痛医脚”，不做系统改造的情况。过于强调业绩的直接后果，就是银行业机构普遍在产品设计和审批、销售和信息披露行为等环节管理力度薄弱。

一是在产品设计和审批环节尚未嵌入消费者权益保护理念。机构在制定产品合同时，未从权利义务对等的角度，考虑合同条款是否对客户足够公平，这也造成当前客户往往质疑银行在合同中规避了自身的所有风险并转嫁给客户。同时，虽然在监管要求下各机构都建立了产品审批体系，但多数机构产品审批都未从客户立场出发，评估产品对客户的适合度、客户存在风险及机构相应的风控措施、产品条款的公平性等。以上种种往往导致问题产品流入市场、面向客户。

二是营销推介环节对产品信息和风险披露不到位问题长期未得到根治。机构在涉及产品、服务预期收益的可得性、隐藏的消费条目、所购产品的风险性等方面未能尽到详尽全面的提示义务，将上述条款略而不语或置于长篇晦涩的格式条款中未明确标示，甚至部分金融机构对消费者进行有意的误导或欺骗，如宣称购买某种理财产品只赚不赔，多倍收益，然而在消费者购买此种产品亏损时拒绝赔付，导致相关纠纷大量发生。

（二）个人信息安全保护不力

在当前金融业虚拟化和网络化程度不断提升的背景下，个人金融信息蕴含的商业价值被深度开发，出现了一些不当和非法使用个人金融信息谋利的行为，在对个人财产、名誉和信息等权益造成侵害的同时，也对正常的金融秩序带来了冲击和负面影响。总体来看，个人信息主要通过金融机构、商户及支付服务机构和不法分子非法入侵三种渠道泄露，这其中既有金融机构为牟取利益而主动向第三方透漏，也有因监管缺位导致内部人员作案和服务外包商越权接触引发个人金融信息泄露。

目前，金融机构对个人金融信息重视度不足，客户信息使用管理不规范，主要表现在协助法院等外部机关进行查询、冻结、扣划客户存款时存在违规行为；个别员工不当使用客户个人金融信息，利用工作便利违法为存在利益争议的当事人提供另一方存款信息，或者利用职务便利查询大额存款客户信息进行电话营销。近年来，随着个人信息保护意识和维权意识逐年提高，银行受理的客户信息投诉量呈逐年上升态势。虽然，《民法总则》明确了“自然人的个人信息受法律保护”“不得非法收集、使用、加工、传输他人个人信息，不得非法买卖、提供或者公开他人个人信息”等，但具体规制还较为零散、笼统，操作性不强，尤其在金融领域，对个人信息收集、处理、传递、使用、销毁以及救济等方面无明确操作标准可依，个人金融信息保护工作与发达国家相比还存在较大差距。

（三）互联网金融创新影响金融消费者保护生态

随着金融科技快速发展，金融新业态层出不穷，其中蕴含的金融风险也逐渐显露。然而，在巨大的利益面前，互联网金融从业者、投资者和消费者往往过度聚焦其中的科技元素，过度强调该业态的互联网属性，却忽视了互联网金融本质还是金融，必然伴随着风险。诸如第三方支付、P2P、网络贷款等大规模发展，对金融监管部门如何在鼓励和支持金融创新、保护金融消费者之间取得平衡，如何切实有效管控互联网金融风险，提出了挑战。

一是P2P高回报背后的兑付危机。部分P2P平台涉嫌自融、开展资金池业务等，并存在变相提供担保的情形，令许多消费者低估了投资P2P产品的风险，仍然简单地将收益率作为关注的唯一要素，盲目进行投资。表面看，其操作模式与持牌金融机构类似，但是，P2P平台的信用程度、抗风险能力、风险防控水平显然无法与持牌金融机构同日而语，一旦平台资金无法继续支持刚性兑付，消费者的资金将蒙受巨大损失。

二是过于便捷的网络借贷诱发盲目举债冲动。近年来国内大量出现的校园贷、现金贷业务，以极低的借款门槛、极快的放款时间、极简的手续流程，吸引了大量无法从商业银行获取贷款的人群。这类人群通常呈现年龄低、收入低和学历低的“三低”特征，其经济水平远远无法支持膨胀的消费需求。过于轻易的获取贷款资金，往往导致借款人不顾自身还款能力，盲目借贷、盲目消费，与当前提倡量入为出、理性消费的宣传教育理念背道而驰。加之网络借贷各种隐性成本费用较高，许多借款人由此背负大量的债务，对家庭、个人生活都造成不利影响。

三、国际金融消费者保护工作良好做法和经验

从国际层面看，一些国家对金融消费者保护做出了相应的制度安排，形成金融消费者保护机制，取得了相应的成效。特别是美英等西方发达国家，在产品售前售中监管、个人信息保护、互联网金融创新监管等方面，已经实行了一些较为有效的举措，值得国内借鉴。

（一）产品售前售中环节融入消保理念

金融危机后发达国家认识到，对金融产品与服务进行早期干预、限制，符合特定情形下的金融产品与服务的推广销售，是预先防范有瑕疵金融产品及服务对金融消费者造成损害的有效途径。因此，英美等发达国家纷纷采取了行为

监管和产品干预的措施，实施金融产品与服务干预和推广限制。

1. 售前环节。早在2012年，英国金融服务管理局（FSA）即对于结构性产品开发和治理提出了一整套完整的要求，包括：金融机构应当拥有透明和可审计的产品审批框架，该框架需分配明确的角色和职责给操作者，引入有效的监督和质疑机制，交付给客户公平的结果，合理处理机构与客户之间的任何冲突（例如，对机构发行的债务进行定价时），考虑外部环境的变化，设置回顾机制，以防止产品“蠕变”（即随着时间的推移，产品细节方面的微小变化会积累起来，最终可能导致全新产品的出现，而这个全新的产品并没有经历完整的审批过程）。此外，英国金融行为监管局（FCA）成立后，也明确规定了其依法有权对金融机构设计、经营和销售金融产品的各个环节进行监督，防止损害金融消费者利益；在金融消费者可能遭受实际或潜在的经济损失时，可禁止误导性的金融产品和服务在市场上推广销售。

2. 售中环节。金融机构销售和信息披露行为是直接影响消费者权益保护的售中环节，也是关键环节。世界银行发布的《金融消费者保护的良好经验》将产品售中环节归纳为以下四个方面。一是适合度要求，适合度是指向金融消费者提供金融商品或服务时，应有合理基础相信该交易适合金融消费者，包括考虑销售对象的年龄、经验、知识、财产状况、风险承受能力等。美国、加拿大、欧盟、韩国等都健全了投资者适合度制度，并明确规定投资者信息收集义务、记录保持义务等。同时，对适当性义务的豁免适用、适当性义务履行的监督检查、违反适当性义务的处罚以及投资者的救济方法均有明确规定。二是信息披露要求，金融机构应向消费者提供简单的、通俗的主要信息说明，这些说明要达到业界公认的最低限度披露标准，方便消费者比较。美国和澳大利亚均以信息披露作为金融消费者保护的核心，针对金融消费领域信息高度不对称的特点，两国都明确要求金融机构以普通消费者可以理解的语言，详尽、清晰、全面披露金融产品的风险和金融服务的细节，对消费者的权利义务产生重大影响和决定消费者选择的核心内容必须真实告知，这一特点在全球金融危机后更加突出，很大程度上改善一直以来金融市场上，大金融机构与零散的消费者之间权利地位不对等、信息不对称的现象。三是诚实信用交易要求，立法应禁止欺诈性销售行为、诱导性广告和捆绑销售行为。2012年7月，美国消费者金融保护局对第一资本金融公司处以2.1亿美元罚款，处罚原因是其呼叫中心供应商使用欺诈性营销手段强制或误导消费者为附加产品付费，违反诚实信用要求。次贷危机表明，很多侵权行为反映了金融机构的不诚信，其与消费者的不诚信交互作用，往往恶化金融生态。四是冷静期要求，除证券和金融衍生品外，带有长期储蓄性质或者强迫销售的金融产品要设立一个冷静期，在冷静期内，消费者可以不受处罚的解除合同。

（二）建立个人金融信息保护机制

随着当前社会信息交流越来越多，信息泄露的风险也日益增多，当前世界各国普遍形成了把个人金融信息保护权利作为人权理念中的重要内容加以保护的共识，个人金融信息保护已成为金融领域保障公民基本人权的需要和具体体现。在个人金融信息保护方面，美国建立了与欧盟立法不同的制度体系，并实施了专门领域特殊立法模式，极大程度保护了个人金融信息安全。

美国将金融隐私权作为一项独立的法定权利而存在，按照不同行业对个人金融信息安全分别予以保护，银行业主要是以联邦法律保护隐私权，而保险业主要是以州法律保护隐私权。美国就个人金融信息保护陆续推出了《银行保密法》《金融隐私权法》《金融服务现代化法》《公平正确信用交易法》《消费者财务隐私保密最终规则》等大量法律。当金融隐私权与政府知情权发生冲突时，美国法律以公共利益优先、权利协调以及最大限度保护人格尊严为原则。法律明确美国银行应对账户信息、客户交易信息和在保管客户账户时银行获得的与客户有关的任何信息等三方面客户的个人金融信息安全加以保护，并有拒绝查询的权利。同时美国对于信息的二次使用明确了“选择退出”的规定，即获取消费者信用报告的金融机构可以用信用文件中的信息作为主动提供新产品或发送服务广告的依据，但消费者只要通过简单程序要求金融机构将自己的资料从有关名单中删除，以后金融机构就不能再寄送广告。这一制度使信息共享与隐私权保护的矛盾得以平衡，实现了个人隐私权保护下最大限度的信息共享。

（三）“监管沙箱”规范互联网金融产品创新

为了进一步规范和鼓励金融科技创新，英国FCA创新了监管沙箱的监管方式，在互联网金融创新、风险防范和消费者保护之间取得了平衡。从其经验来看，监管沙箱能够减少监管的不确定性，帮助监管机构把握前沿产品动态、运行机制及风险，使监管跟上创新的速度，引导互联网金融向有利于消费者的方向发展，提高监管机构应对互联网金融创新的决策能力。

监管沙箱设置了以下使用条件：一是测试的产品服务属于金融行业；二是测试的产品服务属于创新；三是测试的产品服务有消费者明显受益的前景；四是产品服务确有在沙箱测试的必要；五是公司在新产品服务上有足够的资源投入，对适用法规有充分了解，能采取措施降低风险。

同时，FCA还对使用沙箱的公司采取以下激励政策：一是限制性许可授权。对希望测试新金融产品服务又尚未取得FCA金融业务许可授权的公司，FCA可根据其测试的产品服务定制限制性的许可授权。二是无异议函。当FCA认为测试活动没有突破法规要求、没有损害其监管目标时，FCA可以发布无异议函，声明将不对测试活动采取执法行动，但保留终止测试活动的权利。三是个别指导意见。FCA可以就测试活动适用的规则向公司发布单独的指导意见。如果公司按照此指导意见执行，FCA 将不会对其采取执法行动。四是豁免。如果测试活动明显不符合 FCA 相关规定，但可以达到有关法律规定的豁免标准，FCA 可以在其职权范围内提供豁免，允许其临时性突破规定开展测试活动。

四、加强金融消费者权益保护的建议

金融危机后，我国对金融消费者保护的重视程度明显提升，金融监管部门“一行三会”各自成立了内部金融消费权益保护部门，根据各自职能范围开展银行业、证券业、保险业及跨行业、跨部门的金融消费权益保护工作。但与美、英等发达国家相比，我国金融消费权益保护工作仍处于起步阶段，任重而道远，仍需继续健全和完善。

（一）加强信息披露与事先干预相结合，完善售前售中环节

加强信息披露是解决信息不对称问题的关键，是金融消费者保护的基础。从金融消费者投诉情况看，金融机构信息披露不充分是金融消费者投诉的主要原因之一。因此，金融监管部门应进一步强化对金融机构的信息披露要求，使金融消费者能够在获取全面信息的基础上做出理性消费决策，同时规范金融机构销售行为，禁止欺诈性、误导性销售行为。

规范金融机构的信息披露和销售行为一是应当建立信息披露评价标准。监管部门在信息披露的真实性、时效性、全面性、精确性上进行监督管理。尤其应当对于各金融机构的产品说明进行审核，对金融产品销售人员的行为进行监督，确保消费者能够真实、全面理解其所选择的产品和服务。二是由于消费者大多并非金融专业人士，应注重信息披露的简单易懂性，对于购买特定种类的产品带来的潜在的风险、预期收益等影响消费者权益的内容作出解读式分析建议。三是规范金融机构销售行为。金融机构向客户介绍产品或服务时，应当优先推荐与其消费能力相当的金融产品或服务，不得以捆绑的方式强制销售产品和服务，不得在合同中增加限制条件或搭售条件。四是对于长期的储蓄产品或金融服务，在签订合同之后金融机构应赋予消费者一个“冷静期”，在冷静期内，消费者有权利无条件单方面通知撤销合同，给予消费者充分考虑的时间。

同时，由于金融消费者存在认知偏差，即使在信息披露充分的情况下，金融消费者仍容易错误购买不适当的金融产品而遭受损失。这对我国金融监管部门提出了更高的要求，金融监管部门在加强和改善金融机构风险披露的基础上，在必要时还应采取金融产品管理前置的措施，进行事先产品干预。通过金融产品管理前置、禁止误导性的金融产品和服务在市场上推广等措施，实现产品销售范围与目标客户相一致，产品功能和预期相符等目标。

（二）加快立法进程，完善金融机构个人信息管理机制

从国家立法层面看，应进一步健全完善法律保护体系，适时制订出台《个

人信息保护法》，作为个人信息保护的基本法明确个人信息的法律性质、立法宗旨、基本原则、信息主体对本人信息享有的权利、侵犯个人信息权利的救济等重要问题，搭建起个人金融信息保护法律框架。金融监管部门依据《个人信息保护法》制定个人信息保护规章，对客户个人信息的采集、使用、保密及保密例外、监督处罚等环节做出详细明确的规定，作为个人金融信息保护法律体系的有益补充，形成基本法加特殊法加部门规章的成熟的个人金融信息保护模式。

从金融机构内部管理看，一是要健全完善内控机制。突出事前预防的理念，完善客户个人信息管理的规章制度，细化操作流程，定期对信息安全状况进行评估、审计和检查监督，及时发现并纠正信息管理工作中的隐患和漏洞。二是完善信息系统建设与管理。进一步整合信息系统，为实现个人信息统一保护管理奠定基础。同时还要综合运用先进的防火墙、身份识别与认证、数据加密、数字签名、第三方认证以及网络安全监控等技术并及时更新，有效防范来自于外部的攻击，确保信息系统安全。三是加强员工管理。不断增强员工的保密和法律意识，同时加强对业务外包单位及合作单位工作人员的管理，采取措施防范和避免其利用工作之便接触客户信息，及时堵塞风险漏洞，消除风险隐患。四是提升信息主体的风险防范意识。在日常业务办理中，主动向客户提示存在的金融信息风险，提醒客户注意保护自己的信息安全；在开展金融知识宣传中，加强对个人金融信息相关法规、制度的宣传深度，增强社会公众自我保护意识和风险防范能力，营造良好的金融消费环境等。

（三）建立产品测试机制，加强互联网金融创新过程中的消费者保护

随着国内互联网金融风险整治力度的加大，P2P、现金贷、校园贷等相关制度文件的出台，对于互联网金融企业的经营行为已经有了明确的监管规定。但是，我国互联网金融产品开发过程中，往往以便利性和客户体验为绝对导向，对客户可能面临的风险几乎忽略不计，使产品、业务模式缺乏消费者权益保障措施。对此，可以借鉴 FCA 监管沙箱做法，建立产品测试机制，使金融创新产品在上市前具备完善的消费者保护措施，从源头遏制非法集资、诱导举债等不利消费者权益的行为。

一是互联网金融机构必须报备创新产品，符合条件的创新产品必须在经过内部测试后参加监管部门组织的公开测试，由监管部门对测试进行全程监测。同时由互联网金融机构提供详细的测试报告，由监管部门对测试情况进行评估，并根据测试情况及时出台或调整监管政策。

二是监管部门从发售范围的适当性、产品合同和信息披露设计、隐私保护、损失赔偿能力等方面制定产品干预的标准，从产品测试的早期阶段介入，既要督促互联网金融机构保障参与测试的消费者权益，又要排查产品可能存在不利于消费者的缺陷。

三是监管部门对达不到消费者保护要求的金融创新产品应采取终止测试、更改设计、限定发售、禁止上市等干预措施。

课题组组长：周文杰

课题组成员：姚伟、杜蕊、谢玮、徐栋立、管申一、谢文灿、郭益智

执笔人：管申一、郭益智

2017年上海科技金融区域发展研究

摘要：2017年，上海科技金融生态体系进一步完善，科技创新土壤得到进一步培育。辖内科技金融供给进一步扩大，科技金融贷款余额首次突破2 000亿元；专业化服务水平及效能得到提升，创新产品层出不穷；投贷联动试点工作进一步深化，银行与企业互惠共赢；多层次融资及风险分担机制得到有益探索，科技金融内生发展动力得到增强；科技金融服务不断完善，科技创新成果不断丰富。本报告主要介绍2017年上海在科技金融、科技创新、科技服务机制建设方面的新变化，通过数据分析、政策介绍和案例展示体现科技金融对科技企业发展、科创中心建设的正面支持作用，及时总结区域科技金融发展特征，以此增进信息交流，争取社会各方更好地支持区域科技金融发展、支持上海科创中心建设。

一、上海银行业科技金融机制建设情况

在当前金融业深化改革，特别是利率市场化的背景下，将科技金融作为突破口，进一步提升对科技型小微企业的服务质效，不仅是商业银行履行社会责任、服务实体经济的应尽义务，也是商业银行谋求自身转型、差异化经营和可持续发展的必修之路。为了贯彻落实国家战略、支持并服务上海科创中心建设，引导辖内银行业金融机构探索科技金融专业化经营转型，上海银监局紧密围绕银监会的要求，启动科技金融研究项目，主动探索针对性的金融服务模式和配套监管机制。

（一）专业化经营机制体制进一步深化

2015年8月，上海银监局发布了《关于上海银行业提高专业化经营和风险管理水平进一步支持科技创新的指导意见》，倡导“六专机制”和新“三查”标准，制订了科技信贷专业化标准。“六专机制”指专营的组织架构体系、专业的经营管理团队、专用的风险管理制度和技术手段、专门的管理信息系统、专项激励考核机制和专属客户的信贷标准。新“三查”标准则是在借鉴创投机构做法的基础上，鼓励商业银行执行具有“创投基因”的信贷标准与流程。

经过两年多的运作之后，辖内科技金融重点转型机构的“六专机制”获得了一定的成效：

一是专营组织和专业团队取得突破。截至2017年12月末，辖内机构已设立

7 家科技支行，较 2016 年末新增 1 家。辖内科技特色支行 89 家，较 2016 年末增加 12 家，增速为 15. 59%；科技金融从业人员 1 483 人，较 2016 年末增加 129 人，增速为 9. 53%。辖内服务科技金融队伍力量不断壮大，如工商银行上海市分行在辖内设立了首家大型银行科技专营支行。

二是专属信贷标准和专用风险管理手段进一步丰富。辖内机构根据科技型企业，特别是其中的初创期科技企业信贷特点和风险特征，不断优化作业模式、风险补偿方式和风险分担机制。如上海华瑞银行采取"投资级"尽调模式，落实创投型信贷机制，弱化担保、收入、盈利情况等传统要素权重，注重对企业核心团队、关键技术等风险投资要素的尽调力度；南京银行上海分行针对科技型企业创新了评级模板，强调企业专利、管理者素质、研发成果等"软信息"，适当弱化财务、成立年限等指标，对科技型企业的判断起到了较好的辅助作用等。

三是专项激励机制和专门管理信息系统进一步完善。辖内机构已普遍在内部资金成本核算、不良容忍度、尽职免责等方面建立差异化政策，同时重点机构已规划开发适用于科技创新企业的专用评级模型和内部评级指标体系。如辖内科技金融转型重点银行针对科技金融业务普遍设定了 3% 的不良容忍度，并制定了差异化的尽职免责管理办法；上海华瑞银行紧密贴合企业需求开发的微单元融资系统等。

（二）认清当前机制体制与科技金融发展的"四个矛盾"，实现经营理念的"四个转变"

当前科技金融发展在体制机制上，主要存在以下几个问题：

一是金融体制和运行环境不能充分支持科创融资。我国金融市场化程度仍不够充分，商业银行以批发金融做大规模，追求规模收益是其主要盈利模式，"贷房、贷长、贷基建、贷政府"的偏好，加上"投资型、交易型、套利型"的经营模式，产生炒热钱、赚快钱的激励导向和示范效应，社会资金的总体配置方向没有偏重创新领域。

二是银行业金融机构经营管理不适应科创需求。单体机构没有充分竞争和市场退出的压力，没有差异化发展的动力，表现出高度风险厌恶和同质经营并存的特性，不能适应科技创新的个性化特征，以抵押为主的传统信贷模式不能满足"轻资产型"科创企业的金融需求，在战略定位上，也缺少内生动力去选择在科创领域培育"利基市场"。

三是政策性金融没有延伸到科创领域。为贯彻国家产业政策，实现经济发展，需要由政策性金融专门对"强位弱势"行业进行扶持。我国的政策性金融机构，包括银行与保险公司在内，主要扶持基础设施建设、基础农业和进出口贸易。这就造成了我国在实施国家科技战略时，还缺少政策性金融这个必备的手段。在政策性金融机构的职能定位中，服务科技创新属于附带开展的副业，规模不大，特色不明显，专业服务能力有所欠缺。

四是金融监管不能充分平衡风险与创新的关系。在风险为本的监管中，忽视了产业结构升级和经济不增长产生的宏观风险，以总量指标控制为主的审慎监管不能够有效地应对实体经济动能不足和国际竞争力不足的问题。在督促金融机构加大服务实体经济力度时，没有相应安排监管机制，激发金融家的创新能力，没有专门为了创新战略安排金融家的容错空间，以允许其在科创领域开展更为积极的金融创新。

针对当前机制体制与科技金融发展的四个主要矛盾，2017 年 9 月，上海银监局与上海市科委联合发布《上海银行业支持上海科创中心建设的行动方案(2017—2020 年)》(以下简称《行动方案》)，指导辖内商业银行坚持经营理念的“四可原则”，实现经营模式的“四个转变”，提出“六项主要任务”及“五项保障措施”，以此构建上海特色的“4465”科技金融框架体系：

1. 坚持经营理念的“四可原则”：一是商业可持续。通过体制、机制创新，形成银行业支持科创中心建设的内在动力。二是政策可托底。合力建设多层次的风险分担体系，在“市场失灵”领域，为金融机构提供支持。三是风险可控制。构建相应的审慎监管规则体系和统计监测体系，高度重视商业银行与资本市场的风险隔离，安排好“防火墙”制度，抑制过度投机行为，防范系统性风险。四是激励可相容。金融监管部门以更精准的设计，协调商业利益与社会利益的关系，在监管双方充分交流的前提下，适度放开风险容忍度，完善创新容错机制。

2. 力争实现经营模式的“四个转变”：一是从“房变钱”转为“纸变钱”：提高知识产权的融资能力，盘活科研成果，促进知识与资本的融合。二是从“向后看”转为“向前看”：根据科创企业融资的特点，对传统的信贷模进行改造，包括客户准入、风险评估、风险缓释方法、激励与问责机制等，建设一套面向未来的金融机制。三是从常规军转为特战队：指导上海银行业要不断地提高专业化经营能力，必须紧紧围绕自身业务发展规划，确定重点行业，精耕细作，服务科技创新。四是从单干户转为合作社：商业银行需要与多种类型的经济组织合作，共同参与风险分担和利益分享。

3. 攻坚克难六项重点任务：优化科技金融生态系统；加大对科研基础设施和科技创新布局的金融支持力度；推进科技金融专营机构建设，创新专业化经营模式；主动前移金融服务，促进科技成果转移转化；继续推进投贷联动业务创新；在风险可控前提下，开展科技金融产品和业务创新。

4. 五项坚实保障措施：发挥银行监管与政府扶持的协同效应；发挥监管规则的正向激励作用；将创新科技扶持政策延伸到金融机构；完善科技金融数据

共享机制；加强业务指引与培训。

《行动方案》系由上海银监局与上海市科委联合发布，体现了监管制度安排和政府扶持政策的有效结合，以及相关各方共建科技金融生态体系的重要意义和协同效应；同时《行动方案》首次明确提出辖内银行业支持上海科创中心的中长期规划目标及重点任务，对科学分配辖内科技金融资源具有重要意义，至2020年末力争实现全辖科技型企业贷款余额达到2 700亿元左右，较2016年末增长80%，2017—2020年平均增速超过15%；并首次制定辖内科技支行的专业化标准指标，对辖内挂牌科技支行制定了具体的考核评估体系，力促科技专营机构体现科技金融属性，服务科技创新企业。

整体来看，在“六专机制”“新三查”等机制的指导下，上海银行业金融机构的科技金融转型之路稳步前行，上海银监局将以落实《行动方案》相关重点任务为抓手，力促上海银行业金融机构实现经营模式的“四个转变”，坚持“四可原则”，保持科技金融转型的战略定力，以坚实的保障措施，指导辖内机构科技金融发展再出发。

二、辖内科技信贷业务开展情况

（一）2017年辖内科技信贷整体情况

截至2017年末，上海辖内科技型企业贷款存量家数为5 235户：较2016年末增加932户，增长率为21.66%。年度贷款余额首次突破2 000亿元大关，达到2 071.27亿元：较2016年末增长570.91亿元，增长率为38.05%。整体不良率较2016年末下降0.24个百分点至0.37%。其中科技型中小企业贷款客户数占整体比重为89.40%；贷款余额占比为54.11%。

截至2017年末，科技型中小企业贷款存量家数为4 680户：较2016年末增加737户，增长率为18.69%。贷款余额为1 120.83亿元：较2016年末增长285.82亿元，增长率为34.23%。不良贷款余额为6.86亿元，占整体科技企业不良贷款的89.78%，不良率较2016年末下降0.47个百分点至0.61%，辖内科技金融主要不良贷款集中在科技型中小企业。

截至2017年末，上海辖内科创企业贷款存量家数为2 769户：较2016年末增加505户，增长率为22.31%。贷款余额629.73亿元：较2016年末增长210.88亿元，增长率为50.35%。不良率较第一季度下降0.42个百分点至0.34%。

总体而言，辖内整体科技金融发展势头良好，风险总体可控。

（二）2017年辖内科技支行专业化经营情况

截至2017年末，辖内7家科技支行共有科技企业客户1 203家，其中科技企业贷款客户数为240家，约占全市科技企业贷款客户的4.58%，科技企业信

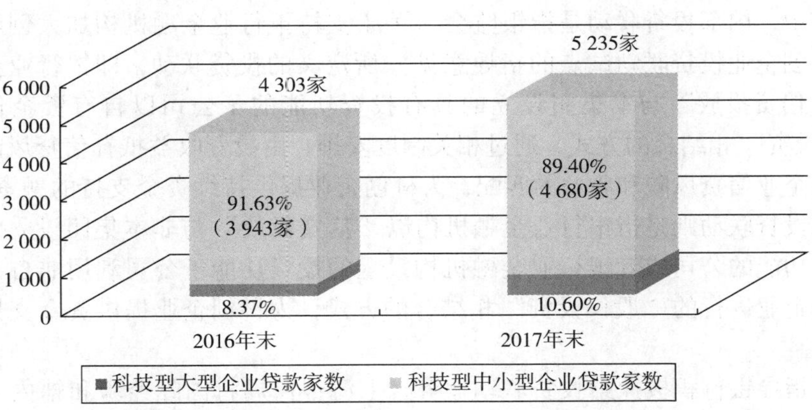

图 1　辖内科技型中小企业贷款客户数总体占比情况表

贷覆盖率为 19.95%。科技企业贷款余额为 97.34 亿元，约占全市科技贷款余额的 4.7%。不良贷款 3 户，不良贷款余额为 1 240.03 万元，整体不良率为 0.13%，低于全辖不良率平均水平。

科技型中小企业贷款客户数为 224 家，占比为 93.33%；科技型中小企业贷款 93.01 亿元，占比为 95.55%，两项指标均高于辖内科技金融整体平均水平。通过抵押担保方式的科技企业贷款余额为 21.4 亿元，较科技企业贷款余额占比为 22.07%。

辖内 7 家科技支行 240 家科技企业贷款客户中，共有 211 家企业具有有效专利，占比为 89.72%，专利共计 8 706 件，户均专利件数为 41.26 件。具有有效专利客户占比接近 90%，说明辖内科技支行的科技贷款投向较好地支持了“硬科技”企业的金融需求。

（三）专精特新“千家百亿信用担保融资计划”

上海市促进中小企业发展协调办公室推出为本市专精特新企业服务的“千家百亿信用担保融资计划”。上海市中小微企业政策性融资担保基金及工商银行上海市分行、农业银行上海市分行、中国银行上海市分行、建设银行上海市分行、交通银行、浦发银行、上海银行、上海农商行等 9 家银行共同推进实施这项融资计划。截至 2017 年底，共有 378 家专精特新企业获得银行贷款 43 亿元。其中，市担保基金提供担保的贷款金额为 7.3 亿元。

三、上海银行业探索投贷联动业务的成果

（一）投贷联动机制建设

投贷联动业务是一种创新的企业融资模式，主要针对科创企业提供“股 + 债”的融资服务，从合作双方关系来看，可以分为内部投贷联动和外部投贷联

动。其中，内部投贷联动是指银监会《关于支持银行业金融机构加大创新力度开展科创企业投贷联动试点的指导意见》所定义的投贷联动，即银行业金融机构以“信贷投放”与本集团设立的具有投资功能的子公司以自有资金进行的“股权投资”相结合的方式，通过相关制度安排，由投资收益抵补信贷风险，实现科创企业信贷风险和收益的匹配，为科创企业提供持续资金支持的融资模式。而外部投贷联动则是指银行业金融机构以“信贷投放”与非本集团设立的、具有投资功能的公司或者银行业金融机构设立的投资功能子公司利用非自有资金对科创企业进行的“股权投资”相结合的方式，为科创企业提供资金支持的融资模式。

为指导银行积极探索投贷联动业务，上海银监局将国际经验和辖内实践相结合，提出了投贷联动有效开展必须坚持的三个基本原则：一是坚持以贷为主，以投为辅。要求银行在开展投贷联动业务时，仍应坚持坚守本业，以贷款为主；二是重在专业化经营和机制创新。银行应构建与科技型企业融资需求相适应的管理体系，也鼓励并支持银行通过多种形式积极探索；三是在风险可控的前提下审慎创新。银行应深入探索风险补偿和风险隔离等重要风控机制，审慎控制风险。

2016 年 4 月，银监会等部委印发《关于支持银行业金融机构加大创新力度开展科创企业投贷联动试点的指导意见》（银监发〔2016〕14 号），拟通过设立银行下设投资功能子公司的方式开展业务试点，明确将“上海张江国家自主创新示范区”列入试点地区，将上海银行、上海华瑞银行和浦发硅谷银行等 3 家银行纳入试点范围，占全国试点机构数的 30%。目前上海银监局已制定且上报辖内银行业投贷联动试点的具体实施方案，并明确了相关监管要求。同时，指导辖内各试点机构制定符合自身条件的投贷联动试点方案和投资功能子公司设立申请材料，并已报送银监会，开展投贷联动试点所需的专营机构也正积极筹备中。

《行动方案》中提出商业银行在完善风险管理体系，提供信贷资金的基础上，可以采用多种风险补偿手段，包括以适当方式阶段性分享科技型中小企业的股权及其选择权，实现投贷联动。鼓励商业银行与 VC、PE 等专业投资机构和信托等非银金融机构合作，创新投贷联动业务模式。鼓励商业银行创新投贷联动的信贷机制，包括以无还本续贷等模式提供与投资期相匹配的中长期流动资金贷款。鼓励商业银行用投贷联动模式支持国家重点实验室和研究平台的科技成果转化，支持种子期科技企业的发展。商业银行要完善尽职免责机制，在执行本行风险政策和合规制度的前提下，因为市场变化等原因出现投贷联动业务风险及损失的，相应业务人员包括营销人员、审查人员、审批人、贷后管理人员等，应当免责。

（二）辖内投贷联动业务开展基本情况

截至 2017 年末，辖内投贷联动项下贷款存量家数 315 家，较 2016 年末增加 132 户，增长率为 72. 13%；贷款余额合计 60. 90 亿元，较 2016 年末增加 34. 77 亿元，增长率为 133. 06%。自 2016 年以来，辖内相关银行业机构已累计为 391 家科创企业提供投贷联动服务，累计发放贷款 139. 22 亿元。不良余额为 1 882 万元，不良率 0. 31%，低于同期辖内科技金融贷款不良率平均水平，未发生重大风险事件。

1. 内部投贷联动业务情况

截至 2017 年末，辖内机构存量客户数为 5 家，贷款余额 1 650 万元。其中，按联动方式来分，“贷款 + 直投”方式 3 家（占比 60%），“贷款 + 远期权益”方式 2 家（占比 40%）；按企业成长阶段来分，成长期企业 4 家（占比 80%），成熟期企业 1 家（占比 20%）。鉴于目前投资功能子公司的设立申请尚待批复，辖内内部投贷联动业务暂均由国开行上海分行进行开展。

2. 外部投贷联动业务情况

截至 2017 年末，辖内机构存量客户数为 310 家，贷款余额 60. 73 亿元。其中，按联动方式来分，“贷款 + 外部直投”方式 90 家（占比 29. 03%），“贷款 + 远期权益”方式 185 家（占比 59. 68%），“贷款 + 外部直投 + 远期权益”方式 7 家（占比 2. 26%），其他联动方式 28 家（占比 9. 03%）。鉴于目前投资功能子公司的设立申请尚待批复，上海辖内机构主要通过外部投贷联动的方式开展此类创新业务。

（三）投贷联动业务成效

为更好地了解投贷联动业务支持企业情况，上海银监局抽取了 100 家相关科技企业资料进行了进一步的深入分析。

1. 被抽样投贷联动支持企业基本特征

所抽取的 100 家投贷联动支持的科技企业中，小微企业占比为 74%，中型企业占比为 26%，中、小、微企业占比合计达到 100%，说明辖内投贷联动业务开展较好地支持了中、小、微科技型企业这类重点扶持对象。

从被抽样企业行业投向分布来看，信息传输、软件和信息技术服务业占比最高，达到 31%，制造业占比为 27%，科学研究和技术服务业占比为 10%。从以上行业投向分布占比来看，辖内投贷联动业务较好地契合了上海六大重点行业产业导向，较好地支持了实体经济发展。

从被抽样企业拥有专利情况来看，100 家企业共拥有有效专利 3 467 个，其中发明专利 1 030 个。户均拥有专利 34. 67 个，其中发明专利 10. 30 个。拥有专利企业数占比达到 70%，拥有发明专利企业数占比达到 58%，说明辖内投贷联动业务支持企业具有较好的科技属性。除了对于“硬科技”企业进行了较好地

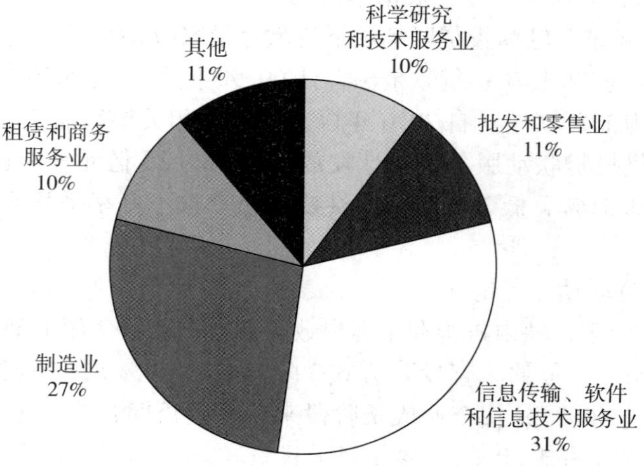

图2 100家抽样企业行业投向分布情况表

支持外，从抽样数据来看，辖内商业银行对于以“新技术、新产业、新业态、新模式”为代表的“四新经济”企业也有较好地支持。

表1 100家抽样企业授信前完成融资轮次分布表

授信前完成融资轮次	企业家数
尚未开展股权融资	9
天使轮	6
种子轮	6
PRE－A	6
A	36
A＋	2
B	14
B＋	1
C	12
C＋	1
C轮之后	7
总计	100

从上表分析得出，在100家抽样企业中，银行在企业进行C轮融资前就介入授信的占比达到了80%，更有9%的企业在尚未开展股权融资时就获得了银行授信，总体来看，商业银行开展投贷联动业务时对初创期企业支持力度较大。

从以上企业规模、行业投向、专利情况、介入时间四个维度来看，辖内投贷联动业务发展初步实现了“精准科贷”，能够实现对于初创期的科技型中、小、微企业的精准投放。

2. 企业端成效

一是通过提供投贷联动服务，企业充实了运营资金，主营业务得以加强，财务表现得到改善或优化。在被抽样的 100 家企业中，有 74 家企业的 2017 年销售收入较 2016 年实现增长；有 73 家实现盈利，其中 49 家企业 2017 年净利润较 2016 年实现增长。

浦发硅谷银行通过投贷联动签署认股权证的企业客户中，在过去的 1 ~ 2 年时间内，营业收入平均增长 183%，总资产平均增长 147%，总利润上升 16.25%，员工人数上升 32%。2017 年间企业平均资产负债率降低 7 个百分点；南京银行上海分行已落地的 9 家投贷联动企业，总资产呈明显增长趋势，平均增长率为 45.98%，从经营收入上来说，平均增长率为 38.34%。企业运营方面，9 家客户在各自的行业地位均有所提升，订单量明显增长，平均订单增长率为 65.71%，在整体稳定的前提下，有 3 家企业员工人数明显增长。

二是部分企业良好的发展势头得到投资机构认可，拓宽了新的融资渠道，企业估值得到提升。在被抽样的 100 家企业中，有 66 家企业的当前估值较授信前完成轮次投后估值实现提升，另有 33 家估值持平，仅有 1 家估值获得下调。

浦发硅谷银行客户中 70% 在过去的 3 年时间内获得新一轮或多轮的股权融资；南京银行上海分行客户中 2 家已引入新银行合作，1 家则引进了上市公司下投资机构。

三是促进企业更快向资本市场发展。如杭州银行上海分行现有的投贷联动客户中，被上市公司收购 2 家，进入 IPO 辅导期的 1 家；南京银行上海分行的 2 家客户正就上市公司收购事宜进行洽谈；浦发硅谷银行在 2017 年中有 4 家企业在海内外获得上市。

3. 银行端的成效

一是通过获取认股权证等方式对早期初创企业的信贷业务进行收益抵补，提高银行支持早期科创企业发展的积极性。如浦发硅谷银行成功退出 6 家企业，退出带来的收益约合人民币 667.78 万元。

二是通过投贷联动业务可给银行带来多样化的综合收益，包括新增客户、存款沉淀、公私联动等。如南京银行上海分行 9 户贷投联动客户归集至该行的风投或定增资金就达到 1.25 亿元。

三是加强与外部优质投资机构的合作。如上海华瑞银行投贷联动工作试点以来，累计实现与 31 家投资机构的实质性合作；杭州银行上海分行则成功与近百家券商、投资机构、会计师事务所、律所等建立了紧密的合作关系，搭建了“投融一站通”的综合金融服务平台。总体而言，上海辖内的投贷联动业务开展在企业端及银行端均取得了一定的成效，在坚持三个基本原则的基础上，较好地实现了有效扩大科技金融供给总量、优化科技金融供给结构的试点目标，较好支持了初创期科技企业的发展。辖内投贷联动业务风险总体可控，银行风险与收益基本实现平衡。

四、多层级融资机制及风险分担机制建设情况

（一）多层级融资机制建设情况

1. 科创母基金

全年新设立市级创业投资母基金 2 支，目前全市已有市级创业引导母基金 8 支，管理资金规模 685. 2 亿元。全市 16 个区也都成立了区级创业投资或产业投资引导基金。2017 年值得关注的是国有大型集团纷纷介入了创投行业：9 月 24 日由上海国际集团、上海国盛集团、上海国际信托、上海港务集团、张江高科集团等国有企业发起成立了上海科创基金。基金管理规模 300 亿元，首期募集资金 65. 2 亿元。

2. 科技创新板

上海股权托管交易中心科技创新板于 2015 年 12 月 28 日正式开盘。历经两年多的运行，科技创新板在解决科技型、创新型中小企业融资难问题方面发挥显著功能，已成为资本市场最受瞩目的新兴板块之一。截至 2017 年 12 月 31 日，科技创新板挂牌企业累计 172 家，其中科技型企业 160 家，创新型企业 12 家。92 家企业获得“高新技术企业”、“专精特新”、“小巨人”、“双软企业”等相关称号。前述企业挂牌时，合计获得发明专利 221 项，软件著作权 758 项。挂牌企业中，134 家处于初创期，38 家步入成长期，分布于先进制造、信息技术、节能环保、生物医疗等 20 个新兴行业。挂牌企业平均股本 1 626 万元，最近一年 58. 62% 的企业实现盈利。在融资交易方面。截至 2017 年底，已有 110 家次挂牌企业在挂牌前后实现股权融资额 10. 93 亿元；139 家次企业通过银行信用贷、股权质押贷及科技履约贷模式实现债权融资 8. 98 亿元，172 家企业平均每家获得融资 1 157. 56 万元，有效缓解挂牌企业的融资难问题。

3. 公益基金

闵行区科委联合大学生基金会共同出资成立发挥闵行区科技创业公益基金。以债权资助的方式扶持区内大学生科技创新创业的团队和企业。截至 2017 年 12 月，公益基金共收到项目申请数 48 个，组织项目初审会 7 场，经市区两级审核推荐，共有 26 个项目获得立项，获得创业首贷共 655 万元。

4. 绿色基金

由国家科技部成果转化引导基金、上海市创业投资引导基金及其他社会资本共同成立了 35 亿元规模的绿色技术成果转化基金，将促进全球节能环保技术的转移和产业化，为落实《联合国 2030 可持续发展议程》《巴黎协定》作出贡献。

（二）多层级风险分担机制建设情况

1. 政策性融资担保

上海银监局通过借鉴其他国家和地区金融支持科创型中小微企业的良好做法和先进经验，于 2016 年 6 月推动上海市财政局与辖内商业银行成立“上海市中小微企业政策性融资担保基金”。该担保基金通过批量担保和个案担保两种形式，为上海市中小微企业，特别是科技型企业的信贷业务提供担保，重点支持获得国家创新基金、上海市创新基金、上海市科委认定的创新型企业和小巨人企业。截至 2017 年末，与担保基金合作的银行已达 38 家，年内通过该基金完成担保贷款金额 56. 41 亿元，是 2016 年全年的 3. 86 倍，有效支持了辖内科技型中小微企业的发展。

2. 科技型中小企业和小型微型企业信贷风险补偿

上海银监局引导辖内银行业按照“分步、渐进”逐步提高小微/科技信贷不良率的原则，参与制定上海市科技型中小企业和小型微型企业信贷风险补偿办法，对有关商业银行为符合条件的科技型中小企业和小型微型企业发放贷款所发生的，超过一定比例的不良贷款净损失，由信贷风险补偿财政专项资金给予相应的风险损失补偿。截至 2017 年末，辖内 36 家次商业银行信贷风险补偿试点资格，被认定的信贷风险补偿试点贷款产品共 154 种，试点银行累计获得补偿金额 8 598 万元，科技型中小微企业的信贷投入力度得到增强。同时，上海银监局会同上海市财政局、上海市金融办制定小型微型企业信贷奖励考核办法，对在沪银行业金融机构为本市小微型企业发放的单户授信总额 500 万元及以下贷款实施奖励，累计共对 86 家次小微企业信贷绩效突出的银行实施了信贷奖励，奖励资金达 3. 04 亿元。

3. 天使投资风险补偿

《上海市天使投资风险补偿管理实施细则（试行））通知》（沪科〔2016〕16 号）发布后，上海市科技金融信息服务平台于 2017 年 3 月 15 日开始受理上海天使投资风险补偿项目入库申请。上海晟唐创业投资中心（有限合伙人）申请了首笔投资于种子期的项目。截至去年底，7 家投资机构，申请了 23 个投资于种子期初创期的天使投资项目入库备案。

4. 科技保险

上海保监局鼓励在沪保险机构加强与政府，科技部门、科技园区等合作，大力发展科技保险和信用保险，为科技创新和中小企业发展提供保障。一是支持太平洋财产等保险公司在奉贤闵行等区试点专利综合保险工作基础上，要求不断扩大试点范围。为投保企业因投保专利发生侵权而产生的法律调查、诉讼和其他相关费用等提供保险保障；二是开展探索在浦东新区专利质押融资保险创新工作，切实提升科技型小企业融资获得性；三是推动新材料首批次应用保险试点工作，运用市场化手段对新材料应用进行风险控制和分担，加快新材料创新成果转化和应用；四是继续推进首台（套）重大技术装备保险试点工作；五是协同推动生物医药人体临床试验保险试点工作实施。保险支持科技创新和融资保障的新型保险产品不断涌现丰富，全年辖内保险业为科技重大项目创新和科技企业融资提供风险保额 197.67 亿元。

为配合本市生物医药上市许可持有人制度改革，2017 年 11 月 21 日上海市科委发布了《关于开展生物医药人体临床试验责任保险、生物医药产品责任保险试点工作的通知》（沪科〔2016〕438 号）。政策规定，对符合条件获得国家及本市药监部门批准或备案的药物、医疗器械及医疗技术的本市生物医药人体临床试验机构和企业，其购买人体临床试验责任保险的，或上市持有人试点范围的药品、医疗器械产品责任保险的，给予其保费的 50% 补贴。政策将激发生物医药产业创新活力，降低企业和医院等机构创新风险和成本，促进加快本市生物医药科技成果转化和产业化。

五、2017 年上海科技创新工作进展

2017 年，是上海加快建设具有全球影响力的科技创新中心的关键一年。在上海市委市政府的领导下，上海科技创新工作按照“抓战略、抓规划、抓政策、抓服务”的要求，坚持科技创新和体制机制创新“双轮驱动”，围绕上海科创中心建设“四梁八柱”总体规划和“十三五”科技创新工作目标，稳步推进科技创新中心建设的各项工作。

（一）加快张江科学中心建设，夯实科技创新基础

建设全球有影响的科创中心重大目标是以建设张江综合性国家科学中心为首要任务。张江科学中心使命是坚持国家战略需求和科学探索目标相结合，加强对关系全局的科学问题和前沿技术领域开展部署和实施，增强原创能力。

一是张江综合性国家科学中心建设取得实质性进展。2017 年一批国家级、国际水准的科学实验室和科技研究计划实施建设和启动。张江实验室正式揭牌，依托实验室开展的硬 X 射线、硅光子、全球人类表型组等一批市级重大专项相继启动。具有超强超短激光、软 X 射线自由电子激光、活细胞结构和成像功能的上海光源二期加快建设。硬 X 射线自由电子激光、海底长期科学观测网系统、高效低碳燃气轮机实验装置等即将启动；中科大量子信息科学国家实验室上海分部筹建工作稳步推进。李政道研究所挂牌成立。国际人类表型组创新中心启动实施了国际人类表型组计划（一期）等重大任务。中美干细胞研究中心、医学功能与分子影像中心等组建工作进展顺利。张江科学城规划发布，大科学设施和功能性基础设施等 73 个重点项目启动建设，与国家科学中心形成“一体两翼”格局，科学城的核心支撑作用初步显现。

二是基础研究持续加强。面向基础前沿，强调遵循科学规律，鼓励科学家自由探索，加快突破。2017 年，上海涌现出多光子“玻色取样”任务的光量子计算原型机、首次实验捕获一维手性马约拉纳费米子、发现持久光谱抗稻瘟病机制等重大科学研究成果。据统计，1～11 月，上海科学家在《科学》、《自然》、《细胞》等顶级学术期刊上发表论文 62 篇，占全国总数 24.1%。

三是多层次创新人才体系不断完善。重视“高精尖缺”高端科技人才选拔和培育。2017 年，新增的上海两院院士共计 13 人，其中，中国科学院院士 10 人，创 12 年来历史新高。支持科技人才后备成长。全年共资助各类优秀青年科技人才计划 672 人。获奖科技成果硕果累累。2017 年，上海科技工作者共有 57 项牵头及合作完成的重大科技成果荣获年度国家科学技术奖，占全国比例 20.7%，首次突破 20%，连续 17 年保持两位数的比例。

（二）功能性平台建设，引领科技创新发展作用初显

上海科创中心建设布局中的功能型研发公共是重点实验室、工程技术研究中心、各类公共服务平台等机构为载体，围绕提升产业竞争力、改善民生等重大创新需求，在重点产业领域协调开发创新技术，为产业发展提供共性技术支撑。

一是功能型研发公共平台建设取得阶段性成效。首批平台启动建设，微技术工业研究院、生物医药产业、石墨烯、集成电路、智能制造以及类脑芯片等研发与转化功能型平台建设加快推进，产业共性技术研发服务能力有效提升，发现、培育和集聚了一批科技型企业。其中，微研院 8 英寸“超越摩尔”研发中试线正式启动，填补了我国该领域缺乏小批量中间性试验生产线的空白；石墨烯平台在石墨烯涂装材料、导热硅脂和导电剂等中试线实现百公斤级中试产品生产能力；类脑芯片平台用于神经信号记录的无线数据传输和供电芯片于 6 月流片、测试成功。

二是支撑现代产业技术体系加快构建。工业物联网、超导技术、智能装备产品、智能制造集成、机器人等核心技术取得突破，不断增强上海制造业国际竞争力。其中，物联网领域，已建成覆盖杨浦和虹口的城域物联专网，在控江街道形成了完整的智慧社区治理体系试点。大数据领域，上海大数据交易中心自主研发成功“IKVLTP”六要素数据规整方法、前置缓存配送技术等创新安全管控技术；交通大数据示范平台数据的集成管理与应用取得重大进展。超导领域，超导关键配套设备研发获突破，二代高温超导产线实现整套销售。第三代半导体，8 英寸硅基氮化镓晶圆片已形成系列化产品开始销售。汽车电子领域，自主知识产权的 CMOS 工艺 77Ghz 毫米波雷达芯片实现量产，车载毫米波雷达完成了工程样机开发并进入车辆装车测试，打破了国外品牌垄断。

三是坚持绿色发展，支撑城市可持续发展。加快一批示范项目的实施，持

续推进崇明世界级生态岛建设。积极筹建绿色技术银行。研究编制上海“互联网+”智慧能源科技支撑行动，崇明、临港、迪士尼及上电股份等成功入选国家首批能源互联网示范项目。保障市民健康生活，1类化药呋喹替尼完成III期临床试验、熊胆粉体外培育获重大突破、世界首台一体化CT－直线加速器系统成功推出，国内首个具有国际先进品质的国产心脏起搏器获批生产上市。此外，围绕海洋科技、再生能源、燃料电池汽车、现代农业及食品安全、区域环境质量改善以及城市建设管理、公共交通与安全等民生科技领域成果的应用推广和产业化示范步伐加快。

（三）市区协同，科创中心承载区建设成效明显

在推进科创中心建设中，围绕市总体规划部署，区县区域特色，科创中心承载区建设规划。张江核心区和紫竹、杨浦、漕河泾、嘉定、临港、松江、普陀等区域，特色鲜明、功能突出的科技创新承载区建设工作深入推进，正成为上海创新发展的新增长极。松江科创走廊正积极建设成为长三角地区重要产业技术创新协同的重要纽带，金山正将枫泾建设成为“长三角”创新资源集聚的重要创新节点。科技创新支撑“一带一路”战略，各类机构和载体全球布局加快，张江示范区在美国设立上海张江－波士顿企业园，临港集团在美国旧金山设立海外科技发展中心，国家东部技术转移中心，铺设国内外渠道241个，汇聚科技中介服务机构208家，建立波士顿分中心、伦敦分中心等。

（四）推动大众创业、万众创新，激发全社会创新创业活力

优化政府公共服务，激发市场和社会主体活力，促进创新多要素联动、多主体协同、多领域合作，良好的创新创业生态系统基本形成。

一是科技孵化网络建设日臻完备。充分发挥市场和社会力量的作用，大企业、大院大所以及各类机构等参与众创空间建设的深度不断拓展，目前，全市有科技孵化器183家，众创空间192家，科技创业苗圃108家，加速器14家，国家级科技科技孵化器43家，国家大学科技园43家，在孵和服务科技企业1.6万余家。

二是创新创业大赛彰显上海创业热度。2017年共有7 302家小微企业和创业团队参加中国创新创业大赛上海78个赛区比赛。上海参赛企业及团队数量连续三年蝉联全国第一。共有1 808个参赛企业获得上海创新基金立项，当年市区两级政府资金支持3.72亿元。

（五）深化体制机制改革，加大科技政策支持力度

以全面创新改革为契机，着力破除制约科技创新发展的体制机制障碍，进一步完善和落实科技创新政策，激发各类创新主体的创新活力。

一是加大普惠性税制的落实力度。研发费用加计扣除、高新技术企业认定、技术先进型服务企业认定三项政策2017年落实上年度企业减免税收总额超过

264亿元，有关税收减免政策覆盖企业数达1.2万余家次，同比增长22.9%。

二是促进成果转移转化。发布实施《关于进一步促进科技成果转移转化的实施意见》《上海市促进科技成果转化条例》《上海市促进科技成果转移转化行动方案》，聚焦成果转移转化的关键制约和瓶颈，从立法、政策以及工作行动计划等多层次加快探索和突破。目前，全市一批高校院所建立了科技成果转化管理新制度，涌现出一批科技成果成功案例。

三是高新技术企业增幅较大。2017年全市共认定高新技术企业3 247家，较上年度增加941家，增幅40.8%。全市2015—2017年有效期内享受政策的高新技术企业共有7 642家。2017年共落实高新技术企业减免所得税141.62亿元。

四是科技小巨人扶持政策不断完善。2017年认定79家科技企业为科技小巨人，81家科技企业为小巨人培育企业。在原有科技小巨人工程等计划的基础上，启动实施卓越创新企业培育工程，"网宿科技股份有限公司"等11家企业列入2017年度上海市卓越创新试点企业。截至2017年底上海市已认定科技小巨人（含培育）企业累计1 799家。

五是成果转化扶持政策发挥作用。2017年认定高新技术成果转化项目493项，中高级职称评审580人，其中，高级工程师（经济师）65人。截至2017年底，累计认定高新技术成果转化项目11 462项。

六是科技创新券受惠面扩大。科技创新券自试点以来共向3800余家中小企业发放了总额达2亿元创新券，通过探索后补助方式，不断降低中小微企业和创业团队科研创新投入成本。

七是专利受理大幅增加。全年受理专利申请131 746件。其中，发明专利申请54 633件。全年专利授权量为70 464件。其中，发明专利授权量为20 681件。全年PCT国际专利受理量为2 100件，比上年增长34.6%。至年末，全市有效发明专利达100 433件，每万人口发明专利拥有量达41.5件，比上年增长17.9%。全年经认定登记的各类技术交易合同21 559件，比上年增长1.7%；合同金额867.53亿元，增长5.4%。

六、上海科技金融服务平台运行情况

建设上海的科技金融服务平台是上海科技金融工作的一大特色。上海银监局、上海市科委、张江高新区管委会和全市各区、各部门在解决科技型中小微企业融资难问题中，通过平台建设，集聚科技和金融资源，提供信息沟通和增值服务，以实现缓解科技型中小微企业融资难融资贵的政策目标，不断完善服务功能不断完善，服务辐射面不断扩大。

（一）上海银税互动信息服务平台

2017年9月，上海银税互动信息服务平台上线，这是全国首个完全由税务、银行监管部门合作开发，行业组织承建的银税互动平台，是上海市税务部门和银行监管部门响应国务院支持“大众创业、万众创新”号召，落实国务院“建立健全守信激励和失信联合惩戒机制”以及“积极促进信用信息的社会运用”专门部署而推出的信用惠民举措。

该平台将银税互动由“线下”搬到了“线上”，真正实现了银行与税务数据的一线直连：实现了在线金融产品选择、涉税信息自主查询和发送、银税数据定点传输等功能，企业足不出户即可快速完成贷款申请；银行可以在线受理申请、及时授信；税务部门可以在线接收银行反馈的信贷信息和企业的账户信息。同时，上海市中小微企业政策性融资担保基金也加入了银税互动行列。上海银税合作基本覆盖信贷业务全流程，贯穿贷前、贷中、贷后三个环节。贷前—审贷更放心，税务部门经企业授权后，将企业的信用、纳税、财务等信息共享给银行，有效解决传统信贷模式下银企信息不对称难题。贷中—放贷更安心，市担保基金会根据银行提供的企业信贷审批材料和税务提供的企业涉税信息，为符合条件的企业提供贷款本金 80% 的政府基金的担保。贷后—风控更省心，上海银税互动还建立了存量信贷客户信息反馈机制，在企业授权的前提下，税务部门定期向银行推送企业的纳税详情，作为银行贷后风险预警的重要指标，使得银行能及时掌握客户动态，控制信贷风险。

目前，已有 45 家在沪银行机构与市税务局签署银税合作协议。截至 2017 年末，累计促成 45 家在沪银行机构与上海市税务局签署银税合作协议，辖内机构各类银税合作产品项下贷款余额 166.65 亿元，是去年同期的 2.88 倍，共有 1 096笔贷款获得了利率下调优惠，为小微企业节约利息成本及抵押、担保等费用共计约 7 239.65 万元。

（二）上海市科技金融信息服务平台

自 2010 底上海市科委联合市金融办等各委办局研究制定了一系列科技金融政策和措施，试点开展科技型中小企业短期贷款履约责任保证保险工作以来，上海科技金融工作由点及面，逐步打造了满足科技企业不同成长阶段需求的科技信贷产品链，形成了横向到边、纵向到底的联动服务工作网络，探索针对中小企业个性化融资发展需要的股权投资、科技保险等创新产品和服务。这些工作主要是通过上海市科技金融信息服务平台（www.shkjjr.cn）实现的。平台是上海市科委开展为科技型中小微企业融资服务的重要载体，由上海市科技创业中心负责运行维护。2014 年正式上线运行。

上海市科技金融信息服务平台由线上的网站、微信公众服务号和线下的科技金融服务站及科技金融专员运作二部分构成。平台提供微贷通、履约贷、创投贷、小巨人信用贷、保费补贴、天使投资风险补偿和股权融资等项目的服务。在平台上开展科技信贷服务的有 21 家合作银行、3 家担保公司、3 家保险公司、

2 家保险经纪公司。这几年市科技创业中心打造了一支由 10 家科技金融服务站及 103 名分布在全市的各区科委及科技园区的科技金融专员组成的科技金融服务队伍，工作在科技贷款服务的第一线。

2017 年上海市科技创业中心在上海市科委指导下，在银监局、各银行等金融机构的大力支持下，在各区科委积极配合下，以解决科技企业融资难融资贵为问题导向，科技信贷服务量质齐升，跃上新台阶。“3 + X”科技贷款总额和贷款笔数创历史最高，贷款总额 37. 48 亿元，同比增长 28. 4%，贷款企业 630 家，同比增 7. 5%，其中，科技履约贷实现贷款 22. 02 亿元，同比增长 34. 3%，贷款企业 516 家，同比增长 20. 3%。截至 2017 年底，累计为 2959 家科技企业，提供了 140. 63 亿元银行贷款。主要做法：

一是持续加大政策宣传扩大知晓度。市科技创业中心依托各区科技部门、科技金融服务站网络，深入全市科技园区、孵化器和众创空间开展科技金融政策宣传活动，据统计，全市科技金融服务站共举办 90 场次科技金融政策及产品宣讲会。通过宣传科技履约贷产品知晓度不断提高，科技信贷服务辐射面不断扩大。2017 年 1 ~ 12 月，共有 889 家企业通过上海市科技金融信息服务平台申请科技履约贷款，同比增长 27%。在申请企业中，首次向银行申请贷款的企业 222 家，占申请企业总数的 25%，首次申请科技履约贷的企业 459 家，占比 51. 6%。

表 2　　2017 市科委“3 + X”情况统计表　　单位：万元/笔

科技信贷产品	2017 年度		2016 年度		同比增减（±）%	历年累计	
	信贷额	贷款家数	信贷额	贷款家数		信贷额	贷款家数
科技履约贷	220 240	516	164 024	429	34	785 986	2 199
小巨人信用贷	143 217	69	104 780	90	37	51 2817	544
科技微贷通	4 800	34	6 355	45	– 24	18 115	134
创投贷	6 530	11	16 750	22	– 61	25 280	35
合计（含其他）	374 787	630	291 909	586	28	1 406 308	2 959

二是不断优化流程加强跟踪服务。为了及时满足不断增长的企业贷款融资要求，市科技创业中心进一步优化完善推荐审核流程、加快评审速度，全年共召开 47 次评审会，评审 670 笔贷款项目，共向银行推荐履约贷款 590 笔，推荐贷款 26. 21 亿元，同比分别增加 34. 4% 和 21. 6%。以企业需求为导向，重视对推荐后贷款落实情况的跟踪和服务。在审核系统中设置了 30 天、60 天、90 天银行审批预警线，安排专人每月回访推荐后银行超 60 天未审批的项目，协调银企之间分歧，及时发现问题并做好企业更换银行的指导工作，截至年末，已帮助

56家企业更换了银行。

三是积极推动科技金融服务站与合作银行的联动。帮助合作银行对接区科委和服务站拓展服务渠道，全年服务站与合作银行共举办科技金融政策宣传及银企对接活动130场次，参加人次近5 000人。

通过不懈的努力，2017年科技贷款在保持快速增长的同时，贷款不良率依旧维持在低位水平。自2011年以来，科技履约贷微贷通贷款共发生贷款逾期事件20笔，逾期贷款额6 112.47万元，累计贷款不良率0.76%。年内制定了《上海科技信贷合作银行考核办法（试行）》。对在服务科技企业中表现优秀的中国银行等九家银行给予表彰，向中国银行等九家银行颁发了卓越奖和优秀奖，对10名银行客户经理给予科技金融先进个人的表彰。

（三）张江国家自主创新示范区科技融资服务试点平台

张江国家自主创新示范区（简称：张江示范区）是上海建设具有全球影响力科技创新中心的核心载体和示范区域，管理范围包括22个分园及所属124个园中园，分布在上海16个区县，总面积531平方公里。园区内集聚创新型企业7万余家、各类研发机构1 500余个、高等院校43所。2014年9月张江高新区管委会与市金融办，在张江示范区开展了科技融资服务平台建设试点。目前已建成22家具有独立法人资格的科技融资服务平台。

目前张江示范区22家试点平台服务范围已基本辐射所在分园。截至2017年底，张江示范区科技融资服务平台累计对接各类金融产品供应商2 900余家，汇集200余款科技金融服务产品。累计提供科技融资对接活动628场次，参加人次22 127人次。22个园区科技融资服务平台累计帮助企业获得创投支持资金81.9亿元，受助企业数578家；累计帮助企业获得科技信贷金额198亿元，累计获得银行或非银行贷款企业数量4 042家（其中获得银行贷款企业数量2 596家，获得非银行贷款企业数量1 446家）。截至2017年10月，22个园区科技融资服务平台累计支持境外上市企业14家，境内主板上市25家，中小板上市37家，创业板上市35家，科创板挂牌数26家，新三板上市数353家，Q板挂牌数155家，E板挂牌数60家。

（四）漕河泾开发区中小企业融资平台

上海漕河泾开发区科技型中小企业融资平台是由上海市徐汇区人民政府、上海市漕河泾新兴技术开发区以及合作银行三方共同打造的为科技型中小企业提供信用贷款支持的服务平台。目前该平台科技贷款风险补偿资金池规模为6 000万元，包括5 000万元的风险备付金及1 000万元的天使投资基金。平台合作银行包括交通银行、上海银行和浦发银行。融资平台扶持对象为拥有自主知识产权、从事高新技术成果转化，以及符合漕河泾开发区和徐汇区产业导向的高新技术企业。最高信用贷款额度2 000万元，贷款利率不超过基准利率的

10%。贷款风险由漕河泾开发区与合作银行按 9：1 比例补偿。

2017 全年融资平台共召开了 6 次贷审会，全年上会科技型中小企业共计 56 家次，其中 50 家次企业通过了贷款审批，全年信用贷款授信共计 3.148 亿元。授信额为历年来最高。截至 2017 年底，融资平台成立 9 年来已累计为 365 家次园区企业提供 14.2 亿元的贷款授信，无不良贷款。

课题组组长：蔡莹

课题组成员：王鑫泽、李飞、魏可

在沪中小银行分行科技金融业务发展初见成效

摘要：为了进一步服务上海科创中心建设的工作部署，上海银监局持续引领在沪中小银行分行转变经营理念和经营模式，发挥自身优势，探索科技金融服务模式。在沪中小银行分行科技金融“六专机制”得到进一步夯实，科技金融服务的广度和深度有所提升。

一、以“五项原则”促进中小银行分行科技金融工作

为进一步推动中小银行分行科技金融工作，在2017年初“股份行、城商行分行支持科创中心建设情况座谈会”上，上海银监局明确提出了支持科技金融工作的“五项原则”，即名单制管理、分类管理、差异化支持、正向激励和社会责任优先，督促中小银行分行根据自身的定位和战略布局，发挥自身优势，探索合适的科技金融服务模式，进一步提升科技金融服务能力。2017年，上海银监局继续将促进科技金融工作贯穿全年，在对中小银行分行走访、高管任前谈话、审慎监管会谈等各种重要场合，明确传导监管意图，实施正向激励，引导在沪中小银行分行转变经营理念和经营模式，积极参与和落实《上海银行业支持上海科创中心建设的行动方案（2017—2020年）》，助力上海科创中心建设，取得一定成效。

二、进一步夯实科技金融“六专机制”

（一）建立专营组织和专业团队方面

在沪29家中小银行分行中，已有5家设立“科技支行”，28家设立“科技特色支行”，科技金融从业人员的数量达500人，较2016年末增加37人，增速8%。如某城商行上海分行除了设立科技支行、科技金融部门外，还设有专职科技金融客户经理、投贷联动产品经理，针对科创企业的金融服务需求做到一户一个方案，助力辖内中小科创企业的金融服务工作。

（二）专业的风险管理制度和技术手段方面

部分在沪中小银行分行根据科技型企业的特点，建立了专职的金融专业审查审批队伍，将科创金融客户纳入专业审批通道，与传统审批相区分，通过专业化的准入、评级、尽调、审批以及贷后管理流程，在发展业务的同时规避业务风险。如某城商行上海分行针对科技型企业创新了评级模板，强调企业专利、

管理者素质、研发成果等“软信息”，适当弱化财务、成立年限等指标，对科技型企业的判断起到了较好的辅助作用，同时在贷后设置了高于传统机构的风险容忍度，鼓励先行先试。

（三）专门的管理信息系统方面

部分在沪中小银行分行通过对原有企业信贷服务系统的改良升级，重点监测科技企业的信贷业务情况。例如，某股份行上海分行将“科技型企业”的字段加入其中，通过系统可以将科技型企业打上专属的识别标示，并通过多维度将企业进一步细分类别，通过差异化的管理为不同类别企业提供有针对性的服务。

（四）专项的激励和考核机制方面

部分在沪中小银行分行对于成功落地业务的客户经理给予一定的专项绩效补贴，同时将科技金融信贷客户数量、放款金额和投贷联动等创新产品的运用作为对客户经理的主要考核依据，且对科技金融业务的服务考核均有不同程度加成算法。如某城商行上海分行出台特色化科技金融业务奖励政策，单独设立科技金融业务奖励系数，鼓励科技金融业务发展。

部分在沪中小银行分行在风险防范和正向激励并重的同时，体现独立性、专业性的综合性考评，对科技金融专营团队的相关人员在业务中设置一定程度的尽职免责条款，提升风险容忍度。例如，某城商行上海分行从科技金融综合收益中提取部分收益成立“科技金融责任处罚资金池”，所有扣罚金额从资金池中提取，不对科技金融相关人员进行实质扣罚。

（五）专属的客户信贷“新三查”标准方面

部分在沪中小银行分行制定专属科技金融的差异化策略，例如，某城商行上海分行针对贷前调查制定了“五必问，六必看，七必查”原则，同时在此基础上，再对准入、审批、风险容忍、考核激励以及业务协同等方面强调“单独”机制。

三、进一步提升科技金融服务质效

（一）科技金融贷款稳步增长

截至2017年末，在沪中小银行分行对“科技型企业”的贷款户数达1 627家，授信余额同比增长14%；对“科技型中小企业”的贷款户数达1 437家，授信同比增长30%；对“科创企业”的贷款户数1 007家，授信余额同比增长17%。

（二）科技金融服务群体更加全面

在沪中小银行分行在支持科技金融的目标群体上更加全面，并有所侧重。支持的主体集中在更具有鲜活生命力的新兴高科技行业，诸如生物科技、机器人、3D打印、高端制造、TMT行业、节能环保、新材料、新能源等。在沪中小银行分行围绕着“新三板”“专精特新”“小巨人”和科创企业自贸区业务等目标客群，建立专门台账，推动多维度、精准化营销，充分发挥营销推动与风险管理精细化优势，有效支持各个生命阶段的科技型企业。

（三）科技金融服务模式更加完善

目前，银行业务重点也由以往专注中小科技型企业贷款业务，转变为服务科创中心建设的各相关主体，除了各类科创企业外，还涉及与之相关的各类科创企业园区、平台以及科技创新人才。通过安排不同的传统银行服务、投资服务、撮合服务的综合服务模式，形成更加完整地覆盖科技创新全链条的科技金融服务体系。同时，不断完善专营机构和团队人员的构建，形成一种“服务—改进—服务”的螺旋上升式模式。目前，通过与市科委市政策性担保基金等多方合作，结合投贷联动、银税互动等机制安排，已经针对科创企业的完整生命周期推出了诸如“信鑫贷”“微贷通”“科贷通”“小巨人信用贷”“税联贷”“倍增贷”等多类产品，以期达到金融反哺科技，科技支持实体的目标。

四、相关建议

针对目前银行在开展支持科技金融业务中所遇到的困难和问题，提出以下建议：

（一）进一步细化扶持政策，加大对银行支持力度

为了更好地发挥正向激励作用，建议将科技金融成果也列为财政招投标的加分项，在财政资金存放以及各类政府引导基金和科技创业企业基金托管等业务方面给予倾斜。同时加强对商业银行产品创新的支持力度，对创新产品采用有针对性、可持续的贴息和专项奖励等政策，鼓励商业银行研发更多适合科技中小企业的创新产品，提升银行开展此类业务积极性。

（二）加强科技金融数据共享，搭建金融机构渠道平台

实现渠道资源共享，尤其是对于科委、经信委等政府渠道资源以及政府所掌握的PE、VC等渠道，建议增加商业银行参与重大科技项目机会，其参与进来更能提高科技金融的专业性，提高银行参与度，逐步引导科技创新市场化。

（三）针对银行支持方式变化，拓展监管导向监测指标

随着银行对于科创企业支持重心的逐渐转移，支持的方式也在逐渐发生变化，从融资等单一支持方式转向综合金融服务模式。建议将现金管理类业务、投行类业务、金融市场业务以及表外业务等纳入科技金融的监管导向监测指标范围，同时结合各家银行在科技金融领域的创新服务案例、企业融资成本等进行综合评价。

（四）建立信用体系联动机制，加大风险防范力度

针对中小科创企业轻资产、高成长同时伴随高风险的实际特点，建议整合

各类信用信息系统或提供统一的查询平台，提升商业银行对科技企业进行风险分析、监测、预警的能力，降低风控成本，增强商业银行从事该类业务的信心，解决后顾之忧。

作者：袁嵩迪

“一带一路”倡议实施中的中外资银行合作路径研究

摘要：2013 年，习近平总书记提出建设“丝绸之路经济带”和“21 世纪海上丝绸之路”。“一带一路”倡议实施将改变亚洲乃至全球经贸格局，对世界经济产生深远影响。鉴于我国银行业国际经验仍有待显著提高，仅靠我国自己的经验和实力推动效果有限，建议鼓励中资银行与西欧和“一带一路”相关国家通过相互持股、换股和入股的方法以达到利益互绑，这样会更直接地学习和利用欧洲发达国家的相关经验，加速“一带一路”倡议的实施和人民币国际化的推动。

2013 年，习近平总书记提出建设“丝绸之路经济带”和“21 世纪海上丝绸之路”，并指出“一带一路”追求的是百花齐放的大利，不是一枝独秀的小利。“一带一路”倡议实施将改变亚洲乃至全球经贸格局，对世界经济产生深远影响。三年多来，我国和沿线国家互通有无、优势互补，共享机遇、共赢挑战，互利的合作纽带越拉越紧，共赢的伙伴网络正在织就。在世界增长动能不足的背景下，“一带一路”倡议下的经济合作无疑是一抹难得的亮色。鉴于我国银行业国际经验仍有待显著提高，仅靠我国自己的经验和实力推动效果有限，建议鼓励中资银行与西欧和“一带一路”相关国家通过相互持股、换股和入股的方法以达到利益互绑，这样会更直接地学习和利用欧洲发达国家的相关经验，加速“一带一路”倡议的实施和人民币国际化的推动。

一、“一带一路”倡议实施的发展与挑战

（一）“一带一路”倡议提出的背景

2013 年 9 月和 10 月，习近平主席分别提出建设“丝绸之路经济带”和“21 世纪海上丝绸之路”的倡议构想，简称“一带一路”倡议。“一带一路”倡议实施后将成为世界上跨度最长的经济大走廊，横跨亚欧，涉及东南亚、南亚、中亚、西亚和中东欧等 60 多个沿线国家和地区，其目的地为欧洲，广义的“一带一路”还通过西亚和欧洲进而连接非洲。2013 年 11 月，“一带一路”的概念正式写入十八届三中全会的《中共中央关于全面深化改革若干重大问题的决定》。“一带一路”倡议的提出具有深刻的时代背景，是我国最高决策层主动应

对全球形势深刻变化、统筹国内国际两个大局作出的重大战略决策，是关乎未来中国改革发展、稳定繁荣乃至实现中华民族伟大复兴的重大战略。

（二）"一带一路"倡议的重大意义

"一带一路"倡议目标是要建立一个政治互信、经济融合、文化包容的利益共同体、命运共同体和责任共同体。通过互联互通和贸易投资便利化，"一带一路"倡议对于更好的满足各个国家地区的发展需要，促进共同发展和繁荣具有重要意义。

1. "一带一路"倡议推动全球再平衡。"一带一路"鼓励向西开放，带动西部开发以及中亚、蒙古等内陆国家和地区的开发，在国际社会推行全球化的包容性发展理念。同时，"一带一路"将使沿途、沿岸国家首先获益，改变了历史上中亚等丝绸之路沿途地带只是作为东西方贸易、文化交流的过道而成为发展"洼地"的面貌，推动建立持久和平、普遍安全、共同繁荣的和谐世界。

2. "一带一路"建立了沿线各国互联互通伙伴关系。"一带一路"的互联互通项目将推动沿线各国发展战略的对接与耦合，通过构建全方位、多层次、复合型的互联互通网络发掘区域内市场的潜力，促进投资和消费，创造需求和就业，增进沿线各国人民的人文交流与文明互鉴，实现沿线各国多元、自主、平衡、可持续的发展。

3. "一带一路"倡议是加强多边合作的契机。"一带一路"倡议是上海合作组织、欧亚经济联盟、中国—东盟（10+1）、中日韩自贸区等国际合作的整合升级，是推进多边跨境贸易、交流合作的重要平台。

4. "一带一路"构筑全球经济贸易新的大循环。"一带一路"地区覆盖总人口约46亿（超过世界人口60%），GDP总量达20万亿美元（约占全球1/3）。"一带一路"正在形成除大西洋贸易轴心和太平洋贸易轴心之外，新的以亚欧为核心的全球第三大贸易轴心。

（三）"一带一路"倡议的发展与挑战

"一带一路"作为中国的战略构想，由中国政府主导，众多国家和地区参与，各个部门倾力支持，社会各方推动，力度空前。"一带一路"的倡议为产业、金融和区域创新均带来了良好的发展机遇，但同时也面临着诸多挑战。

1. 化解战略疑虑，控制政治风险

（1）战略疑虑。"一带一路"是时代的要求，但随着中国经济的不断增长和国际地位的提高，部分国家的政治势力可能出于自身政治目的误解或歪曲"一带一路"倡议，质疑中国会走传统大国争霸的道路，认为中国的崛起会影响其既得利益，因此在政治态度及战略上会存在一定的疑虑与阻挠，实际参与非常谨慎，甚至采取平衡的策略。

（2）政治风险。首先，沿线国家多数是处于政治转型中的发展中国家，制度体制差异大，政治形势复杂，政局动荡不稳。而“一带一路”着重于政府间的合作，在很大程度上有赖于有关合作国家的政策政治稳定和对华关系状况。两者的矛盾增加了“一带一路”建设中的政治风险，对深化相互投资及产业合作带来较大的不确定性。其次，沿线一些国家的民族、种族矛盾尖锐，形成不同的政治利益集团，这也成为决定“一带一路”项目实施效果的重要影响因素。

2. 实现“互联互通”，降低商业与投资风险

（1）缺乏统一标准。“一带一路”联通亚欧非三大陆，沿线国家基础设施建设差距较明显，货币、交通工具、政府工作均缺乏统一标准，如何在实施过程中简化投资程序，降低投资成本，做到尊重差异基础上的统一，将会大大提高“一带一路”的发展水平。

（2）发展参差不齐。经济发展水平不平衡，市场开放难度大。不同国家的经济发展水平和市场发育程度极为不同，视具体情况为战略的实施提供便利或限制的条件，造成企业投资评估的复杂性，同时制约建设成果的合作共享。尽管中国以优惠政策大力支持沿线有关项目建设，但毕竟实力资源有限，也面临着摊子大、后劲不足等风险，再加之大规模的基础设施投资历时较长，易投不易守，很有可能因为地区的政局不稳或其他非政府势力的阻挠而造成投资浪费。

3. 尊重宗教规律，感知文化差异，打破认知偏差

（1）认知偏差。由于地理、历史、宗教、民族的差异，“一带一路”沿线国家的文化文明丰富多元，有一定的宗教规律与禁忌，存在因认知偏差误判中国战略意图的可能。国家不同的身份定位在某种程度上塑造国家对利益的认知，从而影响着国家行为和内外政策选择，在参与的广度和深度上因自身对利益的不同判定而呈现出差异性。

（2）领土争端。目前中国与东南亚、南亚等沿线地区部分国家围绕有关领土、领海主权争端的不稳定因素短期内无法消除，倘若再遭遇美、日等国家战略实施区域外因素的干扰，不仅可能激化既有矛盾，甚至还会引爆局部的地缘冲突。

4. 保证地缘环境安全，建立有效防范体系

（1）安全问题。民族宗教矛盾复杂，非传统不安全因素突出。“一带一路”沿线大多数国家民族众多，各民族宗教之间的历史纷争复杂，增加了沿线各国合作的难度，尤其是中东、中亚、东南亚等地区局势长期动荡不安。上述非传统不安全因素的凸显，既恶化了当地投资环境，也可能借机扩散和渗透到中国国内，对“一带一路”倡议及沿线工程建设构成严峻挑战。因此，不仅要加强对沿线国家的深入了解，对局势变动有预测、有对策，也要加强与当地的安全合作，共建反恐、反极端势力的合作机制。

（2）大国博弈。大国战略博弈加大，对共建“一带一路”形成一定掣肘。

"一带一路"沿线地缘政治复杂敏感，是大国长期博弈和较量的重点区域，尤其是美国、俄罗斯、日本、印度等国家都对该地区表达了各自战略利益诉求。此外，少数国家与我国缺乏政治互信，在大国之间搞平衡，以谋取自身利益最大化。因此，未来共建"一带一路"可能会面临复杂而敏感的地缘政治生态环境。

5. 完善细化政策，加强落地实施

中国主导实施国际宏大战略还需要更多的经验积累，其中战略规划设计有待完善和细化，有关制度设计和政策安排的谈判协商还面临诸多不确定性，如何做好战略对接和政策沟通，使相关规划和方案更具针对性和实用性；与相关国家的实质性对接与具体合作还没有全面展开，如何找准定位、发挥优势，利用好既有机制平台，推动形成优势互补、协同开放和联动发展的新局面。

（四）"一带一路"的金融策略

以共同发展、共同繁荣、合作共赢为目标的"一带一路"倡议要想将沿线国家之间的合作优势结合起来，特别是将中国的工业产能优势、资本优势、技术优势与沿线相对落后国家之间紧密联系到一起，必须充分发挥金融的作用。

1. 充分发挥亚投行、金砖国家新开发银行等合作金融组织的作用，坚持多边合作模式

（1）亚投行的创始成员国与"一带一路"涵盖的国家高度重合，并由2015年最初创立时的57个创始成员国扩容为如今拥有70个成员国的国际机构，全球瞩目。通过搭建亚投行这一开放性合作平台而形成区域利益共同体，将是突破合作瓶颈、推进"一带一路"倡议实施的有效路径，有利于克服传统双边合作易受政治冲击的劣势，更有效保护投资项目的权益以及保证项目的顺利推进和持续经营。

亚投行的建立既可帮助区域内相对落后国家基础设施投资建设，提升这些国家长期经济的增长，还可以加快区域经济一体化发展，促进"一带一路"的构建，同时还将在宏观层面上提升我国及亚洲地区在全球经济、金融领域的地位，加速基础设施由海、陆、空领域向金融和网络信息领域全面发展，有助于加强我国对外贸易作用，加快深度融合国际市场，有助于发挥基础设施互联互通作用，促进"一带一路"建设。

（2）金砖国家合作机制与金砖国家新开发银行保障"一带一路"倡议顺利实施

金砖国家作为新兴大国的机制，其影响力不仅体现在理念设计上，而且体现在国际社会的实践中，是推动国际社会发展和国际秩序变革的重要力量，也成为支持中国"一带一路"建设的坚强后盾。金砖国家合作机制为"一带一路"倡议实施机制建设提供了帮助，其基础设施建设领域的陆海空大联通有利于"一带一路"的设施联通。成立金砖国家新开发银行和应急储备安排为"一带一

路”建设提供资金融通和金融安全保障，与亚投行、丝路基金形成了互补关系。金砖国家新开发银行由中国、俄罗斯、巴西、印度、南非发起成立，2015 年 7 月正式开业，是历史上第一次由新兴市场国家自主成立并主导的国际多边开发银行，五个创始国拥有相同的发言权和投票权。与亚投行的发展和运作模式不同，新开发银行初期主要以五个创始国为主，打造目前的规则和制度，建立好整个银行架构的基础上再考虑扩容。亚投行则已经向更多的国家开放，其中包括发达国家，对于新开发银行而言，完成自身基础建设后，将向其他联合国成员国开放资格，融入更多更具影响力的国家，加强银行信用评级。

新开发银行的宗旨是为新兴经济体和发展中国家的交通便利、能源等基础设施和可持续发展提供支持，这与实施“一带一路”沿线国家的基础设施战略高度吻合。作为全新的国际金融机构，新开发银行旨在建立更为多元化的投融资战略，更优先使用各成员国本地债券市场等融资渠道，将中国等高储蓄国家的储蓄资金和他国家潜在的基础设施需求相结合，开拓盈利比较稳定并具有公共溢出效应的投资机会，支持包括“一带一路”沿线国家在内的发展中国家基础设施和可持续发展项目。

2.“一带一路”倡议助推人民币国际化

“一带一路”建设为人民币国际化提供了新的契机，不仅为人民币国际化提供了重要路径，也为拓展人民币职能搭建了良好平台，不仅有助于进一步推动人民币“走出去”，而且为国内经济和金融改革提供了新动力，是加快人民币国际化进程的重要载体。

首先，与中国的贸易结构、金融体制效率和开放度等因素相适应，人民币将逐步实现周边化、区域化、国际化。在人民币由周边化到区域化再到国际化的发展过程中，“一带一路”建设能发挥桥梁和纽带作用，为人民币进一步走出国门提供有利条件。“一带一路”东连亚太经济圈、西接欧洲经济圈，“一带一路”建设有助于加快人民币国际化进程，被国际上更多的经济主体所认可和接受，可以为扩大人民币跨境需求提供实体经济支撑，进一步提高人民币对国际社会的吸引力。

其次，“一带一路”建设将助推人民币成为结算货币、投资货币和储备货币。在人民币成为结算货币的进程中，应充分利用中国作为贸易大国的有利条件，通过区域贸易、双边贸易等推进人民币国际贸易结算。“一带一路”建设有助于进一步稳定人民币币值、提升人民币国际地位，推动中国金融市场逐步完善，促进人民币资本项目可兑换的稳步审慎前行，为人民币国际化奠定扎实基础。

最后，人民币国际化的推动和“一带一路”倡议实施时相辅相成和互相促进的。人民币国际化的不断提升可以使我国企业和金融机构直接利用人民币在境外开展业务，此举可以避免或降低企业和银行的汇率风险，对我国企业和金融机构的竞争力有直接的作用。因此，人民币国际化程度越高，企业"走出去"推动"一带一路"就更加具有优势，更有利于"一带一路"的实施。同时，"一带一路"倡议推动越广泛深入，人民币在境外使用度就越高，对人民币国际化的提升作用就越明显。目前"一带一路"国家中，与中国签署货币互换协议的央行和货币当局的数量在不断上升，部分国家与中国在大宗商品交易中已经开始使用人民币进行结算。随着"一带一路"倡议的推进，中国可能在更多地区加大富余产能输出、对外投资和基础设施开发建设，人民币的跨境使用将得到空前提高。

二、"一带一路"沿线国家银行业及其在沪分行情况

（一）"一带一路"沿线国家银行业整体处于发展中阶段，国有银行或国有股份地位突出，银行资产较为集中

在全球千家银行排名中，中国148家上榜银行的平均资产为1 566亿美元，而"一带一路"沿线其他国家258家上榜银行的平均资产仅为371亿美元。如中东地区2014年度共有91家银行入选世界千家银行，但大部分均为中小型银行，排名第一的国家商业银行在全球排名也仅在115名。海湾六国（沙特阿拉伯、阿联酋、卡塔尔、科威特、阿曼、巴林）的银行体系均为国内资本占主导地位，主要股东为政府、国企和皇室，银行业集中度较高。如沙特阿拉伯资产排名前三的银行总资产占到银行业总资产的60%以上，其余五国的比例也在50%左右。再以印度为例，印度银行业中国有银行资产占比超七成，第一大银行印度国家银行的市场份额高达20%。

（二）在华机构规模较小，发挥的作用较为有限

截至2016年12月末，共有20个"一带一路"国家的54家银行在华设立了6家子行、1家财务公司、20家分行以及40家代表处（详见附表2），仍然有相当多的"一带一路"沿线国家在华网点空白。以设在上海的12家"一带一路"国家分行为例，成立时间较短，规模较小，业务发展缓慢，2016年12月末资产规模仅为266亿元人民币。随着"一带一路"倡议的推进，沿线国家在沪设立分行的意愿有所增加，目前泰国、卡塔尔和约旦等国都有银行提出在上海设立网点的计划，个别银行已进入具体筹备阶段。但是，期望他们在"一带一路"倡议中发挥出重要作用，可能尚需时日。

（三）"一带一路"国家银行在沪分行业务发展缓慢，发挥连接两国企业和业务的桥梁作用是在华发展战略的主要考量

从目前已开业的11家"一带一路"国家银行在沪分行的经营情况看，其资产规模均处于在沪50家外国银行分行的中等及以下水平，其中半数分行处于亏

损状态。尽管如此，此类分行的总行仍将在华分行视作海外战略布局的重要一环，在华分行作为两国银行业和企业互联互通的战略地位不可撼动。例如，某行上海分行作为该行在华设立的外国银行单一分行，开业以来业务发展一直较为缓慢，主要原因是总行未对分行设置量化的业绩考核目标。总行对分行的盈利要求为分行自负盈亏即可，不以资本或资产收益率作为分行发展情况的考量，对分行制定的发展战略也是从长远考虑出发，将上海分行作为该行在华联络点和未来在华发展的基地，重点发挥上海分行连接两国业务、实现两国企业互通的桥梁作用。

三、“一带一路”目的地西欧国家银行业及其在华投资情况

（一）欧洲银行业尚未从金融危机和欧债危机的双重打击中恢复，又面临英国脱欧以及监管处罚趋严的新挑战

“一带一路”的起点在中国，终点落在欧洲，欧洲尤其是欧元区宏观经济的低迷使欧洲银行业盈利能力大大削弱，近年来普遍出现净利润下降、坏账走高、巨额罚单、股价低迷的现象。然而，欧洲银行业的传统优势尚在，国际经营及管理的经验与能力仍处于全球领先水平。

（二）欧洲银行经营不佳直接导致在华投资呈萎缩状态

2008 年以来，出于补充资本和回归核心业务等因素的考虑，多家外资银行逐渐出售其持有的中资银行股份（详见附表 1）。目前欧洲银行对中资银行的持股，仍有汇丰银行在交通银行 18.7% 的持股，渣打银行在农业银行 0.37% 的持股和在渤海银行 19.99% 的持股，意大利联合圣保罗银行在青岛银行 20% 的持股，法国巴黎银行在南京银行 3.98% 的持股，等等。同时，部分欧洲银行仍对在华投资抱有浓厚兴趣，如西班牙桑坦德银行于 2013 年从汇丰银行购入其持有的上海银行 8% 的股权，瑞银集团于 2016 年持有了邮储银行 4.24% 的股权。总体来看，欧洲对中国银行业的投资是仍有一定的兴趣。

四、西欧国家银行在华分支机构情况

（一）欧洲国家银行较早在华设立分支机构，但近年来总体发展稳中有缩

上海有 2 家英资法人和 2 家法资法人银行，以及 22 家来自欧洲（不含俄罗斯）的外国银行分行。两家英资、两家法资法人银行 2016 年 12 月末，资产合计 7 041 亿元人民币，同比增长 12.08% 。四家银行 2016 年均实现了资产同比增长和全年盈利。以 22 家欧洲银行分行为例，具体分布为英国 1 家，中西欧国家 11 家，南欧 5 家，北欧 5 家。2016 年 12 月末，22 家欧洲银行在沪分行资产合计 1 667 亿元人民币，其中 7 家分行资产同比萎缩，8 家分行亏损，收缩幅度最大的，资产同比下降 79% 。

（二）部分欧洲银行关闭中国分支机构

金融危机后，一些跨国银行进行战略调整，如比利时联合银行于 2010 年和 2011 年分别关闭了深圳和南京分行，德国宝缔纲银行 2014 年关闭上海分行，苏格兰皇家银行 2016 年关闭其中国子行。据了解，意大利裕信银行正在关闭广州分行，也有一些欧洲银行减少在华营业的支行数量。

五、与“一带一路”沿线及目的地国家银行业利益互绑的相关建议

面对不熟悉的国际市场风险，要确保企业微观层面的成功以及国家宏观战略的成功实施，仅仅依靠政府扶持是远远不够的，必须以微观经济主体的利益捆绑实现国家间的开放共赢，以商业可持续作为战略推动的原则，进而实现从利益共同体到命运共同体的转变，最终实现“一带一路”沿线国家互联互通、持续和谐地共同发展。在亚投行、丝路基金等多边金融机构的基础上，中资银行应主动对接“一带一路”沿线和目的地国家银行业，形成有效的利益捆绑，充分利用金融力量支持“一带一路”建设，实现商业可持续，可以对“一带一路”倡议产生直接的影响。对此，笔者提出几点建议：

（一）鼓励大型银行以相互持股或换股方式对接欧洲大行

一是中资大型银行和部分股份制银行实力增强，新格局下应考虑国际新定位。十多年前，我国国有银行开始探索境外上市时，大多数银行都引进了境外战略投资者，对我国银行业的市场化和转型升级发挥了重要的作用。然而，回顾十年多我国银行业改革的历程，当时引进战略投资者实际上是以成功上市为主要目的，还谈不上与投资者战略合作的程度。十年后的今天，我国银行业改制发展取得了巨大的成绩，主要的大型银行真正有了一定的资本、管理水平和银行市值，在新的国际格局中得以拥有机会寻找真正的战略合作伙伴以服务“一带一路”倡议实施和推进人民币国际化的进程，发挥金融支持的重要作用。到目前为止，我国主要大型银行和很多股份制银行已经有了境外合作伙伴持有我国银行的部分股份，而且我国几家大型银行和个别股份制银行也在境外收购了一些境外银行的资产，但是，我国大型银行和股份制银行仍少有主要外资银行相应的股份。在此基础上，我国大型银行和部分股份制银行应把握机遇，重新定位国际化策略。

二是大型银行和部分股份制银行可加强与法国和西班牙银行的合作力度，以创建中非和中拉合作的新渠道。中非和中拉合作是“一带一路”的自然延伸。法国和西班牙在非洲和拉美有数百年的历史渊源，两国对非洲和拉美各个领域的理解和认识都是我国银行业在短期内难以达到的。因此，通过与法国和西班牙两国金融机构和其他企业及机构多种“利益捆绑”式的合作，既可达到利用

其经验和技能的目的，同时也有望取得加深中欧合作，创造中非和中拉合作新模式的一举两得的效果；既对我国银行业和其他领域企业经营所急需的国际经验有帮助，而且对欧洲相应公司和金融机构也给予了支持，最终达到更紧密的合作水平。如西班牙桑坦德银行就在拉美有着独特优势，加强中资金融机构与桑坦德银行和其他西班牙机构的合作不仅能提高中国和西班牙的合作程度，同时也能间接通过该行提升在拉美地区的发展和风控水平。

三是大型银行和部分股份制银行可结合境外人民币清算行地位，与相关欧洲大行互换股份，以服务“一带一路”倡议实施和人民币国际化进程。如汇丰银行是全球境外人民币业务量最大的外资银行，建设银行经中国人民银行授权成为伦敦的人民币清算银行。如果建行能够与汇丰银行以一定的方式换股，不仅对汇丰银行在伦敦的人民币业务有利，而且对建行的伦敦人民币业务也有推进作用，同时可加快伦敦离岸人民币中心的发展。同样地，如果能够推动中国银行与德意志银行和法国巴黎银行或者法国兴业银行换股，也有望产生双赢结果，进而推动欧元区人民币中心建设和“一带一路”倡议实施。以上大型欧洲银行对海外经贸和金融领域的经营和风控有着其他金融机构未有的独特优势，如果能够深入合作，有利于中资银行学习其丰富的海外发展经验，并直接通过合作进入“一带一路”沿线国家。

四是中资机构应利用好欧洲银行业的收购机会窗口。欧洲金融业近几年来经营状况差强人意，市值低迷，包括银行在内的中资机构完全可以通过公开市场和其他渠道持有欧洲银行、证券、保险等领域上市公司一定比例的股份。例如，德意志银行在其官网上公布了自 2017 年 4 月 28 日，夸德拉特投资公司（C－QUADRAT Special Situations Dedicated Fund）通过增持德意志银行的股份，持股比例增加至 9.90%，成为德意志银行的最大股东，而夸德拉特投资公司为海航集团（HNA Group）旗下的资产管理公司。德意志银行于 2017 年 4 月完成了规模 85 亿美元的增资计划，夸德拉特投资公司和其他股东均参与其中，这是德意志银行自 2013 年以来的第三次筹资，意在消除投资者对其资本缓冲状况的严重担忧。作为中国知名集团企业，海航对德意志银行的股权投资就是一个典型案例，此举既可汲取我国银行业和其他领域企业经营所急需的国际经验，又对欧洲相应公司给予了支持，进而达到与欧洲战略合作伙伴“利益捆绑”的目的，最终达到更紧密的合作水平，扩大“一带一路”倡议在欧洲的影响。

（二）鼓励中型银行以入股方式对接沿线国家主要大行

一是目前中型银行走出去的步伐和规模有限，且地域分布不均衡。近年来，招商银行、浦发银行、兴业银行等股份制银行，对于自身的国际化发展也颇为进取，但其走出去的步伐仍然落后于企业客户走出去的步伐，规模扩张有限，地域分布亦存在错配。从自建自营分支机构的实际情况来看，中资银行境外分支的业务发展深度不足，规模较小，影响力有限，海外投融资服务能力有待显著提高。近年来中资企业“走出去”呈现向新兴市场国家等欠发达地区重点倾斜的趋势，但中资银行海外网点多集中于发达国家的几大国际金融中心，整体网络布局仍不平衡。例如，以中石油为代表的国有企业主要着力于资源较密集的发展中国家，以海尔、华为和中兴为代表的民营企业也在发展中国家加快业务拓展。相比之下，各中资银行在发达经济体设立的分支机构数量超过了其海外机构总数的80%，在“一带一路”沿线的布局较为滞后。

二是入股是中型银行对接沿线国家大银行的最优选择。对于中国大部分中型银行而言，固然可以通过与国外银行业务合作的方式，为境内客户的海外需求提供服务，但这种做法易流失客户资源，且难以提升银行自身参与国际市场的能力。当然也可以在“一带一路”沿线国家开设境外分行或者子行，但这一方式需要全面的海外营运经验，而且业务扩张速度往往受到监管当局的限制。在经济全球化和一体化的背景下及“一带一路”倡议之下，中国的中型银行可以通过境内外业务相互支持，进而以入股方式对接沿线国家内的大银行，或通过金融机构互设的方式服务于本国企业的海外经营，同时为沿线国家引入新的金融服务和产品，更好地满足贸易相关的融资需求，弥补当地金融服务缺口，相互借鉴、相互补充，共同提升金融服务水平，在服务“一带一路”项目的过程中利益共享，在共赢模式下切实提升中国在“一带一路”沿线的金融控制力和政治影响力。当然，推动金融机构互设和银行的入股对接，除金融机构本身的需求和动力外，政府也需在减少准入限制等方面主动作为，提供相应便利。

三是南亚和中东地区银行的股权投资潜力较大。例如，中型中资银行可以选择对南亚、中东等“一带一路”地区排名靠前的大银行，其金融体系有一定特殊性，当地国有银行在市场中占据主导地位，如能适当选择，进行股权投资，以迅速进入当地市场，熟悉商业经营环境。目前这些地区的外资银行纷纷进入中国，在本地也需要中资商业银行的支持。在此时机下继续推动开展股权投资，有利于中外资银行通过双边深化合作关系，共同促进双方融入当地市场，服务“投进来”和“闯出去”的客户，实现共赢。

（三）发挥“一带一路”相关国家银行在华子行和分行的优势作用

一是充分利用外资银行母行网络，撬动母行的本国信用资源。在华的“一带一路”外资银行的优势在于，可以通过银行集团内部的联动，依托海外网络优势与丰富的全球化产品，服务中资企业境外兼并收购、安排中资企业登陆境外融资平台、协助中资企业赢得项目、在“一带一路”国家和地区设立企业、开办业务等，深化国际产能合作。中资银行可以借助外资银行与走出去的企业形成的良好合作关系以及境外的网络资源，同时发挥自身境内网络、文化和资金优势，联合为走出去企业提供订制化的产品方案、提供专业化的跨境融资和服务平台。如果有股权合作的纽带，这种合作就显得顺理成章，特别是可以消解一些文化传统习俗方面的误解，可以克服很多单打独斗的困难。

二是推动中外资银行多层次合作，实现优势互补共同发展。“一带一路”横跨亚洲、欧洲、非洲多个区域，各国在宏观政策、经济发展、金融体系、投资环境等方面存在差异，需通过金融服务跨区域对接，对政策风险、市场风险、交易对手风险、汇率风险等进行专业化管理。中外资银行合作可充分利用外资银行境外网络资源，以及中资银行境内网络、文化和资金优势，可共享“一带一路”基础设施建设等方面的项目信息，加强产品业务及风险管理等领域的全方位交流，相互学习借鉴风险管理经验，防范商业经营风险，进行业务合作创新，联合为走出去企业提供订制化的产品方案、提供专业化的跨境融资和服务平台，实现优势互补，共同提升金融服务“一带一路”倡议的能力与成效。

与此同时，“一带一路”建设不仅需要投融资合作，还涉及大量配套金融服务，包括代理行关系、银团贷款、资金结算和清算、项目贷款、账户管理、风险管理等。在尚未实现互设机构的情况下，“一带一路”沿线国家的银行之间建立和扩大代理行关系是帮助所在国获取金融服务的重要渠道。提供代理服务的代理银行与接受代理服务的委托银行按照协议约定，以互惠的方式提供基础性金融服务，满足各类金融服务需求。

三是加大金融监管当局交流力度，在对等原则下扩大对“一带一路”银行的开放条件。金融监管当局之间的交流与合作，对于确保竞争环境的公平、透明、可预期不可或缺。一方面，建议金融监管当局重点就市场准入进行深入的沟通，了解和妥善处理彼此间的关系，共同消除各种不合理的准入壁垒和限制，提供开放、公平、有序的监管环境。国内监管当局适当放宽“一带一路”沿线国银行在华设立机构和申请相关业务资格的条件，简化和缩短审批流程和时限，为在华外资争取相对宽松的经营环境，监管要求也要适应其业务规模和复杂程度，不必刻意追求监管全覆盖。另一方面，金融监管当局之间通过加强当地宏观经济形势、金融市场发展情况和趋势、金融监管理念和制度、投资机会和风险、大型银行在当地的经营和风险等信息交流，可搭建中外资银行业务交流沟通平台，利用好同业公会专委会等业务平台，可以有效增进了解和互信，推动中资银行和“一带一路”在华分支机构的业务对接。最后，监管当局还应加强在跨境机构处置和危机管理、反洗钱、宏观审慎管理等方面的监管合作，更好地维护区域金融市场信心和金融体系稳定，防控风险。

（四）充分构建金融基础设施和金融网络，切实为"一带一路"建设提供金融支持

一是合理灵活运用开发性金融。作为一种独特的金融形态，开发性金融在中国的发展具有中国特色，以中国国家开发银行为代表的开发性金融机构蓬勃发展，成为很多发展中国家进行融资的重要伙伴。服务于国家战略、依托信用支持、不靠政府补贴、市场化运作、自主经营、注重长期投资、保本微利、财务上有可持续性，介于减让式和商业性资金支持之间的开发性金融在"一带一路"资金融通中发挥重要作用。此外，为"一带一路"沿线国家的基础设施提供同融资服务，是亚投行的重要领域，亚投行应该重视发行绿色债券、人民币债券、非核心货币债券等，有利于提高融资效率，避免汇率风险。

二是更好发挥新开发银行的作用。新开发银行（即金砖银行）提出的时间比亚投行还早一年，但后者除最初 57 个发起成员国，2017 年已经扩容成为了有 70 个成员的国际机构，全球瞩目；而前者目前仅有最初的五个发起成员国。建议采取亚投行的模式，适时对新开发银行进行扩容，以更好吸引和吸纳"一带一路"相关国家的参与，同时也有利于相关利益互绑策略的实施。

从目标定位看，新开发银行对标的是世界银行等全球开发机构，承担的是推动全球政治经济体系改革的重任，相比于亚投行，这一更为高远的定位必然要求新开发银行实施扩容。从金砖银行更名为新开发银行，全球性银行的定位昭然若揭，未来该行将为世界各地的国家提供银行贷款，在项目选择上，基础设施建设和可持续发展项目是新开发银行的主要关注点，而这两个方面同样也是"一带一路"沿线国家经济发展中遇到的瓶颈，新开发银行在"一带一路"沿线这一区域可以也应该有所作为。

从治理模式看，新开发银行的基本原则是完全平等原则，而亚投行的倡议和推进则采取了明显不同的策略：中国是亚投行的倡议国、首席谈判代表主席国，在其中扮演着主导性引领的角色，是理念的倡议者、机构的发起者、最为活跃的引领者、积极斡旋的协调者，并在其中实现了与中国提倡的"一带一路"等国家战略的对接。实践证明，中国"以我为主"的模式是亚投行这一多边开发机构稳步推进的核心因素。中国完全可以在新开发银行扩容的过程中汲取亚投行模式中的良好实践，在新开发银行发挥更大的建设性作用，并将其更好地对接"一带一路"等国家战略，以在利益互绑的基础上为全球经济治理改革注入新的活力。

从策略实施看，在我国"一带一路"倡议推进的过程中，新开发银行吸收"一带一路"沿线国家可助推利益互绑策略的实施，吸收"一带一路"终点的发达国家则有利于提升自身的国际信用评级，从而实现长远可持续发展。由于新开发银行的五大成员国目前都受到经济下行的压力，新开发银行当前面临的一

个重要挑战就是缺乏良好的国际评级。如果长期无法获得良好评级，则无法以较低成本或全球竞争力的成本支持基础设施建设和可持续发展项目，其战略目标的实现效果将大打折扣。因此，有影响力的发达国家的加入，将有力地加强银行的国际信用评级，从而降低国际融资成本，实现财务上的可持续性和作为多边开发机构的长期可持续发展。

三是推进金融机构和金融服务的网络化布局。金融机构和金融服务的网络化布局主要指通过资本市场联通、金融基础设施联通、发挥国际金融中心的作用等，形成互联互通、利益共享、风险共担的网络化合作格局，发挥沿线国家合力，有效调动国内和国际资源，为“一带一路”建设提供长期的、可靠的金融支撑。

（1）资本市场联通。促进资本市场联通，可以撬动更多国际资金，逐渐减少“一带一路”建设对传统银行贷款的过度依赖，帮助沿线国家形成层次合理、功能互补的金融市场和丰富的产品体系。近年来，随着人民币国际化的不断推进和人民币加入国际货币基金组织特别提款权（SDR）货币篮子，波兰、俄罗斯等沿线国家已在中国债券市场成功发行人民币债券（熊猫债）。

（2）金融基础设施联通。金融基础设施主要包括支付结算体系、法律体系等金融运行的监管规则和制度安排等内容。“一带一路”沿线国家金融基础设施联通有助于保证金融市场高效运行和整体稳定。近年来在这方面已有一些进展，例如，中国银联作为中国的银行卡清算组织，其跨境使用网络已遍布全球160个国家和地区，包括众多“一带一路”沿线国家，不仅为各国企业和居民提供了优质、安全、高效的支付服务，而且参与和帮助了当地支付体系建设。在金融科技的发展和带动下，各国可以更有效地推动以互联网/电信支付、手机银行为核心的普惠金融，加强经验交流，为“一带一路”建设提供多渠道、广覆盖的金融服务。金融基础设施的联通还有助于推动各国在发展理念、监管标准、治理规则等方面协调一致，达到规则的相通。

（3）发挥国际金融中心的作用。这是金融机构和金融服务实现网络化布局的关键环节。沿线国家和地区的一些区域性、国际性金融中心如中国香港、英国伦敦等，不仅拥有数量众多的机构投资者，同时还连接着全球的机构投资者，可以成为“一带一路”项目融资的重要渠道。国际金融中心还聚集着全球主要的金融机构和会计、审计等服务机构，能为“一带一路”建设项目提供各种专业的项目融资和风险管理等服务，有效防范金融、法律、环境、市场等风险。

（五）积极发挥人民币国际化在“一带一路”建设中的作用

一是助力人民币成为基础设施融资体系的主流货币，积极推进人民币自由兑换的进程。据亚投行估计，2010年至2020年间，仅丝路经济带沿线八国的基础建设所需投资累计可达到5.7万亿美元，融资需求和融资缺口巨大，在亚投行、丝路基金等政策性金融项目的支持下，推动人民币成为基础设施融资的主流货币，特别是在对外投资和项目贷款中增加人民币产品，提高人民币在沿线基础设施建设中的参与程度，并利用货币互换合作，引导人民币进入当地授信系统，增加人民币作为基础设施建设的资金来源。与此同时，积极推进人民币自由兑换的进程。继沪港通和深港通相继开通后，打开了互联互通的新局面，促进了资本市场的开放和改革，同时上海自由贸易试验区对“自由贸易账户”的试验也是人民币实现开放兑换的有力尝试。未来在人民币实现全面可兑换的背景下，“企业走出去+人民币资本输出”将可能成为人民币国际化深入推进的主线。

二是加深金融改革，促进金融创新，助力人民币“走出去”。我国与“一带一路”沿线国家进行贸易往来和互相投资的过程中，金融创新至关重要，利用金融创新推进沿线各国的经济结构调整，实现产业升级。同时，通过创造人民币国际化条件，促进国内的金融自由化、改革和开放，重视民间资本对外投资和海外输出的重要作用，创造市场需求，鼓励海外主体的贷款和融资，扩大人民币资本输出的机会，进一步发展人民币国际化战略。

三是推动发展大宗商品的人民币期货市场，获取大宗商品的国际定价权。大宗商品是“一带一路”沿线重要的投资机遇，沿线国家随着发展能够长期推动中国商品的需求，并吸收中国固定资产投资驱动产业的过剩产能。建议加强人民币的流动和风险管控，满足大宗商品交易对定价机制和市场风险管理的高要求。针对沿线地区大宗商品交易的需求，利用主要大宗商品开发人民币计价的商品期货交易产品，允许更多境外企业与金融机构参与期货交易，同时吸引更多国际投资者，为人民币成为大宗商品计价结算货币提供支持。

总体而言，在金融助力“一带一路”倡议的实施过程中，中国应利用好相对优势，以利益互绑促共赢共享，以对等原则扩大开放，以金融机构的商业化运作贯彻国家大战略，以金融手段建设命运共同体，同时积极果敢地推动人民币国际化，占据金融主动，体现强国风范。另外，金融作为经营风险的专业行业，在“一带一路”建设过程中，可通过多种方式加速汲取海外展业与风控经验，在新的国际风险环境中守住不发生区域性和系统性风险底线，保障“一带一路”倡议中金融作用的稳健发挥，同时促进金融业自身的战略发展与转型。

课题组组长：张光平
课题组成员：丛阳、王玮、周叶菁、杨蓓蓓、吕婕、
寇宏、胥金昊、周仲强、范颖

附表 1　部分外资银行出售中资银行股份相关情况表

外资银行名称	参股中资银行	参股时间	参股比例	出售时间
花旗银行	浦发银行	2002 年	4.63%	2012 年
瑞银集团	中国银行	2005 年	1.33%	2008 年
苏格兰皇家银行	中国银行	2005 年	8.25%	2008 年
美国银行	中国建设银行	2005 年	9%	2009 年、2013 年分别减持至全部出售
高盛集团	中国工商银行	2006 年	7%	6 次减持至 2013 年全部出售
德意志银行	华夏银行	2006 年	19.99%	2015 年
西班牙对外银行	中信银行	2007 年	15%	2015 年
恒生银行	兴业银行	2004 年	15.98%	2015 年
花旗银行	广发银行	2006 年	20%	2016 年
澳新银行	上海农村商业银行	2007 年	20%	2017 年

附表 2　“一带一路”沿线国家银行在华设立分支机构情况表

序号	分类	国别	外资银行名称	在华机构
1	蒙古 俄罗斯 中亚 7 国	蒙古	蒙古国郭勒穆特银行有限公司	北京代表处
2		俄罗斯	俄罗斯信贷商业银行	北京代表处
			俄罗斯外贸银行公众股份公司	上海分行 北京代表处
			俄罗斯工业通讯银行公众式股份有限公司	北京代表处
			俄罗斯开发与对外经济银行（外经银行）国有公司	北京代表处
			俄罗斯天然气工业银行股份公司	北京代表处
			俄罗斯欧洲金融莫斯科人民银行股份公司	北京代表处
			俄罗斯储蓄银行公开股份公司	北京代表处
			俄罗斯农业银行股份公司	北京代表处
3		哈萨克斯坦	哈萨克斯坦人民储蓄银行公开股份公司	北京代表处
4		吉尔吉斯斯坦	暂无	
5		塔吉克斯坦	暂无	
6		乌兹别克斯坦	暂无	
7		土库曼斯坦	暂无	

续表

序号	分类	国别	外资银行名称	在华机构
8	东南亚11国	越南	暂无	
9		老挝	暂无	
10		柬埔寨	暂无	
11		泰国	泰国汇商银行大众有限公司	北京代表处
			泰国开泰银行（大众）有限公司	星明财务公司深圳分行 成都分行 北京代表处 昆明代表处 上海代表处
			泰国泰京银行大众有限公司	昆明分行
			盘谷银行（中国）有限公司	上海总行 （下设5家分行，1家支行）
			正信银行有限公司	上海总行
12		马来西亚	马来西亚马来亚银行有限公司	上海分行 昆明分行 北京分行 深圳分行
			马来西亚丰隆银行有限公司	南京代表处
			马来西亚联昌银行股份有限公司	上海分行
13		新加坡	星展银行（中国）有限公司	上海总行 （下设12家分行，24家支行）
			大华银行（中国）有限公司	上海总行 （下设11家分行，5家支行）
14		印度尼西亚	印度尼西亚曼底利银行	上海分行
15		文莱	暂无	
16		菲律宾	首都银行（中国）有限公司	南京总行 （下设4家分行，2家支行）
			菲律宾首都银行及信托有限公司	北京代表处
			新联商业银行	厦门总行 （下设1家分行）
			菲律宾金融银行股份有限公司	北京代表处
17		缅甸	暂无	
18		东帝汶	暂无	

续表

序号	分类	国别	外资银行名称	在华机构
19	南亚8国	印度	印度国家银行	天津分行 上海分行
			印度银行	深圳分行 北京代表处
			印度爱西爱西爱银行	上海分行
			印度巴鲁达银行有限公司	广州分行
			印度旁遮普国家银行	上海代表处
			印度卡纳拉银行	上海分行
			印度同心银行有限公司	上海分行
			印度联合银行	北京代表处 上海代表处
20		巴基斯坦	巴基斯坦哈比银行有限责任公司	北京代表处 乌鲁木齐分行
			巴基斯坦国民银行股份有限公司	北京代表处
			巴基斯坦联合银行股份有限公司	北京代表处
			巴基斯坦艾尔哈比银行有限公司	北京代表处
			巴基斯坦阿斯卡利银行股份有限公司	北京代表处
			巴基斯坦联盟银行有限公司	北京代表处
21		孟加拉国	暂无	
22		阿富汗	暂无	
23		尼泊尔	暂无	
24		不丹	暂无	
25		斯里兰卡	暂无	
26		马尔代夫	暂无	
27	中东欧16国	波兰	暂无	
28		捷克	暂无	
29		斯洛伐克	暂无	
30		匈牙利	暂无	
31		斯洛文尼亚	暂无	
32		克罗地亚	暂无	
33		罗马尼亚	暂无	
34		保加利亚	暂无	

续表

序号	分类	国别	外资银行名称	在华机构
35	中东欧16国	塞尔维亚	暂无	
36		黑山	暂无	
37		马其顿王国	暂无	
38		波黑	暂无	
39		阿尔巴尼亚	暂无	
40		爱沙尼亚	暂无	
41		立陶宛	暂无	
42		拉脱维亚	暂无	
43	独联体其他6国	乌克兰	暂无	
44		白俄罗斯	白俄罗斯银行储蓄银行公开股份公司	北京代表处
45		摩尔多瓦	暂无	
46		格鲁尼亚	暂无	
47		阿塞拜疆	暂无	
48		亚美尼亚	暂无	
49	西亚北非16国	土耳其	土耳其担保银行股份公司	上海代表处
			土耳其实业银行股份公司	上海代表处
50		伊朗	伊朗德佳拉特银行	北京代表处
51		叙利亚	暂无	
52		伊拉克	暂无	
53		阿联酋	阿联酋联合国民银行公开合股公司	上海代表处
			阿联酋国民银行股份有限公司	北京代表处
			阿联酋阿布扎比银行上市股份公司	上海代表处
54		沙特阿拉伯	沙特阿拉伯国家商业银行股份有限公司	上海代表处
55		卡塔尔	卡塔尔多哈银行股份有限公司	上海代表处
			卡塔尔国民银行公共有限公司	上海代表处
56		巴林	暂无	
57		科威特	科威特国民银行股份有限公司	上海分行
58		黎巴嫩	暂无	
59		阿曼	暂无	
60		也门	暂无	
61		约旦	约旦阿拉伯银行公众有限公司	上海代表处
62		以色列	以色列国民银行有限公司	上海代表处

续表

序号	分类	国别	外资银行名称	在华机构
63	西亚北非16国	巴勒斯坦	暂无	
64		埃及	埃及国民银行股份公司	上海分行
			埃及银行	广州代表处

附表3　“一带一路”国家银行在上海设立机构情况表

	“一带一路”国家在上海设立机构情况	国别
	“一带一路”国家：外资法人	
1	盘谷银行（中国）有限公司上海分行	泰国
2	星明财务有限公司	泰国
3	正信银行有限公司	泰国
4	星展银行（中国）有限公司上海分行	新加坡
5	华侨银行（中国）有限公司上海地区	新加坡
6	大华银行（中国）有限公司上海分行	新加坡
7	首都银行（中国）有限公司上海分行	菲律宾
	“一带一路”国家：外资分行	
8	印度国家银行上海分行	印度
9	印度同心银行有限公司上海分行	印度
10	印度卡纳拉银行上海分行	印度
11	印度爱西爱西爱银行有限公司上海分行	印度
12	马来西亚马来亚银行有限公司上海分行	马来西亚
13	马来西亚联昌银行股份有限公司上海分行	马来西亚
14	印度尼西亚曼底利银行有限责任公司上海分行	印尼
15	俄罗斯外贸银行公开股份公司上海分行	俄罗斯
16	埃及国民银行股份公司上海分行	埃及
17	阿联酋联合国民银行公开合股公司上海分行	阿联酋
18	科威特国民银行股份有限公司上海分行	科威特
19	泰国开泰银行（大众）有限公司上海分行（筹）	泰国
	“一带一路”国家设立银行合计19家	
	“一带一路”国家：代表处	
1	阿布扎比银行上市股份公司上海代表处	阿联酋
2	卡塔尔多哈银行股份有限公司上海代表处	卡塔尔
3	卡塔尔国民银行公共有限公司上海代表处	卡塔尔

续表

	"一带一路"国家在上海设立机构情况	国别
4	泰国开泰银行（大众）有限公司上海代表处	泰国
5	土耳其实业银行股份公司上海代表处	土耳其
6	土耳其担保银行股份公司上海代表处	土耳其
7	印度联合银行上海代表处	印度
8	印度旁遮普国家银行上海代表处	印度
9	约旦阿拉伯银行公众有限公司上海代表处	约旦
10	沙特阿拉伯国家商业银行上海代表处	沙特
11	以色列国民银行上海代表处	以色列
"一带一路"国家设立代表处合计11家		

国内商业银行参与大宗商品业务的现状及发展研究

摘要：随着我国国民经济的快速增长，我国大宗商品贸易近年来得到繁荣发展，已成为全球最大的大宗商品消费国和初级产品的主要生产国。但多数大宗商品定价权仍然旁落，国内大宗商品企业避险需求也得不到有效满足，这与国内大宗商品衍生品市场发展较慢有着密切关系，而国内商业银行不能深入全面参与其中则是重要原因。本文详细研究了全球及美国、英国与新加坡等国外主要大宗商品市场的发展情况、法律法规状况及商业银行参与情况等，指出目前国内大宗商品市场发展存在的不足以及商业银行参与其中存在的主要障碍。据此，本文从提升部分重要大宗商品定价权、更好服务实体经济发展的角度，建议秉承"夯实内功、隔离风险"的原则，沿着"由易及难、逐步推进"的路径，审慎推动商业银行发展大宗商品业务。

一、全球及国外主要大宗商品衍生品市场概况

（一）全球大宗商品衍生品市场基本情况

1. 交易所市场（Exchange－traded）简况

根据美国期货行业协会数据，2016 年，全球 76 个主要交易所的期货和期权交易量同比上升 1.7% 至 25.22 亿手，超过此前 2011 年 24.98 亿手的高峰，创历史纪录。分地区看，欧美地区增长强劲。细分来看，北美地区交易量同比上升 4.8% 至 8.59 亿手，欧洲地区交易量同比上升 8.0% 至 5.18 亿手，两个地区均创历史高峰；拉丁美洲地区交易量同比上升 11.3% 至 1.62 亿手；相反，亚洲地区交易量同比下降 5.3% 至 9.18 亿手，其他地区[①]交易量同比下降 0.6% 至 0.65 亿手。分产品看，大宗商品交易增长快速。细分来看，股权指数交易量同比下降 14.7% 至 7.12 亿手，单个股票交易量同比下降 7.8% 至 4.58 亿手，利率交易量同比增长 8.1% 至 3.51 亿手，货币交易量同比增长 10.0% 至 3.08 亿手，农产品交易量同比增长 56.9% 至 2.21 亿手，能源产品交易量同比增长 17.8% 至 1.93 亿手，非贵金属产品交易量同比增长 46.6% 至 4.58 亿手，贵金属产品交易量同

---

① 其他地区包括希腊、以色列、南非及土耳其。

比下降1.4%至0.31亿手，其他产品[1]交易量同比下降24.9%至0.62亿手。

2. 场外市场（OTC）简况

根据国际清算银行（BIS）数据，2016年6月末，全球大宗商品场外衍生品名义本金为1.39万亿美元，较2015年底增加5.45%。分产品看，黄金白银等贵金属发展较快。其中，黄金名义本金为0.34万亿美元，较2015年底增加18.18%；其他贵金属名义本金为630亿美元，较2015年底增加21.15%；其他大宗商品名义本金为0.99万亿美元，较2015年底增加1.01%。分结构看，远期与互换产品增长较快。远期与互换名义本金为0.95万亿美元，较2015年底增加7.21%；期权名义本金为0.44万亿美元，较2015年底增加2.08%。

（二）美国大宗商品衍生品市场基本情况

1. 主要法律法规简况

《商品交易法》（*Commodity Exchange Act*，CEA）是美国期货市场最基本的法律规范，是美国商品期货交易委员会制定相关规章（CFTC Regulations）的法律基础。《商品交易法》规范了期货市场包括商品期货交易委员会、交易设施、结算系统、市场参与者和市场专业人士在内的所有主体行为以及相关的投资工具，其目的是通过建立高效的法律体系，威慑和防范市场价格操纵或任何扰乱市场诚信的行为，确保财务完整性并避免系统性风险，保护所有市场参与者免受欺诈或其他不良行为或滥用客户资产行为的影响，促进负责任的创新和交易所之间、其他市场之间和市场参与者之间的公平竞争，维护公共利益。美国商品期货交易委员会（U. S. Commodity Futures Trading Commission，CFTC）负责根据《商品交易法》制定商品衍生品市场的规则，期货交易所如芝加哥商品交易所集团（CME Group）作为自律组织，负责维护自身市场完整性，并可制定相应规则，适用于交易所的所有参与者，而不仅仅是成员。如所有参与者，包括清算会员、期货经纪商（FCM）、外国经纪商以及综合申报机构（Omnibus reporting firms）等须按照规定申报市场数据和头寸信息，以确保市场参与者遵守交易所头寸限制和头寸责任水平。

此外，2010年出台的多德—弗兰克法案也有规范大宗商品衍生品的条款。一是将之前缺乏监管的场外衍生品市场纳入监管视野，要求大部分衍生品须在交易所内通过第三方清算进行交易。二是限制银行自营交易及高风险的衍生品交易。在自营交易方面，允许银行投资对冲基金和私募股权，但资金规模不得高于自身一级资本的3%。在衍生品交易方面，要求金融机构将农产品掉期、能源掉期、多数金属掉期等风险最大的衍生品交易业务拆分到附属公司，但自身可保留利率掉期、外汇掉期以及金银掉期等业务。三是设立新的破产清算机制，

[1] 其他产品包括商品指数、信用、化肥、航运、住房、通胀、木材、塑料及天气。

由联邦储蓄保险公司（FDIC）负责，责令大型金融机构提前做出自己的风险拨备，以防止金融机构倒闭再度拖累纳税人救助。2016 年 9 月，美联储发布有关对金融控股公司从事大宗商品实物交易增加限制要求的新规提案，包括对部分大宗商品交易增加额外的资本要求、不进行发电站相关大宗商品实物交易及加强信息披露等，以希望降低大宗商品交易给金融机构带来的法律风险、声誉风险、财务风险和环保风险。

2. 交易所市场（Exchange - traded）简况

（1）主要交易所情况

美国主要有两家大宗商品交易所，分别是芝加哥商品交易所集团（CME Group）与美国洲际交易所（ICE）。其中芝加哥商品交易所是全球最大的交易所，其由四个曾是独立交易所的部门组成：芝加哥商业交易所（CME）、芝加哥期货交易所（CBOT）、纽约商业交易所（NYMEX）与纽约商品交易所（COMEX）。芝加哥商品交易所集团（CME Group）提供的产品范围极广，几乎覆盖所有资产类别，主要包括农产品、能源、金属、股指以及外汇等，既为各类资产提供期货及期权交易平台，也提供中央对手清算服务，拥有中央清算中心以及位于伦敦的附属清算中心。中央交易对手结算的概念也正是于 19 世纪中期由芝加哥商品交易所集团（CME Group）旗下的芝加哥期货交易所（CBOT）首度提出。2016 年，芝加哥商品交易所集团（CME Group）的全年交易量为 39.42 亿手，同比增加 11.6%，交易量居全球首位。

美国洲际交易所（ICE）经过多年发展，如 2010 年收购天气交易所（Climate Exchange）、2013 年收购纽约证券交易所（NYSE）、2014 年收购新加坡商品交易所（Singapore Mercantile Exchange），目前已形成较为综合全面的金融服务能力，包括主要产品类别的场内交易服务、清算服务（包括能源与信用的中央对手清算服务）、上市服务、数据服务以及科技支持服务等。2016 年，美国洲际交易所（ICE）的全年场内交易量（期货与期权）为 20.38 亿手，同比增加 1.9%，交易量居全球第 3 位。

（2）主要交易所会员管理情况

芝加哥商品交易所集团（CME Group）和美国洲际交易所（ICE）提供不同类型的会员资格，以决定会员可交易的产品类型或可能进行的活动。以芝加哥商品交易所集团（CME Group）为例，其旗下的芝加哥商业交易所（CME）、芝加哥期货交易所（CBOT）、纽约商业交易所（NYMEX）与纽约商品交易所（COMEX）四个交易所的会员管理要求相互独立。会员资格分为三类：公司会员、个人会员及清算会员。

公司会员允许合格企业以优惠价格在交易所进行自营交易，通常分为股权会员公司（对冲基金）、股权会员公司（非对冲基金）、附属会员公司、家族基金会员公司、交易会员公司及电子公司会员公司。个人会员允许个人以更低的利率及费率交易特定产品，会员资格可以买卖，也可以租赁。

清算会员是仔细挑选、密切监测且资本充足的公司，负责所有的交易清算，无论该交易是代表客户、会员还是自身进行的。清算会员应满足以下一般标准：①清算会员须是公司、合伙企业或合作协会；②清算会员应具备在伊利诺斯州或纽约州或通过代理在上述两州开展业务的资格；③清算会员须有清算所风险委员会同意的授权代表；④清算会员应具备相应的业务开展能力；⑤清算会员应保证其已获各方监管批准（若有）；⑥清算会员应具备相应的财政素质及道德品质；⑦清算会员应同意遵守所有的交易所规则；⑧清算会员应同意担保并承担所有的责任；⑨清算会员应遵守交易所制定的所有关于代客与自营的信贷政策；⑩清算会员应持续保持良好的监管评价。除此之外，清算会员还应满足席位要求、担保基金要求、资本要求、定期报告等要求。以芝加哥商业交易所（CME）的清算会员资格为例，除了满足一般要求，在席位要求方面，清算会员需要购买7个CME席位（2个CME席位（可交易所有品种），2个IMM席位（可交易外汇期货和利率期货），2个IOM席位（可交易指数期货、木材期货和所有的期权合约）和1个GEM席位（可交易除IMM及IOM之外的其他各类合约）），且其中1个CME席位，1个IMM席位，1个IOM席位和1个GEM席位必须由清算会员或其母公司或至少在清算会员上投资50万美元的个人持有。在担保基金要求方面，若仅清算交易所内的期货和期权，需缴纳50万美元或等值股份的担保基金份额；若清算交易所内的期货和期权以及除CDS和IRS之外的OTC产品，需缴纳250万美元或等值股份的担保基金份额。在资本要求方面，清算会员资本需同时满足CFTC和美国证监会（SEC）的资本要求。对于非银行清算会员而言，若仅清算交易所内的期货和期权，资本不低于500万美元；若清算任何OTC衍生产品，资本不低于5 000万美元。对于银行清算会员而言，若仅清算交易所内的期货和期权，一级资本不低于50亿美元；若清算任何OTC衍生产品，一级资本不低于500亿美元。截至2017年3月，芝加哥商品交易所集团（CME Group）的多数清算为投资银行（证券公司）、经纪商等，商业银行中仅有德意志银行（Deusche Bank AG）、苏格兰皇家银行（The Royal Bank of Scotland PLC）提供CME、CBOT、NYMEX及COMEX的场内期货与期权清算，另外加拿大丰业银行（The Bank of Nova Scotia）提供COMEX的场内期货与期权清算。

3. 场外市场（OTC）简况

根据美国货币监理署（OCC）发布的《2016年第四季度银行交易与衍生活动季度报告》数据，2016年第四季度末，美国银行业[①]衍生品名义本金较上季

---

① 包括所有的受保险的商业银行（含信托公司）与储蓄机构，2016年第四季度合计1 420家。

度减少 12.26 万亿美元至 165.20 万亿美元，其中四大商业银行[①]占据其中 89.3%的比重。分产品看，利率衍生品名义本金较上季度减少 8.57 万亿美元至 124.43 万亿美元，汇率衍生品名义本金较上季度减少 2.12 万亿美元至 31.74 万亿美元，股权衍生品名义本金较上季度减少 0.25 万亿美元至 2.49 万亿美元，大宗商品衍生品名义本金较上季度减少 550 亿美元至 1.26 万亿美元，信用衍生品名义本金较上季度减少 1.27 万亿美元至 5.29 万亿美元。分结构看，期货与远期名义本金较上季度减少 2.77 万亿美元至 34.19 万亿美元，互换名义本金较上季度减少 6.63 万亿美元至 96.38 万亿美元，期权名义本金较上季度减少 1.6 万亿美元至 29.33 万亿美元，信用衍生品名义本金较上季度减少 1.27 万亿美元至 5.29 万亿美元。

2016 年第四季度末，美国银行业场外衍生品名义本金合计 102.63 万亿美元。其中，利率衍生品名义本金为 65.12 万亿美元，外汇衍生品名义本金为 30.47 万亿美元，股权衍生品名义本金为 2.03 万亿美元，贵金属衍生品名义本金为 290 亿美元，信用衍生品名义本金为 4.15 万亿美元，其他衍生品名义本金为 0.81 万亿美元。集中清算的衍生品名义本金合计 65.07 万亿美元。其中，利率衍生品名义本金为 62.93 万亿美元，外汇衍生品名义本金为 3 120 亿美元，股权衍生品名义本金为 6 210 亿美元，贵金属衍生品名义本金为 20 亿美元，信用衍生品名义本金为 1.07 万亿美元，其他衍生品名义本金为 1 420 亿美元。

（三）欧洲大宗商品衍生品市场基本情况

1. 主要法律法规简况

欧洲有多项法规规范大宗商品交易。一是《金融工具市场指令》（MiFID）要求开展大宗商品衍生品交易的实体必须由其所在国家的国家主管机构授权和监管或获豁免，其中金融机构不可豁免。2014 年初欧盟就《金融工具市场指令 II》（MiFIDII）的基本内容达成协议，并在最终版本中规定在受管辖的市场、多边交易的机构或是有组织的交易机构中交易的商品衍生品，都被认为是金融工具的一种。因此，它们需受持仓限制制度的制约，唯一的例外是实物交割的远期天然气和电力。二是《欧洲市场基础设施监管规则》（EMIR）旨在增强场外衍生品市场交易的透明性和降低交易对手的信用风险，适用于欧洲及非欧洲金融机构及公司。《欧洲市场基础设施监管规则》（EMIR）主要规定了资本与市场保证金制度、集中清算、交易报告与其他双边风险管理四个方面的责任，并要求相关机构把场外衍生品交易合约的详细信息报告给交易登记机构和监管当局，同时引入严格的规章制度以确保中央对手方能够按照行业标准谨慎操作。三是《市场滥用监管条例》（MAR）于 2016 年 7 月正式生效，对包括大宗商品市场行

① 分别是摩根大通、花旗银行、高盛及美国银行。

为在内的交易行为进行了规范，该法规禁止市场滥用，操纵和泄露被允许在欧盟场所进行交易的大宗商品衍生品的内部信息。

2. 交易所市场（Exchange - traded）简况

（1）主要交易所情况

伦敦金属交易所（LME）是世界上最大的有色金属交易所，交易品种主要有铜、铝、铅、锌、镍、锡及铝合金等，在有色金属等大宗商品的定价权方面有举足轻重的地位，其价格在全球范围内被用作基准参考价格。2012 年，伦敦金属交易所（LME）被香港交易所（Hong Kong Exchange and Clearing）收购，2015 年伦敦金属交易所（LME）成交了全球约 3/4 的工业金属期货合约，2016 年伦敦金属交易所（LME）的交易量为 1.56 亿手，同比下降 7.7%。伦敦金属交易所（LME）的 4 个金属产品交易量位列全球前二十，铝期货、A 级铜期货、特高级锌期货、初级镍期货的交易量分别位列全球第 8、第 12、第 14 及第 17 位。2017 年，伦敦金属交易所（LME）还计划推出黄金及白银期货。

（2）主要交易所会员管理情况

伦敦金属交易所（LME）有 7 种会员资质，分别具备不同等级的入市资格和业务限制。第 1 ~3 类会员是清算会员，第 4 类会员是非清算会员，第 5 类会员是交易所会员的客户，第 6 ~7 类会员为个人和荣誉会员预留。第 1 类会员可独家在交易大厅交易，也可在电子交易平台 LMEselect 和电话市场交易，并可发布客户合约。截至 2017 年 3 月底，第 1 类会员共有 9 名，比如合并金属贸易有限公司（Amalgamated Metal Trading Limited）、建银国际商品（英国）有限公司（CCBI Metdist Global Commoditites（UK）Limited）。第 2 类会员可在电子交易平台 LMEselect 和电话市场交易，可发布客户合约，但不可在交易大厅交易。截至 2017 年 3 月底，第 2 类会员共有 31 名，绝大多数都是商业银行或投资银行（券商），比如德意志银行（Deusche Bank AG）、汇丰银行（HSBC Bank PLC）、渣打银行（Standard Chartered Bank）、高盛国际（Goldman Sachs International）等。第 3 类会员可在电子交易平台 LMEselect 和电话市场交易，但不可发布客户合约，也不可在交易大厅交易。截至 2017 年 3 月底，第 3 类会员共有 4 名，比如亨特道格拉斯金属有限公司（Hunter Douglas Metals LLC）。第 4 类会员可在电子交易平台 LMEselect 和电话市场交易，在监管当局批准的情况下可发布客户合约，但不可在交易大厅交易。截至 2017 年 3 月底，第 4 类会员共有 5 名，其中 3 名是商业银行，比如澳新集团（ANZ Banking Group Limited），巴克莱银行（Barclays Bank PLC）。第 5 类会员仅可在电话市场交易。截至 2017 年 3 月底，共有 48 名 5 类会员。

一般来说，要成为伦敦金属交易所（LME）的清算会员，需要一定的净资产，并持有一定量的股权，拥有对其可能涉及的相关清算产品足够的相关经历及知识，且有合适的系统来从事相关的清算活动。除了正常提交申请材料之外，伦敦金属交易所（LME）还会对申请机构进行尽职调查，同时需要通过伦敦金属交易所（LME）清算执行风险委员会的审批，且完成相关的培训和测试，并向违约基金事先支付经计算得到的一定保证金。

伦敦金属交易所（LME）的会员权利与标准可参照表1。

表1 伦敦金属交易所会员权利与标准

会员类别	1类	2类	3类	4类	5类
交易大厅交易	是	否	否	否	否
电话交易	是	是	是	是	是
LMESELECT 交易	是	是	是	是	否
发布客户合约	是	是	否	需监管批准	否
LME 清算会员	是	是	是	否	否
是否需要展示监管批准	是	是	是	是	否
最低净资产	500万英镑	500万英镑	500万英镑	50万英镑	5万英镑
年度订阅费	95 000英镑	90 000英镑	30 000英镑	30 000英镑/75 000英镑	4 000英镑
B股最低持有量	25 000	25 000	5 000	2 500	无要求

（四）新加坡大宗商品衍生品市场基本情况

1. 主要法律法规简况

目前，新加坡国际企业发展局（IE）负责监督执行《大宗商品交易法》，监管大宗商品衍生品及现货，大宗商品期货监管权已于2008年由新加坡国际企业发展局（IE）转交给新加坡金融管理局（MAS）。新加坡金融管理局（MAS）根据《证券期货法》（SFA）和《财务顾问法》（FAA）监管大宗商品期货活动，外国实体可根据豁免许可证协议在新加坡进行受规管的期货活动，但此类协议（根据《财务顾问法》第82（2）条第9段豁免和《财务顾问法》附表1第11段）需要获得MAS批准。此外，根据新加坡商品交易法，大宗商品交易需要许可证（例如大宗商品经纪人、现货大宗商品经纪人、大宗商品交易顾问、商品期货池运营商等），但新加坡持牌银行不需要许可证。

2017年1月9日，议会通过修改相关法规，将大宗商品衍生品监管从新加坡国际企业发展局（IE）转移到新加坡金融管理局（MAS），但具体条款尚待正式实施。落实后，新加坡金融管理局（MAS）将负责监管含期货在内的所有大宗商品衍生品交易，新加坡国际企业发展局（IE）仅负责监管大宗商品现货交易。

2. 交易所市场（Exchange - traded）简况

（1）主要交易所情况

新加坡是世界上一流的加油港口，也是世界第三大石油交易中心。因此，新加坡交易所（SGX）拥有得天独厚的优势，提供一系列与能源价格相关的风险管理工具，如燃油期货合约和石油期货及掉期合约，其燃油相关指数对于相关企业的指导意义较强。此外，新加坡交易所（SGX）还提供其他大宗商品，包括铁矿石、橡胶、煤炭、石油化工产品、天然气、电力等。目前该交易所同时受新加坡金融管理局（MAS）和商业事务部（CAD）监管。2016 年，新加坡交易所（SGX）的场内交易量为 1.72 亿手，同比下降 6.2%，但通过 AsiaClear 平台进行的交易量同比大增 97.2% 至 0.16 亿手。

（2）主要交易所会员管理情况

新加坡交易所（SGX）的衍生产品会员分为交易会员、清算会员和专有交易会员。交易会员可以持有客户账户和资金，但需通过清算会员进行清算。交易会员可以是离岸公司，若需在新加坡经营，则必须持有最低 100 万新币的资本并持有资本市场服务许可证。若申请方申请的是远程交易会员，其必须遵守新加坡交易所（SGX）的资本及金融要求且在其运营地区拥有相关牌照。清算会员必须分开自有交易与交易会员的交易，且至少拥有 5 百万新币的资本且拥有资本市场服务执照。另外，清算会员可以为远程交易会员提供平台 AsiaClear 上产品的清算服务。专有交易会员仅为自己的账户或关联公司的专有账户进行交易，申请无需牌照要求以及资本要求，但需指定一名清算会员进行清算。

所有会员需要拥有能够支持商品流动性及金融部位的系统，独立的后台职能部门，以及对于涉及业务的本质、风险及相关义务有足够的、有深度的了解，且为人正直的员工。对于银行的申请，新加坡交易所（SGX）还将对其信用评级进行审查。在成为新加坡交易所（SGX）衍生产品会员后，会员有义务每月根据交易所得要求完成相应的报表，提交其该月的相关营业额，支出，风险暴露等信息。截至 2017 年 3 月，新加坡交易所（SGX）共有 24 家清算会员，主要是证券与期货公司，商业银行主要有汇丰银行（HSBC Bank LTD）及巴克莱银行（Barclays Bank PLC）；新加坡交易所（SGX）共有 53 家交易会员，主要是证券与期货公司，商业银行仅有汇丰银行（HSBC Bank LTD）。

二、国内大宗商品衍生品市场概况

1. 主要法律法规简况

在分业监管体制下，国内多个监管机构均颁布了与大宗商品衍生业务相关的规定。证券业监管方面，2007 年 3 月颁布，根据 2012 年 10 月《国务院关于修改〈期货交易管理条例〉的决定》及2016年3月《国务院关于修改部分行政法规的决定》修订的《期货交易管理条例》（中华人民共和国国务院令第489号）是我国机构和个人从事期货交易，包括商品和金融期货合约、期权合约交易及其相关活动的基本法规，对期货交易所、期货公司、期货交易及行业协会的基本规则均做出了规定，以维护期货市场秩序，防范风险，保护期货交易各方的合法权益和社会公共利益。该条例2007年出台后，1999年国务院发布的《期货交易管理暂行条例》同时废止。值得注意的是，2007年的《期货交易管理条例》取消了金融机构禁止参与期货交易的条款，为商业银行之后参与贵金属期货交易提供了可能性①。证监会根据该条例于同年制定了《期货交易所管理办法》（中国证券监督管理委员会令第42号），对期货交易所的机构设立、变更与终止，各类别（会员制、公司制）期货交易所的公司治理、会员管理、基本业务规则、监督管理以及法律责任进行了规范。

银行业监管方面，在中国分业经营体制下，《中华人民共和国商业银行法》（2015年修订）第三条商业银行业务范围中未包括大宗商品现货和期货交易，但该条文第十四款规定商业银行可经营“经国务院银行业监督管理机构批准的其他业务”，对银行参与既定范围之外的业务提供了一定灵活性。此外，银监会2011年修订发布的《银行业金融机构衍生产品交易业务管理办法》对银行业金融机构开展包括期货在内的衍生交易业务从市场准入、风险管理、市场营销等方面进行了规范。其中，第三十五条规定“银行业金融机构从事非套期保值类衍生产品交易，应当计提此类衍生产品交易敞口的市场风险资本”；第三十六条规定“银行业金融该机构从事非套期保值类衍生产品交易，其标准法下市场风险资本不得超过银行业金融机构核心资本的3%。监管部门可根据银行业金融机构的经营情况在该资本比例上限要求内实施动态差异化管理”。

外汇监管方面，国家外汇管理局2012年下发的《关于银行贵金属业务汇率敞口外汇管理有关问题的通知》（汇发〔2012〕8号）允许银行在向外管总局备案后，将贵金属业务汇率敞口视同自身结售汇交易进行平盘，但并未将银行因在对冲大宗商品代客交易境外平盘过程中产生的汇率敞口或外汇盈亏纳入银行结售汇综合头寸平盘。

2. 交易所市场（Exchange - traded）简况

（1）主要交易所情况

目前中国主要有4家期货交易所，按照成立先后顺序分别是郑州商品交易

① 《期货交易管理暂行条例》（1999年）第八条规定“期货交易所会员应当是在中华人民共和国境内登记注册的企业法人”。《期货交易管理条例》（2007年）将第八条修改为“期货交易所会员应当是在中华人民共和国境内登记注册的企业法人或者其他经济组织”。

所（Zhengzhou Commodity Exchange，1990）、大连商品交易所（Dalian Commodity Exchange，1993）、上海期货交易所（Shanghai Futures Exchange，1998）与中国金融期货交易所（China Financial Futures Exchange，2006），均是由国务院批准成立，受中国证监会监督管理，不以营利为目的的自律性管理法人。其中，郑州商品交易所主要交易农产品；大连商品交易所主要交易农产品与能源产品；上海期货交易所主要交易黄金白银以及铜铝锌铅、螺纹钢等金属类商品；中国金融期货交易所主要交易股指期货与国债期货。因此，国内提供大宗商品期货与期权的交易所主要有 3 家，分别是郑州商品交易所、大连商品交易所与上海期货交易所。此外，2013 年，经中国证监会批准，由上海期货交易所出资设立的上海国际能源交易中心，主要经营原油、天然气、石化产品等能源类衍生品，但截至 2017 年 2 月底，该交易所仍未正式上线包括原油期货在内的能源产品。

经过多年发展，国内三大商品期货交易所取得了长足发展。根据中国期货业行业协会数据，2016 年，国内三大商品期货交易所全年累计成交总额为 41.19 亿手，同比增长 27.26%，换算成人民币为 177.41 万亿元，同比增长 30%，发展态势良好。其中，上海期货交易所的全年交易额最高，为 16.81 亿手，同比增长 59.99%，换算成人民币为 84.98 万亿元，同比增长 33.71%；其次是大连商品交易所，全年交易额为 15.37 亿手，同比增长 37.73%，换算成人民币为 61.41 万亿元，同比增长 46.43%；最后是郑州商品交易所，全年交易额为 9.01 万亿，同比减少 15.79%，换算成人民币为 31.03 万亿，同比增长 0.16%。

与全球其他交易所相比，国内三大商品期货交易所在农产品以及金属产品领域已突现出一定规模与优势。大连商品交易所是全球第二大的大豆期货市场，多个农产品交易量位列全球前二十。2016 年，大连商品交易所的 7 个农产品交易量位列全球前二十，其中豆粕期货交易量为 3.89 亿手，同比增长 34.4%，是全球场内交易量最大的农产品品种。此外，棕榈油期货、棉花期货、豆油期货、玉米淀粉期货、黄大豆一号期货、鸡蛋期货的交易量分别位列全球第 3 位、第 4 位、第 7 位、第 10 位、第 13 位及第 19 位。上海期货交易所的铜期货价格已成为世界铜市场三大定价中心权威报价之一，多个金属产品交易量位列全球前二十。2016 年，上海期货交易所的 8 个金属产品交易量位列全球前二十，其中螺纹钢期货交易量为 9.34 亿手，同比增长 72.7%，是全球场内交易量最大的金属品种。此外，镍期货、白银期货、锌期货、铜期货、铝期货、热轧卷板期货、黄金期货的交易量分别位列全球第 3 位、第 4 位、第 5 位、第 6 位、第 10 位、第 11 位及第 13 位。郑州商品交易所的小麦和棉花期货已纳入全球报价体系，多个农产品交易量也位列全球前二十。2016 年，郑州商品交易所的菜籽粕期货、白糖期货、一号棉期货、菜籽油期货的交易量分别位列全球第 2 位、第 5 位、第 9 位及第 16 位。但同时应该看到，国内三大商品期货交易所在能源产品上与其他交易所仍缺乏竞争优势。2016 年，三大商品期货交易所总共仅有4个产品的交易量位列全球前二十。上海期货交易所的沥青期货、大连商品交易所的焦炭期货、郑州商品交易所的动力煤期货、大连商品交易所的硬焦煤期货分别位列全球第4位、第9位、第10位及第15位。

（2）主要交易所会员管理情况

国内主要交易所对于会员的管理相对统一，且较为简单。交易所均对会员申请人的企业信誉、经营管理能力、专业人员以及场所设施方面均设置了一定标准和要求，并基本上统一将会员区分为期货公司会员（经纪会员）和非期货公司会员（非经纪会员），且要求申请期货公司会员的，须持有中国证监会核发的《期货经纪业务许可证》，但对于会员的净资本要求有所差异。具体来看，郑州商品交易所与大连商品期货交易所均要求申请非期货公司会员的，须拥有500万（含）以上的注册资本，而上海期货交易所无此要求。另外，大连商品期货交易所要求申请期货公司会员的，须拥有3 000万（含）以上的注册资本，郑州商品交易所与上海期货交易所则无此要求。目前，受我国分业经营和监管体制的限制，商业银行仅是上海期货交易所的会员，且仅能从事贵金属交易。截至2017年3月底，上海期货交易所共有商业银行会员合计17家，其中包括2家外资银行（汇丰中国与澳新中国）。

3. 场外市场（OTC）简况

与场内交易所大宗商品衍生交易不同，场外大宗商品衍生品市场更为广泛，参与方更为多样化，主要市场是银行间交易市场，主要商业银行，包括国有商业银行、股份制商业银行以及外资银行均在其中扮演较为重要的角色。

此外，国内主要还有两家交易所提供大宗商品场外交易平台，按照成立先后顺序分别是上海黄金交易所（Shanghai Gold Exchange，2002年）与上海清算所（Shanghai Clearing House，2009年），均是由人民银行批准并主管。其中，上海黄金交易所主要提供黄金白银的现货即期与延期交易（竞价模式）与远期与掉期交易（询价模式），商业银行可申请成为金融类会员，进行自营和代理机构和个人业务及央行批准的其他业务。上海清算所主要提供航运及大宗商品远期等金融衍生品的中央对手清算业务（询价模式），目前共有6家商业银行（工农中建交五大行及浦发银行）成为其综合清算会员，可参与清算所所有产品的自营和代理业务，同时作为清算所的资金存管银行。

三、商业银行参与大宗商品衍生品市场概况

（一）境外商业银行参与境外大宗商品衍生品市场概况

境外商业银行参与大宗商品交易业务主要有两种形式：一是银行自身直接参与场外衍生品市场，并通过成立期货或证券子公司从事交易所交易。二是银行自身直接参与到交易所与场外大宗商品衍生品市场。经过多年的发展，境外

外资银行普遍具备充足的人力资源与信息系统处理大宗商品业务，也已建立了相对完整的制度架构加强大宗商品交易业务的内部控制以及风险管理。前台主要负责设定交易授权和投资组合，分离销售和交易间的责任，并严格遵守IT系统中设置的前台员工权限、产品和期限的市场风险限制以及个人客户的信用限额等；中台主要负责交易和解、交易确认、修改和取消交易、交易状况监测以及交易的每日市场报价等，并落实职责分离、出入限制等要求；后台主要负责开票、结算和付款等。

（二）境内商业银行参与境内大宗商品衍生品市场概况

在我国目前分业监管的体制下，境内商业银行在大宗商品领域中开展的主要是大宗商品企业的融资、结算业务，并不能直接参与3家国内的大宗商品期货交易所从事贵金属之外的大宗商品交易。但随着中国银行业综合化经营步伐的加快，各中资银行在监管部门的允许下积极谋求在大宗商品领域中的跨界发展：一是通过设立子公司开展场内大宗商品业务。二是收购境外公司开展覆盖交易、经纪、资产管理等各类大宗商品业务。三是积极参与场外大宗商品衍生品市场，包括直接参与上海清算所的场外大宗商品衍生交易业务。但总体来看，境内商业银行参与境内大宗商品衍生品市场的深度和广度都明显不足。

表2　　境内外商业银行参与大宗商品衍生品市场的主要业务对照表

	交易业务				经纪业务	清算业务
	交易所内		交易所外			
	贵金属	其他大宗商品	贵金属	其他大宗商品		
境外商业银行	是	是	是	是	是	是
境内商业银行	是	否	是	是	否	否

四、商业银行全面参与大宗商品市场的必要性

（一）商业银行全面参与有助于中国争取大宗商品定价权

随着经济的快速发展，目前中国已成为多数大宗商品重要消费国和最大进口国，然而巨大的购买力并没能帮助中国企业改变价格接受者的地位。纵观2008年以来全球大宗商品价格的巨幅涨跌，期货市场对现货价格的影响异常突出。目前，原油和煤炭价格多以纽约商品交易所（COMEX）的价格作为定价基准，农产品价格多以芝加哥期货交易所（CBOT）的价格作为定价基准，铝、铜、铅、锡等金属的价格主要在伦敦金属交易所（LME）确定。这些交易所内的价格能够影响现货市场，其中主要原因就是实力强劲的投资银行与商业银行等金融机构的大量参与，影响了商品期货交易规模与实物交易规模之间的关系，

改变了商品期货的交易结构。而我国参与商品期货交易所的金融机构主要是期货公司，资金实力远远低于国外的投资银行与商业银行。在我国目前的金融体系下，占据绝对主导地位、资金实力绝对雄厚的商业银行若不能参与商品期货交易所，大宗商品定价权的争夺将显得极为困难。

（二）商业银行全面参与有助于大宗商品行业稳健发展

大宗商品价格具有波动剧烈、价格难以预测等特点，涉及大宗商品生产、加工、贸易和终端消费的企业客户在经营生产和贸易流转过程中面临着较大的价格波动风险，中国逐渐走向精细化企业管理的过程中，对大宗商品市场价格的风险管理也逐渐被企业纳入综合风险管理的考虑范畴之中。但是，一方面，由于商业银行不能参与商品期货交易所，缺乏有效的对冲渠道，难以为客户提供充足的套期保值产品；另一方面，交易所市场的产品品种相对较少，且都是标准化产品，难以满足各类不同的客户需求。因此，商业银行参与交易所市场将有助于企业加强风险管理与持续运营，促进大宗商品行业稳健发展。

（三）商业银行全面参与有助于提升自身风险管理水平

商业银行在为大宗商品行业企业提供服务的同时，需要对所介入行业进行风险管理。在行业风险较高时，简单地停止大宗商品相关行业的相关业务不能适应新时期商业银行发展的需要，商业银行需要开拓风险管理手段和风险管理渠道，如全面参与商品期货市场，来提高自身经营业务的风险管理能力，并借助自身交易能力、产品设计能力为相关行业企业提供量身定制的风险管理产品，实现与客户共同发展，促进经济稳定发展。在此过程中，外资银行的参与也可引入境外良好的大宗商品风险管理经验，对于中资银行快速提升自身风险管理有着较大的帮助。

五、商业银行开展大宗商品业务的主要困难障碍

（一）主要外部限制

目前国内尚无完整的法律体系来规范商业银行参与大宗商品业务。根据《商业银行法》第三条“商业银行可以经营下列部分或者全部业务：（一）吸收公众存款；（二）发放短期、中期和长期贷款；（三）办理国内外结算；（四）办理票据承兑与贴现；（五）发行金融债券；（六）代理发行、代理兑付、承销政府债券；（七）买卖政府债券、金融债券；（八）从事同业拆借；（九）买卖、代理买卖外汇；（十）从事银行卡业务；（十一）提供信用证服务及担保；（十二）代理收付款项及代理保险业务；（十三）提供保管箱服务；（十四）经国务院银行业监督管理机构批准的其他业务”以及第四十三条“商业银行在中华人民共和国境内不得从事信托投资和证券经营业务，不得向非自用不动产投资或者向非银行金融机构和企业投资，但国家另有规定的除外”的规

定，除了大宗商品抵质押融资业务之外，境内商业银行开展其他大宗商品业务，如场外衍生品交易业务、场内衍生品交易业务及大宗商品直接投资业务等，均需获得银监会及其他相关部门的批准。目前来看，部分商业银行虽然已被允许参与上海黄金交易所及上海期货交易所黄金、白银等贵金属业务，以及实物黄金进口业务。但商业银行全面参与大宗商品业务仍存在诸多限制。

一是国内商业银行无法直接进入国内大宗商品交易所进行交易与风险对冲。目前银行尚无准入路径进入交易所参与大宗商品，例如大豆、玉米等期货品种交易，这一方面限制商业银行无法向客户提供针对国内大宗商品交易所产品的对冲产品；另一方面也限制商业银行进入交易所进行风险对冲，不利于银行的风险管理。另外，获批黄金及白银交易仅限于前期与监管报备获得资质的部分银行，其他银行如需开展黄金期货和白银期货交易，在报备流程、业务核准方面还存在一定障碍。

二是国内商业银行不允许直接投资或通过设立企业间接持有实物大宗商品。这意味着，一方面商业银行进行大宗商品交易业务时，不具备实物交割的能力，导致具备大宗商品实物需求的客户不会与商业银行进行交易，缩窄了银行交易的客户范围；另一方面商业银行持有大宗商品进行风险对冲的手段也相应地缺失了，不利于商业银行的风险管理与业务发展。

三是国内银行无法进入境外大宗商品交易所进行交易。2012 年期货交易管理条例第四条规定，“期货交易应当在条例规定设立的期货交易所、国务院批准的或者国务院期货监督管理机构批准的其他期货交易所进行”。条例对国内银行开展境外期货交易未有明确的说明。因目前管理规定所限，银行如需加入境外交易所市场，所需报备/报批流程、业务核准流程还存在一定障碍，这限制了商业银行向客户提供离岸大宗商品产品的能力。

四是大宗商品业务境外平盘头寸带来的汇率风险尚无对冲渠道。国际市场大宗商品多以美元计价，而当前人民币国际化进程处于起步发展阶段，国内客户在开展境外商品交易时还需承担人民币汇率敞口风险。银行通过与境内外的外资银行进行场外交易进行平盘交易时，产生的汇率敞口或外汇盈亏在办理相应的结售汇业务及相应的结售汇累计发生额额度还需要外管政策支持以纳入银行结售汇综合头寸平盘。目前国家外汇管理局仅在 2014 年发布过《关于印发支持中国（上海）自由贸易试验区建设外汇管理实施细则的通知》及《关于银行贵金属业务汇率敞口外汇管理有关问题的通知》，分别允许上海自贸试验区内企业可办理大宗商品衍生品结售汇以及银行可将备案后的贵金属业务汇率敞口视同自身结售汇交易进行平盘，而对于其他地区的企业办理大宗商品衍生品结售汇及银行开展贵金属之外的大宗商品衍生品结售汇时存在一定障碍。

五是市场基础设施亟待改善。第一，法律环境还不够完善。国内法律法规尚未最终确立净额结算制度及履约保障品制度。第二，缺少国际普遍认可的中央对手方。这大幅提高了商业银行从事大宗商品交易的资本成本，限制了业务发展规模。

六是市场环境不够成熟。第一，投资者成熟度不够，投资者对套期保值可能带来的交易损益及套期保值需支付相应的成本理解不够深入，需求不高，且客户对自身衍生品或期货对冲头寸的披露也存在一定的障碍。第二，国内企业较多本地采购，而本地商品价格指数与国际商品市场指数相关性不够高，国内银行难以提供合适的产品供客户避险。

（二）主要自身限制

一是商业银行大宗商品业务经验匮乏，风险管理能力短期欠缺。由于商业银行尚未被允许全面进入境内交易所开展商品交易，导致商业银行的大宗商品业务经验比较匮乏，产品设计比较单一，在大宗商品衍生品交易、实货仓储物流、法律合同方面的专业人才都比较欠缺，在系统建设方面与先进同业相比也存在一定的差距。

二是国内商品交易所信息披露有待加强。国内商品交易所的持仓分为期货公司和非期货公司两类进行公布，细分则按照具体席位的持仓和成交量大小进行排列公示，并只公布持仓数量达到公示标准的相关合约的持仓和成交量情况。而美国每周公布各类机构的持仓数据及占比，包括美国国内银行及美国国外银行数据，这对于参与方研究市场，定价交易及风险管理均有较大帮助。

三是上海清算所会员、流动性及产品有待继续丰富。目前来看，国内银行，尤其是外资银行较少参与上海清算所大宗商品中央清算业务，主要原因有：一是企业客户较少参与上海清算所大宗商品业务，银行无须通过上海清算所提供套期保值产品；二是上海清算所的大宗商品合同未以上市期货为基准，市场流动性也不足，银行难以通过上海清算所进行风险管理；三是上海清算所产品均为人民币，不提供外币大宗商品产品，银行无法通过上海清算所解决客户对冲外币大宗商品的风险需求。

六、促进国内大宗商品业务发展的路径建议

2016 年，全球场内、场外大宗商品衍生品业务均有所增长，预示着全球大宗商品市场已开始进入恢复期。而与此同时，欧美银行由于受制于更严格的监管，逐步削减对于大宗商品业务的投入，对于大宗商品市场的控制力开始有所下降。在此情况下，出于争夺大宗商品定价权、服务中资企业走出去、更好推动“一带一路”倡议实施的需要，建议秉承“夯实内功、隔离风险”的原则，沿着“由易及难、逐步推进”的路径，审慎推动商业银行发展大宗商品业务。

（一）充分利用上海清算所平台，培育商业银行交易与风控能力，加快建设场外大宗商品交易市场

一是建议进一步丰富上海清算所大宗商品中央对手清算服务业务参与主体。尤其是大力增加公司会员数量，并引入可靠的第三方公司，如经纪公司、仓储物流公司等。参与方的丰富将吸引国内更多商业银行参与到该业务，打造较为集中的场外大宗商品交易市场。此外，可进一步考虑研究引入国际银行参与该业务，既符合目前国家引入外资的大势，也助于提高市场多样性。

二是建议进一步丰富上海清算所大宗商品业务的交易品种。上海清算所在推出交易品种时，建议更多考虑国际共通性和比较性，并可考虑先推出场内或场外交易比较活跃的主流商品品种。此外，在交易结算方面，建议兼顾国际上不同参与交易机构的资金环境，如向以美元计价的境外大宗商品衍生品合约提供人民币结算。

三是建议采取一定措施提升市场流动性。一方面，考虑建立适当的激励机制，引入部分成熟机构提供连续性做市报价服务。另一方面，随着上海清算所合约的标准化程度提高，考虑建立以交易为主的电子化统一平台，提升市场流动性。

四是建议加强上海清算所大宗商品中央对手清算服务业务的培训。作为较为新型的业务品种，目前市场上，包括银行与企业，对其认知度和熟悉程度仍存不足，因而建议加强对相关企业以及银行交易员、风控人员、清算人员的培训力度，提高市场认知度。另外，建议上交所与市场行业自律组织，如银行业协会加强沟通交流，借助其平台加强业务培训与宣讲。

五是建议持续推进上海清算所作为中央对手方资质在国内外市场的认同。国际及国内市场对上海清算所中央对手方资质的认同将极大地有助于包括商业银行在内的金融机构节约资本，控制交易对手风险，提升交易流动性，从而吸引更多金融机构参与到上海清算所的大宗商品中央对手清算服务业务，形成良好的场外市场。

（二）充分利用上海自贸区先行先试优势，探索逐步推进商业银行参与大宗商品业务

2015 年，中国人民银行、商务部、银监会、证监会、保监会、外汇局及上海市人民政府多部委联合下发《进一步推进中国（上海）自由贸易试验区 金融开放创新试点 加快上海国际金融中心建设方案》（银发〔2015〕339 号，以下简称《方案》的通知，大力促进自贸试验区金融开放创新试点与上海国际金融中心建设的联动，探索新途径，积累新经验，及时总结评估，适时复制推广，更好地为全国深化金融改革和扩大金融开放服务。《方案》鼓励和支持银行、证券、保险类金融机构利用自由贸易账户等开展金融创新业务。因此，建议充分

利用上海自贸区的创新特点，探索逐步推进商业银行参与大宗商品业务。

一是有序放开部分资质较好的商业银行用FT账户参与国内商品期货交易所的部分商品交易。有序体现在参与主体有序和品种有序。一方面，通过严格的准入，只允许场外大宗商品交易业务经验较为丰富、风险管理较为成熟、资源配置较为合理的商业银行参与场内商品交易。另外，只允许商业银行通过FT账户参与交易，有效隔离风险。另一方面，从国家战略的角度出发，挑选有望争取定价权的商品品种作为优先突破点，如能源、有色金属，允许商业银行参与该品种的交易。

二是对于用FT账户参与交易所交易的商业银行，逐步放开其中业务经营稳健、风险控制良好的商业银行用FT账户直接持有对应的大宗商品及仓单，并允许实物交割。对于满足条件的商业银行，建议允许银行出于风险管理的需要，用FT账户持有相应的大宗商品，以对冲银行在交易所及场外交易中形成的风险敞口。

三是在条件成熟的情况下，逐步允许境外商业银行通过FT账户直接参与到国内商品期货交易所的部分商品交易，并实行额度管理。国内商业银行用FT账户参与国内交易所大宗商品交易业务后，视情况可允许境外商业银行同样用FT账户参与进来，一方面增加国内交易所市场流动性与国际知名度；另一方面也可利用境外商业银行促进国内交易所在产品设计、交易规则、信息披露等方面与国际接轨，更好促进商品定价权。

（三）逐步复制上海自贸区大宗商品业务管理经验至全国

经过一段时间观察，商业银行通过FT账户参与大宗商品业务对于大宗商品市场的发展、商品定价权的确立确实有一定帮助，且商业银行能够合规经营，业务开展与风险控制经验有一定积累，未出现区域性系统性风险隐患，在此前提下，建议考虑将此经验推广至全国。

一是逐步放开商业银行用成立专业子公司的方式参与国内商品期货交易所的部分商品交易。一方面，实现严格的机构准入，仅允许前期运用FT账户管理大宗商品交易、且经营稳健风险可控、已有一定经验的商业银行参与，并同样限定可交易商品品种；另一方面，从国际趋势来看，商业银行更多地不被允许直接参与复杂的大宗商品交易，因而建议允许商业银行成立专业子公司，专职大宗商品交易，替代此前的FT账户，做好风险隔离。

二是逐步放开商业银行利用专业子公司持有对应的大宗商品及仓单，并允许实物交割。同样地，对于满足条件的商业银行，建议允许银行出于风险管理的需要，用专业子公司持有相应的大宗商品及存单，以对冲银行在交易所及场外交易中形成的风险敞口。

三是有序放开境内商业银行用成立专业子公司的方式参与到境外主流的大

宗商品交易所。待国内商业银行的大宗商品交易经验与风险管理较为成熟后，建议允许国内商业银行用成立专业子公司的方式参与到境外大宗商品交易所，以更好服务中资企业走出去以及人民币国际化。同样的，专业子公司可出于风险管理需要，持有大宗商品及存单。另外，为控制相关风险，建议采用正面清单的方式管理境内商业银行可参与的境外大宗商品交易所及交易品种，优先允许境内商业银行参与到境外主流的商品交易所及交易品种。

四是推广上海自贸区外汇政策至全国。建议全面放开商业银行在套保交易下的结售汇限额限制，以获得因境外平盘产生的汇率敞口或外汇盈亏在银行办理相应的结售汇业务及相应的结售汇累计发生额额度，纳入银行结售汇综合头寸平盘，便于银行有效防范币种错配风险。

（四）加强市场基础设施建设与市场环境的培育

一是推动国内大宗商品衍生品基础设施建设。尽快完善破产法等相关法规，或出台司法解释或单行条例，认可衍生品交易机制下的净额结算原则。

二是着重发挥上海场外大宗商品衍生品协会功能，培育市场成熟度。第一，建议协会加强与金融行业内的协会之间的交流沟通，借鉴其良好组织架构、工作机制、成熟做法等，完善内部治理，提高协会公信力；第二，建议协会加强与主管机构、金融监管、交易所等大宗商品衍生品市场等相关管理主体的交流，并努力发挥政府与市场间的“桥梁”作用，促进市场良好有序健康发展；第三，建议协会加强对外宣传与新闻发布，吸引更多的、不同类型的组织加入协会，提高协会影响力；第四，建议协会进一步搭建交流共享平台，促进合作共赢，并整合各方资源，推进培训体系建设，与市场各方共同培育壮大市场。

作者：吴沁、向鑫、钱嫣、戴莉莉、程坚

金融资产管理公司新兴业务研究

——以上海为例

摘要：本文总结了当前金融资产管理公司商业化业务类型，并以上海为例，具体剖析了金融资产管理公司近年来的三类典型新兴业务案例。结合金融资产管理公司的功能定位和业务特点，对未来可能成为新利润增长点的资产证券化、债转股、大数据应用等其他新兴业务类型作了介绍，探讨了金融资产管理公司未来发展趋势。最后，对金融资产管理公司实现可持续发展提出了针对性的建议。

一、金融资产管理公司基本情况

（一）整体概况

自1999年四大金融资产管理公司即中国华融资产管理公司、中国长城资产管理公司、中国东方资产管理公司、中国信达资产管理公司①相继成立以来，各金融资产管理公司经过18年的创业探索和创新发展，现已成为金融体系中不可缺少的重要一环。截至2017年6月末，四家金融资产管理公司集团表内合并总资产为4.34万亿元，法人口径表内总资产1.96万亿元；集团表外管理资产规模1.88万亿元，法人口径表外管理资产规模0.18万亿元；1～6月，集团口径归属母公司净利润317.31亿元，法人口径净利润253.79亿元。

（二）发展阶段

1. 政策性业务阶段（1999—2004年）

四大金融资产管理公司成立的初衷，是定向接收并集中处置当时从工、农、中、建四家国有商业银行剥离出来的共计1.4万亿的不良资产，从而帮助国有银行改善资产负债状况。此阶段政策性收购业务的特点是不良资产本金不打折。金融资产管理公司用于收购不良资产的资金主要来自人民银行的再贷款和向商业银行发债。

2. 准政策性业务阶段（2004—2007年）

2004年4月，财政部关于金融资产管理公司商业化收购业务、委托代理业务、投资业务三项新业务市场准入政策的出台，使金融资产管理公司的改革和发展方向得以明确。此阶段为准政策性收购阶段，特点为不良资产的本金可以

---

① 以下分别简称华融公司、长城公司、东方公司、信达公司。

打折，且采取公开竞标方式，资金来源与政策性时期相同。四大国有商业银行曾于此期间对外推出过总额超过 1.2 万亿元的不良资产包①，一些股份制银行、城商行也陆续推出过一些小的资产包。四家金融资产管理公司与四家国有商业银行的一一对应关系被打破，各金融资产管理公司可以参与任意一家银行的不良资产包竞拍。

3. 转型摸索阶段（2007—2012 年）

2006 年底，是财政部规定的完成政策性债权处置业务的最后时限。随着政策性不良资产收购处置任务的最终完结，资金来源的转变②和存量业务的枯竭使得各金融资产管理公司不得不开始二次创业。2007 年中央金融工作会议为金融资产管理公司明确了发展方向，即“业务有特色、运做规范化的综合性非银行金融服务企业”。自此，金融资产管理公司基于不良资产处置积累的业务、经验、技术和客户，开始向上下游产业链条及衍生业务延伸，多元化经营趋势显现。但由于金融资产管理公司商业化转型无先例可循，各金融资产管理公司的业务都是摸着石头过河，非标准化特征尤为明显，业务模式复制推广难度较大。

4. 全面商业化阶段（2012 年至今）

2012 年以来，各金融资产管理公司稳步推进商业化改革，收购类、投融资类、中间业务类等主营业务版块开始确立，经营效益和管理质量显著提升。目前各金融资产管理公司手握多张金融牌照③，金融控股集团趋势显现。此外，信达公司、华融公司分别于 2013 年、2015 年完成了“改制、引战、上市”三部曲，东方公司和长城公司也于 2016 年完成了股份制公司改制，公司治理机制不断完善，内部管理和风险管控水平持续提高，为商业化业务的持续开展夯实了基础。

（三）在沪金融资产管理公司概况

四家金融资产管理公司目前在上海共设有 7 家分公司，即 4 家上海分公司和 3 家自贸区分公司④。除了三家自贸区分公司因成立时间尚短，规模相对较小以外，其余四家上海分公司无论是资产规模、还是盈利水平均位于各自集团系统内的第一梯队，业务发展较为稳健，资产质量总体可控。

---

① 俗称“二次剥离”。

② 此阶段金融资产管理公司的资金来源变为公司的自有资金和向商业银行的借款。

③ 华融公司旗下有华融湘江银行、华融国际信托、华融证券、华融租赁、华融期货等 30 余家控股子公司；长城公司旗下有长城华西银行、长城国瑞证券、长生人寿保险、长城新盛信托等 10 多家控股公司；东方公司旗下有大连银行、东兴证券、中华联合保险等 14 家控股子公司；信达公司旗下有南洋商业银行、信达证券、金谷信托、幸福人寿等 9 家控股子公司。

④ 截至 2017 年 6 月末，东方公司尚未在上海设立自贸区分公司。

二、商业化业务的类型及发展情况

区别于2007年之前金融资产管理公司主营的政策性业务，业界对2007年之后金融资产管理公司开展的各类业务统称为商业化业务。从大类上看，可主要分为不良资产收购类业务、投融资业务和中间业务三种。

（一）不良资产收购类业务

不良资产收购业务作为政策性业务在商业化新时期的延续，是金融资产管理公司的主营业务。由于银监会要求银行3户及以上的不良资产包须批量转让给金融资产管理公司或有资质的地方资产管理公司，因此四家金融资产管理公司在金融不良资产市场的一级市场和二级市场上事实享有一定的垄断权。从收购标的类型看，可分为金融企业不良资产和非金融企业不良债权两大类。从收购后的处置方式看，又可分为收购处置类和收购重组类两类。

1. 收购处置类业务

指金融资产管理公司以打折收购方式收购商业银行、非银行金融机构不良资产，并通过清收、转让、拍卖、冲销等方式获取现金回收收益。2013—2014年，在沪金融资产管理公司批量收购银行钢贸类不良资产包的业务，即属于此业务类型。随着钢贸不良资产包化解处置的推进，加之上海本地银行信贷资产质量相对较好，近年来在沪金融资产管理公司收购处置类业务规模明显下降。

2. 收购重组类业务

指金融资产管理公司通过收购金融不良资产或非金融不良债权，取得对企业或项目关键资产的抵押权，并通过附加收购和债务重组等手段清理债务人的债权债务关系，帮助债务人盘活资产，进而恢复经营和融资能力，度过债务危机。收购方式包括但不限于不同债务人对同一债务人、同一债务企业上下游企业、或存在密切关联的同一企业集团的不良债权。近年来，在上海地区银行资产质量整体较好、银行不良包数量有限的情况下，非金债权收购业务快速发展，成为金融资产管理公司主要的创利来源。

（二）投融资类业务

投融资业务为金融资产管理公司自2014年进入全面商业化转型以来大力推进并迅猛发展的业务品种。如果说不良资产收购类业务解决的痛点是债务企业的存量债务，那么投融资类业务则是为企业在银行贷款这一常规融资途径之外增加了新的融资渠道。相对于不良资产收购类的业务特性，投融资类业务的主动性、能动性更强，更有利于金融资产管理公司通过杠杆作用撬动社会资本，从而真正回归资产管理的本意。由于金融资产管理公司的客户多数在个别方面不符合银行信贷准入条件或信贷政策，其信用风险程度较高的特性也决定了此类业务的高利率定价。

从投融资业务的种类看，可大体分成以下两种方式。

1. 认购信托/基金/资管计划份额

金融资产管理公司认购单一项目的信托/基金/资管计划份额（通常是中间级或劣后级），募集的资金专项用于单个特定企业或项目的财务性投资、债务重组等。金融资产管理公司除了是专项信托/基金/资产管理计划的投资人以外，更重要的角色是被实施项目的管理人，承担项目的主动管理责任，负责对项目的投后管理和整体监督。通常情况下金融资产管理公司的投后管理标准不低于银行类似项目的贷后管理标准，必要时还会掌握债务企业的证、章、照。

2. 发起设立股权投资基金

金融资产管理公司与合作方发起设立股权投资基金，用于某项目或特定领域范围内项目的投资，金融资产管理公司通常在其中作为GP①。近年来，各金融资产管理公司不良资产收购类业务因资本占用较多、资本回报低，已无法充分满足规模迅速扩大、盈利快速上升的诉求，因此投融资业务特别是股权投资类业务，2015 年以来发展较快。截至 2017 年 6 月末，在沪金融资产管理公司共参与发起设立了股权投资基金 17 个，投资涉及城市更新改造、国企混改、城镇化发展等领域以及医疗医药、文化传媒、高新技术等多个行业。

（三）中间业务

根据银监会给各金融资产管理公司核定的业务范围，金融资产管理公司可开展财务、投资、法律及风险管理咨询和顾问等中间业务。由于近些年总公司对各分支机构的绩效考核压力大，因此各金融资产管理公司实际开展的中间业务均是由不良资产收购类业务、投融资业务延伸而来的管理投资顾问服务等，规模和金额相对较小。但值得注意的是，2012 年前后，部分金融资产管理公司开展了远期收购承诺等增信类业务，即金融资产管理公司向金融机构发出《远期不良资产收购承诺书》，承诺特定债务人的债权发生逾期时金融资产管理公司将收购此不良债权。由于此类业务从本质上看是担保行为，超出了银监会核定的业务范围，因此已于 2012 年被银监会叫停。

三、新兴业务案例分析——以上海为例

（一）不良资产收购处置主体创新：与外资合作设立不良资产基金

1. 基本情况

2017 年 4 月，D 公司与新加坡主权投资基金新加坡政府投资公司（GIC）以及专业不良资产投资机构 LVF 资本合作开展美元不良资产基金项目。三方合作成立基金管理公司作为基金的普通合伙人，并共同作为有限合伙人出资

① 普通合伙人，是基金的管理者，承担无限责任。

认购基金份额。基金聚焦于境内的多类不良资产，侧重于单体项目和不良资产证券化的业务，通过深度挖掘内在价值、积极开展增值运作等方式实现较优的回报。

2. 案例点评

此案例的创新点在于，通过与外资合作设立基金的方式实现了引导境外优质资金投向境内不良资产领域、增强境内不良资产市场活力的目的。在当前经济进入新常态、人民币汇率波动加剧和企业杠杆高企的背景下，此基金项目的开展既符合目前吸引外资的大环境要求，也有利于通过市场化、专业化的手段降低企业杠杆、盘活国内不良资产。

但值得注意的是，事实上在2001—2004年，已有外资来中国参与不良资产的先例，其中不乏摩根士丹利、德意志银行、雷曼兄弟、高盛等知名投行的身影，如2003年，华融公司分别与摩根士丹利投标团组建第一联合资产管理公司、与高盛组建融盛资产管理公司、信达公司与德意志银行签署资产证券化和分包一揽子协议等。但可惜的是，这些自带光环的合资公司或合作计划最后均未取得较大的突破和成效。主要原因有三：一是国际投资者对不良资产的评估定价与国内采用的办法存在较大差异，导致定价分歧大；二是2006年建设部等六部委出台的《关于规范房地产外资准入和管理的意见》将房地产类不良资产与外资隔离，导致国内不良资产包对外资吸引力下降；三是国内不良资产处置程序缓慢、操作过程繁复冗长，导致外资企业“水土不服”，较难适应国内的政策制度环境。

因此，D公司和外资合作收购处置不良资产成功与否的关键点有以下两点。首先，要注意与国内已有的金融资产管理公司在不良资产业务领域形成错位竞争和优势互补；其次，不简单套用国外不良资产处置的做法，强调融会贯通、洋为中用，不断丰富现有的不良资产管理和处置手段，从而提高国内不良资产市场处置水平和能力。

（二）支持地区实体经济模式创新：设立自贸区股权投资基金

1. 基本情况

为呼应国家以及上海市政府关于中国（上海）自由贸易试验区（以下简称自贸区）发展的政策导向，依托自贸区金融创新的有利条件，运用国资、引导民资、利用外资共同参与、积极推动混合所有制改革，X公司、D公司、陆家嘴金融、外高桥集团于2015年发起设立上海自贸区股权投资基金（有限合伙），主动对接自贸区的产业发展，投向主要为商用物业类项目和股权投资类项目。

基金委托管理公司担任基金的执行事务合伙人暨管理人，对外代表基金，执行合伙事务。自贸区投资基金内设投资决策委员会，负责审批基金的对外投资事宜。自贸区投资基金的最高权力机构是合伙人会议。设立投资顾问委员会和产业顾问委员会，提供相关专业咨询和建议。

X公司在基金中承担执行协调人的角色，负责协调工作，包括对基金的设立、交易结构设计、投资范围、项目筛选、组建基金投决委、收益安排、基金各参与方权责认定等一系列事项。

2. 案例点评

该基金是中国第一支专注于自贸试验区发展的投资基金，享受自贸区的各项税费优惠政策及扶持政策。参与各方在此案例中优势互补、互利同赢的特点体现较为明显。陆家嘴金融能够发挥其浦东新区金融控股集团的混业协同优势，在基金持续募集、基金项目筛选储备、基金管理以及基金投资项目退出等方面发挥积极作用；外高桥集团作为自贸试验区开发主体，能够发挥其园区开发和招商服务、运营管理方面的综合优势，向基金推荐优质项目资源；X公司和D公司作为专业的资产管理机构，既有突出的投后管理能力和完善的风险管控能力，也有较强的标的寻找能力和筛选能力，同时作为基金的基石投资人为基金的后续募集提供资金保障。

从金融资产管理公司的角度看，X公司和D公司通过与区内大型国企协作发展，能得到政府资源的倾斜，在第一时间掌握相关金融及贸易便利化的政策走向，从而在自身传统业务发展及创新业务方面做到整合资源、提前布局。但由于参与主体较多，各方的利益诉求可能在某些具体项目上存在差异，因此如何求同存异、共谋发展可能是此基金持续稳健经营的关键。

（三）跨境资金业务模式创新：FT账户下的外汇资金池应用

1. 基本情况

2016年6月，X集团外汇资金池通过上海外管局批复核准，拥有17.7亿美元外债额度、5亿美元对外放款额度，是全国范围内已审批的最大额度外汇资金池。2016年7月，外汇资金池成功完成1亿美元资金出境业务，用于X香港支付贷款利息，为资产池境外成员企业提供了有效、及时的流动性支持；同年12月，成功完成2亿美元外债业务，正式实现了外汇资金池双向流通。2017年6月，经国家外汇局上海市分局批复同意，实现了全国首个投资型外汇资金池由两家合作银行共同运营的突破。

2. 案例点评

此案例的突出意义在于，在金融资产管理公司商业化业务渐入佳境、但业务模式趋同情况下能够勇于对新业务领域进行尝试。近年来金融资产管理公司的创收业务主要集中在非金债权收购、投融资业务等领域。在总公司高额利润考核指标的压力下，各公司对于前期投入大、前景不明朗、无现成经验可循的创新类业务慎之又慎，再加之上海自贸区的相关优惠政策与金融资产管理公司的现有业务品种暂无直接的对接渠道，以致个别金融资产管理公司上海自贸区分公司的业务与上海分公司的业务趋同。X公司此举无疑为金融资产管理公司充分利用自贸区优惠政策开展资金业务创新打开了新的思路。

四、新兴业务发展趋势探讨

除了上文提到的业务模式外，近年来，金融资产管理公司在资产证券化、债转股等业务方面也加大了探索力度。但由于政策制度仍处于完善中，此类业务目前仍处于小部分试点阶段，大规模铺开尚待时日。但课题组认为，此类业务若发展得当，将成为金融资产管理公司下一阶段新的利润增长点。

（一）资产证券化

1. 基本情况

国内最早的不良资产证券化尝试始于2003年信达公司与德意志银行签署的不良资产证券化和分包一揽子协议，但该模式实质未完全出表。截至2008年底，信达公司、东方公司发行共3期不良资产支持证券，发行总额约106.5亿元。但随着次贷危机的爆发，国内的不良资产证券化被暂时叫停。

2014年银监会提出“可以充分利用金融市场参与者的不同风险偏好，借助资产证券化、资产流转，通过合理渠道向有条件、有意愿的投资者出售不良贷款”后，华融公司、东方公司当年陆续发行3期信贷资产支持证券，发行总额约49.2亿元；入池的基础资产虽然也是金融资产管理公司收购的不良资产，但实质上是已重组转化的正常资产，其优先级债券收益率水平与一般的高等级债券无异。因此，金融资产管理公司实质上均拿了优质资产作为资产证券化的基础资产。2016年以来，各金融资产管理公司为了腾挪出足够的资源投向新项目，纷纷开始了新一轮资产证券化业务，预计这种趋势仍将持续。

2. 分析

目前国内资产证券化市场的条块分割问题较为明显，尚未形成投资者风险偏好差异化的分布格局，资产证券化产品的买方主力依旧是银行投资者。风险厌恶的银行机构投资者倾向于低收益、低风险的权证，进而难以大规模持有不良资产证券化的证券。这一结果可能进一步促使金融资产管理公司选择优质资产进行证券化，留下具有较高风险特征的劣质资产自行消化，从而导致金融资产管理公司的风险集中度上升以及资产变现能力的下降。因此，金融资产管理公司在继续推进不良资产证券化的道路上，对改进资产负债结构、提高资产回报率、改进流动性水平、化解不良资产风险等几大目标间的协调权衡仍需进一步探索实践。

（二）债转股业务

1. 基本情况

2016年9月，国务院出台了《关于积极稳妥降低企业杠杆率的意见》（国发〔2016〕54号）同年10月，又出台《关于市场化银行债权转股权的指导意见》，鼓励金融资产管理公司等多种类型实施机构参与开展市场化债转股。金融资产管理公司较为重视，在总公司层面纷纷制定相应管理办法和操作细则。2017年1月，中国华融全资设立了华融瑞通股权投资管理有限公司，作为其参与市场化债转股工作的战略性平台机构。根据国家发改委的数据，目前各类实施机构已与钢铁、煤炭、化工、装备制造等行业中具有发展前景的70余家高负债企业积极协商谈判达成市场化债转股协议，协议金额超过1万亿元。其中，中国华融实施了万华化学的市场化债转股项目，涉及金额4亿元，是金融资产管理公司市场化债转股的首单项目；中国东方参与中国重工市场化债转股项目，涉及金额20亿元。然而，由于上海银行业整体资产质量较好以及经济结构特点等因素，上海辖内目前暂无市场化债转股项目落地。

2. 分析

金融资产管理公司通过参与市场化债转股，能够发挥其不良资产管理、问题企业重组以及不良资产收购、经营和处置方面的优势，最大限度地帮助实体企业再生造血，从而实现企业近期解危、远期解困的降杠杆目标，是其发挥逆周期金融救助功能的有效手段。因此，随着相关配套政策的进一步出台，预计金融资产管理公司在市场化债转股中将发挥更大的作用。

（三）大数据应用相关业务

一类是利用互联网平台积累的大数据资源，支持传统不良资产估值与处置。如信达浙江分公司于2015年开始尝试通过淘宝网资产交易平台处置传统不良资产，借助互联网影响面大、受众广泛、交易成本低、信息公开透明的优势，有效推进了单户资产与组合后资产包的上网处置。东方公司打造了综合性互联网金融平台“东方汇”，通过构建一个开放的交易平台，探索直接面向不良资产终端投资者的B2C交易模式，既可以缩短交易环节，降低交易成本，又可以发挥各类中介的优势，探索非标不良资产的标准化处置，优化资源二次配置。此外，金融资产管理公司还可以深度挖掘历史积累的信息和数据，通过搜索和分析客户数据、行为数据、财务数据等信息能够锁定潜在客户，开展精准营销。

另一类是利用总公司金融全牌照积累的大数据优势，积极探索协同业务。目前金融资产管理公司的规模和资金实力与大型商业银行集团相比仍存在一定差距，但各金融资产管理公司已基本形成了包括银行、证券、保险、信托、租赁等的集团金融全牌照优势。尽管从目前看，各经营主体掌握的海量数据信息尚未得到有效开发和共享，但如果未来各金融资产管理公司大力发展协同业务，进一步打破集团内部的信息壁垒并不断升级数据应用技术，使各分公司、子公司在客户、业务、产品和项目上实现互动和补位，金融资产管理公司的业务就有望实现真正的大协同，客户也能得到更优质、更高效、更个性化的综合金融服务。

五、对策建议

（一）锐意进取，持续推进创新驱动发展

长期看，未来金融资产管理公司业务发展可能呈现四个特点。一是精细化，即不再以规模扩张为导向，而是着力于客户价值链的深度挖掘。二是表外化，即较多地利用杠杆撬动社会资本，盈利主要源自管理表外资产取得的收益，从而真正回归“金融资产管理公司”本义。三是信息化，即以大数据为核心的信息化技术将成为金融资产管理公司核心竞争力的重要组成部分。四是国际化，即借助国内企业“走出去”和人民币国际化，在跨国并购等领域发挥更大的作用。然而，不积跬步，无以至千里，现阶段的金融资产管理公司要深入分析当前业务和市场的“痛点”“盲点”，主动适应供给侧结构性改革和服务实体经济的要求，积极寻找创新业务的突破口和市场机遇。秉持“干中学”和适度容忍“试错”精神，推动创新业务与传统业务齐头并进、良性互动，促进经营提质增效。

（二）潜心学习，持续深耕不良资产市场

不良资产收购处置是金融资产管理公司的立身之本，是区别于其他金融机构的独门秘技。2016 年以来，无论是银监会对地方金融资产管理公司牌照放开导致的不良资产受让主体范围扩大，抑或是商业银行通过不良资产证券化、收益权转让等新处置手段加快不良处置，在供给端和需求端均对金融资产管理公司传统的银行不良资产收购模式产生挤出效应。在日趋激烈的市场竞争格局下，金融资产管理公司在传统业务上的转型升级愈发紧迫。但从另一方面来看，供给侧结构性改革中出清“僵尸企业”将进一步推动健全破产制度，争议多年的破产法修订可能落定，金融资产管理公司仍可从中挖掘更多的业务机会。因此，金融资产管理公司应积极把握经济增速下行期不良资产收购契机，进一步发挥专业优势，改变收购处置的单一模式，积极创新经营模式，向问题资产上下游延伸，挖掘问题企业重组重整机会，为传统业务增添新的盈利点，持续发挥不良资产处置的主渠道作用。

（三）勤修内功，持续提升风险管控水平

创新业务发展离不开风险管控的保驾护航。一方面，对现有项目要强化全流程风险管理，树立“防范与化解风险并重”的理念，切实落实各项风控措施，降低各类操作风险。另一方面，在创新类业务方案形成制定中，大胆假设、小心论证、群策群力、未雨绸缪，通过交易结构的不断完善，最大限度地降低市场不确定等变量因素带来的风险隐患。此外，进一步加强业务部门、法律部门、

业审部门、风控部门、审计部门的内控管理合力建设，形成上下“力往一处使”的合作氛围，从而确保业务经营的安全运营。

课题组组长：金爱华

课题组成员：金明涛、田强、石军、姚平、陈晓丽、刘庆、石磊明、吴媛

执笔人：陈晓丽

辖内中资银行跨境融资业务调研报告

摘要：2017 年初以来，受国家宏观审慎政策调整影响①，辖内银行境外贷款增速回归平稳，但资产质量问题逐渐暴露，不良连续攀升，上海银监局对辖内主要中资银行跨境融资业务开展情况进行调研，发现当前需重点关注跨境并购贷款风险、海外投资及工程项目经营风险、新兴市场国家国别及汇率风险以及内保外贷业务相关风险。建议加强风险评估，严格执行差别化信贷政策，采取有效风险缓释措施，审慎开展跨境并购贷款业务，完善内保外贷业务内控制度。

一、辖内主要中资银行跨境融资业务开展总体情况

近年来，伴随全球经济形势变化及中国经济实力的逐步增强，加之“一带一路”“走出去”等发展战略的深入推进，中国企业海外投资驶入“快车道”。银行贷款是企业对外投资的主要资金来源，2016 年末辖内银行境外贷款规模同比增长近 2.7 倍，但自 2017 年初以来这一增速逐渐回归平稳，9 月末境外贷款余额比年初仅增长 6.88%，低于同期各项贷款增速 4.18 个百分点。为进一步了解相关情况，上海银监局对辖内主要中资银行②进行了专题调研。本次调研对象选取辖内 37 家主要中资银行，跨境融资业务在结构、模式、客户类型、账户类型、业务创新方面呈现以下特征：

（一）表内以经营性及并购贷款为主，表外以跨境担保为主

截至 2017 年 9 月末，37 家银行的境外贷款余额合计 2 684 亿元③。业务结构方面，流动资金贷款、贸易融资贷款和并购贷款余额分别 898.93 亿元、452.74 亿元和 818.72 亿元，占比分别为 33.49%、16.86% 和 30.50%。表内银团贷款余额 401.02 亿元，占比为 14.94%。表外授信规模合计 2 245.70 亿元，

---

① 年初以来，在宏观审慎管理框架下，政策层面对跨境资本流动以及海外投资行为的监管力度进一步加大。2017 年 1 月，国家外汇管理局发布《关于进一步推进外汇管理改革完善真实合规性审核的通知》，提出加强对境外投资项目的真实性、合规性审核，实施本外币全口径境外放款管理等要求。

② 调研对象为辖内主要中资银行，包括 3 家政策性银行、3 家法人银行、5 家国有行分行、12 家股份银行分行、14 家城商行分行。

③ 发放的使用地为中华人民共和国以外的国家和地区，以及中国香港、中国澳门和中国台湾地区的贷款。文中此类贷款余额货币单位为人民币。

以跨境融资性担保为主。跨境融资性担保中以内保外贷形式向境外机构开具的融资性保函及备用信用证1 116.55亿元，占比约六成。

（二）出口买方信贷、银团并购贷款、内保外贷为主要业务模式

从调研情况看，出口买方信贷、银团并购贷款、内保外贷为三类代表性跨境融资业务。出口买方信贷即境内银行为境外进口商提供的贸易融资工具；银团并购贷款即境内银团向并购方企业发放的用于支付并购股权对价款项的贷款；内保外贷即通过境内银行向境外机构开具融资性保函，境外银行凭收到的保函向境外企业发放的贷款。三类业务大致流程如图1、图2、图3所示。

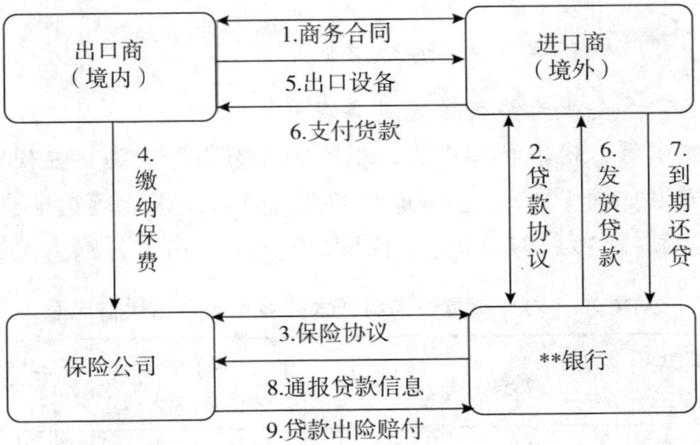

图1 出口买方信贷

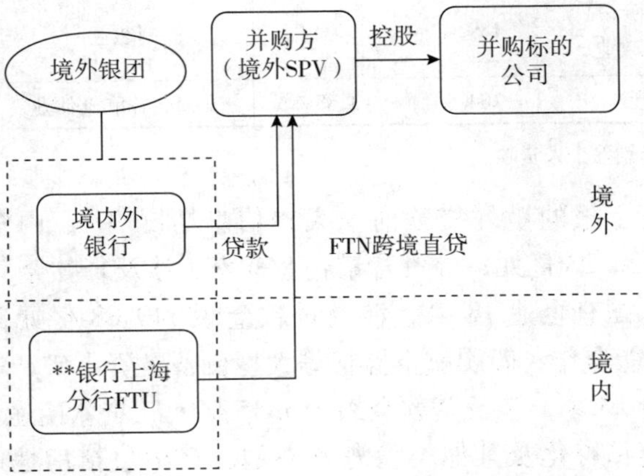

图2 银团并购贷款

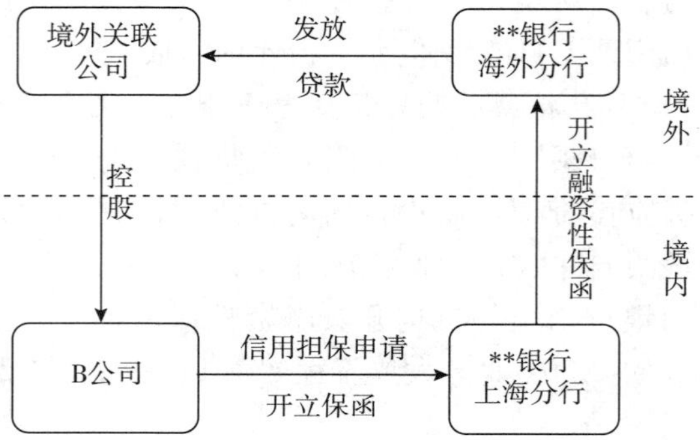

图3 内保外贷

（三）内资背景企业为银行主要服务客户

从行业投向上看，批发和零售业、租赁和商务服务业为贷款投向前两大行业，合计占比约五成（如表1所示）。房地产和文化体育娱乐业等近期受监管层重点关注的行业贷款余额分别为104.30亿元和87.85亿元，占比分别为3.86%和3.25%。

表1　对境外（内）贷款投向前五大行业余额及占比情况表　单位：亿元

序号	境外贷款投向前五大行业	余额	占比	境内贷款投向前五大行业	余额	占比
1	批发和零售业	754.35	27.86%	租赁和商务服务业	9 057.48	20%
2	租赁和商务服务业	735.42	27.16%	批发和零售业	7 934.69	17.52%
3	金融业	212.94	7.87%	房地产业	7 590.84	16.76%
4	交通运输、仓储和邮政业	189.47	7%	制造业	7 035.82	15.54%
5	采矿业	104.94	3.88%	交通运输和仓储业	4 573.98	15.21%

注：计算时分母剔除个人贷款。

从主要银行上报的境外贷款前十大户信息情况看[①]，内资背景企业41家，涉及贷款金额626.23亿元；外资背景企业9家，涉及贷款金额260.48亿元。内资背景企业中，国有企业18家，涉及贷款金额340.88亿元，贷款用途主要为"一带一路"产能合作、船舶航空器材等大型设备融资、矿产等资源领域跨境并购等；民营企业23家，涉及贷款金额285.35亿元，贷款用途包括民营集团企业的海外上市公司私有化及其他类型海外并购，其中包括房地产领域跨境并购1

① 取境外贷款余额排名前五大银行客户共50户，即国家开发银行上海分行、进出口银行上海分行、工商银行上海分行、建设银行上海分行、浦发银行上海分行。

笔，涉及金额3亿元，海外俱乐部并购1笔，涉及金额2亿元。外资背景企业主要为银行开展国际贸易融资业务的境外客户。

（四）自贸区账户下发放境外贷款占比超七成

境外机构可在境内银行开立的银行账户主要有三类，分别是FTN（境外机构自由贸易账户）、OSA（离岸账户）和NRA（境外机构境内账户）账户。37家受调研银行中，27家已在自贸区设立分账核算单元可通过FTN账户发放贷款，4家银行可开展离岸银行业务。FT外币业务开放后，因账户体系的政策优势和本地化便利性，部分银行原先通过离岸体系叙做的跨境信贷业务转移至自贸体系中落地，FTN账户业务对NRA、OSA账户业务的替代效用较为明显。从调研情况看，三类非居民账户贷款余额分别为1 833.52亿元、5.51亿元和460.61亿元，占比分别为77.36%、2.1%和20.59%。通过FTN账户发放的流动资金贷款、贸易融资贷款、并购贷款分别为725.71亿元、315.60亿元和621.05亿元，占比分别为34.95%、15.19%和29.91%。

（五）自贸红利推动跨境金融服务创新

自贸区挂牌以来，辖内已累计发布7批，80个金融创新案例，在跨境金融服务领域，如工商银行和上海分行近期上线的全功能型跨境人民币双向资金池业务，新增本外一体化功能；建设银行和上海分行、浦发银行上海分行运用自由贸易账户跨境联动优势开展跨境飞机融资租赁服务，实现境内外资金统筹管理；招商银行上海分行首推的FTN全球跨境账户视图（GCM），具备账户管理、跨境汇划、跨境归集和财务管理的功能，可实现境内外跨银行资金管理和调拨。

二、存在的风险

由于投资标的及项目都处于境外，银行对跨境融资项目的风险管控难度较大。9月末，辖内银行境外贷款不良余额29.86亿元，比年初增长59.67%，同比增长62.28%，不良贷款率为1.15%，高于同期各项贷款不良率0.58个百分点。从银行上报的风险案例情况看，跨境融资业务风险主要体现在以下几个方面：

（一）跨境并购贷款业务相关风险

一是非理性投资风险。近年部分国内民营企业以高杠杆在房地产、酒店、影城、娱乐业、体育俱乐部等领域海外收购，与国家产业规划相悖，引起监管部门高度重视。这类投资一旦整合失败，标的资产持续亏损，将无法产生足够支付财务成本的现金流，银行信贷资产面临较大风险。二是流动性风险。跨境并购贷款一般涉及金额高、期限长，同时受利率、汇率等价格波动影响，对银行流动性管理提出较高要求。

（二）海外投资及工程承包项目经营风险

海外投资及工程承包项目规模大、运作周期长，项目实际收益的影响因素较为复杂，既有市场化因素，也受当地政府监管影响，银行对境外项目的经营风险管控存在一定难度。2015 年 12 月，某行上海分行向中澳合资经营的澳大利亚某出口港口有限公司 2.72 亿美元贷款形成不良，原因系其澳方股东经营不善被托管，且托管股东资质存在问题，项目的还款来源受到一定影响。

（三）新兴市场国家国别及汇率风险

随着“走出去”战略的实施，中国与非洲等新兴市场国家间产能合作日益紧密，但这类国家通货膨胀、汇兑限制、汇率变动等风险较高，加上当地货币币种偏小、国际上流通性较差，一旦工程所在国发生政变或债务危机，施工企业及贷款银行将面临较大损失。2017 年 7 月，某行上海分行新增一笔1 747.07 万美元不良贷款，因埃塞俄比亚当地银行外汇使用额度在规定付息日未获批，故发生欠息。

（四）内保外贷业务相关风险隐患

2017 年 7 月，某行上海分行与香港分行联动为某香港有限公司提供的 24.7 亿港元内保外贷发生逾期，因母公司在境内的抵押资产被银行依法申请冻结，经媒体报道后引起业界广泛关注。内保外贷因具有拉动存款、提高中间业务收入等业绩考核优势，但业务涉及境内外多个主体，对银行合规风险管理要求较高。保函若履约将会导致实际资金流出，对国际收支及人民币汇率稳定产生影响。

三、相关建议

（一）加强对新兴市场国家国别风险汇率风险的识别与评估

针对国别风险，建议加强对新兴市场国家的国别信息收集和分析工作，准确掌握影响东道国偿付能力的因素，包括 GDP 增长率、国际收支、财政收支、外汇储备、负债率和偿债率等，全面监测国别风险暴露情况；针对汇率风险，需密切关注国内外经济金融因素，摸清在岸与离岸市场底数，提高风险识别能力。

（二）督促银行实施差别化信贷政策，加强对限制进入投资领域持续跟踪监测

一是建议银行通过“鼓励发展＋负面清单”的模式引导和规范企业对外投资方向，在确保不违背国家政策的前提下，对国家鼓励和限制类①对外投资领域

---

① 2017 年 8 月，国务院发布《关于进一步引导和规范境外投资方向的指导意见》（国办发〔2017〕74 号），明确了鼓励、限制、禁止的三大类投资领域，其中，鼓励类投资领域包括：“一带一路”和周边基础设施建设、优势产能、优势装备和技术输出、高新技术和先进制造业、油气矿产等部分能源资源勘探和开发业、农业对外合作、促进商贸文化物流等服务领域境外投资；限制类投资领域包括：敏感国家和地区投资、房地产、酒店、影城、娱乐业、体育俱乐部、无具体实业项目、不符合国标的落后生产设备、不符合投资目的国环保、能耗、安全标准等领域境外投资。

制定差别化授信政策；二是加强对限制进入的海外投资领域持续跟踪监测，重点关注辖内房地产、酒店、影城、娱乐业、体育俱乐部等领域存量信贷资产质量。

（三）督促银行审慎评估对外投资企业实力，采取有效风险缓释措施

对于负债率较高且多元经营的民营企业、成立时间短且无实体经营的企业、财务报表反映的经营状况难以支撑境外投资规模的企业，指导银行通过设计贷款结构、设置提款前提条件、安排还款节奏、提高抵质押水平等多种风险缓释措施，保障银行债权安全，支持有条件、有能力的境内企业开展真实合规的对外直接投资。

（四）指导银行审慎开展跨境并购贷款业务，完善内保外贷业务内控制度

针对跨境并购贷款业务风险，督促银行严格按照《商业银行并购贷款风险管理指引》要求审慎开展业务，合理使用银团贷款，分散主承贷银行业务风险，利用境外参与行信息优势，优化贷前审查及贷后管理流程。针对内保外贷业务风险隐患，督促国内保函开立银行与境外银行开展联动，做好尽职调查工作，完善内保外贷业务内控制度，降低保函履约率，避免发生保函履约和垫款。

课题组组长：沈澍
课题组成员：沈澍、李倩、张希、康晓烨

商业银行参与政府投资基金的主要模式及相关建议

摘要：政府投资基金逐渐成为推动产业结构调整、实施供给侧结构性改革探索运用的新型投融资模式。商业银行面临“资产荒”和结构转型双重压力，介入积极性较高，但需关注资金杠杆放大、同股同酬退出、投向及收益倒挂等风险。建议商业银行应按照“穿透原则”进一步完善信用评价体系、强化统一授信和流动性管理。

一、总体情况

目前政府投资设立的基金主要包括天使投资基金、城市建设基金以及产业投资基金等，主要投资领域包括支持初创型企业、中小企业发展、基础设施和公共服务领域发展、企业产业转型升级等。资金来源上，各行以理财资金募集方式参与投资。交易结构上，主要有两种模式，一是政府投资设立的基金，商业银行一般通过通道机构以公司制或者合伙制企业平层交易结构进行股权投资（同股同酬模式）；二是政府相关部门下属企业发起的投资基金，商业银行主要通过优先级有限合伙人安排参与相应投资基金的股权投资（明股实债模式）。退出方式上，“同股同酬”模式主要通过市场化方式退出，投资发起人或者股东方不承担回购或者兜底责任；“明股实债”模式劣后级有限合伙人承诺固定收益及到期回购优先级份额；投资领域上，主要为文化产业、城市基础设施建设、战略性新兴产业、新型制造业等。另外，出于风险和收益的考虑，大部分银行一般会全流程介入基金方案设计，同时基金托管在本行，实现封闭管理，分散经营风险。

二、主要业务模式

（一）“明股实债”模式

该模式一般采用结构化有限合伙模式，即银行理财资金通过信托/资管计划方式作为有限合伙人参与，且有限合伙人采用结构化分层，理财资金认购优先级份额，未来资金退出以投资发起人或者股东方回购退出为主。

以某分行参与某园区开发基金为例。该基金通过向约定的项目公司入股、发放贷款等各类股权或债权等投资手段，进行产业园区基础设施建设。基金的优先级有限合伙人中，分别由相关分行理财资金通过其集团子公司出资。退出方式上，银行理财资金作为优先有限合伙人由基金发起人回购退出，某集团公司对基金提供流动性支持。

（二）"同股同酬" 模式

该模式不设计优先劣后结构，银行资金通过通道机构平层进入，收益分配以及退出均按照市场化方式运作，投资发起人或者股东方不承担回购和兜底责任。

以某分行参与某集成电路基金为例。该分行以理财资金通过某信托有限公司设立投资基金单一资金信托计划。分别投资于基金和基金管理有限公司的股权。基金由财政资金委托某集团公司进行发起设立，首期发行规模包括括财政资金、该分行认购资金；基金管理公司注册资本金中，该分行通过理财资金投资一定份额。退出方式上，银行理财资金未来主要以资本市场 IPO 或者并购等方式退出。

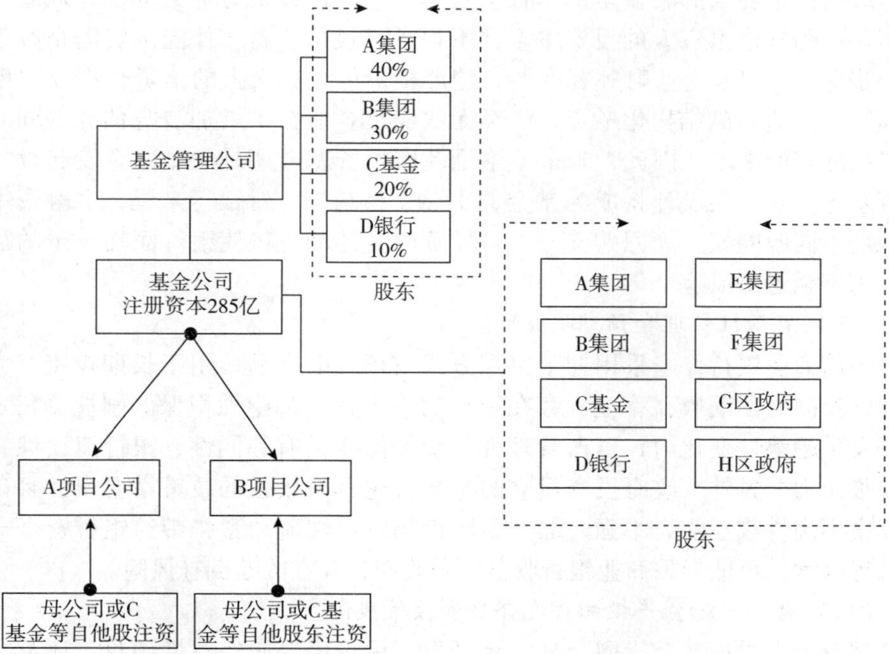

图 1　"同股同酬" 模式示例图

三、主要风险关注点

与传统银行信贷相比，商业银行参与政府投资基金及大型国企各类产业基金及已不再是对单一主体的授信业务，而是参考一个行业、一个区域的投资业务，对商业银行风险控制能力提出更高的要求，也面临相应的风险。

（一）资金杠杆放大风险

一方面，政府投资设立的基金出于撬动引进资本的考虑，往往存在放大倍数的冲动；另一方面，部分大型国企集团由于经营结构层级多、业务板块跨行业、信息披露欠透明等，可能存在在不同地区、不同金融机构申请成立不同投资基金的情况，极易导致多头授信或者超额授信；此外，商业银行出于维护大中型企业客户的实际需要，常常针对同一项目既提供前端资本金融资，又同时为后续项目开发提供资金支持，既涉及各类权益性资金，又涉及债务性资金，导致各类表内外资金合计突破了项目总投资 75% 的合规底线要求。

（二）同股同酬市场退出风险

2015 年底财政部印发《政府投资基金暂行管理办法》，明确规定政府出资设立的投资基金应按照“利益共享、风险共担”原则，政府可以适当让利，如超出政府回报要求的收益全部由社会资本分享，但投资方应共同承担风险，政府不得回购其他出资人的投资本金，不得承诺最低收益。伴随国资国企改革的进一步深入，以及企业财务制度的日趋严格，传统意义上的信贷合作或“明股实债”方式进行的结构化融资，已经无法满足企业在不增加自身债务的同时开展股权融资的需求。因此，未来不论是政府投资基金还是大型国企发起设立的投资基金，其平层设计将成为基金的主要交易结构。对银行来说，金融资本与其他资本同股同权，无回购义务，且投资收益浮动，将使银行面临一定的盈收和未来资金退出风险。

（三）流动性管理和预期收益风险

当前商业银行普遍采用期限错配方式发行理财产品，用于长期投资。大部分理财产品为预期收益率型，存在银行的信用背书和隐性担保的刚性兑付。当市场发生趋势性变化时，资产管理部门交易操作具有趋同性，银行流动性管理将面临压力。另外，政府投资设立的基金普遍具有较强的政策性要求，且市场化程度不高，收益能力不强，加上金融市场阶段性流动紧张带给银行资金成本上升等因素，可能导致商业银行收益空间收窄，存在收益倒挂风险。

（四）部分基础资产投向存在合规和政策风险

部分国企投资基金投向土地一级开发、保障房等非经营性项目，还款来源很多依赖土地出让收入。在当前房地产市场严格调控以及政府性债务强监管的大背景下，还款来源存在不确定性。

四、相关建议

（一）进一步完善动态、科学的信用评价体系

随着同股同酬交易模式的逐渐推行，商业银行应进一步完善专业风险管控体系，加强对各类合作基金的名单制、差异化管理，通过资产配置、风险限额、交易结构设计等市场化手段提升对项目主体实质风险的把控；充分发挥专业团队能力，加大对国内外宏观经济形势的研判，提高技术领域投资风险分析能力。

（二）按照“穿透原则”强化统一授信管理

根据银监会《关于进一步加强信用风险管理的通知》（银监发〔2016〕42号）要求，商业银行应进一步加强基础资产投向管理，严禁资金变相流入国家严令管控领域，同时按照穿透管理原则，将承担回购或兜底责任的劣后级或者股东方纳入统一授信管理。继续加强集团客户授信风险管理和监测，合理确定集团客户总体授信额度，防止多头授信和过度授信。

（三）加大对货币政策及相关经济数据的分析和监测，及时调整流动性管理策略

针对当前银行理财资金期限错配的情况，商业银行应根据客户申赎以及资产配置，强化资产负债久期动态匹配，合理控制长期投资资产占比；鼓励银行积极发展净值型理财产品，逐渐打破刚性兑付和隐性担保，同时通过动态管理、组合投资等手段灵活配置金融资产，缓解实体经济需要长期资金与资产配置短期化的矛盾。

（四）完善风险补偿和风险分担机制

针对初创期科技型中小企业产业特点及风险特征，建议由政府牵头，在企业和银行之间引入政府主管部门的风险补偿及风险分担机制，一方面可有效缓解初创期科技型企业融资难融资贵问题；另一方面也可有效降低银行授信风险，提升金融支持小企业的主动性和积极性；同时，建议市区两级政府建立科创型项目和企业名单制管理机制，在符合审慎经营的前提下，持续推进金融资金与实体经济的有效对接。

课题组组长：马立新

课题组成员：林谦、马骏、赵名惠、李凌云、吴默然、成季刚

上海辖内主要商业银行对公贷款提款情况专项调研报告

摘要：上海银监局就辖内主要商业银行对公贷款近三年提款情况开展专项调研。调研发现，受国家调控政策、宏观经济环境、市政府银行债务清理以及企业融资渠道多元等因素影响，辖内主要商业银行对公贷款提款情况不容乐观，贷款提款率维持在较低水平，总体呈现“三高、三低”的特征。对此，上海银监局提出进一步完善政府政策支持、督促银行结合经济形势加快经营转型、指导银行加大贷款业务创新力度等政策建议。

一、2014—2016 年辖内主要商业银行对公贷款提款情况

（一）基本情况

2014—2016 年，辖内主要商业银行通过审批的贷款总额分别为 4.74 万亿元、6.15 万亿元和 6.02 万亿元，当年贷款实际提款总额分别为 1.34 万亿元、1.51 万亿元和 1.66 万亿元，贷款提款率分别为 28.37%、24.52% 和 27.53%；贷款已通过审批的客户数分别为 35 837 户、34 865 户和 34 076 户，实际提款的客户数分别为 25 077 户、24 556 户和 24 546 户，客户提款率分别为 69.98%、70.43% 和 72.03%。

一是从贷款提款情况看，近三年辖内主要商业银行对公贷款审批额增量和贷款实际提款额增量均逐年递减，贷款提款率维持在较低的水平（平均不足 30%）。二是从贷款客户情况看，贷款通过审批的客户数和实际提款的客户数均呈现下降趋势，客户提款率逐年上升，并维持在较高的水平（平均 70% 左右）。三是从集中度情况看，审批的贷款有上升趋势，通过审批的客户逐年减少，银行对公贷款客户授信集中度有所上升；贷款实际提款总额逐年增加，实际提款客户数逐年下降，银行对公贷款客户贷款集中度也有所上升。

（二）租赁和商务服务业等新兴行业提款率高，建筑业等传统行业提款率低

近三年，各行业贷款提款率变化情况并未呈现一致趋势。一是贷款提款率相对较高（历年均高于所有行业平均水平）的行业，主要包括租赁和商务服务业、居民服务修理和其他服务业、住宿和餐饮业、信息传输软件和信息技术服务业；二是贷款提款率相对较低（历年均低于所有行业平均水平）的行业，主要包括金融业、建筑业、公共管理社会保障和社会组织业；三是未呈现明显特

征的行业，主要包括农林牧渔业、采矿业、制造业、电力热力燃气及水的生产和供应业、批发和零售业、交通运输仓储和邮政业、房地产业、科学研究和技术服务业、水利环境和公共设施管理业、教育业、卫生和社会工作业、文化体育和娱乐业、国际组织。

从原因看，影响各行业提款率的因素各异。贷款提款率较高行业的影响因素主要包括：一是租赁和商务服务业。该行业目前得到国家相关政策大力扶持，近年来发展迅速。同时该行业属于资本密集行业，资金需求旺盛，提款意愿强烈。二是居民服务修理和其他服务业。该行业客户一般为商业银行小微业务的主要客户群，贷款品种多为流动资金贷款，客户提款意愿强烈，故提款率较高。三是住宿和餐饮业。受到上海本地以服务经济为主的产业结构调整影响，该行业目前蓬勃发展，资金需求旺盛。同时，该行业中一些大型酒店、餐饮企业在银行的流动资金贷款占该行业贷款总额比重大、提款率高，拉高了该行业整体贷款提款率。四是信息传输软件和信息技术服务业。该行业客户主要为从事软件开发、网络运营的中小型科技企业，贷款品种基本为流动资金贷款以用于支持日常运营，客户用款意愿强，提款率较高。

贷款提款率较低行业的影响因素主要包括：一是金融业。该行业客户授信金额较大，但筹资渠道多样，提款不确定性较高。二是建筑业。该行业一方面，受到国家调控房地产业影响，建设项目减少，资金需求下降；另一方面，该行业中大型企业在银行贷款占该行业贷款总额比重大、提款率低，导致该行业整体贷款提款率较低。三是公共管理社会保障和社会组织业。该行业客户数较少，金额也小，客户用款意愿不强造成提款率偏低。

（三）民营企业提款率高，国有企业提款率低

从企业性质看，国有企业的提款率较低，民营企业的提款率较高，外资企业提款率居中但逐年提升，主要原因在于：一是国有企业大多为优秀企业，议价能力强，上海地区各家银行均将该类企业作为资产投放重点，竞争较为激烈，企业经常出现贷款审批后未提款情况；二是民营企业有更多融资需求，同时对银行贷款依赖性强，故提款率保持相对较高水平；三是外资企业为加大拓展中国市场步伐，以及受上下游企业资金链情况影响，需要银行授信支持，贷款提款率逐年上升。

（四）小微型企业提款率高，大型企业提款率低

从企业规模看，提款率呈现出随着企业规模缩小而渐次上升的特征，主要原因在于：一是对于大型企业客户，一般会有多家银行充足的信贷额度支持，贷款实际用款率不高；二是对于小微型企业，因其应对市场变化和管理能力比较缺乏，存在一定经营风险，银行对其的信贷流程一般比较严格，部分银行直接以企业上报单笔业务形式申报授信，同时清退了很多非优质企业，故提款率

一直相对较高；三是中型企业由于自身经营管理水平较为成熟，有一定的抵御风险能力，与银行合作也比较稳定，提款率保持在稳定水平。

二、原因分析

（一）国家调控政策原因

受近几年实体经济低迷，以及货币政策、信贷政策、外管政策、产业政策等国家宏观调控政策的影响，企业提款率相对较低。一是货币政策方面。从2014年11月22日至2015年10月24日，央行执行宽松的货币政策，共进行了6次降息，市场上流动性相对充裕，客户不仅可选择银行贷款，更可选择短融、公司债等直接融资方式融资。据从银行了解，资金成本差额大概为1个百分点，导致银行贷款提款率持续保持低位。二是信贷政策方面，监管部门对部分经营下行、产能过剩等风险行业实行行业限额管理，同时陆续出台信贷调控政策，影响该类行业贷款提款率。三是外管政策方面，为防范跨境资金流动风险，抑制资本流出，近期外管政策处于收紧的状态，产生政策调整导致部分贷款提用受到阻碍的情况。如2016年11月28日国家外汇管理局要求，超过500万美元以上包括资本项下外币贷款发放的资本流出应提交国家外汇管理局进行事前审核，使得部分客户未能及时提款。四是产业政策方面，这两年国家对相关产业进行调控，如房地产业，其贷款提款率就保持较低水平。

（二）宏观经济环境影响

随着国家供给侧改革及“三去一降一补”工作不断推进，以及“转方式、调结构、促转型”战略的实施，贷款提款率行业结构性调整趋势比较明显，如制造业、建筑业等一些产能过剩行业有逐步收紧趋势，提款率逐年降低。而近几年租赁和商务服务业、住宿和餐饮业作为新兴产业、绿色服务产业发展迅速，带动其提款率上升。

（三）地方政府行为作用

近期，上海市政府加大力度推进地方债发行和存量银行债务清理工作，使得一些涉及棚户区改造、保障性住房、水利环境和公共设施管理等项目贷款还款较多，造成贷款提款率不断降低。此外，一些具有国企、政府背景的企业，其贷款提款率受到各级政府预算拨备及资金支持的影响较大。

（四）市场竞争因素

主要表现为直接融资与间接融资、表内融资与表外融资等不同融资方式之间的竞争。随着市场融资渠道、融资方式不断推陈出新，企业已不再局限于向银行贷款，而更偏好于比如直接融资、表外融资等低成本融资方式，影响企业在银行贷款提款。经测算，2016年辖内银行业金融机构对公贷款余额较2015年增加382.55亿元，增量与上年相比下降82.04%；而2016年辖内银行业金融机构表外业务（不含金融衍生品）余额较2015年增加38 361.00亿元，增量与上年相比上升34.74%。

三、政策建议

（一）建议进一步完善政府政策支持

由于一些新兴产业及科创型企业大多是中小微企业，普遍在银行贷款提款率较高，建议政府进一步完善扶持政策支持此类企业稳健成熟发展，降低其在银行贷款风险。同时，由于政府大规模发债置换银行原有存量贷款，制约银行信贷业务发展，建议政府能在今年开展的重大项目建设、投资中与商业银行进行合作对接，促进银行业持续健康发展。

（二）建议督促银行结合经济形势加快经营转型

结合当前国家深化供给侧改革的总体趋势，“一带一路”、长江经济带、长江三角洲城市群等重大战略，以及大力发展绿色金融、科技金融的长期规划，建议督促银行强化经济形势和市场环境分析研判，做好相关政策学习、行业研究，提前布局国家重点支持领域，持续推进对新兴行业信贷投放，提高新兴行业贷款提款率；逐步压降退出对国家限制进入领域的贷款，设置提款条件，降低国家限制行业贷款提款率。

（三）建议指导银行加大贷款业务创新力度

当前，融资工具的多样化使企业能有更多获取外部资金的渠道，这就迫使银行应在利差收窄的市场环境下通过创新和转型、改进经营服务模式来拓宽生存和发展的空间，建议能够指导银行创新贷款业务品种，积极推动诸如供应链融资、投贷联动等新型贷款业务产品，完善信用品种体系，逐步建立信贷适应市场需求的长效机制，切实满足企业多样化的融资需求。同时，针对不同行业、不同规模、不同性质的企业提款率不同的特征，建议能够引导银行切实加强对不同类型市场、客户的分析和调查，在摸清客户真实经营情况和融资需求的基础上，提供针对性、差别化的定价产品和服务，提升金融服务质效。

课题组组长：马立新
课题组成员：林谦、马骏、吴默然、成季刚、
赵名惠、李凌云
执笔人：苗子清

资金空转套利实例、模型分析与监管建议

摘要：近期，上海银监局对辖内某银行（以下简称X银行）开展“三三四”现场检查发现，该银行为一些企业提供自贸区跨区套利便利，信贷资金“空转”，未流入实体经济。本文以其中一家贸易公司为分析对象，描述其套利方式，测算套利收益，分析套利损失。针对套利造成的社会福利分配不公、外贸及信贷数据不实、正常信贷挤出等问题，提出相应建议。

一、基本情况

截至2016年12月31日，某贸易公司（以下简称A公司）在X银行共有FT项下本外币贷款44笔、金额合计近80亿元，为X银行贷款余额排名第一。其两家主要的关联贸易公司（以下简称B公司、C公司）同样位列X银行贷款总额前十大客户。合计来看，三家公司贷款余额达163亿元，占X银行信贷总量4%。具体情况见表1。

表1　关联公司在X银行信贷情况

关联企业	贷款余额（亿元）	贷款余额占比（%）	在X行总排名
A公司	79.43	1.93	1
B公司	42.45	1.03	5
C公司	41.49	1.01	6
总计	163.37	3.97	—

上述三家公司均为上海设立自贸区后成立后的新公司，近几年贸易额几何级增长且多关联交易，交易标的主要为白糖、化肥等大宗商品，金额往来巨大。检查组对A公司报表数据、资金流向、贸易单据等进行分析，发现部分贸易背景不真实：一是超实际经营规模融资。查询人行征信系统发现，2015年期间A公司融资发生额共计118亿元，超出借款人当年审计报告营业成本约56亿元，超出增值税专用发票合计金额约51亿元。二是贷款资金去向不实。经查，A公司贷款资金存在回流后转为该企业下一笔融资套利的担保资金并实现循环操作的情况，未实际用于真实贸易。三是贸易单据缺失。除增值税发票外，企业信贷档案中未见其他物流单据。四是审计报告存在多处异常。如2014年、2015年存货均为0，应收账款周转天数分别为0.064天、0.057天，不符合正常贸易

特征。

二、微观分析

根据银监会规定标准，A公司套利模式可定性为“空转套利”，即通过多种业务使资金在金融体系内流转，却未流向实体经济。

（一）如何套利

检查发现，在境内人民币贷款与自贸区外币贷款利差背景下，A公司及其关联公司超真实贸易需求，获取FT项下低息外币贷款、转为高息人民币存单，通过远期结售汇锁定汇率并以此质押叙做下笔贷款，循环操作套取无风险利差。

1. 贷款转为他行异地单位存单，用于下一笔贷款质押，并循环多次操作。如2015年7月7日，A公司从X银行获得贷款3 748万美元。贷款资金结汇后经多次转账（部分账户开立在他行），最终成为某异地城商行开立的23 000万元人民币单位定期存单。次日，A公司以此存单为质，再次从X银行获得贷款3 741万美元。类此操作手法，从2015年7月7日到2015年7月13日共计重复了5次，累计从X银行获得贷款19 723万美元。

2. 贷款转为本行公司法人个人存单，用于下一笔贷款质押。如2015年9月24日，A公司从X银行获得贷款2 021万美元。贷款资金结汇后经多次转账（部分账户开立在他行）汇划至该公司法人代表在X银行开立的个人账户并开立13 000万元人民币个人存单。其后，A公司以此存单质押在X银行获得等额外币贷款。

（二）收益情况

1. 客户收益测算。根据X银行测算，A公司存单平均利率约4.5%，该行对客户all in人民币报价（其中美元贷款利率约为1% ~1.4%，掉期交易成本约2.2% ~2.75%，相关损耗约0.20%左右）约为4.25%，客户年化收益部分约为0.25%。在A公司及两家关联公司贷款总规模约120亿元的情况下，全年企业实现套利收益约3 000万元。

2. 银行收益测算。根据X银行对A公司48笔、79.43亿元贷款收益测算，银行存、贷利息收入基本能够覆盖总行FTP成本，而中间业务收入（主要为远期结售汇收入）超过3 000万元。

三、宏观分析

（一）设计货币—利率曲线模型

从上述分析可知，银行与企业都从套利行为中获取了一定收益。为进一步探讨“谁在损失”，上海局从宏观层面构建模型分析。

假设中美两国汇率短期内恒定，排除第三国等其他因素，单纯考虑货币量与利率影响关系，设计货币—利率曲线模型为：

中国：$r1 = f\ (M1,\ r2)$；

美国：$r2 = g\ (M2)$。

其中，$r1$、$M1$ 分别为中国利率与货币量，$r2$、$M2$ 分别为美国利率与货币量。考虑到人民币利率波动对美元实际影响相对较小，本模型忽略 $r1$ 对 $r2$ 作用关系。一般来说，货币量 M 与利率 r 呈反向变动关系，经济发展的基本方向为：货币增加，利率降低。另外初始阶段中国资本获得难，利率较美国高，而由于近年改革开放使得资本获得性难度降低更快，利率处于更加快速的下降通道。根据以上判断绘制中美两国货币利率曲线（图 1），其中 AD 曲线代表中国、BD 则代表美国，两曲线在交点 D 达到暂时均衡。因经济结构刚性、资本管制等因素，两国在一定时期内具潜在最大套利空间 ABD：

$$\int_{M1}^{M2} [f(M1, r2) - g(M2)]\, dM$$

当大规模套利加速中美平衡趋势，而无政府干预的情况下，AD 与 BD 将交于 C 点，图中 ABC 为套利空间。当中国政府为了保持独立货币政策进行干预，如降低利率，使得两曲线实际交于 C' 点。则区域面积 ACC'（即图中阴影面积）实际成为政府向套利者的福利转移。

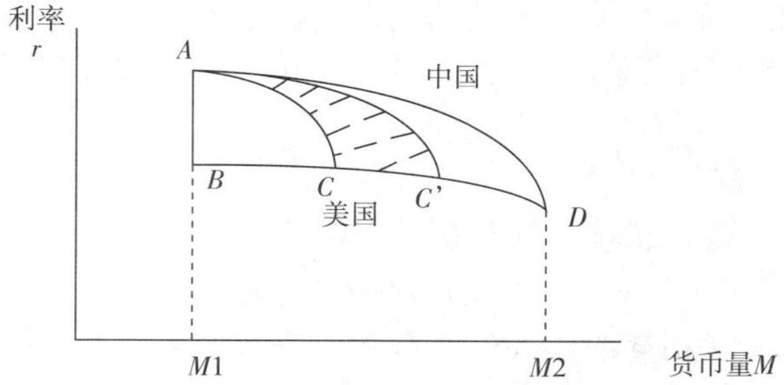

图 1　中美两国货币利率曲线

（二）对模型的延伸分析

从上述模型可以看出，在无政府干预情况下，套利者可以使得均衡点由 D 点移至 C 点，加速了中美宏观均衡的实现，对调节全球经济发展失衡起到积极作用。但考虑到现实上中国极力干预市场稳定外汇，并控制资本开放，套利者实际攫取 ACC'，利益，影响政府干预效力。从市场实际状况看，2015 年初至 2017 年初，中国外汇储备减少近 10 000 亿美元，其原因除了“走出去”等正常需求，也有套利因素导致的被动干预。

套利者的“金主”直接看是政府，实际是社会公众。这种收入再分配不利于鼓励创造性的生产经营活动，对大多数国民福利有损。除此之外，套利还造成虚增存贷规模和投资数据、逆向选择挤压实体经济信贷等问题。鉴于当前资本流出严峻形势，外汇管理部门近期加强外汇流出管理，加强贸易真实性审核，打击相关套利行为。2017 年上半年，外汇储备已止跌回升。同时，由于美联储加息、汇率双向波动等因素，上述套利行为大幅减少。但从银行监管的角度，进行制度性的改进、为套利者“扎笼子”，是我们持续关注的重点。

四、监管建议

（一）加强贸易融资业务审核，引导资金支持实体经济

切实防范企业单纯套利造成资金空转，严格贸易融资业务管理，督促银行控制好信贷闸门，合理安排资金支持实体经济，“把钱用在刀刃上”。严格杜绝银行业金融机构纵容企业套利的行为。

（二）关注低风险业务，核实投资数据真实性

加强对银行业金融机构低风险类融资业务的关注力度，打击虚假贸易套利行为。针对各项套利对数据夸大扭曲的问题，提高监管信息系统的统计分析能力，准确识别“有效存贷”“有效外汇”，为决策提供正确数据基础。

（三）继续深化自贸区金融改革，提高政策协调性

从各国金融开放的历史表现看，由于各项改革政策难以协调一致，套利是一定时期内的常态。对上海而言，唯有继续深化自贸区金融改革，逐步推进资本项目可兑换、人民币国际化，并增强各项改革政策协调性，提高套利成本，才能从根本上对套利行为予以遏制。

作者：郭浩、张平

二、防控金融风险篇

互联网技术背景下银行业如何提高情绪管理能力和负面舆情掌控水平

摘要： 近年来，互联网已成为人们获取信息、发表言论、表达情绪的重要平台。课题组从互联网技术与声誉风险管理的关系及其对银行业声誉风险管理带来的挑战和机遇出发，总结当前银行业负面舆情的特征及其处置策略，结合工作实际，探究互联网背景下银行业的情绪管理策略，并对银行业声誉风险管理体系重构进行了有益探索。

一、研究情绪管理的意义

当今在互联网的广泛应用下，研究公众情绪管理对商业银行应对规模化负面舆情具有创新性的理论意义、可复制性的实践价值和突破性的提高认知维度作用。

（一）研究情绪管理具有创新性的理论意义

目前，国内外关于公众情绪管理的专门研究相对较少，且尚未形成完整、清晰的理论体系。国外尚没有专门针对网络社会负面情绪的研究，只有媒体对公众情绪的影响研究，虽然已经具备一定的传播学理论基础，但基于网络社会负面情绪的媒体疏导体系构造方面的研究，缺少明确而深化的成果，且很少将网络社会负面情绪与媒体疏导这两个热点领域相结合。国内对社会情绪疏导的相关研究较多，但随着移动互联网的加速发展，却少有针对银行业方面在网络社会负面情绪媒体疏导层面的专门或专题研究。

综上所述，本文突破了现有研究的局限性，结合工作实际，探究互联网背景下银行业如何对受众进行情绪管理，为提高一定规模化的负面舆情掌控水平提供理论基础和指引。

（二）研究情绪管理具有可复制性的实践价值

近年来，网络热点事件频发，其传播的主要模式是以新技术平台作为信息发布源头，以微信朋友圈作为话题和观点酝酿、讨论、扩散场所，以微博、个人公众号作为信息传播链的“二传手”，再分流返回到微信以及传统主流媒体平台，最终形成社会话题的平台联动和情绪共鸣，产生巨大、持续的舆情冲击力。

随着网络规模化负面舆情的频发，一系列问题和挑战也随之产生。商业银行需要准确把握公众情绪，有效管理网络公众负面情绪，这在规模化舆情中显得尤为重要，也使得探究网络公众情绪管理具有了重要的现实价值。一是有助于把握公众负面情绪风向，防止网络负面舆情危机事件的发生。二是有助于促进网络公众情绪的健康状况，维护银行业舆情生态稳定。三是有助于决策层作出正确和准确的评判。

通过本文研究有利于银行决策层掌握银行业公众情绪管理，提高其对负面舆情的敏感性和监测分析能力，做到“第一时间甄别危机源头，第一时间掌握事实真相，第一时间做出正确反应”。从而在银行日常运营中，能够及时研判负面舆情在时间、空间上的演变趋势，并评估其内容敏感性，进而引导分支机构及相关部门尽早介入、处置和化解舆情。

（三）研究情绪管理具有突破性的提高认知维度作用

互联网新媒体作为信息时代的产物，逐渐成为公共舆论的主平台，研究情绪管理的根本目的是要让商业银行决策层意识到在互联网环境下提高公众情绪管理能力和负面舆情掌控水平，需拥有积极、主动、开放、包容的态度，要接受公众的监督和建议，能容下“最尖锐的批评”，不能一遇到负面信息、批评质疑，就起逆反心理，认为是“刁民”，责问媒体甚至呵斥民众。同时，商业银行决策层也需要转变现有的工作定式，借助互联网技术和情绪管理宣传本行良好的企业形象，并使之成为银行和公众沟通的桥梁，赢得公众的理解和信任，取得大众舆论的支持。

二、互联网背景下的银行业声誉风险管理

（一）互联网技术与声誉风险管理的关系

目前，互联网已经成为人们获取新闻、学习知识、信息交流、生活娱乐、商业活动不可或缺的工具。或者说，互联网本身正成为一种生活方式。

互联网开创了文明时代的一个崭新篇章，正上演一场影响世界经济、政治、文化和社会发展的深刻变革。在经济领域，互联网促使各产业生产方式、生产关系和生产要素的重新组合、建构，催生了新的产业分工协作方式、产业链关系以及消费与生产的关系，甚至衍生了新的经济模式。在社会领域，互联网去中心化、扁平化、自组织的特性，重构了社会结构，创造了新的组织方式和组织形态。人类因互联网实现了畅通无阻、随时随地的信息沟通，这也凸显了互联网的媒介属性。

1. 互联网与网络媒体信息传播。随着人们交流广度、深度和频度的日益增强，对信息传播介质的要求也随之提升。而互联网自身的多点性、即时性、开放性、互动性和便捷性等特征，天生就具有媒介传播的特性，互联网技术与媒介的结合，也成为必然。同时，互联网对媒介生态的冲击和影响十分迅猛，互联网技术推动下的网络媒体开启了全新的信息传播格局，也引发了企业声誉风

险管理中的“二次变革”。

2. 互联网与声誉风险管理。声誉风险是指由企业经营、管理及其他行为或外部事件导致利益相关方对本行业、本企业产生负面评价的风险。严格意义上讲，负面评价是指利益相关方的一切言论、态度、情绪、意见和行为倾向的综合。但在实际操作中，言论、尤其是通过网络媒介展现并传播的言论，成为声誉风险管理的重点内容。

言论的重要性体现在三个方面：一是言论是声誉风险的主要载体，它直观地反映了利益相关方的态度和行为倾向，是重要的管理抓手；二是当前网络媒体的覆盖面和影响力，使其成为名副其实的大众媒体，成为“社会舆论的放大器”；三是网络媒体，尤其是 web2.0 媒体，其天然的强互动性、去中心化和情绪传播特性，使得声誉风险管理必须重视其在负面舆情传播发酵中的巨大作用。

综上所述，以互联网技术为驱动的网络媒体，以其巨大的变革力不断改变着信息传播的格局，并对声誉风险管理产生重大影响和挑战。

（二）互联网技术对银行业声誉风险管理的挑战和机遇

美国政治学家哈罗德·拉斯韦尔（Harold D. asswell，1902—1977）在其 1948 年发表的《传播在社会中的结构与功能》（*The Structure and Function of Communication in Society*①）一文中，提出了著名的“发表模型”：谁（Who）、说什么（Says what）、通过什么渠道（In which channel）、给谁（To whom）、取得什么效果（With what effect）。而以互联网技术为驱动的网络媒体不断发展，上述 5 个传播要素均发生了诸多变化，并在不同程度上影响组织（本文中即指银行业）的声誉风险管理工作。

1. 人人都有“麦克风”。互联网赋予每个人无限的可能，个人力量得到增强，个人价值得到释放。每个人都是嵌在网络上的一个节点，彼此交流互动、分享协作、创新生产。传播主体的多元化是把双刃剑，它降低了信息发布的门槛，使每个人都能成为信息发布者。

2. “无趣”就无传播。互联网信息的传播，有其自身的特点。大量的传播案例研究表明，在传播内容上，吸引网民眼球的、带有个人情绪的、实时性强的、有最新流行元素的、贴近生活的、标题醒目的、适度逆社会道德伦理的言论更容易传播；在表达方式上，吐槽、隐喻、反讽、幽默、卖萌、恶搞等个性化表达以及各种不按常理出牌的语言更能引发读者追捧和情感共鸣，网民进行评论、点赞、转发、分享等社会化互动的信息更容易传播；在沟通姿态上，新媒体时代是“所有人对所有人的传播”，强调“平等对话，沟通交流”，反对“居高临下，古板说教”，平等亲和的沟通姿态更容易引发传播，“说官话、讲套

---

① Harold D. Lasswell：The Structure and Function of Communication in Society，1948.

话”让位于“说人话”。归纳来看，“无趣”就无传播。

3. “我在这里”。近年来，随着互联网通讯技术的迅速发展以及电脑、智能手机等网络终端设备的广泛普及，我国网民规模和互联网普及率呈逐年上升的趋势。目前手机网民获得信息的主要途径是通过微信、微博和新闻客户端。在信息获取能力方面，新闻客户端 > 微博 > 微信；在社交属性方面，微信 > 微博 > 新闻客户端。

2015 年 12 月 25 日，习近平总书记视察解放军报社时曾强调：“读者在哪里，受众在哪里，宣传报道的触角就要伸向哪里，宣传思想工作的着力点和落脚点就要放在哪里”。这给声誉风险管理者明确的启示。

4. 90 后——互联网的原住民。CNNIC 报告显示，截至 2017 年 12 月末，我国网民以 10～39 岁群体为主。年龄上，10～39 岁群体占整体网民的 73.0%。其中 20～29 岁年龄段的网民占比最高，达 30.0%；10～19 岁、30～39 岁群体占比分别为 19.6%、23.5%，与 2016 年底基本持平。与 2016 年底相比，60 岁以上高龄群体的占比有所提升，互联网继续向高龄人群渗透。

互联网网民结构隐含巨大的商业机会。作为网民主体的年轻人，他们的价值观、情感模式、偏好、购买力、消费观，他们对什么愤怒，为什么点赞，便是值得研究的议题。企业声誉风险管理者需要匹配自身受众与（网络）媒体受众的重合度，并做出具体的媒介投放选择。

5. 新媒体的效果评估仍是难点。传播效果历来是媒体传播的难点，网络媒体，尤其是新媒体的效果评估仍是声誉风险管理亟待突破的难题。

网络媒体尤其是 Web2.0 媒体在传播模式上有三个新特点：

一是碎片化传播。在 Web2.0 媒体的内容传播机制下，人人可发声。发声者可以是任何人；发布内容可以是任何话；发布场合可以不固定。总之，一切皆可传播。

二是泛在化[①]关联。人与人、人与信息、信息与信息以看似无规律的节点相连，构成了极为复杂的关联，海量信息顺着这些节点不断扩散、放大和发酵，给声誉风险管理者带来了诸多的困惑。

三是情感化共振。上文提到的“你的错误仅仅是因为无趣”，从内容角度呈现了网络媒体传播的一些规律，而其本质在于社会化媒体在话语权再分配、社会关系重建等方面对网民价值观的重塑。众多网友基于共同的价值偏好、情感认同，让互联网传播带有一定的非理性因素——以一种围观者的心态，以数量

① 所谓“泛在化”，意为使计算机融入人的生活空间，形成一个“无时不在、无处不在而又不可见”的计算环境。在这样的环境中，计算不再局限于桌面，用户可以通过手持设备、可穿戴设备或其他常规、非常规计算设备，无障碍地享用计算能力和信息资源。

和道德优势发起狂欢或狂怒的舆论审判。

互联网给传播格局带来了诸多挑战，但同时也蕴含着很多机遇，这些挑战和机遇并非互联网自身直接产生，而是一个互相作用、不断解构的过程，并会长期存在。

（三）有效运用情绪管理的途径

互联网思维是破解互联网技术带来挑战的可行策略。

1. 互联网思维的含义。互联网思维不是一个严谨的学术术语，它更多是一种口号。对于互联网思维的范畴也没有统一的界限，但在声誉风险管理的具体实践中，大数据、用户体验、参与感、眼球经济等这些互联网思维具有较大的借鉴价值。

（1）大数据。大数据的本质是通过对海量（全体）、多维度数据间关联关系的挖掘，从中寻找商业机会。声誉风险数据，是真正的大数据，通过对这些数据的监测、研判、分析，不仅可为风险控制提供决策建议，也可以为产品研发、客户洞察、销售提升、服务改进等提供决策建议。

（2）用户体验。用户体验是一种用户在使用产品过程中建立起来的纯主观感受。随着计算机技术和互联网的发展，技术创新形态正在发生转变，以用户为中心、以人为本愈发重要，用户体验也因此被称作创新 2.0 模式的精髓。用户体验思维，即对用户所有接触点进行研究，了解其关注点（痛点），并满足相关需求（产生尖叫点或引爆点），其实质是强调对用户接触点的精细化管理，给用户提供极致的完美体验。在传播层面，要求管理者深入研究 5W 中的每个细节，并做好触点管理。

（3）参与感。参与感的提出，是在互联网背景下对消费者人性（被尊重、平等交流、自我实现）和行为模式（求存在感、不吐不快、我的地盘我做主）深度洞察后而在营销传播策略上的应用。通过前期策划，建立种子社区，参与话题讨论，并从中获得价值和情感认同，进而产生口碑的传播和放大，引发社会化媒体上热点话题的链式传播。

（4）眼球经济，又称注意力经济。当前是一个产品同质化的时代，“酒香也怕巷子深”，在海量信息中，信息是过载的，而每个用户的注意力却是有限的。企业的产品如何引发关注、使用及二次传播，成为重要的课题。上面提到的“吵架思维”的实质就是吸引注意力，以达到其自身传播目的。

2. 应用大数据，洞察公众情绪，感知舆论场域。大数据作为一种思维方式和技术应用，是相对于传统基于随机抽样而获得的小数据而言的，从海量、多维的数据中挖掘出有价值的洞察。当前，互联网上承载着网民对于某个社会热点议题的各种态度、观点和意见，而透过这些信息，可以再次挖掘出背后所蕴含的情绪。

应用大数据挖掘公众情绪，正成为可能。凯迪数据研究中心联合中山大学大数据传播实验室共同研发了 KCIS① 情绪态度判断与预测系统。这一系统通过分析情绪和控制感两个维度，排列组合后就形成以下四个指标：希望度、问题解决期待度、悲观度和犬儒度，通过舆情监测及大数据分析技术，用以对社会公众情绪进行专业测量。

洞察公众情绪，对声誉风险管理及舆情管理的意义在于宏观掌控舆论动向，全面感知舆论场，并为新闻发布、活动策划、议题管理、舆论引导等工作提供策略方向，同时也为特定声誉风险研判中的情绪识别提供总体框架。

3. 在舆情研判中，应深入探究利益相关方评价背后的心态及情绪。舆情监测、研判、报告和处置，是声誉风险管理中极为重要的工作，而舆情研判是核心中的核心。准确的研判，是后续处置工作得以有效开展的前提，但在银行业特定事件的舆情研判中，除了应用上述的大数据技术外，了解行业特点及相关知识，并在此基础上探究利益相关方言论、行为背后的心态及情绪也尤为关键。

例如，在理财产品亏损纠纷事件中，储户往往不顾理财产品的发售类型、合同约定以及其与银行的实质法律关系，但凡未达预期回报时，就选择聚众声讨、媒体曝光，其行为背后折射出当前理财产品刚性兑付的无奈、“事情弄大了，银行就会赔”的思路以及“银行不差钱”的共识。对储户维权心态及情绪的探究，离不开行业知识背景和对其他相关方（银行自身、监管、政府、公众）心态的洞察，而舆情的变化趋势，也离不开背后各方利益主体的心态及情绪推动。

知晓了这些，就不难理解银行业很多热点声誉事件为何容易引爆并造成声誉困扰。

4. 在危机处置中，既要看到事，更要关注人。沟通是一门研究人心的科学和艺术。晓之以理不如动之以情，任何一种社会工作、社会传播、舆论引导，首先是要有温度的、有感情的，在情感共振、价值认同和建立信任的情况下，道理才能立住脚，才能作用于人的行动。中国人民大学喻国明教授②认为，情绪启动是沟通的首要策略，社会管理者还应充分考虑各利益方的诉求，寻找合意

---

① KCIS 即凯迪网络推出的“猫眼云情报”舆情系统。KCIS 致力于整合化、系统化的信息咨询服务，为客户提供系统平台工具、数据报告服务、舆情培训交流、品牌危机管理体系搭建，全面提升品牌维护的信息化水平，使品牌自身具备舆情应对和口碑传播的素质能力。

② 喻国明，法学（新闻学）博士，教授，博士生导师。国务院学位委员会新闻传播学学科评议组成员。现任北京师范大学新闻传播学院执行院长。喻国明是中国传播学实证研究领域的领军人物，特别是近五年来，喻国明在调查数据的价值挖掘、智能化文本分析技术在互联网舆情监测分析中的应用，以及应用认知神经科学的方法进行传播学研究，并据此提出“瞬间效果”的研究范式等，在学术界具有广泛影响。

空间，让利益的相关方进入这个平台，充分交流和表达，在这个基础上形成社会共识，并开放相关的公共信息与社会有效地分享，最终达到“议程设置、框选效果和情绪启动”的社会管理和社会引导的目标。

危机传播，尽管最基本的是事实传播，但在情绪对立，对方先有主观预设的情况下，最有效的传播则是态度传播。在危机面前，最重要的往往并不是对错，甚至也不是真伪，而是“态度”。这进一步启示管理者，在危机处置中，不仅要一手抓事，一手抓人，还要一边讲理，一边讲情。在危机传播管理中，既要重视事实层面的事实还原，又要重视价值层面的信任重建。

信任重建有三个注意点：一是有效倾听，真诚面对，赢得情感上的理解支持；二是努力把各方都牵引到各方都能认可的合意空间，求同存异，让各方在同一个平台和立场上讨论；三是舆论引导和声誉修复，顺应并巧妙转化公众情绪，转移、扩展、提升、公众视角，同时进一步巩固公众立场，获得更大的支持和认同。

综上，对人及人的情绪、情感的重视，是做好危机管理的应有之义，而其原则与互联网中的“参与感”和“用户体验”如出一辙，即对利益相关方情感层面需求的重视，从洞察，到顺应，再到“利用”。

5. 正面宣传及舆论引导，应懂民心、顺民意，蹭热点，巧借力，博眼球，赢认同，催发二次传播。新闻宣传内容形式要符合目标受众的偏好，并巧蹭热点来借助外力，提高点击率和曝光度。同时，用喜闻乐见的方式展示，提高受众参与感，力求情感共鸣，催发二次传播。在展示形式方面，互联网媒体形态和各类交互技术，将成为创新的源泉。

舆论引导方面，互联网监测技术对于舆论动态的持续跟踪，为舆论分析提供了基础；而基于热点词的文本分析和情感分析，将快速研判不同舆论阵地上的声量、情绪倾向，成为下一步舆论引导策略制定的基础；而基于互联网技术构建的舆论引导和网评员管理系统，也最大程度地发挥了互联网在信息汇集、分发、统计及考核中的优势，成为舆论引导中不可或缺的技术应用。而在具体的舆论引导策略上，“有我在、和我聊、跟我走”的九字箴言，背后的逻辑仍然是通过“有我在”的自我担当宣言，减少民众在心理的恐慌；平心静气地坐定，才有“和我聊”的可能，这是平等友善的双向沟通；聊的结果，就是对方和我达成共识，并“跟我走”，目标达成。“不改变事实，可改变认知”是舆论引导的要义，理顺了情绪，就改变了认知，改变了认知，舆论引导也就完成了。

三、当前银行业负面舆情的特征及其处置策略

（一）当前银行业负面舆情的特征归纳

1. 事件类别。舆情是现实问题的反映。银行业负面舆情主要集中在表外业

务、票据贴现、高管违规违纪行为、员工不当言行、银行日常服务、信用卡业务及企业 IPO 七大方面。

2. 媒体环境及传播格局。普遍认为，技术是媒体发展的驱动力，每一次技术的创新都带来新闻传播方式的变革。当前互联网正加速重构媒体格局和舆论生态，主流媒体面临的竞争更为激烈，融合发展的任务更为紧迫。信息载体、传播渠道更新迭代越来越快，移动应用、社交媒体已成为主要信息入口，聚合类平台、自媒体公号不断涌现，网络直播、问答社区等成为舆论生成传播重要源头。

（二）舆情管控的一般流程及要点

从管理流程上讲，舆情管控包括监测、研判、报告、处置、修复五个环节。

1. 监测。舆情监测是通过相关技术及人工手段，对公众在不同渠道发出的有影响力的言论进行收集、跟踪和分析的行为。

2. 研判。舆情研判是对舆情的发展趋势进行全面的预判分析，为事件处置应对决策提供有力支持。依据不同的标准，舆情研判有多种划分，如即时研判与深度研判、日常研判与特定研判、综合性研判与专题性研判。

3. 报告。商业银行通过建立全面的报告预警机制，采用动态指标与静态指标相结合、定性与定量指标相结合的方式及时准确上报舆情信息。

4. 处置。舆情处置是指在最快的时间内所采取的解决机制，从而避免舆情扩大化的一系列行动。舆情处置的方法有以下几种：一是重视互联网。二是尽量在第一时间发布新闻，赢得话语权。三是在网络舆情中勇于“抢旗帜”。四是在舆情应对中充分发挥主场优势。五是建立政府网络舆情预判预警机制。六是建立政府网络舆情危机处理机制。

5. 修复。修复是银行机构从舆情事件造成的影响出发，采取必要措施，回归到危机之前的状态和秩序，实现正常运转，同时要从中学习，汲取经验教训，实现新的发展和超越。

（三）舆情的处置原则

在分析银行业舆情特征的基础上，结合大量银行业负面舆情的处置经验，银行业负面舆情处置要把握以下原则。

1. 先研判，后处置。舆情研判的核心是预测趋势，目的是助力决策，服务处置。舆情研判是舆情处置的基础，有效的研判可以为处置提供决策支持。没有准确的研判，科学有效的处置就无从谈起。

2. 两手抓，两手都要硬。舆情，包括两部分内容：舆，众人的看法和观点；情，舆情背后的那个事情。舆情就是在特定事情上众人的看法和观点。从这个角度，舆情处置也可以分为两部分——“舆”（舆论引导和传播管理）的层面和“情”（事情的解决和处置）的层面。

3. 多方协作，分头行动。舆情是舆和情的共同作用，负面舆情处置是舆和情层面的共同努力。

一般来说，“舆”的层面，声誉风险归口部门更为擅长；而“情”的层面，业务部分则更为专业。这就要求舆情处置工作要有团队协作意识，召集多方力量从多个角度展开工作。舆情处置不只是牵头部门的事，也不只是事发机构/部门的事，而是需要多方协作一致面对的事。

4. 价值排序，力求多赢。在一起舆情事件中，不同的利益主体会有不同的价值排序。银行——得与失的关系，银行机构陷入危机，第一反应是自身的利害得失。媒体——是与非的关系，以查明真相为己任。压力团体——公与私的关系，政府司法及监管机构更关心个体与集体、局部与全局等公众利益与个人利益平衡，是否遵法，是否伤及行业整体声誉，是否影响社会稳定。公众——善与恶的关系，公众对事件当事方总是抱有强烈的道德义愤，据守道德高地展开舆论围剿。

对舆情处置主体（银行）而言，要暂且“搁下”自己的得失，尊重公众利益及其善恶观念，相与为善，获是信任，否则身陷道德洼地，任何辩护都可能是徒劳；要遵守法纪，不悖社会规范，“中规中矩”才能重回方圆；要满足媒体最低限度的职业信息需求，助其查“是”证“非”。而“搁下”自身得失，并不是置安危进退于不顾，而是指越是以公众、压力团体和媒体的价值需求为导向，越能够让自己少失多得。反之，安危之念愈重，失之愈多。

四、互联网技术背景下的银行业声誉风险管理体系重构

互联网技术的不断发展以及其在新媒体领域的广泛应用，已深刻改变了银行业声誉风险的发生机制、特点和流程，这就需要银行业声誉风险管理者要适应声誉风险方面的新变化。具体包括转变声誉风险管理的理念，对银行机构的职能、岗位职责及能力进行重塑，对声誉风险管理的流程、制度及预案进行优化，运用互联网技术升级声誉风险管理的技术及支持系统，培育银行机构的文化，并最终实现新形势下的银行业声誉风险管理体系的重构。

（一）转变声誉风险管理理念

任何声誉风险的爆发不一定是绝对的坏事，发现、培育进而抓住潜在的机遇，是声誉风险处理的精髓所在；而错误地估计形势，令事态进一步恶化，则是声誉风险处理不良的典型特征。尤其是当今互联网技术得以广泛应用，银行机构在声誉风险事件发生时除了有效控制事态，还应积极转变理念，善于运用互联网技术，并利用其引导情绪、管理情绪，把风险事件处置作为提高社会形象、扩大积极影响的一个途径，变“危”为“机”。

1. 转变与媒体关系的认识，变“被动”为“主动”

互联网技术下的新媒体能快速传播、放大银行机构的声誉风险，扩大波及

范围、加深影响程度，甚至可以使银行机构陷入绝望境地，但同时它也可以为银行机构化解风险提供平台，不仅有助于其化解风险，还可能变风险为机遇，进而提升银行机构的市场影响力及品牌知名度。从本质上看，商业银行声誉的形成过程就是一个复杂的社会认知与评价过程，这也必然会涉及与银行机构相关的数据、资讯和信息在利益相关者内的流动、传递及扩散，而新媒体具有的辐射度广、普及率高和隐匿性强等显著特点，就使其在银行声誉的重建和提升上可以发挥重要作用。

因此，银行机构应该积极融入新媒体中，努力尝试运用互联网技术下的新媒体工具，并通过文字、声音、动漫、视频等多样化的表现形式发布、传播与银行有关或有利于银行的重要内容及讯息，同时构建与新媒体、网络意见领袖之间的良好关系，进而获得他们的信任和支持。此外，在新媒体环境下，银行应重视与每位利益相关者的直接沟通机会，借助新媒体平台认真倾听他们的意见和建议，充分表达银行自身的态度和立场，并及时对社会公众所关心的问题作出必要回应，因势利导地进行银行形象的正面宣传等一系列举措，这都是银行重塑市场形象、增强品牌魅力、提升声誉影响的重要途径与保障。

2. 转变与客户关系的认识，变“自我”为“他我”

对于银行机构而言，要正确认识声誉重建的重要性和艰巨性，将重塑声誉的过程看成是银行由“危”向“机”寻求转变的过程。在对声誉风险事件的诱因与处理措施进行系统分析和梳理的基础上，适时启动声誉重建与管理计划，拿出自己最大的诚意去面对社会公众，主动接受社会监督，并勇于承担与其相关的一切责任，积极改进与客户的关系，真正做到处置声誉风险事件时“以客户利益为中心”，只有这样才有可能让商业银行在激烈的市场竞争中重新赢得尊重和信任。

3. 转变内部“上下”的认识，变“被动”为“自觉”

银行机构应高度重视舆情管理和声誉风险防控的重要意义，积极培育以声誉风险管理为导向的企业文化，做到业务发展与声誉建设有机结合、同步推进，从内部形成上下一致的声誉风险管理意识。一是强化高管作用。银行机构的董事会及高管层应充分认识到声誉风险管理工作的重要性、现实性和紧迫性，把全行对声誉风险的认识提高到与其他各类风险同等重要的高度，提高到商业银行战略目标上来，同时以身作则、率先垂范，在全行上下形成声誉创造价值、声誉人人有责的经营理念。二是抓好员工培训。防范声誉风险不仅仅是商业银行高管层或某一部门、某一分支机构的责任，它与每名员工息息相关，如果员工缺乏声誉风险意识，声誉风险管理工作就很难落实。因此，商业银行应制订相应的培训计划，通过专家授课、集体学习、研讨交流等方式，提高全行员工相关领域知识水平，使其认识到声誉风险管理的重要性，并主动维护商业银行的良好声誉。

4. 转变与独立第三方关系的认识，变“幕后”为“台前”

当发生重大声誉风险事件时，商业银行在做好道歉、担责、安抚等工作的基础上，还应该积极争取网络意见领袖群体对本方的支持，从而增强己方重量级声音的力度。在声誉风险的传播过程中，公众对相关事件中银行机构行为的认识与判断往往受意见领袖的影响，意见领袖拥有自己长期积聚起来的强大感引力，不论是主动介入做出个人评析还是话题引导吸引粉丝注意，都在声誉危机传播中发挥独特的作用和功能，如果意见领袖能够赞同或肯定银行在处置声誉危机时所做的各项具体工作或者认真坦诚的态度，必定能在公众舆论中为商业银行赢得更多的支持、同情和理解。

（二）银行机构的职能、岗位职责及能力重塑

声誉风险产生的原因非常复杂，可能发生在银行经营管理的各个条线、各项环节，并时常与传统风险交叉存在、相互作用。目前我国大部分银行声誉风险管理工作落实在银行办公室和品牌管理部等主要宣传部门，此类部门主要涉及宣传、品牌维护等工作，这体现了国内银行“重事后处置、轻事前预防”的声誉风险管理基调，也直接影响了银行机构声誉风险管理的效果。因此，建立一支高素质的声誉管理团队，有利于提升商业银行声誉风险防控的专业化、科学化水平，降低声誉风险发生的可能性。

设计银行机构声誉风险管理团队，需要考虑的最重要因素是管理团队所要履行的职能。虽然在不同的声誉危机情境下，有不同的目标和任务，但是银行机构在声誉风险管理中往往会涉及六类部门。

表 1　　银行机构在声誉风险管理中涉及的六类部门

部门类别	相关职能
人力类	保证处置声誉风险所需的必要的人力应能够得到保证
财务类	充分保障银行的流动性应能够得到充分保障；实时的评估和控制银行的风险应能够得到实时的评估和控制；维系银行的营销网络应能够得到维系
公共关系类	银行能与监管者、当地政府、有关公众、企业、媒体等相关利益者进行沟通，并取得其支持；及时向媒体披露经批准发布的信息应能及时向媒体披露； 危机现场，广播、电视、报纸等媒体能够探查危机现场的信息应能够得到探查等
技术类	保障处置声誉风险时所需的设备、车辆、物资能够得到保障
法律类	处理因声誉风险引起的诉讼和各种法律事务应能得到处理
协调类	保证团队内的联络和沟通以及整个团队运作能够得到的协调，团队内的联络和沟通得到保证

根据银行现有的常规部门结构，把银行日常管理中分别承担人力、财务、

公共关系、技术、法律和协调任务的部门或人员作为声誉风险管理团队的组成人员。同时，根据不同主体在声誉风险管理中的功能和作用，可以把银行机构声誉风险管理团队划分为核心领导层、中坚管理层和支持协作层3个层次。这样就确定了一个由6类人员和3个层次组成的银行机构声誉风险管理团队，也是较为通用的银行机构危机管理团队的构成模式。

具体来说，声誉风险管理团队一般包括银行的董事长或行长，财务（资金及结算）、风险管理、市场营销（个人、公司及机构业务）、人力资源、科技、法律和总务等部门人员。此外，还应设立应急管理办公室协调整个团队运作。其中，银行的董事长或行长作为核心领导层；应急管理办公室、财务（资金及结算）部门、风险管理部门、市场营销（个人、公司及机构业务）部门等作为中坚管理层；人力资源部门、科技部门、法律部门和总务部门等作为支持协作层。这种具体形式的确定，与银行常规管理中的角色划分是分不开的。银行的董事长或行长对银行经营的成败负主要责任，拥有对人力、资金的最终调配权，以及联系监管部门的代表权，是声誉风险管理的中枢。财务（资金及结算）部门掌握银行的财务资源情况，风险管理部门掌握银行风险情况，市场营销（个人、公司、机构业务）部门掌握银行营销网点情况并与客户有较密切的联系，应急管理办公室是核心管理者保证内部协调运作的组织手段，他们应承担起在声誉危机中维护银行核心资源和安全的责任。人力资源部、科技部、总务部、法律部人员分别掌握人员、技术、后勤、法律等方面的资源，从而成为声誉风险管理必需的支持协作人员。

（三）声誉风险管理的流程、制度及预案优化

1. 建立声誉风险预警机制

声誉风险管理团队应建立预警处理机制，明确重大突发事件应急程序并完善应急预案，提前预警，明确影响范围，理顺信息传递渠道，全过程监控。进入预警状态后，应及时采取以下措施：一是按照规定发布风险事件预警公告；二是对事件关键点、关键词进行重点监控，随时掌握事态进展情况；三是针对风险事件可能造成的影响，及时报告相关监管单位做好处置准备。

2. 建立快速反应机制

商业银行要迅速对声誉风险事件作出反应，积极寻求解决办法，避免公众接收不到银行方面的回应而致使事件继续发酵。整个应对的流程如下：

（1）风险事件发生后，由声誉风险管理团队立即启动应急预案；

（2）声誉风险管理团队及时处置、控制事态发展，防控蔓延；

（3）声誉风险管理团队判断事件性质、影响、危害和可能波及的范围，提出应对措施和建议；

（4）声誉风险管理团队按事件分类级别，在处置的同时，依规及时上报；

（5）声誉风险管理团队做好事件发生、发展、处置的相关记录和证据留存。但对于部分关注度不高，经过研判后认为可能不会引起更大负面影响的事件，建议加强观察，暂不作回应。

3. 建立舆论引导机制

声誉风险事件舆论引导总原则是别人来说不如自己来说，大家来说不如专人来说，外行来说不如内行来说，被动去说不如主动去说。引导的时机应遵循：

（1）风平浪静时重视正面信息的配置；

（2）风生水起时重视敏感舆情的监控（启动预警机制，尽早处置苗头性、倾向性问题，增强政治敏感性和新闻敏感性，及时对敏感舆情归类、分级处置）；

（3）风急浪高时重视引导方法的运用。

4. 建立分类应对机制

商业银行在应对声誉风险事件时，应建立分类应对机制，将不同类型事件的研判、应对方式、操作方法形成专业化流程：

（1）对于社会影响较大、公众关注度较高的声誉风险事件，声誉风险管理团队要尽快做好权威信息发布工作，防止小道消息蔓延，其关键在于下好“先手棋”，掌握主导权，即第一时间、第一发布权和第一解释权；

（2）对于必须封堵、屏蔽的声誉风险内容，声誉风险管理团队要积极与相关内容发布者联系沟通，其关键在于取得支持；

（3）对于沟通未果、须作淡化处理的声誉风险事件，声誉风险管理团队应积极组织知情人和网评员，发表网评文章，及时跟帖、回帖，解疑释惑、中和舆论，防止负面舆论一边倒，其关键在于跟帖澄清、技术辟谣、回帖引导等引导网上舆论；

（4）对于无法封堵、难以引导的声誉风险事件，声誉风险管理团队应当尽力找出风险事件中的当事人，做好当事人的工作，解决矛盾焦点，其关键在于找出爆发的根源问题。

5. 建立问责机制

在声誉风险事件得到初步控制后，应开展后期处置和事后评估工作，防微杜渐，避免此类事件再次发生。同时，根据应急处置中暴露出的管理、协调和技术问题，不断改进和完善预案，总结经验教训，做好整改工作，恢复正常状态。声誉风险事件处置工作结束后，声誉风险管理团队应做出事件评估报告。评估报告内容应该包括以下要素：事件发生时间、地点、原因、事件类型及性质、危害和损失程度、影响范围及业务、采取的处置措施和工作改进建议等。最后，声誉风险管理团队根据评估报告，对风险事件中瞒报、漏报、迟报信息及其他失职行为的部门和个人，按有关规定追究责任。

（四）运用互联网技术升级声誉风险管理的技术及支持系统

研发声誉风险舆情监控系统，运用科学手段对声誉风险舆情信息进行监测及分析，对于商业银行提高声誉风险管理能力具有极其重大的意义。一方面，可自动收集和分析处于潜伏期的舆情信息，及时发现风险因素，进行先兆预警；另一方面，对已处于爆发期的声誉风险事件，可监测其发展态势，检验舆情控制措施是否有效。一个完整的声誉风险舆情监控流程依次为收集舆情信息、分析汇总舆情信息、舆情风险评估、舆情风险报告及预警，据此舆情监控系统应包含以下四个模块。

1. 舆情信息收集模块

通过设定关键词，采用网络内容分析、网络数据挖掘等对网站、论坛、微博等网络媒介的声誉风险舆情信息进行收集和整理，并将舆情信息上传到数据处理服务器。同时预留手工信息录入接口，将通过人工排查获取的舆情信息录入系统，作为对系统自动收集盲区的有益补充。

2. 舆情信息分析汇总模块

将收集的舆情信息进行二次筛选和甄别，去除冗余信息，并按照出现频度进行初步统计分析，并将舆情信息划分主题。

3. 舆情风险评估模块

运用人工智能工具进行语义模式识别，对每个舆情话题的观点表现出的倾向性进行分析统计，计算每个话题的关注度，并对每个话题进行风险度评估，形成初步的舆情趋势判断。

4. 舆情风险报告及预警模块

总结各种分析结论，生成舆情风险信息综合报表，并按照性质、严重程度、可控性及影响范围对风险进行定量评分；根据定量评分，利用预先设定的预警指标阈值，在控制台采用可视化技术对风险进行预警。

（五）银行机构的文化培育

1. 加强银行品牌形象建设

商业银行在经营过程中，需要高度重视日常的品牌投入，采用以企业品牌为主、产品品牌为辅的品牌策略，为客户提供产品和服务，组织或参与有价值的品牌宣传活动，提高客户的品牌忠诚度以及社会公众的好感。

2. 加强与媒体的沟通交流

严格执行员工接受媒体采访制度，主动与媒体进行沟通，了解媒体需求，寻求合作机会。定期或者不定期地召开各种新闻通气会、发布会，或通过非正式的交流，积极向媒体提供各类新闻稿、公关图片、音像制品、内部刊物等。同时也主动向媒体发布信息或澄清事实真相，对一些观点偏激、报道失实的媒体，主动约见，以适当方式指出问题、澄清事实、阐明观点，力求舆论导向符合机构新闻宣传的要求，最低限度减少因媒体误解而产生的声誉风险。

3. 强化员工声誉风险防范意识

商业银行应制订并实施声誉风险防范的员工培训计划，树立员工声誉风险意识，主动维护银行的良好声誉，培育以声誉风险管理为导向的企业文化，培养恪守公平和道德行为准则的精神。此外，应强化声誉风险的监督和制约，将声誉风险管理内容纳入各部门和各分支机构的考核评价中，从而以良好的激励约束机制规范声誉风险管理，同时采用物质激励与道德激励并用的激励机制对表现优秀的部门、机构以及个人进行表彰和奖励。

4. 主动承担、履行社会责任

商业银行在追求自身利益的同时，应当兼顾社会、经济和生态环境等各方面的利益，特别是要关注相关者（如存款人、公众、员工）的利益，承担应有的社会责任。从实践看，导致声誉风险的诸多因素与商业银行的社会责任意识淡薄有关，商业银行落实社会责任，有利于赢得良好的社会声誉，促进业务经营可持续发展，提升自身品牌价值。

综上所述，随着自媒体平台的迅速崛起和发展，当今民众越来越关心自身的生活现状和境遇，并通过新媒体的平台和渠道参与公共突发议题的讨论和围观，极易把事件话题与自身的现实情况和观点形成呼应，产生为自身权益呼喊的个人情绪。这些个人情绪再通过平台和渠道的汇集，形成社会化的情绪“洪流”，并在平台上得以释放。为此，商业银行必须对自媒体平台这种迅速汇引、聚合社会情绪的功能予以充分重视和积极研究，从中寻求切实可行的应对和处置方式、方法，从而提高自身对社会情绪的管理能力和负面舆情的掌控水平。

课题组组长：韩沂
课题组成员：李东、郭陆健、张韫、
林玲、温浩、杨正栋、徐昕、关印

上海辖内银行跨境同业合作现状与风险管控研究

摘要：随着“一带一路”倡议、自贸区建设等国家重大战略的推进，上海辖内商业银行的跨境同业业务规模增长迅速，如上海辖内中资银行分行自2014年以来对境外同业债权敞口的年复合增长率达80%。同时，境内和境外金融同业在资金清算、资金融通、资产交易和投资理财等领域的合作范围不断拓宽。跨境同业合作中的几大风险日益突出，如以反洗钱、反制裁等为主的合规风险，跨境业务适用境外法律的风险，在清算、资金融通等领域和交易对手、国别等不同层面的信用风险，依赖海外风险对冲工具和海外市场定价带来的市场风险，全球清算账户的日中流动性风险和政策引起的境内外流动性环境变动等。针对上述风险状况及发展趋势，本文提出要进一步提升人民币国际化和境内金融市场的国际化水平，借鉴国际良好标准改善监管环境，同时要推动境内境外统一监管标准，推动商业银行不断提升国际金融合作的风险管理水平。

一、上海辖内银行业跨境同业合作现状与必要性分析

（一）跨境同业间资金清算

1. 总体情况。当前，上海辖内银行分行的资金清算主要在分账核算单元（即FT）内，其中外币清算主要借助几大货币国家（区域）跨境清算系统的直参行、采取代理行模式；人民币清算借助其总行在人民银行的清算账户。以美元清算为例，辖内商业银行需在境外代理行开立资金清算账户，在发起美元跨行支付时，将汇款指令发送至代理行，代理行通过CHIPS系统将汇款指令发送至收款行的代理行，在营业日终了，CHIPS系统通过轧差清算模式计算每家资金清算行应借或应贷的净金额，并将指令发送至Fedwire系统，清算行间通过在Fedwire的结算账户最终完成资金转账，同时借记或贷记被代理行开立在清算行的账户余额。

2. 跨境合作必要性。（1）削减境外经营成本。利用代理行的资金清算规模优势，可以降低直接加入清算体系的成本。此外，资金清算需要执行的反洗钱等监管法规较多，如美元清算必须要执行美国财政部海外资产控制办公室（OFAC）制裁名单，依靠境外同业对境外相关监管法规的了解，可以降低合规成本。（2）提高资金清算效率和延长工作时间。与境外同业代理关系越多，则

越有助于拉直资金清算路径，加快资金到账速度。同时，境内金融机构可借助境外清算网络实现本地清算时间以外的清算业务，在理论上可实现 7×24 小时的不间断清算。

（二）跨境同业间货币资金融通

1. 总体情况。由于辖内商业银行分账核算单元流动性不足，其融资方向主要以融入为主，向境外融出相对较少。资金融通方式主要有以下几类：（1）同业存放。主要是海外人民币资金的存放，如截至 2017 年 9 月末，辖内银行境外同业存放余额为 110.77 亿元人民币，其中 71% 为人民币资金。需注意的是，辖内银行给境外同业的资金存放利率高于境内，比如在 2014 年自贸区设立之初，为吸引海外同业大额人民币资金，某国有银行上海市分行给予海外同业的 1 个月存款利率较境内同业高 100 个基点。（2）同业拆放。以外币为主，主要是为了匹配外币贷款等资产需求。如截至 2017 年 9 月末，辖内银行境外同业拆入资金余额 465.95 亿元人民币，其中外币资金占比为 95%。（3）基于融资目的的货币互换。主要是与境外银行通过在近期和远期端的货币买卖，解决融入资金和融出资金币种不一致的问题。（4）海外代付。主要是基于国际贸易融资产品的用资需求，跨境同业间通过委托或受托进行代付，降低融资成本。

2. 跨境合作必要性。由于境内外银行业机构在获取本币和外币资金的能力与价格方面的不同，可以带来境内、境外银行间资金成本的差异，通过跨境同业资金的融通，有助于进一步降低资金经营成本。此外，建立广泛和高效的同业间资金市场，可以高效利用同业资源，缓解银行自身资金规模供不应求的局面。

（三）跨境同业间信贷资产买卖

1. 总体情况。受跨境政策的限制，目前辖内银行与境外同业间开展的主要是福费廷等贸易融资资产的国际间转卖，以及对境外项目融资和银团融资的风险参与，信贷资产的直接转让以及证券化产品的跨境交易尚未真正发展。

2. 跨境合作必要性。（1）跨国银行集团对全球资源的充分利用。银行集团在充分利用全球网络就近服务客户的同时，通过跨境的资产交易，调剂境内境外银行在资产端和资金端的余缺，最大化利用集团资源。比如，香港分行基于其客户关系向香港企业发放一笔贷款，但由于其资产规模受到资本金等条件限制，则香港分行可将部分资产转卖给境内地分行，从而扩大集团整体的资产业务能力。（2）促进全球化的资产负债管理。建立全球间的资产二级市场，可以进一步扩大市场交易规模和交易深度，即面临更多的交易对手、更丰富的交易产品（币种分布、客户分布等），从而更有效地进行资产管理和负债管理。

（四）跨境同业间证券产品及衍生品交易

1. 总体情况。目前自贸区内商业银行与境外银行同业开展的金融市场交易，主要是债券买卖、黄金买卖和金融衍生品交易，市场较为公开透明，产品结构较为简单，债券和黄金主要是现货的买卖，金融衍生品主要是利率和汇率产品，包括即期汇兑、远期汇兑、掉期汇兑、汇率期权、利率掉期和货币掉期等，主要是代客交易下以境外银行同业为对手开展的背对背平盘。值得注意的是，目前辖内银行与境外同业开展的人民币外汇衍生产品主要依靠香港市场和伦敦市场等两个人民币离岸中心，即依赖香港和伦敦同业设计的已有产品，向企业客户销售后再与其背对背平盘。

2. 跨境合作必要性。（1）扩大境内金融市场的国际投资者参与水平。引入境外投资者有利于扩大境内市场的投资者范围，完善银行间市场的参与者结构，带来更加多元化的投资需求和投资策略，带动市场流动性的提升，助力形成健全的收益率曲线。（2）利用境外市场的产品设计和定价能力，提升服务客户的水平。中资企业“走出去”过程中出于避险需求，往往需要人民币外汇衍生工具以规避汇率风险，而香港等离岸市场作为人民币外汇衍生工具最重要的产品设计和产品定价市场，是当前为全球银行间市场提供人民币外汇衍生产品的最重要的市场。

（五）跨境同业间投资理财

1. 总体情况。目前，上海自贸区内银行的跨境投资既有自营投资，也包括理财投资，而境外银行在跨境投资中扮演的角色，涉及投资通道、投资人和投资标的产生方等多种角色。具体包括：（1）境外银行作为投资通道。主要是境外银行以下设的 SPV 发行资产支持票据，境内商业银行以自有资金或理财资金进行投资，票据底层资产一般为中资企业境外子公司在香港发行的债券。（2）境外银行作为投资方。主要是中资银行海外分行作为投资人，投资于境内联行发行的人民币理财产品，其原因主要是 2014—2015 年境内人民币利率高于境外利率，境外金融机构有投资境内资产的需求。（3）境外银行作为投资标的产生方。主要是境内银行以理财资金对接存放和拆放境外同业的资产，这主要是在 2015 年“811”汇改后人民银行抽紧了境外人民币银根，使得境外人民币利率升高，从而投向境外同业人民币理财产品有所发展。

2. 跨境合作必要性。（1）通过境外金融机构设立 SPV 或资管计划的形式对底层资产包装，境内金融机构可以在非实质性进入相关资产交易市场的情况下，扩大其境外投资产品的范围。（2）中资企业的信用评级在境外相对较低，风险收益回报相对更高，可利用境内外信用评级差异获取更高的风险收益回报。（3）境内外币资产还不丰富，辖内银行的外币资金投资需要依赖境外市场丰富外币资产配置效率。

二、跨境同业合作主要风险分析

一是监管合规风险。（1）反洗钱和反恐融资风险。这是各国对跨境业务的监管重点，如金融行动专责委员会反洗钱金融行动特别工作组（Financial Action Task Force on Money Laundering，FATF）是西方七国为专门研究反洗钱和反恐融资的国际组织之一，其推出的诸多反洗钱行动规范也成为跨境资金清算需要遵守的重要内容。（2）跨境贸易金融服务的政策风险。贸易融资项下的同业合作业务需要额外关注贸易真实性，以及贸易本身是否涉及制裁的敏感地区的业务等。（3）境外金融市场交易的监管。主要是在香港发债需遵守香港证监会发布的《证券及期货条例》等内容。（4）集中交易对手（CCP）清算的跨境监管冲突。2008 年金融危机之后 G20 国家达成共识推动场外金融衍生品集中清算，美国、欧盟、日本和中国等都已经启动相关进程。集中清算要求下，由于衍生品清算多数涉及跨境交易，需要协调有关交易对手各方所在国家的集中清算要求，便产生了跨国监管冲突。（5）跨境监管套利风险。主要是在资产交易的二级市场融资中，未真实反映银行本身的风险敞口持有状况，如风险参与业务中的非融资性参与行若未将其参与份额的信用敞口进行如实反映并计提相关拨备和资本金，则会使得风险参与行扩大其信贷额度，改善其资产负债结构和降低风险资产规模。

二是法律风险。（1）境外法律适用的专业风险。跨境业务合作涉及的法律文本多为外文合同，大多数适用境外法律，需建立专门的境外法律审查机制，如聘请有丰富经验的国际性事务所。（2）国际通行协议与境内法规冲突的风险。如在 ISDA（国际互换与衍生工具协会）交易主协议在有关净额结算、抵消、违约事由等方面的特殊规定，在真正面临违约事件时，可能会面临与境内或有关交易方法律法规的冲突。

三是信用风险。（1）境外尽调风险。为了保证跨境投资资金安全及资金用途符合审批要求，防范境外金融机构风险，银行在业务开展前需对境外金融机构和相关的交易开展尽调工作，而境外较多国家未建立统一的企业信息建立和查询平台，使得境外交易的尽调难度增大。（2）境外交易对手信用风险。清算业务方面，代理行在日中清算过程中将允许被代理行清算账户产生一定额度的透支，因此面临对被代理行的清算信用敞口。而在同业拆借等货币市场融通业务和信贷资产等交易业务中，也同样需要视交易对手和资产标的实际信用方的风险。（3）国别风险。境外债权敞口在国别和地区层面，因宏观因素影响而带来的债权违约影响。

四是市场风险。（1）客户的市场风险。当前外汇衍生品交易依赖境外金融机构开发的产品，境内银行需关注产品本身的结构设计和定价是否合理，是否会给客户带来较大的市场风险，从而影响银行自身的服务能力。（2）外币收益率曲线风险。商业银行开展外币业务的报价主要是通过 Libor/Hibor 加点的方式，且境内商业银行的报价和业务落地往往有时间差，期间 Libor/Hibor 价格若产生大幅波动，则商业银行将面临风险。

五是流动性风险。（1）全球清算账户引起的日中流动性风险。在依托多家代理行开展全球资金清算的模式下，境内机构需要监测多个清算账户的资金状况和透支情况，并有能力在营业日终了有充裕资金满足各个清算账户的日终结算要求，这就要求银行提升日中流动性管理水平，加强资金监测调度以及从外部同业获得融资的能力。（2）因跨境政策变化引起的市场流动性风险。在跨境业务中，需关注由一国或地区的资本开放、利率和汇率等政策的变化，对境内外资本流动、流动性及利率水平的影响。

六是境外代理行的信息安全与保密风险。如在清算跨境资金时，境外代理行可完整获悉被代理机构的报文信息，其中囊括了大量的客户信息和交易行为，尤其在大数据分析模式下，外部同业可依托海量数据还原被代理机构的金融行为，甚至顶层策略意图，这无疑是一大风险隐患。

三、启示与监管建议

一是加快发展境内金融市场和提高人民币国际化程度。境内金融机构对境外同业的依赖，在一定程度上与人民币国际化程度不足以及境内金融市场工具（尤其是风险对冲工具）不足有关。因此，建议监管部门积极支持人民币国际化、推动境内金融市场平台和工具的发展，如大力发展金融衍生品市场、丰富境内外币资产投资工具等，以提升境内金融市场在全球的地位。

二是在与国际良好标准对接的基础上，统一境内业务和跨境业务监管标准，防止监管套利。一方面，在有利于商业银行展业的具体业务规则上，尽量与国际规则相对接，如放松信贷资产转让的完整转让要求；另一方面，要强化风险原则的统一监管，及时弥补监管空白，拉齐境内业务和跨境业务的监管标准，防止监管套利，如将风险参与业务纳入信贷资产交易和转让的规范范围。

三是完善跨境交易的经营环境、推动银行业提升跨境业务风险管理水平。针对跨境交易中的尽职调查风险、国际法律风险等难点，通过政府部门等公共服务部门推动建立跨境信息互通共享数据平台，完善境外法律法规库等，完善跨境交易的经营环境。同时，要推动商业银行不断提升自身的风险管理能力，针对跨境同业业务合作中产生的各风险点，提升风险管控能力。

课题组组长：张光平
课题组成员：丛阳、王玮、张珍珍、张海鹏、周蔚

上海辖内委托贷款风险分析

摘要： 近年来上海银行业表外业务发展迅猛，其中委托贷款业务在快速发展过程中出现了一些新情况、新问题。专题调查研究发现，上海辖内部分机构委贷业务呈现合作展业模式多样、资金来源借助通道、资金流向集中繁杂的新特点，存在信贷资金支付土地出让金等现象，可能导致银行实际承担信用、操作、声誉等风险。本文结合当前银监会“三三四”系列专项治理工作要求，提出相关政策建议。

一、全辖委托贷款总体情况

2016年末，上海辖内委托贷款合计余额2.33万亿元，同比增长31.61%，包括现金管理项下委托贷款1.12万亿元、金融机构委托贷款0.22万亿元、非金融机构委托贷款1万亿元，其中公积金委托贷款0.36万亿元。本文主要针对非现金管理项下委托贷款（不含现金管理项下及公积金委托贷款，下同）开展分析。

从开展委贷业务的机构来看，商业银行及财务公司开展委托贷款业务较为普遍。从委贷投向行业来看，集中度较高，四成以上投向房地产业，其次为租赁和商务服务业、制造业，前五大行业投向共占85.28%。

二、委托贷款调研情况

课题组对辖内委托贷款余额及增速较高的部分机构开展了情况调研，下发调查问卷并收取单笔1亿元以上业务明细数据，同时结合EAST系统数据对资金流向进行追踪。

（一）总体情况

受调机构共有委托贷款1.02万亿元，约占全辖44%。其中现金管理项下委托贷款0.2万亿元、公积金委托贷款0.16万亿元，非现金管理项下委托贷款0.66万亿元，占比65%。下文主要针对后者展开。

从委托人类型来看，传统企业对企业委托贷款占比超六成，占比63.2%；个人委托贷款占比较少，余额32.77亿元，占比不到5%；金融机构委托贷款占比超三成，委托人主要为证券业金融机构、非银行金融机构、其他金融机构，在金融机构委托贷款中成立特殊目的载体（SPV）开展业务的金融机构占八成，主要为证券业 SPV、其他金融机构 SPV，各占四成左右。

借款人九成以上为一般企业，而金融机构、政府、个人占比较小。行业投向集中度较高，主要集中在房地产、租赁和商务服务业，占比分别为 53.8% 和 12%；地方政府融资平台占比较少，余额 86.24 亿元，占比 1.3%；投向“两高一剩”行业占比 2.91%。

（二）单笔 1 亿元以上委托贷款情况

受调机构报送的明细数据显示，2016 年底仍未结清的单笔发放金额 1 亿元以上的委托贷款共 1 389 笔，发放额总计 6 266.18 亿元，余额总计 5 543.89 亿元，涉及 453 个委托人，884 个借款人。

从委托人所在行业来看，委托贷款发放余额及笔数最多的三大行业门类为金融业、租赁和商务服务业、房地产业，贷款余额分别为 2 142.95 亿元、1 777.09亿元、424.61 亿元，笔数分别为 474 笔、396 笔、155 笔，金融业多为通道类委托人。

从委托贷款行业投向来看，与总体情况类似，委托贷款余额位居前五位的行业分别为房地产业、商务服务业、房屋建筑业、铁路、船舶、航空航天和其他运输设备制造业，以及黑色金属冶炼和压延加工业，占全部委托贷款余额的 76%。其中投向房地产业的贷款 663 笔计 3 227.57 亿元，占比接近六成，是排名第二的商务服务业的 6 倍。

从委托人及借款人地区来看，主要集中在北上广及江浙一带，广东为仅次于上海的第二大省份。

表 1　　委托人与借款人地区分布情况

委托人			借款人		
地区	贷款余额（亿元）	占比	地区	贷款余额（亿元）	占比
上海	2 562.05	46.21%	上海	1 869.69	33.73%
广东	989.75	17.85%	广东	797.73	14.39%
北京	558.61	10.08%	江苏	537.62	9.70%
浙江	518.74	9.36%	北京	502.35	9.06%
安徽	167.1	3.01%	浙江	204.05	3.68%
小计	4 796.25	86.51%	小计	3 911.44	70.55%

从委托贷款利率来看，半数以上委托贷款利率集中在 1 ~ 2 倍基准利率区间，资金成本较高。分别以 2017 年 3 月末 1 年期贷款基准利率 4.35% 的 1 ~ 4 倍为分界点的利率区间分布表如下。

表2 委托贷款利率区间分布表

利率区间（BI为2017年3月末1年期贷款基准利率4.35%）	贷款余额（亿元）	占比
R=0	163.02	2.94%
0<R≤1BI	1 060.88	19.14%
1BI<R≤2BI	2 898.68	52.29%
2BI<R≤3BI	1 217.09	21.95%
3BI<R≤4BI	192.43	3.47%
4BI<R	11.78	0.21%
合计	5 543.88	100.00%

从贷款逾期情况来看，正常贷款占99%以上；逾期1~90天的委托贷款有3笔计4.6亿元；逾期91~180天的有5笔计10.23亿元；逾期181~360天的有3笔计10.63亿元；逾期361天以上的有10笔21.64亿元。逾期最长的一笔委托贷款金额1亿元，逾期8.5年。银行一般对委贷业务不承担信用风险，不对其做五级分类管理。

三、通道类委托贷款业务主要模式

（一）资管计划类委托贷款

一是单一出资人资管计划类委托贷款。主要以银行自营资金通过资产管理计划等通道类委托人开展委托贷款，一般由某银行A实际出资，由券商、基金公司、保险公司、信托公司等金融机构B作为委托人。银行A与该委托人B签订定向资产管理合同，将资金投向资管计划、信托计划等特殊目的载体（SPV），该SPV作为名义委托人委托银行A将款项发放给借款人C。此类模式下，实际出资人与受托银行往往是同一家银行，借款人为受托银行客户。

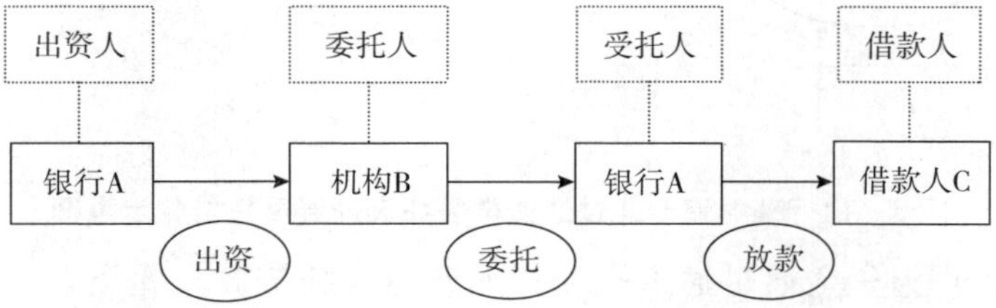

图1 单一出资人资管计划类委托贷款示意图

二是多名出资人资管计划类委托贷款。一般由某一金融机构D发起，通过券商、基金公司、保险公司、信托公司等金融机构B设立特殊目的载体

（SPV），再由其他银行或机构认购该 SPV 后，通过委托贷款的方式由其中一家参与银行 A 放款给借款人 C。此类模式是上述单一出资人模式的一种变异，其某一出资人与受托银行往往是同一家银行，借款人为受托银行客户。

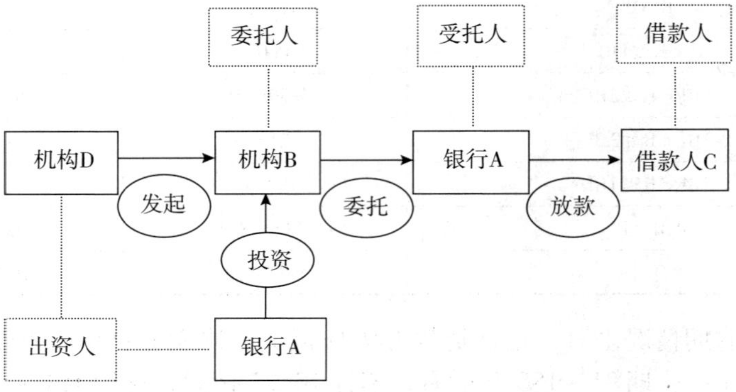

图 2　多名出资人资管计划类委托贷款示意图

（二）理财资金类委托贷款

一是银行理财资金通过通道类委托人开展委托贷款。银行 A 通过发行理财产品向投资者 E 募集资金，并与证券公司或资产管理公司等金融机构 B 签订定向资产管理计划。后者作为名义上的通道类委托人，将款项委托银行 A 向借款人 C 发放委托贷款。

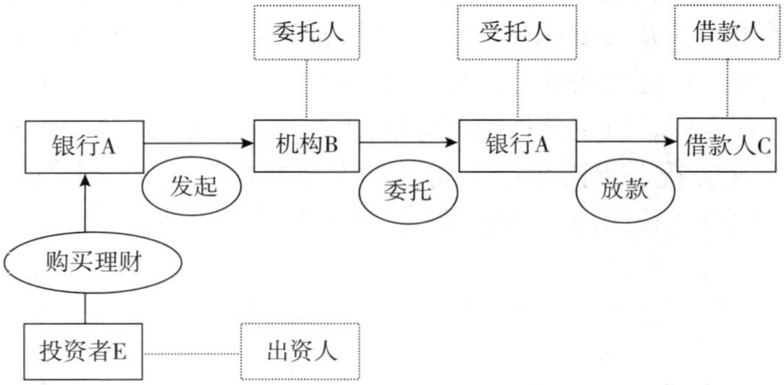

图 3　银行理财资金通过通道类委托人开展委托贷款示意图

二是他行理财资金通过通道类委托人开展委托贷款。此类业务模式，由其他商业银行 F 发行理财产品（保本或非保本），机构或个人投资者 E 认购，募集资金定向投向券商或资管公司等机构 B 设立的特殊目的载体（SPV），该 SPV 作为名义委托人将款项委托银行 A 以委托贷款方式发放给借款人 C。

四、存在的主要问题和风险

一是银行通过各类通道发放委托贷款，存在承担实际信用风险的风险隐患。调研发现，部分银行使用自营资金通过各类特殊目的载体开展委托贷款业务，以A银行为例，该行87笔委托贷款中有34笔（占比40%）实际出资人为本行，涉及委托贷款余额104.25亿元（占比55%），通过各类通道委托人，由本行向借款人发放委托贷款。由于银行承担实际信用风险，一旦借款方违约，将影响银行资产质量，这严重违背了委托贷款业务的本质，即银行不承担贷款风险。此外，由于委托贷款属于表外业务，发生不良后不纳入表内不良贷款的统计范畴，因此银行使用自营资金开展委托贷款并发生不良的情况难以在表内信贷资产中得到暴露，使得实际不良贷款率失真。

二是以委托贷款为名支付土地出让金。调研发现，C银行存在3笔计9.2亿元委托贷款，均由某资产管理公司委托C银行发放给借款人某置业公司，其实际用途为缴纳房地产项目开发所需土地出让金。D银行存在1笔2亿元委托贷款，由某资产管理公司委托D银行发放给借款人某房地产开发公司，其实际用途为支付项目土地出让金。上海银监局在现场检查也曾发现个别银行存在使用信贷资金支付土地出让金和支付拍地保证金的情况，银行借助委托贷款，通过资产管理计划、信托计划等特殊目的载体以委托贷款形式向借款人提供融资，通过各类通道类委托人隐匿资金流向掩盖其违法违规的事实。

三是委托贷款资金较多流向受限制行业。调研发现，15家机构投向房地产行业的委托贷款余额（不含住房公积金）占全部调研机构委托贷款余额的一半以上。以E银行为例，该行1亿元以上委托贷款共有17笔，其中14笔投向房地产业，占比82%。F银行1亿元以上委托贷款25笔计197.82亿元，全部投向房地产业。委托贷款较多投向房地产行业，将在一定程度上削弱宏观调控政策的效果。

四是“两头在外”情况明显。所谓“两头在外”是指，委托人及借款人均不是本地，而受托人（委托贷款发放行）在本地的。调研发现，多数银行均存在“两头在外”的情况，1 389笔委托贷款业务中有470笔“两头在外”，占比34%，涉及业务余额2 364.97亿元，占比43%。从具体案例看，存在规避政策限制和规避监管的可能。

五是个别企业存在利用委托贷款进行套利的可能，同时银行也承担了相应的信用风险。以借款人H租赁公司为例，分析显示，其存在向多家银行借款后又作为委托人向其他企业发放委托贷款的现象。2016年底，H租赁公司在I银行未结清的83笔贷款借据中，有67笔借据的贷款发放日期在该公司作为委托人的委托贷款发放日期之前，且相隔时间不超过1个月。该情形存在借款人将信贷资金用于发放委托贷款进行套利的可能。此外，若企业发放委托贷款的资金来源于银行信贷资金，银行在某种程度上也成为了委托贷款的风险承担者。

六是部分通道类委托贷款抬高了借款端利率，增加企业融资成本。例如，某置业公司在2013年12月向C银行申请的一笔金额4 000万元、期限3年的经营性物业贷款，贷款利率为7.38%，较基准利率上浮20%。相比之下，某企业在2014年12月及2015年12月通过C银行向该企业发放的四笔合计6.6亿元、期限3年内的委托贷款，贷款利率为11%，手续费率（年化）为0.6%。企业通过委托贷款获取资金的成本，明显高于通过银行自营贷款获取资金的成本。

七是银行非保本理财产品与通道业务挂钩，银行面临操作风险和声誉风险。银行使用非保本理财产品募集资金，通过各类通道（资管计划、信托计划等）开展委托贷款，虽然不承担具体的信用风险，但仍然需要承担其中隐含的操作风险和声誉风险，一旦委托贷款发生风险，非保本理财产品的投资者将遭受亏损，银行将有可能面临被索赔、投诉、上访等局面。此外，理财产品与资管计划层层嵌套，在一定程度上掩盖了业务实质，抬高了借款人资金成本。

五、政策建议

（一）完善风险监测体系，加强对委托贷款业务的监管力度

一是将委托贷款业务全面纳入监管统计制度。可建立委托贷款台账管理系统，要求机构逐笔填报委托贷款的资金来源、资金投向、期限、利率以及委托人和借款人相关情况等。二是建立委托贷款业务监测分析框架。监管部门应将收集到的委托贷款相关信息，结合银行理财、信托、存贷款等业务数据进行综合分析，加强对委托贷款业务风险的早期识别。三是及时提示风险，加大查处力度。针对监测中发现的疑似违规行为，应及时进行风险提示及窗口指导，必要时开展现场检查；对于检查中发现的信贷、同业、理财资金借道委托贷款业务流向限制性行业等违规现象，应督促机构限期整改，依法查处。

（二）督促机构加强对委托贷款的风险管理

一是避免承担信用风险。银行应严格把握委托贷款的中间业务本质，切实履行受托人职责，不越位承担委托贷款的实质信用风险。二是加强资金来源审查和资金流向监控。应对委托人资金来源进行必要的调查，严防非法集资，或利用银行信贷资金发放委托贷款等行为；应加强委托贷款资金用途审查，确保委托贷款资金不流入国家明确限制或禁止支持的领域；对于委托贷款余额较大的企业，应强化贷款企业资金需求量的测算，原则上不向有委托贷款余额的委托人新增授信。

（三）加强跨界联动及信息共享

针对委托贷款业务的委托人或名义委托人常常是证券、保险、资产管理公

司等类型金融机构的现象，银、证、保监管机构等部门需要进一步加强跨界联动、信息共享及监管协作，推动包括委托贷款在内的各类复杂非标债权投资业务回归业务本质，确保交易链条简单化，债权关系透明化，以降低跨市场的风险传导对银行业造成的冲击。此外，鉴于目前证监会对证券公司定向资管计划和基金专户理财的投资方向没有限制，建议统一监管政策，从根本上使机构走出利用通道类委贷进行监管套利的怪圈。

课题组组长：徐卫飞
课题组成员：董红蕾、孙慧、唐杰、沈澍、孙小冬、
周佳慧、晏希、李倩、廖宁芳、张希
执笔人：孙小冬、周佳慧、晏希

“地王”背后房企融资模式分析及建议

摘要：为进一步贯彻落实中央“一城一策”的房地产调控精神，上海银监局调研组对2016年上海辖内部分商品住房用地竞得人的资金来源情况开展了调研，摸清了主要渠道和融资模式。调研发现，现有的政策法规对银行业金融机构资金流向土地交易市场存在模糊地带，据此，本文提出了相关政策建议。

2016年下半年以来，上海市土地交易市场“地王频现”，引起政府部门、社会舆情的高度关注。上海银监局在上海市政府相关部门、异地银监局、在沪金融监管机构的协助下，对近期上海市部分商品住房用地竞得人的资金来源情况进行了深入核查，发现各类金融机构资金大量流向房地产企业。

一、融资渠道和模式

通过对部分土地竞得人融资资金核查情况，我局发现其资金主要来自三个渠道：母公司资金池（含关联公司资金）、商业银行资金以及非银行业金融机构（基金公司、保险公司）资金。资金投向主要通过以下方式：

（一）资管计划通道模式

银行运用自营资金通过资管公司①成立资管计划，再由资管计划以委托贷款形式，通过出资银行在沪分行将资金投向土地竞得人或关联企业，用于土地交易。从操作模式看，资管计划是专门为该银行自营投资设立的通道，委托贷款收益最终由银行收取。银行自营资金主要来自普通存款和同业存款，记账科目为“自营投资”。结构如下：

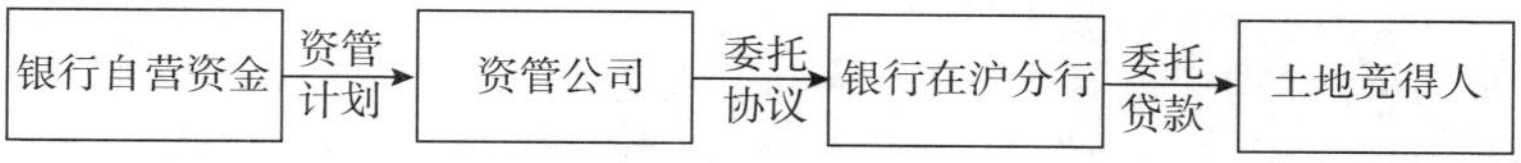

图1　资管计划通道模式结构图

（二）“股权投资＋借款”模式

银行理财资金会同房企共同设立信托计划，先以小部分资金（资金来自房

① 本文中“资管公司”主要指证券经营机构、保险公司设立的开展资产管理业务的资产管理公司或资本管理公司，不包括专门处理金融机构不良资产的金融资产管理公司。

企）对土地竞得人（也是房企为土地交易单独成立的项目公司）进行股权投资，使信托公司成为土地竞得人的股东，然后以股东借款的名义向土地竞得人发放大额贷款（资金来自商业银行理财资金）。从资金去向看，银行理财资金流向了土地竞得人的关联企业，用于归还之前该关联企业为土地竞得人垫付的土地交易款。结构如下：

图2 "股权投资+借款"模式结构图

（三）多重通道模式

商业银行利用自营资金通过资管公司成立专项资管计划，资管计划再通过信托公司设立信托计划，最终以信托贷款的形式向房地产企业发放资金直接用于土地交易。结构如下：

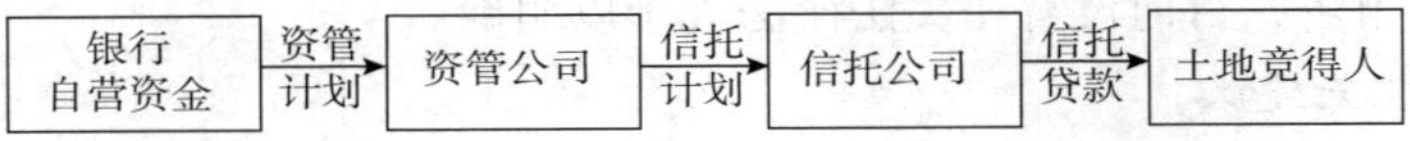

图3 多重通道模式结构图

（四）有限合伙人（LP）投资模式

银行资金通过信托公司投资有限合伙企业的LP份额，该有限合伙企业进一步投资于房地产企业的股权和债权。银行资金来源为银行高净值客户委托资金和自有资金，记账科目分别为代理其他业务款项和应收款类信托受益权。结构如下：

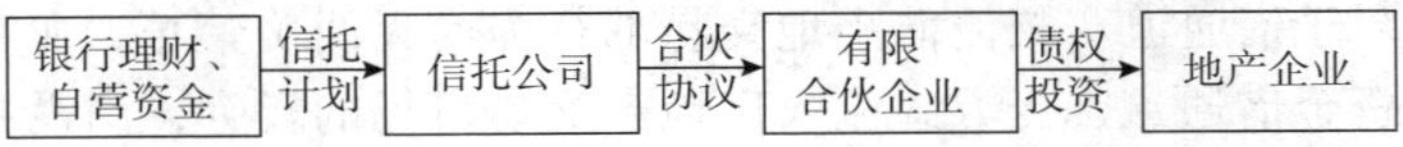

图4 有限合伙人投资模式结构图

（五）信托贷款模式

基金子公司、保险公司等非银行金融机构资金，通过设立信托计划，以信托贷款的形式将资金投向土地竞得人关联企业。此类信托贷款名义上为流动性资金贷款，但贷款期限较长，且从资金去向看，部分被借款人转给异地关联房地产企业，信托公司未进一步对具体资金流向进行监控。结构如下：

图5 信托贷款模式结构图

二、监管难点及建议

（一）监管难点

一是对于商业银行通过信托公司，再由信托公司采取有限合伙人（LP）投资方式将资金用于股权债权投资的行为，《商业银行法》规定了“商业银行不允许进行股权投资”，但对于商业银行借助通道、再由通道进行股权投资的行为是否认定为股权投资，尚无具体法规规定。

二是对商业银行通过信托公司采取“股权投资＋借款”将资金用于股权债权投资的行为，目前尚没有相关政策规定。此外，银行将理财资金通过“名义为股权投资、实际享受债权收益”方式运作的行为，也没有相关法律法规予以界定。据了解，目前个别地方法院已有银行业金融机构“名股实债”的模式判决为金融机构承担股东义务的案例，将对开展此类业务的金融机构资金安全带来较大风险。

三是对于理财资金的用途及限制进入的领域，尤其是理财资金是否允许进入土地交易市场，目前没有相关法律法规予以明确。

（二）相关建议

目前来看，银行业金融机构以自营或理财资金，借用各种通道，或利用多种业务方式流向房地产和土地交易市场的行为是当前市场的普遍现象，并在一定程度上助长了房地产市场非理性发展。对此，建议相关部门加强监管联动，明确监管标准，规范市场秩序。

1. 建议进一步完善制度

目前监管法规中，对于直接发放商业银行贷款或信托贷款用于土地交易是明文禁止，对于借通道变相流向土地交易的行为尚无明确禁止，尤其是对于商业银行理财资金借通道、变方式流入房地产交易市场的行为，尚没有明确的限制性规定。对此，建议金融监管部门按照“重实质”和“穿透”原则，对各类银行自营资金、理财资金通过通道业务或置换股东资金的形式进入土地交易市场的行为，给予明确禁止。

2. 建议进一步统一标准

目前，商业银行借通道对房企进行股权债权投资、名股实债等方式，在认定标准上属于模糊地带，各地区监管标准不一，部分金融机构利用制度盲区跨地域开展对房企融资业务的情况越来越普遍。建议金融监管部门进一步统一全国监管标准，规范银行业金融机构融资业务，防止利用标准不一跨地区套利。

3. 建议进一步加强监管联动

目前，不同金融监管部门对于资产管理业务监管标准不一致，单一的行业监管难以避免资金通过其他行业资产管理业务流向房地产市场。建议金融监管部门加强信息沟通和监管联动，对各类资管计划融资渠道制订统一投向标准，防止房地产企业利用不同渠道融资进入房地产交易市场，避免行业监管套利。

课题组组长：马立新
课题组成员：林谦、马骏、吴默然、成季刚
执笔人：苗子清

从现场检查角度看外资银行不良贷款典型成因及监管建议

摘要：受近年经济下行周期影响，我国商业银行信贷资产质量持续承压，上海银监局在对外资银行现场检查中发现的几个典型的不良贷款案例进行了分析，总结出外资银行不良贷款的成因和问题，并提出注重调查关联交易情况和借款人的民间融资状况，提高对风险信号的敏感性，加强客户行业风险管理等监管建议。

一、不良贷款案例

（一）案例之一：借款人一5亿元人民币的不良贷款

A银行于2013年11月授予借款人一人民币5亿元的贷款额度，但在授信调查中未对借款人主要关联企业进行详细调查，也未对借款人在经营中借入民间借贷资金的情况进行关注和调查。提款后，1亿元信贷资金用于归还某资产管理公司重组债权，1.55亿元信贷资金用于归还借款人关联公司的关联借款，最终该笔贷款因借款人涉及民间借贷等原因形成不良。

（二）案例之二：借款人二2.2亿元人民币的不良贷款

A银行2013年12月授予借款人二2.2亿元人民币的贷款。A银行在授信调查中对借款人母公司及实际控制人陈某关联公司的财务状况进行了分析，但未涉及陈某及关联公司在其他金融机构融资以及民间融资等情况。后陈某因其他项目巨额债务问题导致该笔贷款抵押物被查封，陈某相关公司也被政府部门强制监管和清理，导致该笔贷款形成不良。

（三）案例之三：借款人三2.08亿元人民币的不良贷款

借款人三主营油品、煤炭贸易，B银行2006年2月与借款人三建立业务关系，至2014年4月对借款人授信额度3 720万美元。后因国际原油价格暴跌，油价从2011年底开始下跌，借款人三应收账款回收减慢，且在煤炭贸易上遭受巨额亏损。中资银行于2014年9月便对借款人收紧贷款，而B银行虽对客户经营情况变化有所察觉，但未引起足够重视，2014年8月还新增授信额度5 900万元人民币，2014年11月该笔贷款即降为可疑类。

（四）案例之四：借款人四1 700万元人民币的不良贷款

C银行于2013年11月授予借款人四1 700万元非承诺性短期循环额度，贷款合同约定“本协议项下的融资不得用于支付客户与关联方的任何交易”。C银行于2013年12月应借款人要求将1 700万元人民币贷款受托支付给借款人的关联公司，信贷资金最终流入集团公司内部。

二、不良贷款成因分析

（一）对借款人关联关系尽职调查手段不完整

如C银行信贷制度中要求通过征信系统识别借款人的关联关系，但未将互联网查询作为调查的手段之一，尽职调查不全面。该行在对借款人四的关联方调查时，征信系统未能提示收款方与借款人之间的关联关系。但上海银监局检查组登录借款人所在集团的官方网站查询发现，收款方为借款人集团项下的18家公司之一，与借款人之间存在明显的关联关系。且后续通过延伸检查发现，信贷资金通过多次转手后最终回流至借款人集团内部，信贷资金明显存在被挪用的情况。

（二）对借款人民间融资行为调查有效性不足

如A银行2013年11月对借款人一的5亿元授信，贷前调查虽涉及了民间借贷情况，但未能发现借款人在经营中借入大额民间借贷资金（后借款人承认民间借贷债权登记总规模超过10亿元）。再如A银行对借款人二的贷款，该行在授信调查中未涉及实际控制人陈某及关联公司在其他金融机构融资以及民间融资等情况。A银行对借款人是否涉及民间借贷调查不充分，而两户借款人最终均因涉及民间融资导致企业资金链断裂无法经营。

（三）对借款人情况的不利变化缺乏风险敏感性

如B银行对借款人三的授信业务，上海银监局检查组检查发现以下问题：一是对客户业务风险的揭示不充分。2011年起该客户煤炭业务量增长，但煤价在2011年11月后大幅下跌。2013年年审时，客户经理对2012年煤价下跌有所提及，但未分析其对客户业务的深远影响，最终客户因在煤炭贸易上遭受巨额亏损而遭抽贷。二是对连续更换外部审计的情况未能引起重视。借款人三在2012年、2013年连续更换审计师，第一次解释为按照国资委轮换要求及大股东指派，第二次解释为可获得更好的服务，连续更换审计师是借款人财务报表可能存在问题的风险信号，但B银行的客户经理与审批人均未对此提出质疑。三是对融资额度变化关注不够。在借款人三2014年8月申请增加5 900万元人民币临时额度时，B银行查询贷款卡显示借款人三总融资从2013年底约118亿元人民币下降至2014年6月底约60亿元人民币。借款人总融资大幅下降表明借款人的融资能力或生产经营受到影响，但该现象未得到贷款审批人员的关注，而B银行却反其道而为增加临时授信额度，造成损失进一步扩大。

（四）风险反应迟缓，刻意隐瞒和掩盖贷款真实风险状况

如A银行对借款人二的2.2亿元贷款，在2013年12月放款后，借款人母公司及实际控制人因巨额债务问题陷入经营困境，并引发债权人集体上访等群体性事件。2014年5月，该笔贷款抵押物被司法机关查封，陈某相关公司也被政府部门强制监管和清理。而直至2014年8月底，A银行才察觉上述重要风险信息，不仅未及时采取措施保全资产，还在此后年季度贷后检查报告中刻意隐瞒和掩盖贷款真实风险状况，贷款五级分类仍维持“正常类”。

三、监管建议

外资银行对于借款人或实际控制人对外负债（包括民间融资）、担保情况和关联关系的调查意识和手段，对风险信号的敏感性均应进一步提高和完善，以加强信贷风险的管理。具体建议如下：

（一）注重调查关联交易情况和借款人的民间融资状况

一是外资银行应丰富调查手段。针对关联企业和关联交易，可以补充互联网查询、分析信贷企业资金流向等调查方式。而针对民间融资状况，可以考虑考察企业主的个人经营、投资行为，分析财务费用与融资额的匹配度，三费是否异常增加等方法，解决调查手段缺失的问题。二是各级政府和监管部门应通过各种可能途径不断提高信息透明度，扩充征信系统信息量，加强企业的诚信意识，营造良好的信用环境。

（二）提高对风险信号的敏感性，及时关注到企业的不利变化

在经济下行周期，企业特别是中小民营企业的经营和风险状况瞬息万变，应动态对企业情况进行分析。一是密切关注各类外部风险信息。如与借款人经营过程中相关的各种风险信号，如群体性事件、司法机关查封或采取强制措施等风险事件。二是重视年审工作。在年审时也应关注借款人频繁更换审计师、融资额度大幅下降等各种异常情况。对发生不利变化的借款人应及时采取措施，减小损失。

（三）加强客户行业风险管理

外资银行积累了较为丰富的跨国企业信贷风险管理经验，但随着加入WTO后业务本地化，对本地中资企业和民营企业的客户拓展和业务占比已经占据不小比重。但部分客户群体或行业可能均为外资银行从未涉足或不熟悉的，对于发展此类新客户应格外加强风险管理，需要摸清行业状况、能对行业风险进行前瞻性预判，并审慎选择与自身风险偏好和风险管控能力相匹配的客户。

作者：冷眉

关于融资租赁公司获得银行融资及风险状况的调研报告

摘要：近年来，融资租赁公司发展迅速，辖内银行业对融资租赁公司的信贷投放越来越大，由此带来的信用风险值得重点关注。上海银监局课题组对此进行了调研，调研发现融资租赁行业参与者目的各有不同、两极化现象严重、与互联网融资平台合作亟待规范，基于调研，本文提出了关注资质审核、关注杠杆比例、加大互联网融资管控力度等政策建议。

一、调研分析过程和抽样比例

近年来租赁业在辖内银行业融资金额迅速增加，截至2016年末，租赁业从辖内银行业获得的贷款余额总计为2 805.84亿元，较2015年末增长45.8%，较2014年末增长125.33%。针对这一情况，为掌握融资租赁公司真实风险状况，开展了本次调研。

本次调研首先借助客户风险系统，筛选出贷款余额10亿元以上的融资租赁公司，将与其有信贷关系的银行全部列出，共涉及15家银行，通过对这15家银行的全部融资租赁公司客户的信贷余额及五级分类情况进行收集，尝试分析辖内银行业对融资租赁公司授信的整体质量。

为深入了解融资租赁公司本身的资金投向及风险状况，本次调研还选取了贷款余额最大的前19家融资租赁公司，并以此确定了12家最大贷款行，由最大贷款行牵头对各融资租赁公司的具体资金投向及风险状况进行了资料收集。

另外，我们从商务委取得了外资融资租赁公司的整体情况，还与3家辖内财务公司所在集团下属的内资融资租赁公司进行了座谈。

本次调研选取的15家银行，其全部融资租赁公司客户的贷款余额合计2 580.38亿元，样本量占比91.95%；本次调研选取的19家融资租赁公司，贷款余额合计1 783.6亿元，样本量占比为63.57%。

二、融资租赁公司获得银行融资情况

（一）融资租赁公司与银行之间主要融资合作模式

1. 融资租赁保理

该业务模式项下，租赁公司将其提供的融资租赁服务中产生的未到期应收租金转让给银行，银行为租赁公司提供应收账款账户管理、应收账款融资、应收账款催收和承担应收账款坏账风险等一系列综合性金融服务。包括匹配具体项目的专项融资租赁保理额度方式，也包括根据租赁公司项目及承租人情况制定标准，核定整体额度方式。

2. 短期流动资金贷款

为解决融资租赁公司日常项目进展中的资金周转需求，对于优质的融资租赁公司，银行通常根据租赁客户经营情况，在为其提供融资租赁保理融资额度的同时，匹配适当比例的短期流动资金贷款。

3. 中长期贷款

部分银行为融资租赁公司提供中期或长期贷款，但一般都要求对应到具体项目，银行会对承租人进行一定程度的尽职调查。对于融资租赁公司较大规模的中长期贷款，多家银行会成立银团，核定银团授信额度。

调研涉及的银行在对融资租赁公司进行融资时，一般会根据融资租赁公司的情况给予其一个总的授信额度，在提款时，重点审核资金最终用途即底层资产的情况，进行受托支付。

（二）融资租赁公司在辖内银行融资的特点

1. 户均融资量较大

截至 2016 年末，本次调研的 15 家银行累计向 173 家融资租赁公司提供各类融资 2 580. 38 亿元（其中贷款 2 052. 74 亿元，保理融资 527. 64 亿元），户均融资约 15 亿元，单户融资租赁公司平均可获得来自 3. 18 家银行的融资。由于融资租赁公司具有类金融的性质，因此银行给予的融资额度相对一般工商企业较高。

2. 银行端资产质量较高

15 家银行向融资租赁公司提供的全部融资中，其中关注类 19. 45 亿元，不良类 3. 36 亿元。不良率为 0. 13%，（辖内银行业对租赁业发放的信贷中所有不良类资产为 5. 37 亿元，全部不良率为 0. 19%）远低于商业银行平均不良率；即使关注类全部迁徙至不良，不良率也仅为 0. 88%。

根据非现场监管报表汇总数据，辖内银行业金融机构投向租赁业的信贷资产中，2016 年末的关注类占比为 0. 46%，虽较 2015 年上升 0. 27 个百分点，但较 2014 年仅微升 0. 07 个百分点；2016 年末的不良率为 0. 19%，较 2015 年上升 0. 01 个百分点，较 2014 年下降 0. 05 个百分点。数据表明，投向租赁业的信贷资产质量较 2015 年有所下降，但基本与 2014 年持平。

值得一提的是，虽然从调研数据看融资租赁公司违约概率较小，这主要是由于有能力在银行融资的融资租赁公司相对发展较为成熟，资质较为优良，并不能说明市场上融资租赁公司均是银行的优质客户。

3. 不良资产均对应到具体项目，但融资租赁公司无力垫付

本次调研涉及到辖内银行信贷的不良资产共3笔。3笔不良资产在信贷发放时均对应到具体项目，不良产生的过程均为承租人运营不善导致无法偿还租金，融资租赁公司在短期垫付后即无力向银行还款，最终融资租赁公司处于停业，直至面临破产。可见融资租赁公司本身的资本实力、运营能力为银行信贷能否正常还款的关键，一家资本实力、运营能力较强的融资租赁公司，即使承租人项目出现问题，仍可保证银行信贷资金的正常还款，而资质较差的公司，往往出现一两单大金额的承租人坏账就会导致整个公司的轰然倒坍。

三、样本融资租赁公司资产投向及风险状况

本次调研选取了19家融资租赁公司，其中6家为内资融资租赁公司，13家为外资融资租赁公司。

（一）基本情况和资产投向特点

1. 行业集中度较高，三家占据半壁江山

截至2016年末，19家公司总资产合计4 866.22亿元，平均总资产256.12亿元，其中资产最大的3家公司占全部总资产的比重达60.73%。

19家公司当年净利润合计58.42亿元，平均净利润3.07亿元，其中净利润排名与资产规模匹配，最高的3家公司占全部净利润的比重达53.1%。

2. 平均实收资本大，整体资产负债率较高

19家公司实收资本合计586.7亿元，平均实收资本为30.88亿元，大于一般工商企业，略低于辖内金融租赁公司（平均36.36亿元）。商务部对融资租赁公司的资产负债率没有直接规定，但要求其风险资产不得超过净资产总额的10倍。因此，资产负债率达到90%属于正常现象。19家公司平均资产负债率为83.4%，高于一般工商企业，略低于辖内金融租赁公司（89.8%）。

3. 负债结构中既有银行借款也有直接融资，银行借款占比低于金融租赁行业

19家公司总负债合计4 056.98亿元，其中银行借款2 112.8亿元，占比为52.08%；8家公司通过发债或ABS进行直接融资，总余额602.96亿元，占比14.86%。辖内金融租赁公司银行借款占全部负债的比重为80.41%，融资租赁公司此类融资远低于金融租赁公司。

除银行借款和发行债券外，融资租赁公司的其他负债主要为收取承租人保证金及股东或关联企业借款。经调研负债金额最大的两家融资租赁公司，全部融资来源中，A租赁公司银行借款和发债合计约730亿元，承租人保证金约220亿元，关联企业借款约150亿元，分别占比66%、20%、14%；B租赁公司银行借款和发债合计约410亿元，承租人保证金约140亿元，股东或关联企业借款

约250亿元，分别占比51%、18%、31%。未发现19家公司涉及P2P网络平台借贷。

4. 资产投向较为集中，五大行业占比近八成

19家公司租赁资产余额合计为4 216.22亿元，户均租赁资产余额221.9亿元。本次调研根据监管报表中《G11资产质量五级分类情况表—按行业大类分类的贷款》收集融资租赁公司资产投向行业信息，共涉及21个行业。调研显示，融资租赁公司资产投向主要集中在制造业（1 016.86亿元，占比24.12%）、卫生（678.68亿元，占比16.1%）、水电燃气生产（602.68亿元，占比14.29%）、建筑业（591.84亿元，占比14.04%）、交通运输（419.21亿元，占比9.94%）等五大行业，合计占比近80%。

对比金融租赁公司来看，融资租赁公司投向交通运输业的资产比重较金融租赁公司低，这主要是由于交通运输相对占用资金量较大，对资金成本的要求比较高。融资租赁公司投向卫生的资产比重较高，如A租赁公司在医院及医疗设备等领域具有先发优势。

（二）风险分布特点

1. 整体不良率较低

从调研数据看，19家融资租赁公司不良租赁资产合计26.43亿元，整体不良率0.63%。关注类资产合计145.71亿元，关注类占比为3.46%。

2. 制造业和交通运输业不良率较高

从各投向行业的不良率看，投向制造业的租赁资产不良率最高，为1.76%；投向交通运输业的次之，为1.17%；但其余行业均低于0.5%。

从各投向行业的不良资产绝对值看，投向制造业的租赁资产最大，为17.89亿元；投向交通运输业的次之，为4.92亿元；其余行业合计不足4亿元。

四、融资租赁行业值得关注的情况

从调研数据显示，在辖内银行融资的融资租赁公司情况较好，银行端不良率较低，融资租赁公司自身资产质量也较高。但同时由于调研数据是以银行为抓手，在银行获得信贷支持的融资租赁公司本身即属于行业佼佼者，因此调研存在一定的局限性，此情况并不代表融资租赁行业的整体情况。

为更全面地掌握行业情况，我们又通过商务委取得了外资融资租赁公司的整体情况，并座谈了一些内资融资租赁公司，行业还存在一些值得关注的情况。

（一）公司数量不断增加，参与者目的各有不同

根据中国租赁联盟数据，截至2016年末，全国融资租赁企业总数约7 120家，较上年增加2 612家，其中内资租赁公司204家，较上年增加14家；外资租赁公司6 857家，较上年增加2 586家。

据了解，市场上融资租赁公司不断增加主要有三方面原因：一是融资租赁产品作为银行信贷的有益补充，可以起到盘活企业设备融资、平滑企业还款节奏等作用，具有客观的市场需求；二是部分企业为利用自贸区政策，在人民币升值通道内，实现资金套利，以此为目的设立融资租赁公司，此类公司一般为审批最为方便的外资融资租赁公司（当前已不适用）；三是部分企业无实际目的，仅为拿到融资租赁公司牌照，以备今后使用，此类公司同样一般为外资融资租赁公司。

可见，外资融资租赁公司由于其审批方便，为实现第二、第三类目的，市场上此类企业数量最为庞大。根据商委数据，截至2016年底，本市共有内资融资租赁公司18家，外资融资租赁公司2 065家。但大部分外资融资租赁公司并未实际营业，全市开业率（即开业企业数除以反馈企业总数）仅为37.57%。其中，自贸试验区保税片区开业率仅为25.5%；浦东新区（自贸试验区保税片区以外区域）情况略好，开业率为68.7%。

（二）市场竞争日益激烈，行业两极化现象严重

据了解，目前市场上融资租赁公司同质化竞争较为激烈，尤其是在2016年后更为突出。一方面由于城商行成立的金融租赁公司大幅增加，此类金融租赁公司由于资金体量等原因，业务与融资租赁公司较为类同，且本地竞争力较强，对融资租赁公司造成较大冲击；另一方面由于债券市场的发展，实体企业融资渠道增加，优质资产对融资租赁公司越来越稀缺，对中小融资租赁公司造成较大的经营压力。

激烈的市场竞争带来行业加速分级。大部分开工的融资租赁公司业务同质化严重，未形成差异化竞争能力，未能在某单一行业深耕细作，形成自身拳头产品。个别优秀融资租赁公司，已经在医疗等领域形成差异化竞争力，且在产业链完成全面布局。个别融资租赁公司重点发展小单业务，客户分布的行业比较分散，主要投放的项目金额在金额500万以下，虽然不良率稍高（约1.2%），但由于其丰富的小单业务风控经验，资产利润率达2.5%，与大型银行系租赁公司形成一定差异化竞争力。

（三）与互联网融资平台合作亟待规范

融资渠道是融资租赁企业开展业务的核心竞争力，根据商委数据，约1/3企业的主要融资渠道为传统的银行贷款，但由于部分融资租赁企业特别是外资融资租赁企业不能满足银行授信要求，因此开始尝试互联网融资平台等融资渠道和方式。据零壹融资租赁研究中心数据，截至2016年6月底，发布或曾发布融资租赁P2P产品的平台共59家，2016年上半年累计交易额57.1亿元。

融资租赁企业与互联网融资平台合作模式基本分为两类：一是融资租赁企业与第三方P2P平台开展业务合作，主要为短期融资，期限一般为3～6个月；二是融资租赁企业设立互联网金融关联企业，为自身租赁项目提供融资支持。

无论何种方式，目前都缺乏相关法律法规依据，在项目真实性判断、排除重复抵押、租赁物所有权保护、资金监管等方面都存在风险隐患。

五、研究建议

（一）建议商业银行关注融资租赁公司本身资质，实施差异化授信政策

商业银行在对融资租赁公司授信的尽职调查过程中，应重点关注两方面内容，一方面是关注底层资产即承租人的运营状况，底层资产质量差、承租人运营不佳往往是导致最终银行信贷不良产生的起始原因；另一方面是关注融资租赁公司的本身资质，融资租赁公司本身的资金实力往往是银行信贷不良产生的最终原因。

由于融资租赁公司尤其是外商投资公司良莠不齐，建议银行授信时重点调研融资租赁公司本身的股东背景、经营成果及资产质量。一方面保证授信对象为合法、合规运营且有真实租赁业务背景资金需求的公司；另一方面保证在承租人出现还租困难时融资租赁公司应由足够实力偿还银行信贷资金。

（二）关注融资租赁公司杠杆比例，防范行业快速生长期风险

一方面，融资租赁公司虽然具有类金融的性质，行业特点决定了其杠杆比例较高，在过高杠杆率的情况下，其流动性风险不容忽视，商业银行应关注个别融资租赁公司是否满足商务部关于风险资产的相关监管要求及杠杆率过高可能带来的风险；另一方面，近年来融资租赁行业发展迅速，在辖内银行的融资规模 2 年内已翻番，商业银行应警惕行业快速生长期风险，制定好自身授信战略，避免盲目跟风。

（三）建议相关部门加大互联网融资管控力度

部分融资租赁企业通过与互联网融资平台合作的模式，向社会公众吸收资金，一旦出现风险无法及时偿还，极大破坏行业声誉，也易造成群体性社会事件。建议相关部门加大对此类互联网融资的管理和处罚力度，保护社会公众权益。

（四）建议研究此类类金融企业的授信管理模式

近年来，融资租赁公司在商业银行的融资金额越来越大，随着融资租赁市场的继续发展，这一现象短期内不会改变。目前商业银行授信对象是资质较好的融资租赁公司，且由于融资租赁公司的行业特性，商业银行并未对其向普通工商企业一样，对资产负债率进行门槛控制。

融资租赁公司具有其特殊性质，其与持牌的金融租赁公司类似，融资主要来源于银行，但其并不具备金融租赁公司背后的股东支持和严格的监督管理，在高负债率的情况下，风险将直接传导至银行。建议研究此类类金融企业的特点，指导银行研究制定特色化的资产负债率门槛要求，更科学地进行授信管理。

作者：孙永

关于辖内部分融资租赁公司信贷资金流向核查分析及监管建议

摘要： 为掌握银行发放给融资租赁公司信贷资金的真实流向，上海银监局对辖内商业银行发放给部分融资租赁公司的信贷资金进行了核查。从核查结果来看，大部分融资租赁款的最终流向与租赁合同约定基本一致，但也有部分信贷资金存在一定的脱实向虚和合规性问题。其中，发现的主要问题包括信贷资金最终流向不可控、“以贷还贷”和“过度融资”现象突出、融资租赁公司或成银行为不符合信贷政策客户融资的通道、融资租赁公司用已投项目作为底层资产再融资的模式有待商榷等。针对上述问题，本文提出加强对信贷资金流向的管控力度、掌握客户真实融资需求、加强底层资产的客户审查、限制已投项目作为底层资产再融资等监管建议。

一、样本选择与核查结论

在融资租赁公司的选择上，以体量为标准，选择了融资金融机构最多的 A 租赁公司、B 租赁公司和 C 租赁公司。同时，根据主要贷款行为标准选择了相应的协查银行，其中 A 租赁公司为 D 银行上海市分行，B 租赁公司和 C 租赁公司为 F 银行上海市分行。

在融资具体业务的抽取上，根据银行对融资租赁公司不同的信贷发放模式分别进行了抽取。当前银行给予融资租赁公司的信贷资金主要有两种模式：一是融资租赁公司先行向承租人投放资金，然后银行根据融资租赁公司提供的前期资金支付凭证，将信贷资金划至融资租赁公司账户，其中 B 租赁公司和 C 租赁公司在 F 银行上海市分行的贷款全部是这种模式；二是银行根据融资租赁公司提交的承租人融资需求，直接将信贷资金划至承租人账户，其中 A 租赁公司在 D 银行上海市分行的贷款中存在这种模式。本次核查分别抽取上述两种模式下的具体业务，一共 9 笔，并向相应银监局发出协查函，跟踪银行信贷资金的流向。

需要注意的是，三家融资租赁公司在各大银行均有授信，以 B 租赁公司为例，截至 2016 年末，授信金融机构超过 50 家，授信总额超过 500 亿元。

从核查结果来看，这三家融资租赁公司发放给承租人的大部分融资租赁款的最终流向与租赁合同约定基本一致，但也有部分信贷资金存在一定的脱实向虚和合规性问题。

二、核查具体情况

（一）租赁物与金融租赁公司租赁物基本相同

经过核查，抽取的具体业务项目涉及的租赁物与金融租赁公司租赁物基本相同，主要以机器设备和构筑物等固定资产为主。

（二）建筑类承租人占比较高

本次核查共收集三家融资租赁公司的承租人（共计53家，包含未进行资金跟踪的承租人）所处行业信息。统计结果显示，承租人所处行业大部分与实体经济密切相关，如工业类及制造业类企业，但建筑类企业占比较高，存在名为建筑公司实为地产开发公司融资的可能。

（三）穿透核查显示部分资金最终流向房地产或进行金融产品投资

表1　　核查资金最终用途表

资金用途	金额（亿元）	占比
偿还银行贷款、承兑汇票	5.01	30.52%
生产经营	3.25	19.82%
流入房地产企业	0.60	3.66%
购买基金产品	0.50	3.05%
缴纳土地出让金	0.34	2.08%
其他（无法判断用途）	6.71	40.88%
合计	16.41	100.00%

注：这里的核查资金仅包括对三家租赁公司抽取的9笔具体业务涉及的信贷资金。

从上表可以看出，超过70%的核查资金被用于偿还承租人借款或因企业账户资金充裕而无法追踪最终用途，约20%的资金被用于生产经营，还有约9%的资金流入了房地产企业或被用于缴纳土地出让金和购买基金产品。

（四）信贷资金最终流向存在问题的案例

1. 流向房地产企业案例（A企业）

A企业为A租赁公司的承租人，D银行上海市分行在审核通过A租赁公司关于该承租人的融资申请后，将资金直接支付至承租人账户，该承租人通过划入关联公司后，再将部分资金划入某房企，资金最终流入房地产企业。

2. 流向房地产企业案例（B企业）

B企业为B租赁公司的承租人，该项目由B租赁公司先行支付后再向F银行上海市分行申请贷款。B 租赁公司将融资租赁款项支付给承租人后，承租人当即将几乎全部资金划入关联的房地产企业。

3. 缴纳土地出让金和购买基金产品案例（C 企业）

C 企业为 C 租赁公司的承租人，该项目由 C 租赁公司先行支付后再向 F 银行上海市分行申请贷款。C 租赁公司将融资租赁款项支付给承租人后，承租人将 50% 的资金用于购买基金产品，将 34% 的资金用于缴纳土地出让金，明显违反资金用于生产经营的约定。

三、问题分析

（一）"以贷还贷"和"过度融资"现象不容忽视

一是核查中约 30% 的信贷资金用于归还银行贷款或承兑汇票，实质上属于"以贷还贷"，说明底层资产承租人实际资金需求并非为日常生产运营，而是由于经营产生的现金流无法正常归还前期贷款，进行"拆东墙补西墙"的借贷行为，掩盖或延后了风险，存在"资金空转"的现象。

二是核查中约 40% 的信贷资金无法判断用途，这主要是由于信贷资金进入了企业资金池，无法判断资金池中的信贷资金，部分企业的资金池金额较大，如 B 租赁公司发放给某实业有限公司的 5400 万融资租赁款进入企业资金池，该资金池原本余额已近 1 亿元。企业可能利用资金池中原有资金进行投资房地产等，而利用新增信贷资金进行日常生产经营。这在一定程度上说明，银行或融资租赁公司并未能有效测算企业真实资金需求，存在对企业过度融资的现象，增加了社会整体杠杆，放大了社会整体风险。

（二）融资租赁公司或成银行通道，为不符合信贷政策客户融资

由于融资租赁公司属于商务部管理的非金融机构，相关法规并未对其承租人资质做出明确要求，对承租人的选择基本不受限制。根据市场参与者的反馈，部分银行利用融资租赁公司作为通道，将一些不符合银行信贷政策的客户，如集中度超标、限制性行业、信用等级不足等客户，将其"转化"成承租人，并将信贷资金"发放"给此类企业。

（三）融资租赁公司用已投项目作为底层资产再融资的模式有待商榷

核查发现，银行对融资租赁公司发放的信贷资金大部分都是采用以下模式：融资租赁公司先行向承租人投放资金，然后融资租赁公司以前期资金支付凭证向银行申请贷款，银行将信贷资金划至融资租赁公司的账户。这种融资模式易产生两个问题：一是由于融资租赁公司已先行支付，故银行信贷资金的真实用途并非用于对应的底层资产项目，资金流向难以监控；二是由于融资租赁公司在多家银行均有授信，在这种融资模式下，融资租赁公司可以凭同一批前期支付凭证到多家银行进行重复融资，银行并未对此进行有效防范。

（四）信贷资金最终流向大多不可控

融资租赁公司本身并无资金用途的相关监管要求或内部机制，同时银行认为自身信贷资金是发放给融资租赁公司，用途是向指定承租人融资。因此银行仅对资金支付给指定承租人进行监控，并未对承租人使用资金进行穿透监控，进而导致资金监控的缺失。从资金最终用途分析来看，大部分资金没有直接用于生产经营，有的流回银行，有的在企业之间流转，有的甚至流入土地、房地产、金融投资等领域，部分信贷资金的最终流向存在脱实向虚问题。

四、相关建议

（一）掌握客户真实融资需求，防范“以贷还贷”和“过度融资”

一是银行应加强对底层客户经营现金流的测算和审查，借款企业应满足生产经营正常可持续的条件，现金流应具备归还相应借款的能力；二是银行应加强对底层客户融资真实用途的审查，防范企业腾挪资金进行不当投资或乱加杠杆，确保信贷资金流向有真实需求的实体经济企业。

（二）加强底层客户审查，防范通道套利

对以底层资产为主要审查点的信贷融资，银行合规和风控部门应以实质重于形式的原则，以银行自身客户的标准对底层资产承租人进行审查，防范以融资租赁公司为通道，变相向不符合银行融资条件的客户进行融资并获取不当套利的行为。

（三）限制已投项目作为底层资产再融资，防范重复融资

一是建议研究此类融资模式的合规性，用已投项目向银行融资，信贷资金实际用途与已投项目并无关联，而以此申请信贷资金的合规性尚待明确；二是要求银行加强尽职调查，在底层租赁合同中增加银行融资标记等方式增强融资标的的唯一性，防范融资租赁公司利用同一底层资产进行重复融资。

（四）穿透监控，加强对信贷资金流向的管控力度

银行提高合规意识和责任意识，在与非金融机构合作时，更应认清自身对信贷资金流向承担的合规责任。银行应明确融资租赁公司作为信用中介的实质，穿透监控承租人的资金使用情况，将承租人视为自身客户进行资金监控，至少监控到承租人与其交易对手的直接资金往来，确保资金用途符合银行政策和国家信贷支持方向。

作者：孙永

国内融资租赁行业授信模式、风险特征分析及监管建议

摘要：近年来，国内银行业与融资租赁业的业务合作规模不断扩大，信贷资金大量流入融资租赁行业，本文在对国际、国内情况进行概要介绍基础上，结合上海银行业实际，分析了银行业与融资租赁业授信合作的几种主要模式及其特点和问题，并提出了出台融资租赁授信业务相关制度规定，督促商业银行加强对底层资产的确权和评估，有效监控信贷资金流向，开展对融资租赁行业信贷风险压力测试等监管建议。

一、国际租赁公司构成及底层资产分布基本情况

（一）北美

2014 年，北美地区新发生业务金额为 3 684 亿美元，占全球通过融资租赁及分期付款购买设备融资比例的 39%，其中美国是全球最大的单一租赁市场，主要业务发生集中在交通、电脑设备、农业和建筑设备等，占总发生额的三分之二以上。2014 年起美国设备租赁与金融协会（ELFF）将关注点由直租和租购业务转移到设备融资业，这是一种涉及范围更广的金融工具，进一步扩大租赁业发展空间。美国租赁公司主要为三类，第一类由银行所属或有关的租赁公司，银行通过此类公司参与杠杆租赁，对各类型的设备提供资金融通，通过租赁绕开利率管制，获取利润；第二类是从属于制造商的租赁公司，是设备租赁业的主体，不仅经营母公司产品，也帮助客户获得其他类似的租赁设备；第三类是独立的租赁公司，大部分是地方性的，主要服务于区域市场。

（二）欧洲

2014 年，欧洲新发生业务金额为 3 278 亿美元，欧洲地区占全球租赁业务额的 34.7%，其中英国租赁业新发生业务量为 781.6 亿美元，交易量超过德国，位居世界第三，主要原因为机械设备领域融资租赁业务攀升，商用汽车与设备领域也实现两位数增长。英国租赁市场以银行和其他各类金融机构背景的租赁公司为主，主要从事具有节税功能的融资租赁业务，工业附属租赁机构以租购业务为主。

2014 年，德国租购交易量仅占总额的 12%，融资租赁业务占 43%，经营租赁业务占 45%。车辆是主导资产（70%），其次是生产设备（13%），办公设备（7%）。

（三）亚洲

中国租赁业发展令人瞩目，业务规模迅速攀升，2014 年实现 31% 的增幅，新发生业务额达到 1 149 亿美元，位居全球第二。主要得益于 2013 年底租赁业适用增值税的有关规定的调整，售后回租业务（占中国租赁业务 70% 左右）不再需要全额征税。

日本租赁业务在 2014 年遭遇五年来首次负增长，新发生交易量总体下降 16.9%。日本租赁公司基本以综合性租赁公司为主，大多数公司由金融机构和综合商社投资而成，还有部分以销售本企业产品为目的的厂商租赁公司。

（四）世界其他地区

澳大利亚 2014 年新发生业务量为 352.7 亿美元，由全球 12 位上升至第 6 位；非洲占全球租赁市场份额仅 0.7%。拉美国家租赁协会关注投资组合价值，无新发生业务额的统计，巴西是对租赁实行专门立法的国家之一，建立了较严格的法律对金融租赁进行保护和支持，主要是为限制外资对巴西租赁业和市场的渗透与控制，对进口设备租赁有限制开放，对租赁公司的成立、资本和责任也有严格规定。

二、国内租赁行业基本情况

（一）国内租赁行业基本情况

我国融资租赁公司高速增长，截至 2017 年 6 月底，全国融资租赁企业（不含单一项目公司、分公司、SPV 公司和收购海外公司）总数约为 8 281 家，较上年底的 7 136 家，增长 15.2%；较上年同期的 5 708 家，同比增长 44%。全国融资租赁合同余额约为 56 000 亿元人民币，较 2016 年底的 53 300 亿元，增长 5.1%；较上年同期的 46 800 亿元，同比增长 19.7%。以此速度增长，中国将成为全球最大融资租赁市场，然而市场整体管理粗放、进入门槛较低，导致鱼龙混杂，“假外资”等问题仍然较为突出。

（二）国内融资租赁公司主要资金来源

目前，除了有央企和部分上市公司背景的租赁公司外，融资租赁行业目前可投入使用的资金渠道绝大部分来自银行，金融租赁公司负债端中银行贷款占比约 70% ~85%；个别金融租赁公司重视同业拆入业务，如招银租赁、哈银租赁拆入资金在负债中占比超过 75%，江苏金融租赁占比也接近 60%。除以上两种模式外，国内融资租赁企业正在探索采用其他融资渠道：与信托公司合作、资产证券化、资产支持票据及银行间票据等方式获得资金。

（三）国内融资租赁公司构成及底层资产分布

目前国内融资租赁公司，根据背景特征区分主要包括：

1. 金融融资租赁公司。此类融资租赁公司依托金融背景集团优势，人员整体专业素质相对较高，业务水平及制度流程相对规范，租赁物更接近银行信贷的相关要求（不动产、建筑设备、制造机械等），前期尽调相对完善，业务流程相对明晰。资金来源主要通过银行授信或同业拆入资金，资金成本相对较低，但普遍由银行类金融机构派生，容易存在利益输送或成为银行类贷款业务通道，变相提高融资成本，拉长业务链条或错配资金使用周期。如：招银租赁、交银租赁、平安租赁等。

2. 具有大型企业、集团公司背景的商业融资租赁公司。此类融资租赁公司在特定行业内专业性较强，业务和底层资产集中在集团公司主营范围内，主要为集团销售产品服务，或为承租人获得类似设备提供服务，对租赁物有较强把控能力，但集团背景使其单笔业务交易资金需求真实性难以确认，集团财务公司或有统一资金池结算导致资金真实去向难以穿透，租赁物市场价格水平难以评估。如：厂商系汽车融资租赁公司、物流供应链融资租赁公司等。

3. 依托政府平台或由地方转制企业派生的商业融资租赁公司。此类融资租赁公司主要为地方服务，能承接一些特定租赁物的融资业务，且具有排他性，在地方政府信用状况较好的情况下整体资产质量也较好，但主要依托政府平台，服务对象较其他融资租赁公司更为特殊，租赁物也多具有公共服务特征，市场受众面较窄或基本不存在，多为无法用以作为担保物获得普通银行贷款的设备或建筑物，银行授信环节多着眼于融资租赁公司本身及相关地方政府信用，对租赁物底层资产调查流于形式，且资金多通过平台转为政府隐性负债，也可通过保理等方式规避资金流向监管。如各类地方性融资租赁公司等。

4. 综合性商业融资租赁公司。更贴合市场需求，立足自身综合性定位优势参与市场，业务范围更广泛，客户资质差异也较大，在特定市场不如前两类融资租赁公司，总体发展根据市场需要，底层资产类型更丰富，能弥补市场各类需求，但对单笔业务底层资产掌控不足，底层资产质量参差不齐，产生坏账风险大，利益驱动为客户或银行端提供通道可能性依然存在，亟须监管指导。如大量外资租赁公司。

三、国内银行业融资租赁业务模式及问题

（一）国内银行与融资租赁公司合作的主要模式

目前国内最常见的银行参与融资租赁业务的主要模式为：

1. 对融资租赁企业的直接授信：银行以融资租赁企业自身资产及综合经营收入作为还款保障开展的贷款业务或对金融租赁公司开展的同业拆借等业务。

2. 融资租赁保理业务：银行对融资租赁公司开展租赁业务形成的应收租金提供保理服务，一般包括：银行向租赁公司支付对价后受让租金债权的融资服务、租金回收的账户管理及催收服务等，一般此类业务中银行保留对租赁公司的追索权。

3. 对融资租赁企业发放质押贷款：银行对融资租赁公司提供的一笔或若干笔应收租金债权评估后，以之为质押物授信放款的模式。

4. 租赁资产证券化：银行以租赁公司的应收租金债权为基础，设计的与对公或对私信托、理财业务对接的业务产品，一般银行提供结构设计和承销发行等金融服务。

5. 参与杠杆租赁模式：银行作为贷款人参与融资租赁业务，对租赁物的评估与尽调工作按照直接投资的相关标准进行，贷款比例一般为60%～80%；出租人以自有资金及贷款人资金购买租赁物并出租给承租人，出租人拥有租赁物的法定所有权，贷款人获得租赁物、租赁合同及租金收益的抵押权作为贷款的担保。这种模式下，银行对融资租赁公司无追索权。

目前银行业的融资租赁企业授信业务主要采取前两类方式。

（二）国内银行在融资租赁业务中的角色及主要职责

对照上述五种模式，银行在融资租赁业务中的角色及关注重点有一定差异：

直接授信业务中，银行在操作上与普通企业流动资金贷款并无明显差异，主要关注融资租赁企业整体的资产负债规模、经营获利情况、资金流转及经营项目质量等，授信时不对具体单一项目进行尽调。在具体单笔支用时，银行侧重审查资金用途是否合理，购买对象是否符合相关规定，并在支付环节跟踪资金流向以及在贷后环节收取相应购买凭证作为对照。

在质押贷款、保理业务及租赁资产证券化业务中，由于担保方式及还款来源的特点，银行更多关注租赁交易真实性和租金的可靠性，在尽调过程中对租赁合同、租金稳定性及租赁公司资质较为关注，由于在此类业务模式下银行对租赁公司仍有追索权，如果租赁公司规模较大资质良好，银行对于租赁物本身盈利能力及承租人资质本身的考量会相对弱化，更多依赖于租赁公司对承租人及租赁物的专业分析与评估。同时，保理业务和资产证券化模式中，租赁公司在拿到融资后置换出前期购置租赁物资金，这部分资金被视作企业自有资金，资金去向和实际用途也不再受银行跟踪管控。

银行只有在参与杠杆租赁模式的情况下，才会对租赁物及承租人进行全面的评估和考量，在尽调环节对项目产生现金流回收情况及周期都进行全面测算，以保证承租人生产经营资金能及时足额偿还银行融资贷款。由于该模式下银行对租赁公司不再具有追索权，故支用阶段资金使用和贷后租赁物使用维护也都是银行管控的重点，对银行专业管理能力和人员投入都有较高要求。

（三）目前国内银行参与融资租赁业务存在的主要风险点

1. 授信期限错配风险。目前银行作为融资租赁公司主要资金来源，该融资方式多为1～2年期的短期资金，而大型租赁合同普遍超过5年，超大型飞机或其他设备租赁期限可能超过30年，存在短债长用，期限错配的问题，一旦还旧借新过程中出现授信资质或政策变化等问题，就可能导致融资租赁公司资金链断裂，从而引发风险。

2. 租赁资产价值风险。除杠杆融资模式外，目前国内银行对融资租赁底层资产交易真实性的调查不足，更多依赖于租赁公司本身资质及提供的相关交易材料，缺乏对租赁物进行实地检视、租赁物定价及确权等环节。同时，由于对底层租赁物的关注不足，一些不被传统授信业务接受的标的物变相获得了银行融资资金支持，特别是一些无法交易或难以确权的标的物如水库、体育场馆等值得引起高度关注。

3. 资金流向失控风险。保理模式和租赁资产证券化模式，由于不属于传统贷款，融资资金主要用于置换租赁公司前期购买租赁物的资金，所以实际不再受受托支付、贷后凭证管理和其他资金流向跟踪措施的管控，除非企业在该银行有日常结算业务，否则银行难以掌握资金流向。即使是直接授信或质押贷款模式，如银行的合作方是集团背景的租赁公司（或承租人），由于集团财务公司、资金池等原因，也难以确认银行资金的实际流向及真实用途。

4. 租赁经营风险转移。同样，除了杠杆融资模式外，银行不强制对承租人整体信用资质、日常经营和盈利能力进行独立尽调，中小企业在拓展这一新的融资渠道时，可能同时将经营风险转移到银行或融资租赁公司，特别是在杠杆租赁模式下，一旦承租人出现较严重的经营问题，由于银行无法对租赁公司进行追索，最终的风险承担者仍为商业银行。

四、监管建议

一是建议尽快出台商业银行融资租赁授信业务的相关制度规定，对各类融资租赁公司授信业务品种和类型进行规范，重点加强对占比较高的5～10年期的融资租赁授信业务加强管理。二是建议督促商业银行加强对融资租赁业务底层资产的确权和评估。对不同业务模式下商业银行对底层资产是否需要实地检视、评估确权以及有关标准给予明确。改变目前融资租赁业务中商业银行主要考量融资租赁公司实力、承租人偿付租金能力而对租赁物的确权和评估较为依赖租赁公司的现状。三是建议督促商业银行加强对信贷资金流向的有效监控。银行对贷款资金应承担流向监控义务，防止承租人与融资租赁公司以融资租赁交易为工具套取银行资金，实际流入禁入领域等风险的发生，切实保障银行资金安全。四是建议督促商业银行对融资租赁行业信贷开展风险压力测试。目前我国已经是世界第二大单一租赁市场，商业银行应对现有融资租赁业务中潜在的信用风险或集中度较高的行业系统性风险情况摸清底数，早了解、早识别、早防控。

作者：刘庆

利用信用衍生品开展信用风险缓释的理论方法和实证分析研究

摘要：在使用内评法的银行风险管理下，信用衍生品作为合格信用风险缓释工具，对银行的信用风险缓释作用，主要体现在影响资本充足率计算中作为分母的风险加权资产（RWA），有助于缓释了银行的信用风险，减少风险加权资产，节约资本。因此应鼓励银行探索运用信用衍生工具来完善信用风险管理。

一、信用衍生品作为合格信用缓释风险工具的要求

一是采用内部评级法是银行将信用衍生品作为合格缓释工具进行资本缓释的前提条件。

银监会《商业银行资本——办法》（以下简称《资本办法》）第七十三条规定“商业银行采用权重法计量信用风险加权资产时，可按照本办法附件2的规定考虑合格质物质押或合格保证主体提供保证的风险缓释作用。”也就是说，商业银行采用权重法计量时合格风险缓释工具的范围只包括质押和保证两种，并未包含信用衍生品，同时，根据《资本办法》第四十八条规定“商业银行采用内部评级法，可以按照本办法附件6的规定审慎考虑信用风险缓释工具的风险抵补作用”，商业银行采用内评法计量时，合格风险缓释工具的范围包括抵质押品、净额结算、保证和信用衍生工具四类，其中信用衍生工具包括信用违约互换和总收益互换。

二是采用合格信用衍生工具缓释信用风险的要求。

根据《资本办法》附件6《信用风险内部评级法风险缓释监管要求》（以下简称《监管要求》），当信用违约互换和总收益互换提供的信用保护与保证相同时，可以作为合格信用衍生工具。除合格保证应满足的最低要求外，采用合格信用衍生工具缓释信用风险还应同时满足以下要求：

1. 信用衍生工具提供的信用保护必须是信用保护提供方的直接负债。

2. 除非由于信用保护购买方的原因，否则合同规定的支付义务不可撤销。

3. 信用衍生工具合约规定的信用事件至少应包括：

（1）未按约定在基础债项的最终支付日足额履行支付义务，且在适用的宽限期届满后仍未纠正。

（2）债务人破产、资不抵债或无力偿还债务，或书面承认无力支付到期债务，以及其他类似事件。

（3）因本金、利息、费用的下调或推迟支付等对基础债项的重组而导致的信用损失事件。当债项重组不作为信用事件时，按照本部分第 9 项的规定认定信用风险缓释作用。

4. 在违约所规定的宽限期之前，基础债项不能支付并不导致信用衍生工具终止。

5. 允许现金结算的信用衍生工具，应具备严格的评估程序，以便准确估计损失。评估程序中应明确信用事件发生后获取基础债项价值所需时间。

6. 如果信用衍生工具的结算要求信用保护购买者将基础债项转移给信用保护提供方，基础债项的合同条款中应明确此类转移许可不可被无理由撤销。

7. 应明确负责确定信用事件是否发生的主体。信用保护购买者必须有权力和能力通知信用保护提供方信用事件的发生。

8. 信用衍生工具基础债项与用于确定信用事件的参照债项之间的错配在以下条件下是被接受的：参照债项在级别上与基础债项相似或比其等级更低，同时参照债项与基础债项的债务人相同，而且必须要有依法可强制执行的交叉违约或交叉加速还款条款。

9. 信用衍生工具并未覆盖债务重组的情况，但满足前述 3～8 项的要求，可部分认可信用衍生工具的风险缓释作用。如信用衍生工具的金额不超过基础债项的金额，信用衍生工具覆盖的部分为信用衍生工具金额的 60%。如信用衍生工具的金额大于基础债项的金额，信用衍生工具覆盖部分的上限为基础债项金额的 60%。

二、内部评级法下信用风险加权资产的计量方法理论基础

根据《资本办法》，商业银行应对银行账户信用风险暴露进行分类，并至少分为以下六类：（一）主权风险暴露；（二）金融机构风险暴露，包括银行类金融机构风险暴露和非银行类金融机构风险暴露；（三）公司风险暴露，包括中小企业风险暴露、专业贷款和一般公司风险暴露；（四）零售风险暴露，包括个人住房抵押贷款、合格循环零售风险暴露和其他零售风险暴露；（五）股权风险暴露；（六）其他风险暴露，包括购入应收款及资产证券化风险暴露。主权风险暴露、金融机构风险暴露和公司风险暴露统称为非零售风险暴露。

而未违约非零售风险暴露的风险加权资产计量基于单笔信用风险暴露的违约概率（PD）、违约损失率（LGD）、违约风险暴露（EAD）、相关性（R）和有效期限（M）；未违约零售类风险暴露的风险加权资产计量基于单个资产池风险暴露的违约概率、违约损失率、违约风险暴露和相关性。

1. 商业银行应当按照以下方法确定违约概率

一是主权风险暴露的违约概率为商业银行内部估计的 1 年期违约概率；

二是公司、金融机构和零售风险暴露的违约概率为商业银行内部估计的1年期违约概率与0.03%中的较大值；

三是对于提供合格保证或信用衍生工具的风险暴露，商业银行可以使用保证人的违约概率替代债务人的违约概率。

2. 商业银行应当按照以下方法确定违约损失率

一是商业银行采用初级内部评级法，非零售风险暴露中没有合格抵质押品的高级债权和次级债权的违约损失率分别为45%和75%。对于提供合格抵质押品的高级债权和从属于净额结算主协议的回购交易，商业银行可以根据风险缓释效应调整违约损失率；

二是商业银行采用高级内部评级法，应使用内部估计的单笔非零售风险暴露的违约损失率；

三是商业银行应使用内部估计的零售资产池的违约损失率。

3. 商业银行应当按照以下方法确定违约风险暴露

违约风险暴露应不考虑专项准备和部分核销的影响。表内资产的违约风险暴露应不小于以下两项之和：（1）违约风险暴露被完全核销后，银行监管资本下降的数量；（2）各项专项准备金和部分核销的数量。如果商业银行估计的违约风险暴露超过以上两项之和，超过部分可视为折扣。风险加权资产的计量不受该折扣的影响，但比较预期损失和合格准备金时，可将该折扣计入准备金。

一是商业银行采用初级内部评级法，应当按风险暴露名义金额计量表内资产的违约风险暴露，但可以考虑合格净额结算的风险缓释效应。

二是商业银行采用初级内部评级法，贷款承诺、票据发行便利、循环认购便利等表外项目的信用转换系数为75%；可随时无条件撤销的贷款承诺信用转换系数为零。

三是商业银行采用高级内部评级法，应当使用内部估计的非零售违约风险暴露。对于信用转换系数为100%的表外项目，应使用100%的信用转换系数估计违约风险暴露。

四是商业银行应当使用内部估计的零售违约风险暴露。对于表外零售风险暴露，商业银行应按照内部估计的信用转换系数计量违约风险暴露。

4. 商业银行应当按照以下方法确定有效期限

一是商业银行采用初级内部评级法，非零售风险暴露的有效期限为2.5年。回购类交易的有效期限为0.5年。

二是商业银行采用高级内部评级法，有效期限为1年和内部估计的有效期限两者之间的较大值，但最大不超过5年。中小企业风险暴露的有效期限可以采用2.5年。

三是对于下列短期风险暴露，有效期限为内部估计的有效期限与1天中的较大值：

（1）原始期限1年以内全额抵押的场外衍生品交易、保证金贷款、回购交易和证券借贷交易。交易文件中必须包括按日重新估值并调整保证金，且在交易对手违约或未能补足保证金时可以及时平仓或处置抵押品的条款。

（2）原始期限1年以内自我清偿性的贸易融资，包括开立的和保兑的信用证。

（3）原始期限3个月以内的其他短期风险暴露，包括：场外衍生品交易、保证金贷款、回购交易、证券借贷，短期贷款和存款，证券和外汇清算而产生的风险暴露，以电汇方式进行现金清算产生的风险暴露等。

三、内部评级法下信用衍生工具风险的风险缓释运用

商业银行采用初级内部评级法，信用衍生工具和保证具有相同的风险缓释效果，对保证或信用衍生工具覆盖的风险暴露部分采用替代法处理，调整违约概率或违约损失率等参数。保证人的违约概率和违约损失率会明显小于借款人的违约概率和违约损失率，从而发挥对于该笔贷款的信用风险缓释功能。具体替代法规则如下：

1. 采用保证提供方所适用的风险权重函数。

2. 采用保证人评级结果对应的违约概率。如商业银行认为不能采用完全替代的处理方式，也可以采用债务人评级与保证人评级之间的某一个评级的违约概率。

3. 将风险暴露视作保证人的暴露，采用标准违约损失率。如保证人为该笔保证采用了其他风险缓释工具，可继续对标准违约损失率进行调整。

4. 如果信用保护与风险暴露的币种不同，即存在币种错配，则认定已保护部分的风险暴露将通过折扣系数 H_{fx} 予以降低。

$$G_a = G \times (1 - H_{fx})$$

其中：

G_a 为经币种错配调整后信用保护覆盖的风险暴露；

G 为保护部分的名义金额；

H_{fx} 为适用于信用保护和对应负债币种错配的折扣系数。

商业银行采用高级内部评级法，对保证或信用衍生工具覆盖的部分可以采用替代法；也可以采用债务人自身的违约概率和银行内部估计的该类保证人提供保证风险暴露的违约损失率。

在两种方法中，调整违约概率或违约损失率均不得反映“双重违约”的效果。采用自行估计违约损失率方法计算的资本要求不得低于对保证人直接风险暴露的资本要求。

同时商业银行在基于合格保证和信用衍生品调整违约概率或违约损失率等参数时，应遵守以下标准：

首先，基于合格保证的调整应遵循以下标准。一是商业银行应明确调整借款人级别或估计违约损失率（零售风险暴露和合格购入应收账款风险分池）的标准，以反映保证的作用。调整标准必须与《资本办法》附件5规定的评级标准同样细致，并符合《资本办法》附件5《信用风险内部评级体系监管要求》中有关债务人或债项评级的最低要求。二是调整标准必须合理、直观，确保保证人具备履行合约的能力和意愿，并考虑债务偿还的可能时间及保证人履行保证的能力与借款人还款能力的相关程度；此外，还应考虑币种错配等剩余风险的大小。三是调整借款人级别或估计违约损失率（零售风险暴露和合格购入应收账款风险分池）时，商业银行应考虑所有相关信息。

其次，基于信用衍生品的调整应遵循以下标准。一是对于保证的上述最低要求同样适用于单名信用衍生品。同时，商业银行还应考虑资产错配。对于信用衍生品保证的风险暴露，若使用调整后的借款人级别或违约损失率，信用衍生品基于的资产（参考资产）应与基础资产相同；达到初级内部评级法相关规定的除外。二是标准必须考虑到信用衍生品的付款结构，并保守地评估付款结构对清偿水平和清偿时间的影响；同时须考虑各种可能的剩余风险的大小。

四、信用衍生工具风险的风险缓释实例

由于目前市场开展此类业务较小，缺乏实际市场数据。为了使用信用衍生工具风险进行风险缓释前后信用风险加权资产（RWA）的变化情况，我们假定了一个场景如下：

例如A银行购买企业E的债券Z，E为中小型企业，评级为BB，A银行又购买B保险公司的信用违约互换产品C，标的为债券Z，用于风险缓释，B保险公司的评级为A－。

在内评法下，对于信用风险加权资产计算方法步骤为：

1. 计算信用风险暴露的相关性（R）

分四类情况

（1）主权、一般公司风险暴露

$$R = 0.12 \times \frac{1 - \frac{1}{e^{(50 \times PD)}}}{1 - \frac{1}{e^{50}}} + 0.24 \times \left[1 - \frac{1 - \frac{1}{e^{(50 \times PD)}}}{1 - \frac{1}{e^{50}}}\right]$$

（2）金融机构风险暴露

$$R_{FI} = 1.25 \times \left\{0.12 \times \frac{1 - \frac{1}{e^{(50 \times PD)}}}{1 - \frac{1}{e^{50}}} + 0.24 \times \left[1 - \frac{1 - \frac{1}{e^{(50 \times PD)}}}{1 - \frac{1}{e^{50}}}\right]\right\}$$

（3）中小企业风险暴露

$$R_{SME} = 0.12 \times \left[\frac{1 - \frac{1}{e^{(50 \times PD)}}}{1 - \frac{1}{e^{50}}}\right] + 0.24 \times \left[1 - \frac{1 - \frac{1}{e^{(50 \times PD)}}}{1 - \frac{1}{e^{50}}}\right] - 0.04 \times \left(1 - \frac{S - 3}{27}\right)$$

S 为中小企业在报告期的年营业收入（单位为千万人民币），低于 3 千万人民币的按照 3 千万人民币来处理。

（4）零售风险暴露

个人住房抵押贷款，$R_{r1} = 0.15$

合格循环零售贷款，$R_{r2} = 0.04$

其他零售贷款，

$$R_{r3} = 0.03 \times \frac{1 - \frac{1}{e^{(35 \times PD)}}}{1 - \frac{1}{e^{35}}} + 0.16 \times \left[1 - \frac{1 - \frac{1}{e^{(35 \times PD)}}}{1 - \frac{1}{e^{35}}}\right]$$

2. 计算期限调整因子（b）

$$b = [0.11852 - 0.05478 \times \ln(PD)]^2$$

3. 计算信用风险暴露的资本要求 K

（1）非零售风险暴露

$$K = \left[LGD \times N\left(\sqrt{\frac{1}{1-R}} \times G(PD) + \sqrt{\frac{R}{1-R}} \times G(0.999)\right) - PD \times LGD\right] \times \left\{\frac{1}{1 - 1.5 \times b} \times [1 + (M - 2.5) \times b]\right\}$$

（2）零售风险暴露

$$K = LGD \times N\left[\sqrt{\frac{1}{1-R}} \times G(PD) + \sqrt{\frac{R}{1-R}} \times G(0.999)\right] - PD \times LGD$$

4. 最后得到 RWA = K × 12.5 × EAD

该案例为了比较我们假设债券 Z 的规模为 1 亿人民币，也就是违约风险暴露（EAD），期限为 1 年。企业 E 的违约概率 PD_E 为 1.5%，B 的违约概率为 PD_B 为 0.4%，企业 E 在报告期的年营业收入为 3 千万人民币，采用标准违约损失率 LGD 为 45%。

（1）未使用风险缓释情况下，A 银行计算该笔债权的信用风险加权资产，

对 R 采用中小企业风险暴露计算方法，

计算得出：

$$RWA_1 = 6\ 714.59 \text{ 万元}$$

（2）使用风险缓释的情况下，A 银行的信用风险加权资产应该为该笔债券的信用风险加权资产加上该笔信用衍生工具的交易对手信用风险加权资产之和。而根据《资本办法》附件 8《交易对手信用风险加权资产计量规则》中规定“商业银行为对冲银行账户信用风险或交易对手信用风险而购买的信用衍生工具，若在计量资本要求时考虑了该信用衍生工具的风险缓释作用，则在计算交易对手信用风险加权资产时该信用衍生工具的风险暴露为 0。”

因此只需计算该笔债券的信用风险加权资产，在考虑信用衍生工具的风险缓释作用情况下，可以使用保证人 B 的违约概率替代债务人 E 的违约概率，同时对 R 采用金融机构风险暴露计算方法。

最后得到：

$$RWA_2 = 6061.33 \text{ 万元}$$

风险缓释作用节约的风险加权资产为：

$$RWA_1 - RWA_2 = 653.26 \text{ 万元}$$

从结果我们可以看出，一是在信用衍生工具发挥风险缓释作用的情况下，银行可以节约较多的资本，以该模拟案例的数据看，大约节约十分之一的资本；二是资本的节约主要是由于保证人 B 的违约概率替代债务人 E 的违约概率，因此两者的违约概率差距与资本节约的数量正相关；目前银行主流的违约概率的计算方式是在历史样本数据的基础上按照统计回归、评分卡等方法构建模型进行计算，确定企业评级以及相应的违约概率。也就是说，信用衍生工具的风险缓释实质是将参考实体的信用风险转化为信用衍生工具卖方的交易对手风险。银行只需关注卖方的交易对手风险，因此需要引入集中清算机制，使得银行无须面临因不同的交易对方潜在的违约而产生的交易对手风险，而只需面临作为中央对手方的衍生交易清算机构的信用风险，而且一般中央对手方的评级较高，也有助于实现资本的节约，另外，合格中央对手方在交易风险资本计提时也能实现资本的节约。

五、小结和建议

由上，我们得出结论：一是采用内部评级法是银行将信用衍生品作为合格缓释工具进行资本缓释的前提条件；二是信用衍生工具发挥风险缓释作用，主要体现为银行在计算风险加权资产时实现资本的节约；三是信用衍生工具的风险缓释实质是将参考实体的信用风险转化为信用衍生工具卖方的交易对手信用风险，引入中央对手方有助于银行管理交易对手信用风险，大大减少交易对手信用风险。

因此，一方面，应鼓励银行运用信用衍生工具来完善信用风险管理，信用衍生工具除了能直接减缓商业银行信用风险承担之外，对于提升当前商业银行全面风险管理能力和运营水平也有重要意义。另一方面，监管机构应进行适度监管，既避免重蹈欧美在金融危机前监管缺失的覆辙，又避免因监管过度而阻碍衍生品市场的发展和商业银行信用风险管理能力的提高。尤其是加快中央对手方（CCP）建设是推动信用衍生品发展的重要基础。

作者：赵光南

银行账簿利率风险国际监管标准实施面临的挑战与改革建议

摘要：2016 年 4 月，巴塞尔委员会正式发布《银行账簿利率风险监管标准》，代替其2004 年发布的《利率风险管理和监管原则》，在第二支柱下对商业银行的银行账簿利率风险计量、管理、监测以及监管提出了新的要求。由于我国商业银行长期以来在银行账簿利率风险管理方面存在不足，监管部门对银行账簿利率风险监测的重视程度不高，巴塞尔委员会的新监管标准将对我国商业银行和监管部门带来巨大挑战。本文首先对银行账簿利率风险国际监管标准的框架结构开展分析，指出其较2004 年监管原则相比重点加强的地方，对我国商业银行开展银行账簿利率风险进行了定量分析，并分析了我国商业银行实施银行账簿利率风险国际监管标准存在的差距，最后就提升银行账簿利率风险管理水平，从利率市场化改革、利率衍生品市场发展、金融市场改革、商业银行转型等方面提出了具体的改革建议。

一、引言

2016 年 4 月，巴塞尔委员会正式发布《银行账簿利率风险监管标准》（*Standards Interest Rate Risk in the Banking Book*），代替其2004 年发布的《利率风险管理和监管原则》（*Principles for the Management and Supervision of Interest Rate Risk*），在第二支柱下对商业银行的银行账簿利率风险计量、管理、监测以及监管提出了新的要求。巴塞尔委员会（BCBS）自 1993 年以来，已发布多个版本的银行账簿利率风险指引（BCBS，1993、1997、2004）。根据 2016 年 4 月最新发布的《银行账簿利率风险管理标准》，银行账簿利率风险是指不利的利率变化导致银行账簿下头寸价值发生变化，并对银行资本和收益造成现时或预期的风险。当利率发生变化时，未来现金流的现值和期限结构也将发生改变，从而影响资产、负债、表外项目的内在价值及经济价值。利率变化还会造成利率敏感性收支变化，影响净利息收入（Net Interest Income，NII），从而影响银行收益。如果银行账簿利率风险管理不善，过度的风险将严重威胁银行的资本或未来收益。中国银监会于 2009 年正式印发《商业银行银行账户利率风险管理指引》，对商业银行银行账簿利率风险管理提出明确要求，并对监管部门的监督检查予以规范。2017 年 11 月，中国银监会发布关于《商业银行银行账簿利率风险管理指引（修订征求意见稿）》，这是在结合我国银行业实际情况和合理借鉴国际监管标准基础上，对2009版管理指引进行了修订和完善，也是我国监管部门对银行账簿利率风险管理技术的最新探索，目前该版指引仍待最终定稿。

国内学者对于银行账簿利率风险的研究并不多见，如贺国生（2007）以零息票债券收益率曲线的构建，介绍了商业银行利率风险度量模型与管理模式；刘湘云（2008）则系统研究了利率动态行为与商业银行利率风险动态综合计量。随着国际监管改革的推进，不断有监管部门跟踪并开展银行账簿利率风险计量技术的最新研究，刘春航等（2015）研究信用利差风险的识别、计量和资本监管改革，分析了我国商业银行信用利差风险计量和管理面临的挑战，并对利率冲击情景的最新监管探索进行了阐述；林学冠等（2015）参考国际监管改革的最新进展，运用国内金融市场利率历史数据，探索构建了以国内利率环境为基准的利率冲击情景，为准确衡量国内银行真实利率风险水平夯实了基础；薛峰等（2015）总结了银行账簿利率风险资本计量体系，提出经济资本和净利息收入方法在监管资本计量方面的改进方向；廖岷等（2015）则对商业银行利率风险开展实证计量，提出加强利率风险管理的有关建议。总体来看，我国学界和监管部门对银行账簿利率风险的研究侧重于技术，在实际风险管理中如何实施落地有待加强，巴塞尔委员会的新监管标准将对我国商业银行和监管部门带来巨大挑战。

本文首先论述了银行账簿利率风险的最新定义和分类，并介绍了三类较为常见的计量方法，分别为缺口分析、净利息收入敏感性分析和资本经济价值分析。鉴于国内外在银行账簿利率风险计量技术上存在较大差异，商业银行的利率敏感性资产和负债结构也不尽相同，一些风险参数无法在国内商业银行直接应用。本文以巴塞尔委员会修订后的银行账簿利率风险监管标准为参考，结合上海地区商业银行和公开市场数据，自主构建多重利率冲击情景，开展基于经济价值和净利息收入的风险计量分析，使计量结果既能吸收国际先进的计量方法，同时也能反映国内商业银行实际风险水平。最后，本文还从定性方面总结了我国商业银行银行账簿利率风险管理面临的外部挑战，指出内部管理方面存在的普遍性问题，并提出六个方面的改革建议，为监管部门和行业主体提供决策参考。

二、银行账簿利率风险及其计量方法

（一）银行账簿利率风险分类

根据巴塞尔委员会的最新定义，银行账簿利率风险主要分为三类：

1. 缺口风险

源于银行账簿工具的期限结构不同，指不同金融工具的利率变动时期不同而引发的风险。缺口风险取决于金融工具的期限结构与收益率曲线的期限结构相一致（平行缺口风险）还是不一致（非平行缺口风险），包含重新定价风险和收益率曲线风险。

2. 基准风险

主要是指利率变动对期限相似、但以不同收益率曲线为基准定价的金融工具的影响。

3. 期权风险

主要是指银行资产、负债或表外项目具有期权衍生头寸或者隐含期权性条款，银行及客户可以据此改变现金流水平和期限结构。期权性风险可分为自动期权风险和客户行为期权风险。

以上三种细分风险都可能改变利率敏感性资产、负债和/或表外项目的价格/价值或收益/支出，从而对银行财务状况产生不利影响。

（二）银行账簿利率风险计量方法

对国内外主要银行的调查研究显示，对银行账簿利率风险常用的计量方法主要包括缺口分析、净利息收入敏感性分析和资本经济价值分析三种，方法各有优劣：

1. 缺口分析

缺口分析（GAP）即观察利率敏感的资产、负债及表外业务剩余重定价期限的错配情况。缺口分析的优点是简单易行，可以简单的计量短期内的重定价风险和收益率曲线风险。其不足在于缺口分析的到期日往往仅是银行资金管理部门的缺口，并不是真正的资产负债表的缺口，不能反映资产负债长期的重定价风险和收益率曲线风险。同时忽略了不同资产负债利率基准的不同，无法涵盖基差风险。在国内市场割裂导致基准曲线较多的情况下，其缺陷尤为明显。

2. 净利息收入敏感性分析

净利息收入敏感性分析（NII）即在市场利率变动的不同情景下，观察未来一定时期内，净利息收入变动的情况。NII 分析是银行根据自身条件和对市场未来的判断，结合未来业务发展计划，在不同情景下，预测市场利率发生变化时，银行的净利息收入变动情况。该方法可以计量重定价风险、收益率曲线风险、期权风险和基差风险的综合影响。此方法对模型要求较高，若模型设计本身存在不足，则计量结果无法准确反映银行账簿利率风险的实际状况，容易出现误导，并且需要对大量的历史数据进行分析，对系统依赖性较高。

3. 资本经济价值分析

资本经济价值分析（EVE）即在市场利率变动假设情景下，对现有表内外资产负债所产生的未来现金流进行折现，以观察净资产即经济价值的变化情况。EVE 分析由于是对未来现金流的折现，直接反映了收益率曲线变化时的影响，最直接地涵盖了收益率曲线风险；重定价期限越短，重定价错配缺口越小，用作折现的市场利率在波动时，对资产负债现值的影响就越小，也涵盖了重定价风险；市场利率对资产负债定价的影响越直接，传导性越好，市场利率波动时，对现值的影响就越小，也涵盖了基差风险；结合利率变化，根据客户行为化分析调整未来现金流，从而影响到折现值，也涵盖了期权风险。与 NII 相同的是，EVE 对模型的要求高，失之毫厘，则谬以千里。因此，模型和假设条件的建立，至关重要。

三、修订后的银行账簿利率风险管理国际标准

（一）总体框架

银行账簿利率风险（IRRBB）作为巴塞尔资本框架第二支柱（监管评估程序）的一部分，对其监管与管理应遵循巴塞尔委员会《利率风险管理和监管原则》（以下简称 2004 年版《原则》）相关要求。巴塞尔委员会 2004 年发布利率风险原则（BCBS，2004），规范银行账簿利率风险的识别、计量、监测控制及其监管。2004 年版《原则》发布以来，市场实践和监管方式均发生了较大变化，因此巴塞尔委员会决定对 2004 年版《原则》进行修订，修订内容包括银行账簿利率风险监管的原则和方式，也包括银行计量、管理、监测和控制的方法。2016 年修订后的《银行账簿利率风险管理标准》正式发布，巴塞尔委员会选择通过“加强的第二支柱”方法对银行账簿利率风险进行监管，修订的主要内容有：

一是加强银行账簿利率风险管理流程的管控要求。包括对银行账簿利率风险的冲击和压力情景的制定、银行账簿利率风险计量时的关键行为和模型假设、银行内部计量系统（Intranet Management System，IMS）和模型的内部验证程序提出了更高的要求。

二是加强银行账簿利率风险计量和管理的披露要求，提升相关信息的一致性、透明性和可比性。银行须披露利率冲击对股权经济价值变动（ΔEVE）和净利息收入变动（ΔNII）的影响情况[①]。

三是修订监管检查流程，明确监管当局评估银行账簿利率风险水平和管理时应当考虑的因素。监管当局若发现其管辖银行内部计量系统未充分反映银行账簿利率风险时，可以要求其管辖银行遵循银行账簿利率风险的标准化框架。

四是要求监管当局披露异常银行的认定标准。提高异常银行识别的门槛值，要求监管当局运用异常值测试或实质性测试[②]对利率冲击情景下银行股权经济价值变动（ΔEVE）与银行一级资本（Tire 1 Capital）的 15% 进行比较。监管当局

① ΔEVE 和 ΔNII 基于利率冲击情景计算得出。

② 异常值测试和实质性测试也可以一并使用。

还可以使用特定方法实施额外的异常值或实质性测试。若监管当局检查发现银行账簿利率风险敞口未得到有效管理或风险水平相对资本、收益或整体风险水平过高时，应当加强监管或提高资本要求。

（二）主要原则

《银行账簿利率风险管理标准》共计提出12条原则，其中银行应当遵循的原则9条，监管当局应遵循的原则3条。

1. 银行应当遵循的原则

原则1：银行账簿利率风险是所有银行都面临的一项重要风险。银行应采取必要的措施以识别、计量、监测和控制利率风险。此外，银行应对银行账簿信用利差风险进行监测和评估。

原则2：银行董事会负责监督银行账簿利率风险管理框架和银行账簿利率风险偏好的制定。董事会可以授权高管层、专家或资产负债管理委员会（以下简称"被授权人"）负责银行账簿利率风险的监测和管理。银行应具备健全的银行账簿利率风险管理框架，包括定期对系统的有效性进行独立审查、评估。

原则3：银行应根据利率风险对经济价值和收益的影响情况设定调整银行账簿利率风险偏好。银行应制定并实施限额管理制度，确保银行账簿利率风险敞口与风险偏好一致。

原则4：银行应同时基于经济价值和收益变动的计量结果来衡量银行账簿利率风险，计量过程应广泛并恰当地使用多种的利率冲击和压力情景。

原则5：银行计量银行账簿利率风险时，应充分理解、记录关键行为和模型假设，并严格测试这些假设，确保其与银行业务战略一致。

原则6：银行账簿利率风险计量系统和模型使用的数据应真实准确。为确保计量的准确性，银行应对数据进行恰当的记录、测试和控制。银行账簿利率风险的计量模型应具备综合性，银行应将其被纳入模型风险管理程序，设计与模型开发流程相独立的验证功能。

原则7：银行账簿利率风险计量结果①和风险对冲策略应定期向董事会或被授权人报告。

原则8：银行应定期向公众披露银行账簿利率风险敞口暴露水平和银行账簿利率风险的计量、控制方法。

原则9：银行账簿利率风险的资本覆盖程度，是经董事会批准的内部资本充足性评估流程（ICAAP）的组成部分，与账户利率风险偏好保持一致。

2. 监管当局应遵循的原则

原则10：监管当局应定期从银行收集充足信息，监测银行账簿利率风险敞

① 即并表口径和所有币种汇总口径。

口，评估银行对银行账簿利率风险管理的有效性，识别需要进一步审查并可能要求进一步补充监管资本的异常银行。

原则 11：监管当局应定期评估银行的银行账簿利率风险水平和银行识别、计量、监测、控制银行账簿利率风险所采取措施的有效性。监管当局应利用专业资源配合此类评估。监管当局应就银行账簿利率风险敞口的监管与境外其他监管机构加强合作和信息共享。

原则 12：监管当局应公布异常银行的识别标准。被识别为异常银行的银行机构应是可能承担了过度的银行账簿利率风险的银行。如果银行账簿利率风险敞口的审查结果显示，银行管理存在不足或其资本、收益、整体风险组合的风险过高，监管当局应要求银行采取风险缓释措施或补充资本。

四、我国商业银行银行账簿利率风险计量分析

（一）模型构建

第一，风险计量方法。本文认为，经济价值分析法能够更全面的衡量银行账簿利率风险对银行偿付能力的影响，更体现风险实质，故将经济价值分析法作为本文的主要风险计量方法。此外，相对于经济价值波动造成的潜在损失，利率波动对银行盈利能力的冲击更为直观，基于这一特点，本文将净利息收入敏感性分析运用于特定利率冲击情景的风险计量中，作为辅助性的分析工具。

第二，风险参数设计。本文主要研究人民币业务的银行账簿利率风险，借鉴国内中外资银行良好实践，并结合国内人民币利率市场环境特点，重新构建了利率冲击情景。新的利率冲击情景由 7 组利率变动情景构成，除传统的收益率曲线平移外，增加了收益率曲线变陡、变缓和短端骤升三种曲线扭曲，以及基准利率不同步变化等情景（见表 1）。相较于现有的标准利率冲击法，新的利率冲击情景能更有效地捕捉收益率曲线风险和基准风险，且与国内银行真实面临的利率风险更为吻合。

表 1　利率冲击情景

假设情景	风险捕捉	收益率曲线形态	具体参数设定
情景 1	重定价风险	收益率曲线平移	平行上移 200 基点
情景 2	重定价风险	收益率曲线平移	平行下移 200 基点
情景 3	收益率曲线风险	收益率曲线变陡	短期利率下降 200 基点，长期利率上升 200 基点，中间时点线性处理
情景 4	收益率曲线风险	收益率曲线变平	短期利率上升 200 基点，长期利率下降 200 基点，中间时点线性处理
情景 5	收益率曲线风险	收益率曲线扭曲	短期利率大幅上升 200 ~ 400 基点

续表

假设情景	风险捕捉	收益率曲线形态	具体参数设定
情景 6	基准风险	基准利率不同步变化	同业利率变化幅度与情景 1 - 5 保持一致，央行基准利率和境外利率的变化幅度分别减少 150 基点和 100 基点。如，与情景 2 相比，同业利率仍下降 200 基点，央行基准利率只下降 50 基点，境外利率只下降 100 基点。
情景 7	基准风险	存贷利率不同步变动导致存贷利差收窄	贷款利率下降 100 基点，存款利率上升 100 基点，存贷利差收窄 200 基点

注：从国内利率市场历史数据分析来看，我们构建的利率曲线平移幅度约为 172bps，与现行监管要求的 200bps 接近。故本文仍采用现行 200bps 作为计量参数使用。

第三，结果分析方法。为便于不同规模的银行在相同的基础上进行比较，本文采用了“资本冲击”这一指标，即经济价值变动占资本净额比例，也符合了利率冲击损失由资本完全弥补这一理念。同时，把利率冲击情景对净利息收入的影响与当期利润总额进行对比，揭示对银行盈利能力的影响。

第四，计量模型的不足。本文未能充分捕捉和计量银行账簿利率风险中的期权性风险，主要原因是样本银行均未在银行账簿中持有因出售利率期权形成的或有负债，也没有充分识别资产负债中的隐含利率期权，绝大部分银行还不具备客户行为分析的能力，难以获得合理的客户行为调整后的重定价期限结构数据，因此无法实施有效的风险计量。

（二）银行账簿利率风险（以上海地区为例）① 计量评价

1. 期限结构特征分析

从资产负债敞口重新定价期限分布情况来看，大部分银行短期（1 年以内）缺口为正；中期（1 到 5 年）缺口多为负；远期（5 年以上）缺口均为正。值得关注的是，所有中资法人银行和大部分外资法人银行的超短期（1 个月以内）基本为负缺口。

2. 风险计量结果

（1）经济价值分析

重新定价风险：在利率情景 1 和情景 2 的冲击下，基本所有银行都是在情景 1 中受损失，资本冲击为 -4.92%，平均资本充足率水平下降约 0.6 个百分点；

① 风险计量的数据来源为 2015 年上海地区中外资银行的利率敏感性资产负债数据，以及相关市场利率公开数据。

受影响最大的银行资本冲击为－15.28%，资本充足率下降约2.3个百分点。

收益率曲线风险：在利率情景3、情景4和情景5的冲击下，大部分银行是在情景3中受损失最大，资本冲击为－3.74%，平均资本充足率水平下降约0.5个百分点；受影响最大的银行资本冲击为－15.44%，资本充足率下降约2.3个百分点。

基准风险：在利率情景1－5的基础上增加基准利率不同步变化后，新的风险计量结果与利率情景1－5的原有结果有所不同，两者之差就体现了基准风险水平。测算结果显示，考虑基准利率不同步变化后，情景1的基准风险最高，资本冲击为－0.86%，受影响最大银行资本冲击为－2.48%，资本充足率下降约0.38个百分点。

具体冲击结果详见表2：

表2 **风险计量结果—经济价值变化**

冲击情景	所有银行平均资本冲击（%）	受影响最大银行资本冲击（%）
情景1	－4.92	－15.28
情景2	－0.94	－1.73
情景3	－3.74	－15.44
情景4	－0.99	－1.61
情景5	－0.35	－8.57
情景6	－0.86	－2.48

（2）净利息收入影响分析

重新定价期限结构分析显示，短期缺口较大是显著特征，故短期利率的急剧上升（情景5）会对银行盈利能力产生较大影响。同时，以央行基准利率为定价基础的存贷款仍是银行主要资产，占生息负债和资产的比例分别达到70%和45%，考虑到未来利率市场化改革的核心环节在于存款利率，存贷款利率不同步变动（情景7）将可能导致存贷利差收窄，对银行收益产生明显影响。基于上述原因，本文在净利息收入影响分析中着重考虑情景5和情景7的影响。

短期利率大幅上升：在情景5的冲击下，短期（1年内）净利息收入减少约占前一年度利润总额的12.8%；受影响最大的银行短期净利息收益减少占其前一年度利润总额的57%，占资本净额的6.75%。

存贷利差收窄：在情景7（存贷利差减少200个基点）的冲击下，短期（1年内）净利息收入减少约占前一年度利润总额的67%；受影响最大的中资银行短期净利息收益占其前一年度利润总额的75%，占资本净额的8.9%；部分在沪外资银行短期净利息收益减少已经超过了前一年度利润总额。

具体冲击结果见表3：

表3　风险计量结果—净利息收入变化

冲击情景	占前一年度利润比例（%）	受影响最大银行当年利润减幅（%）
情景5	-12.8	-57
情景7	-67	超过100

3. 总体评价

从风险计量结果来看，上海银行业银行账簿利率风险存在以下特点：

第一，大部分银行资产负债期限结构相似，出现利率水平大幅波动时，经济价值和净利息收入往往发生同向变动，可能导致系统性风险。

第二，银行账簿利率风险中重新定价风险和收益率曲线风险是主要风险来源，两者风险水平比较接近，显著影响银行资本充足率水平。

第三，我国银行业面临的基准风险是非常显著，特别是当存贷利率的不同步变动导致存贷利差大幅缩小时，对银行盈利能力会产生巨大影响。

第四，冲击情景并不是单独发生的，往往是几类风险共同叠加的结果。在某些情况下，重新定价风险、收益率曲线风险和基准风险会同时发生变化，并对经济价值和净利息收入共同产生负面影响，进而对银行造成更大的影响，应重点关注。

五、我国商业银行银行账簿利率风险管理面临的挑战

（一）利率市场多元化

一是人民银行基准利率仍然存在并发挥作用，银行的存款、贷款相当部分都是以央行利率为基准，对于央行利率不变动的情况下如何主动管理存贷款定价存在政策上的困难。二是部分贷款银行有自主定价的能力，但缺乏基准利率，因此对外报价仍停留在央行利率的基准上，导致内部资金成本与存贷款的基准不同，存在较为严重的基差风险。三是部分存款实现市场化定价，如银行使用理财的方式吸收的存款，其利率基本已根据市场利率来确定。因此，银行的资产负债表内的资产、负债、转移定价等均存在不同的基准利率，使管理难度大大增加。

（二）内部管理存在差距

1. 风险治理架构基本成型，但管理意识仍较为薄弱

我国商业银行基本建立了相对完整的银行账簿利率风险治理架构，但相当一部分银行管理实效不足。第一，大部分银行董事会和高级管理层对银行账簿利率风险的认识不足，没有准确表述风险承受能力和风险偏好。第二，一些外资银行管理层照搬境外市场的管理理念，对中国特定的利率风险特征缺乏研究和认识，对风险水平的判断存在偏差。第三，一些银行仅以满足监管最低要求

为目标，缺乏自主风险管理的意识和能力，在风险管理工具的建设和运用上乏善可陈。第四，银行账簿利率风险管理的内部监督纠正机制缺失。

2. 政策流程框架完整，但风险覆盖不足

我国商业银行制定了银行账簿利率风险管理政策和流程，定期开展银行账簿利率风险计量、监测和报告工作。但一些银行对银行账簿利率风险识别不充分，导致其风险管理政策流程没有充分覆盖重要风险领域，造成利率风险整体状况判断存在偏差；风险计量更侧重于为财务预算和利润预测服务，对经济价值的影响未充分重视，并缺乏与资本管理之间的联系；对理财业务、同业投资业务等新兴业务的银行账簿利率风险识别不充分，对投资业务也未按照"穿透原则"来观察基础资产的利率风险表现。

3. 积极推动完善风险计量，但仍处于起步阶段

随着利率市场化进程加速，主要商业银行积极推动银行账簿利率风险计量工具的开发和建设，取得了一些有益的进展。但大部分银行对银行账簿利率风险的计量仍处于起步阶段，风险计量工具的运用尚不成熟，风险计量覆盖面有限，对收益率曲线风险、基准风险、期权性风险涉及较少，对信用利差风险几乎没有涉及（刘春航、林学冠和陈璐，2015）；部分外资银行简单遵循母行做法，未合理反映本地经济和利率环境，参数假设和计量方法不够合理。

4. 利率冲击情景设计简单，风险捕捉不完整

几乎所有银行均使用利率简单平移作为冲击情景，绝大部分银行会更多考虑央行调息对存贷款净利息收入的影响。国内大部分商业银行主要依赖专家判断的方式设计情景，大多未建立复杂的数据模型，应用较为简单。定量统计方法对商业银行的数据质量和信息系统要求较高，绝大部分商业银行缺乏技术能力。我国商业银行也正在通过数据优化和模型校准，尝试建立更为复杂的利率冲击情景，逐步纳入更多的市场化利率曲线，进一步丰富利率冲击情景设计。

5. 基础设施建设逐步开展，但仍存在较大差距

我国商业银行普遍在数据质量管理上加大了投入，并为银行账簿利率风险管理体系搭建了相应的信息系统，支持风险计量、压力测试、限额管理和日常监测工作。但从良好风险管理的标准来看，银行账簿利率风险管理的基础设施建设仍存在差距。业务数据在结构完整性、要素齐全性和内容准确性上都存在偏差，信息系统效能受到制约，影响风险计量的准确性和监测的时效性。银行账簿利率风险专业管理人员有限，市场上难以找到合适的人才，内部人才储备也刚起步，制约了风险管理的进一步提升。

六、完善银行账簿利率风险管理的改革建议

作为行业监管部门，中国银监会于2009年正式印发《商业银行银行账户利

率风险管理指引》，对商业银行银行账簿利率风险管理提出明确要求，并对监管部门的监督检查予以规范。但是随着我国利率市场化改革基本完成，新的利率市场环境需要银行不断提升银行账簿利率风险管理精细化水平。从国际监管改革进展来看，我国作为巴塞尔委员会重要成员，参照国际监管标准制定本国政策，保持国内外监管一致性也是大势所趋。鉴于此，2017 年 11 月，中国银监会发布关于《商业银行银行账簿利率风险管理指引（修订征求意见稿）》，这是在结合我国银行业实际情况和合理借鉴国际监管标准基础上，对 2009 版管理指引进行了修订和完善，也是我国监管部门对银行账簿利率风险管理技术的最新探索，目前该版指引仍待最终定稿。本文认为，为推动我国银行账簿利率风险管理水平不断提升，除了保持监管制度的适应性和前瞻性外，还应在以下方面进行完善。

（一）有序推进利率市场化改革，兼顾金融稳定和经济发展

依据国际经验，利率市场化改革成败的关键在于切实有效的改革措施和进程，同时注重维护金融体系整体安全。第一，营造和维持良好的宏观经济环境，增强货币政策的灵活性和透明度，为商业银行适应利率市场化环境创造良好的条件。第二，密切关注利率市场化改革对商业银行的影响，维护金融体系稳定，也有利于为改革构建良好的金融环境。第三，防止利率市场化导致社会融资成本过快上升，阻碍结构调整和经济发展。

（二）推动金融衍生产品集中清算，大力发展利率衍生品市场

首先，中央对手方监管政策的出台，有利于降低商业银行等市场参与者的交易对手信用风险，大幅度降低清算风险，提升商业银行的参与积极性。其次，大力发展利率衍生品市场。国内市场上，人民币利率互换名义本金成交额不断上行，2017 年第一季度达到了 2.68 万亿元，但是在全球范围内占比还较低。目前国内商业银行将利率衍生品运用于风险管理的仍较少，随着国际监管标准在中国逐步落地，未来对于利率衍生品的需求预计将会进一步增加，进而促进利率衍生品市场的发展。

（三）关注跨境利率风险传导，主动应对全球化资产配置

在后危机时代，美联储加息预期不断增强，欧洲及日本央行亦推出了大幅度的 QE 刺激政策，全球化背景下我国货币政策独立性迎来了较大的挑战。一方面，货币政策部门和监管部门应密切关注国际金融环境的变化，前瞻性的预判境外经济体量化宽松政策或债务危机对国内金融市场的多轮冲击，提前做好应对准备。另一方面，随着国内企业“走出去”步伐不断加快，我国商业银行应充分认识到客户全球配置资源的变化，将风险管理视角拓宽至全球市场，评估分析跨境贸易和投融资行为对银行账簿利率风险的影响，提升风险管理能力。

（四）不断深化金融市场改革，商业银行主导利率定价

在推动利率市场化改革进程中，要进一步深化金融市场改革，推动利率双

轨制的解决，让商业银行在利率市场化进程中始终处于创新和定价的主导地位。第一，推动市场基准利率的形成，丰富利率期限结构，逐步构建反应市场供求关系的收益率曲线，为商业银行利率风险管理提供基础；第二，推动金融工具创新，尽快推出面向企业和个人的大额存单等金融工具，逐步完善存款业务的市场定价机制；第三，商业银行积极参与利率衍生品市场发展，市场管理者不断丰富利率对冲产品，逐步扩大利率衍生品市场的深度和广度，为商业银行主动管理利率风险提供支持。第四，提升商业银行利率定价能力，鼓励商业银行建立科学的定价机制和量化模型，主动管理和应对利率风险，赢得利率定价的主导权，通过合理的定价来弥补商业银行在支持实体经济过程中承担的包括银行账簿利率风险在内的各类风险。

（五）提升风险管理能力，推动商业银行发展转型

许多国家的历史经验表明，利率市场化势必带来利率风险的上升和管理难度的加大，因此商业银行应及早在计量技术、信息系统、资源储备等方面做好准备，积累经验，推动发展转型，积极应对利率市场化的挑战。第一，顺应监管改革，完善交易账户和银行账簿的划分（BCBS，2013），明确利率风险容忍度，搭建合理的管理架构。第二，加快业务转型，拓宽利润渠道，形成差异化竞争格局，有效增加中间业务收入占比，改变对利差收入的过度依赖，通过多元化经营分散风险。第三，全面管控银行账簿各类风险，密切关注信用风险、流动性风险与利率风险的相互交织和传导；善于积累历史数据，为计量期权性风险提供基础；将银行账簿利率风险纳入风险偏好，设定风险容忍度，合理确定全行风险承受能力。

（六）完善利率风险监管体系，防范系统性风险

监管部门应不断推动商业银行提升风险管理意识和水平，本着“不发生系统性、区域性风险”的底线，加强对利率风险的监管。第一，指导商业银行提升风险认识和重视程度，督促商业银行董事会、董事会授权的专门委员会及高管层切实肩负起监督和管理职责。第二，以资本监管为抓手，将银行账簿利率风险充分纳入内部资本充足评估程序，明确第二支柱资本要求，以应对国际监管改革和利率市场化的冲击。第三，完善利率风险监管体系，构建更为敏感和精确的风险统计报表，建立系统性风险早期预警机制，前瞻性的风险防范和处置。第四，注重行为监管，避免银行账簿利率风险与流动性风险、操作风险等各类风险之间相互影响，加剧风险传染。

作者：顾青

我国商业银行债券市场风险管理的缺陷及改进建议

摘要：随着银行商业模式的演变，交易业务占比逐渐扩大，市场风险在风险管理体系中的重要性不断提升，银行监管当局相应给予更多的关注。2016 年 1 月，巴塞尔委员会发布了《市场风险的最低资本要求》，在交易账户市场风险原有基础上增加了违约风险和信用价差风险，同时强调了对采用内部模型法银行计量市场风险的底线要求。此举降低了市场风险计量对模型的依赖性，将监管套利的空间压缩至最低水平。这一做法说明国际监管部门在对市场风险管控方面有去模型化和加强监管指引的思路导向。我国既要顺应国际银行监管新趋势，更要加深对本国商业银行市场风险及管理现状的认识。2016 年底的债券价格大幅下行提供了一个市场风险测试样本，暴露了我国商业银行市场风险管理的缺陷，值得就此反思，进而采取更有针对性的监管指引，提高系统稳定性。

一、我国商业银行在风险情景中的表现

2016 年 10 月下旬开始，银行间债券市场经历了一轮价格暴跌，10 年期国债利率在短短一个多月从 2.65% 上行至 3.35%，短期品种飙升超过 150bps，引起债券价格快速大幅下行。

在这一轮市场风险“压力测试”中，我国商业银行表现不佳。25 家上市商业银行 2016 年数据显示，剔除金融衍生品影响，仅有 1 家银行实现正的公允价值变动收益，有 23 家出现了公允价值变动的损失，占比 92%，另有 1 家尚未开展相关业务。而 2015 年，上述 25 家银行中仅有 4 家出现公允价值变动亏损。部分银行在年报中明确提出，2016 年亏损的原因是交易账户债券估值缩水。由此可见，市场风险已经对单体银行的财务表现产生很大冲击，而商业银行相关管理能力与风险现状不匹配。

二、我国商业银行市场风险管理的主要缺陷

商业银行面临市场压力表现不佳，外部市场流动性匮乏是主因，叠加商业银行内部管理不到位，从而造成巨大影响。

（一）外部市场条件的缺陷

一是债券市场一级市场与二级市场割裂、交易所市场和银行间市场割裂导

致债券市场深度不足，发行频率和交易频率低。

二是做市商的权利和义务不平等，做市商承担报价义务却没有相应的政策优惠和盈利模式，在债券价格发生巨幅波动时，还可能会被动承担亏损。因此做市商往往缺乏足够的报价意愿，而做市商报价能力不足又反过来对市场流动性造成更为不利的影响，进而形成一种恶性循环。

三是银行业金融机构在银行间债券市场占据绝对主导地位的市场格局，也成了投资者行为一致性现象，这限制了市场流动性的提升。

四是风险对冲工具缺乏，建立在债券产品之上的衍生品品种不丰富，且市场认可度和参与积极性不高，无风险套利难以操作，无法平滑债券市场中出现的价格扭曲，限制了市场的流动性发展。与商业银行投资的传统固定收益债券品种的业务量相比，目前银行对于利率互换等套期保值工具的使用相对有限，市场能够提供的对冲工具和容量十分有限。遇到利率上行时，银行主要通过出售债券以规避公允价值损失，当大量市场参与者行动一致时，进而导致债券价格进一步杀跌，形成踩踏效应。

（二）商业银行自身的缺陷

1. 从手段看，是对冲工具应用的问题

我国商业银行对利率互换等对冲工具的应用范围、应用深度等，还存在较大的提升空间。部分商业银行尚未获取衍生品交易资格，无法使用利率对冲工具。有资格参与利率衍生品交易的中小型商业银行，对冲经验仍然不足，存在对冲效果差等问题。2017 年 4 月，全国中小型银行持有债券占市场债券总量的 15. 76%，中小型银行持有企业债占全部商业银行持有总量的 58. 78%[①]。中小型银行应用对冲工具等主动风险管理能力上远未达到全国性商业银行的水平，但却持有大量债券，且企业债券在整体结构中占比偏高，潜在风险不可小觑。

2. 从管理看，是内控体系不足的问题

一是内部管理政策存在缺陷。部分商业银行在债券投资管理政策方面存在真空地带，没有针对债券投资建立专门的制度流程，银行在债券投资规模、投资品种（利率债/信用债）、债券投资的会计分类标准等方面缺少业务指引和制度规范，操作中无章可循，具有很大随意性。二是限额管理存在缺陷。限额管理是商业银行债券交易市场风险防控的主要手段。但在限额管理中仍存在一些问题，包括：（1）限额制定的随意性大，缺乏方法论。既不能自上而下从市场风险偏好中细化分解出债券投资的子限额，也不能自下而上的从业务需求、历史数据上科学地解释限额的计算方式，缺乏符合实际且逻辑严谨的市场风险限额方法论。限额制定方法的不合理，导致限额使用率偏低，与实际情况脱节，

① 中国债券信息网。

起不到有效的管理效果。（2）缺少对交易前台层面的风险约束。债券投资的市场风险限额多为风险管理中台层面的限额管理指标，由于中台获得市场风险数据存在时滞，大大降低了限额管理的时效性和有效性。交易员因直接参与市场交易，其市场判断和交易行为对投资结果影响巨大，缺少针对交易员的直接约束，容易造成风险失控。（3）限额覆盖面有限，设置缺乏合理性。限额设置过于简单，导致管理的敏感度不足。

3. 从根本看，还是人的问题

一是高级管理层对市场风险的认识不足。目前商业银行高级管理层的关注点还是以传统信贷业务管理为主，对风险的认识侧重信用风险管控。随着利率市场化进程推进，市场风险、流动性风险以及各类交叉风险不断凸显，高级管理层对债券价格剧烈波动背后影射的风险形态的变迁，尚未充分警醒，对各类新型风险的认知存在短板。二是从业人员对市场利率走势反转的预判不足。2016 年第四季度，银行间市场利率收益率曲线陡增，商业银行对此预判存在明显不足，导致存量债券市值缩水显著，进而对年末估值损益、资本公积等造成较大负面影响。三是投资管理人才短缺，相对券商、基金等同业机构，商业银行的激励机制难以吸引到高级的投资管理人才，这会影响银行对市场风险的判断和管理能力。

三、改进我国商业银行市场风险管理能力

（一）由上到下，要解决人的认识问题

一是推动商业银行高级管理层对各类新型风险的认知，需不断加强对包括市场风险在内的各类风险的学习，提升专业化管理水平，提高风险认知，切实对各业务领域的风险点、风险水平、潜在风险等有充分的了解和认识。

二是推进商业银行对宏观经济走势的研判。各商业银行应当建立与业务规模、范围相匹配的投研团队，研究部门与业务条线互动，动态调整投资策略，确保在守住风险底线的前提下，稳步拓展业务发展。

三是要培育风格稳健、专业能力较强的交易员团队，完善激励和考核机制，建立人才储备。

（二）由表及里，要完善内控管理体系

随着市场的不断发展，需要商业银行应对新的情况和变化，持续完善内控管理体系建设。要进一步优化商业银行市场风险限额管理体系，推动商业银行不断完善限额管理体系，细化市场风险限额指标体系，对限额指标进行动态监测、调整，确保限额指标的科学性、适用性。

（三）由内到外，要加强利率衍生品工具使用

随着我国利率市场化的加快推进，利率波动将更加频繁和剧烈，商业银行

面临的利率风险加大。对于具有利率衍生品交易资格的银行来说，应充分发挥利率衍生品在银行业风险管理中的作用，在实践中充分运用各类衍生金融工具，如远期利率协议、利率期货、利率期权和利率互换等来规避风险；对于尚未取得利率衍生品交易资格的商业银行，可以根据金融市场发展趋势，进行衍生产品的基础准备，包括收集基础数据、建模、投资组合设计、模型验证修订等基础性工作。目前，我国的利率衍生产品已经取得了长足的发展，但仍存在入场门槛高，市场透明度低，部分品种流动性差，选择交易对手困难等问题。随着市场研究者和参与者的不断增加，也有助于利率衍生产品市场协调发展，更好发挥价格发现的功能，进而促进整个利率市场的健康发展。

作者：胡海婕

我国债券市场脆弱性监测体系构建与实证检验

摘要：本文借鉴结构损伤探测原理，尝试以期限利差、信用利差、流动性利差和刚兑利差作为观察债券市场整体波动脆弱点的基础，利用因子分析法构建衡量我国债券市场脆弱性的指数；运用脉冲响应分析、方差分解技术和格兰杰因果检验等方法来评估货币市场、股票市场、外汇市场、经济因素等相关指标变动对该指数的影响力度、方向及其因果关系。研究结果表明，债券市场短期具有较强的自我惯性运行特征，但从中期来看，外汇占款环比变动、名义GDP当季同比指标对债券市场脆弱性的影响力度较为显著并呈逐期加强的趋势；在正负两个方向均有一些检验显著的冲击指标；同时部分冲击指标对债券市场脆弱性的滞后影响也值得重点关注。未来，我国应进一步完善债券市场脆弱性监测体系，在出台相关宏观政策工具前应事先评估相关指标因素对债券市场的冲击力度、方向和因果关系，再合理地安排好政策出台的顺序、力度和时机，以实现高质量经济增长和防控系统性风险之间的有效平衡。

一、引言

系统性风险的传播速度、牵连范围、破坏力度均远远超过个别机构的单体风险。特别是像2008年全球性金融危机，不仅会危及全球金融稳定，还会给全球宏观经济和社会财富造成巨大损失。2011年，FSB把系统性风险定义为金融服务大范围瘫痪并给实体经济带来严重负面后果的风险，这个领域也吸引了全球大量研究力量的参与。Minsky（1992）最早通过分析微观经济主体财务杠杆与经济周期的联动变化，揭示了金融的脆弱性[①]，提出了金融不稳定假说，也称“金融内在脆弱性”或“狭义的金融脆弱性”。

宏观层面的系统性风险研究主要集中在宏观压力测试模型上，即对一个或一组宏观经济基本变量取不同的可能值，观察体系内风险的大小。如Alfaro和Drehmann（2009）所提出的GDP压力测试，就是利用单变量自回归模型对各个

① 债券市场脆弱性是一种债券市场的高风险临界状态，此时外部事件冲击强度增加对其所带来的影响要远大于等量的冲击强度减少所带来的影响，属债券市场为应对外部特定事件冲击而触发的强烈的非线性反应。

国家的 GDP 增长进行了预测，并将最差的负向预测误差作为压力情景，用它来冲击模型，以得到 GDP 增长率的最大可能降幅，然后将其与过往的危机数据对比，以衡量体系内风险的大小。国内的陶玲和朱迎（2016）首先对金融机构风险、股票市场风险、债券市场风险、货币市场风险、外汇市场风险、房地产市场风险及政府部门风险，通过因子分析法对指标进行筛选，其次通过结构方程模型分析筛选出显著性较高的指标，最后通过综合评价技术建立系统性金融风险综合指数来评估系统性风险状况。

金融机构资产负债表层面的风险研究主要集中在交易敞口分析、资本缺口分析和权益分析三种。（1）交易敞口分析。以 Chan – Lau 等（2009）给出的资产负债表敞口分析为主要模拟方式，考察单个机构倒闭所带来的信用风险或流动性风险在金融体系内的传播，通过假设违约损失率和破产条件，来计算被引发的破产银行数量，从而得到总体系统性风险的度量。（2）资本缺口分析。基于尾部度量法，Acharya 等（2010）构建了整个金融体系的预期损失模型，将市场预期收益率低于临界值 C 时的预期收益率定义为系统的条件预期损失，并通过对各个机构市场份额求偏导的方式，考察单个机构对条件预期损失的贡献度，得出该机构的 Marginal Expected Shortfall（MES）。（3）或有权益分析（Contingent Claims Analysis，CCA）是由 Gray 和 Jobst（2011）提出，利用的是经风险调整后的资产负债表，结合金融机构相关负债信息和权益的价格及波动性，计算出隐含市场预期（而非资产负债表上）的机构资产价值和波动性，并由此计算出违约概率、违约损失率、预期损失等衡量金融机构债务风险的指标。

从上述的研究成果来看，系统性风险评估模型大致可分为宏观指标层面和资产负债表层面两大类，鲜有从债券市场等中观层面来评估系统性风险的引爆点和脆弱点。本文尝试从中观层面来观察债券市场的系统性风险及其脆弱性，主要是基于以下假设：一是市场是相对有效的，经过多次的市场博弈后活跃的交易品种应该能够充分地反应市场的各种信息；二是宏观的经济金融指标更多是基于统计口径而形成的数据，无法及时反应市场的风险信息，并经常受到回溯的影响而导致数据的可信度降低；三是个别机构的资产负债、敞口、权益等数据从长周期来看会有效反映其风险状况，但短期容易受到机构本身风险偏好和管理层的影响。

结合国内金融市场的发展情况，金融乱象是引致系统性金融风险的重大隐患，2018 年更是将防范化解重大风险列入中央经济工作三大攻坚战的首位。我国金融的系统性风险主要源于制度短板，特别是在监管套利、金融体系关联复杂、乱办金融、刚性兑付这四方面表现突出。监管套利主要包含期限套利、信用套利、流动性套利、币种套利、资本套利和信息套利这六种形式[①]。2016 年以

① 2017 年，时任中国人民银行副行长殷勇在中国财富管理 50 人论坛年会上的讲话。

来，监管层对这些套利分别做出不同的监管制度安排，尤其是在期限套利、信用套利和流动性套利上动作明显；同时，监管层也高度重视银行理财为维持刚兑而隐含的系统性风险累积，并采取了相应的监管动作。

大型柔性受到局部冲击后，会通过波的形式的将波源信息传播开来，这为通过研究应力波的各种信息变化来判断结构损伤状况提供了可能。同样，我们借鉴柔性结构损伤探测的这种原理，利用债券市场提供的大量波动信息来观测和评估其系统的脆弱性风险。当债券受各种内外因素的冲击时，会出现明显的、连续性的应力波动，这为我们观察债券市场的系统性脆弱点提供了非常有效的视角。因此本文选取了监管套利和刚性兑付两个主要因素进行量化评估，分别以期限利差、信用利差、流动性利差和刚兑利差来反映债券市场脆弱性风险的相对变化。本文将这四种利差运用因子分析法拟合出我国债券市场脆弱性指数，并通过 VAR 模型、脉冲响应函数、方差分解技术和格兰杰因果分析等方法来分析各金融子市场及经济因素对债券市场脆弱性的影响力度、方向和因果关系。

二、债券市场脆弱性监测：典型案例和分析框架

（一）2016 年债券市场风波回顾

自 2016 年 11 月以来，在美联储加息、央行 MPA 调控引发金融机构去杠杆、年末资金面趋紧等多因素的共同作用下，债券市场遭遇投资者的恐慌性抛售。2016 年 12 月 15 日，5 年期、10 年期国债期货一度触及跌停，而现货市场上，利率债各期限品种上行幅度均超过 10 个基点，其中 10 年国债、10 年非国开债和 10 年国开债收益率分别上行 11 个基点、14 个基点、23 个基点，达到 3.33%、4.02%、3.89%。

从债券市场危机的运行逻辑上看，债市在崩盘之前会出现一些异常迹象，如债券投资者存在某种过度乐观的情绪，债券的收益与风险比不具备安全边际等。从 2016 年债券市场危机前的市场表现看，有以下几个特点：

1. 高流动性品种的过度交易

债券牛市中，市场乐观情绪较高，高流动性的债券品种会较其他品种出现更大的需求，利差指标较好地反映了这样一些异常变化。以 10 年国开债为例，2014 年下半年前，10 年国开债和 7 年国开债保持在 8 ~ 10 个基点的利差，2015 年以来，利差趋势性下降至 -10 个基点左右，并于 2015 年 4 月末达到 -35 个基点的极值。分析原因是由于在市场牛市的时候，10 年国开债被作为主力交易品种，流动性溢价被大幅压缩，从而导致两者流动性利差大幅收窄。

2. 主流和非主流品种的期限利差收窄

超长期利率债作为一个非主流品种，与长期利率债的价差一直保持在偏高位置。2016 年，市场关注到这一“价值洼地”的品种，并迅速表现出“进攻

性”，从而使该利差逐步收窄到泡沫水平。原因是在牛市预期下，超长债的“久期杠杆”远高于长期债，若牛市持续，超长债的投资则会出现超额回报。因此自2016年起，10～30年国债的利差从逾80个基点大幅下降至30个基点左右，收窄幅度达到50个基点。

3. 信用利差缩窄，刚兑信仰加剧

2015年起，信用利差开始大幅压缩超过100个基点，一是由于信用债实质违约率偏低，二是并未出现流动性冲击。以5年国债到期收益率与5年中期票据（AA）的信用利差为例，近五年两者的信用利差均值约230个基点，2014年初债券市场进入牛市行情后，信用利差呈现明显下行趋势。特别是进入2016年第三季度，信用利差进一步收窄，9月末更是触碰100个基点以下的历史低位，特别是在理财产品一路高歌猛进的乐观情绪下，投资者不断强化“刚兑”信仰，严重低估信用类投资品的风险。

（二）分析框架

从前文我们对脆弱性的定义可以发现，研究系统的脆弱点必须从两个方向同时推进，一是脆弱点附近的市场结构与正常交易结构存在的显著差异，必须能够及时找到观察指标来反映这种显著变动；二是通过量化特定事件的冲击程度，从中找到对市场稳定结构的影响程度及其相关性。

通过回顾2016年债券市场风波，可以发现期限利差、信用利差、流动性利差和刚兑信仰与债券市场的危机和恐慌等存在密切的关系，是系统脆弱性非常有效的观察指标，主要表现在以下几个方面：一是利差可以有效过滤无风险利率等市场正常波动因素对整个债券市场的影响，是市场对内在脆弱性冲击的一种应力反映。二是金融市场本身存在大量的跨期套利、跨市场套利和跨品种套利交易，债券市场的相对时间价值、信用风险价值、流动性风险价值通过交易实现了有效平衡，但市场出现整体性恐慌和系统性危机时，风险价值会不断上行，利差走阔；同样，当监管宽松或货币宽松，大量投资者在逐利驱动下通过不断加杠杆和过度投机压缩利差空间，直至引发系统性社会危机。过度恐慌和过度宽松均可以在利差变动中及时得到反映。三是在我国目前的政治体制下，极易引发市场对赌政府的“刚兑”信仰，从而放大整个金融的系统性风险。对赌“刚兑”的偏好同样会在相应品种的收益利差变动中显现出来，能否打破“刚兑”，是衡量我国系统性风险能否得到有效遏制的重要标志。四是这些利差指标的连续性可以充当非常好地被观察变量，特别是对外生的经济金融指标而言，可以进行多频次的冲击测试，来有效评估冲击的力度、方向和因果关系。因此本文选择期限利差、信用利差、流动性利差和刚兑利差来作为系统脆弱性的基础信息指标。

本文借鉴陶玲和朱迎（2016）的经验，选择因子分析法，利用降维的思路，把多指标转化为几个主成分的综合指标，使问题简化，同时得到更加科学有效的结果。本文选取债券市场最具代表性的四组利差指标（见表1）作为被解释变量，来代表期限利差、信用利差、流动性利差和刚兑利差，并通过因子分析法构建出我国债券市场脆弱性指数，同时本文将宏观经济指标分为金融市场因素和实体经济因素两大类，金融市场因素选取了货币市场、股票市场、外汇市场三个维度，其中货币市场选取1个月与7天银行间质押式回购加权利率利差、1年期与1周 Shibor 利差和7天与隔夜同业拆借利率利差三组指标反映三组短期资金拆借利差；股票市场选取沪深300与申万A股指数涨幅差、中证500与申万A股指数涨幅差和上证50与申万A股指数涨幅差三组指标反映大中盘、中小盘和大盘的价格运行强弱；外汇市场选取外汇占款环比和实际有效汇率指数环比两组指标反映外汇资金流入流出的程度和人民币汇率稳定程度。实体经济因素选取了M2初值/M1初值、名义GDP同比、70个大中城市新建住宅价格指数同比、银行贷款和资产的增速之比、工业企业息税前利润/利息支出（进行同比处理）、CPI当月同比、固定资产投资完成额（累计同比）和社会融资规模当月值/名义GDP当月值（季转月）八组指标反映经济景气程度、经济的综合增长状况、居民对大中城市新建住宅价格等实物资产需求的变化、银行实体经济景气程度、企业偿债能力、通货膨胀水平的变动、经济活动中的投资情况，投资越高预期经济越繁荣和经济杠杆率水平。

为评估特定的宏观经济金融指标变动对脆弱性指数的影响，本文选择了代表金融市场因素和实体经济因素的16个原始指标作为度量的依据（见表2），通过相关的数学方法来研究这些宏观经济金融指标变动对脆弱性指数在力度、方向和因果关系上的冲击。

表1　被解释变量基础指标池

维度	指标名称	经济意义
债券市场	10年国开债与10年国债到期收益率利差	自2015年银行委外业务爆发式增长后，由于非银机构在国开债的品种上更为活跃，导致10年国开债与10年国债的利差逐渐收窄，反映税收减免等因素在交易行为和偏好上的变化。
	30年国债与10年国债到期收益率利差	反映超长期利率债与长期利率债之间的时间价值上的差异。
	5年中期票据（AA）与5年国开债到期收益率利差	反映非金融企业债务融资工具与无风险利率（国开债）之间的信用风险状况的变化。
	3年中期票据（AA）到期收益率与股份制银行3个月理财产品收益率利差	反映商业银行发行的理财产品收益率与理财资金配置的投资品收益率的利差，体现投资者对刚兑的信仰程度。利差越低，说明刚兑信仰越高。

表 2　　　　解释变量基础指标池

维度	代码	指标名称	经济意义
货币市场	X1	1 个月与 7 天银行间质押式回购加权利率利差	反映短期资金拆借利差。危机越严重，7 天利率越高，二者利差越小。
	X2	1 年期与 1 周 Shibor 利差	反映短期资金拆借利差。危机越严重，持有短期资产的愿望越强烈，短期 Shibor 利率越高，二者利差越小。
	X3	7 天与隔夜同业拆借利率利差	反映短期资金拆借利差。危机越严重，隔夜拆借利率越高，二者利差越小。
股票市场	X4	沪深300 与申万 A 股指数涨幅差	反映大中盘股的价格运行强弱，市场情绪中性。
	X5	中证500 与申万 A 股指数涨幅差	反映中小盘股的价格运行强弱，市场情绪乐观。
	X6	上证 50 与申万 A 股指数涨幅差	反映大盘股的价格运行强弱，市场情绪悲观。
外汇市场	X7	外汇占款环比	反映外汇资金流入流出的程度。外汇占款提高说明外汇资金流入较多，外汇占款下降说明外汇资金流出较多。
	X8	实际有效汇率指数环比	反映人民币汇率稳定程度。
经济因素	X9	M2 初值/M1 初值	反映经济景气程度，若 M2 增长幅度大于 M1 增长幅度，意味着企业的定期存款增长幅度大于活期存款，企业和居民交易不活跃，经济景气度下降。
	X10	名义 GDP 同比	反映经济的综合增长状况。
	X11	70 个大中城市新建住宅价格指数同比	反映居民对大中城市新建住宅价格等实物资产需求的变化。
	X12	银行贷款和资产的增速之比	反映银行实体经济景气程度。
	X13	工业企业息税前利润/利息支出（进行同比处理）	反映企业偿债能力，工业企业息税前利润与利息支出比值越高，企业偿债能力越强。
	X14	CPI 当月同比	反映通货膨胀水平的变动。
	X15	固定资产投资完成额（累计同比）	反映经济活动中的投资情况，投资越高预期经济越繁荣。
	X16	社会融资规模当月值/名义 GDP 当月值（季转月）	反映经济杠杆率水平，社会融资指标越大，金融对实体经济支持越大，经济杠杆水平越高。

注：本文使用的数据均来自于 Wind 系统，数据时段为 2008 年 5 月 4 日至 2017 年 12 月 31 日。

由于债券市场脆弱性指数是一个相对指标，考虑到指数本身的匹配度和经济学意义，16 个解释变量也选取了相对变动值。为保证数据的完整性和合理性，本文使用的部分数据经过技术处理。对于季度名义 GDP 数据，通过 Eviews 软件将季度数据转化为月度数据，并做了平滑处理。

三、我国债券市场脆弱性指数构建与实证分析

（一）因子个数的确定

本文主要运用 SPSS 软件进行因子分析。首先对债券市场维度的四个指标变量进行 KMO 检验和 Bartlett 球度检验，检验显著性概率为 0，显著拒绝相关矩阵为单位矩阵的原假设，说明该因子分析模型具有很好的适用性。

利用 SPSS 软件对 4 个变量提取主成分，按照特征根大于 1 的原则，选取三个公共因子 F1、F2、F3。为使每个因子上具有最高载荷的变量数最小，可以简化对因子的解释。

表 3 显示各因子旋转后的得分情况：第一主因子 F1（简称“信用因子”）在“5 年中期票据（AA）与 5 年国开债到期收益率利差”和“3 年中期票据（AA）到期收益率与股份制银行 3 个月理财产品收益率利差”上有较大载荷，载荷占比分别达到了 85.9% 和 89.9%，反映出信用债收益率与无风险利率（国债）之间的信用溢价以及流动性不同品种间的风险溢价。第二主因子 F2（简称“期限因子”）在“30 年国债与 10 年国债到期收益率利差”上有较大载荷，载荷占比 98.3%，反映出超长期利率债与长期利率债之间的期限溢价。第三主因子 F3（简称“行为因子”）在“10 年国开债与 10 年国债到期收益率利差”有较大载荷，载荷占比 99.8%，反映流动性偏好对不同金融机构交易行为的影响。

表 3　　因子旋转及得分情况

指标名称	F1 信用因子	F2 期限因子	F3 行为因子
30 年国债与 10 年国债到期收益率利差	0.055	0.983	-0.051
10 年国开债与 10 年国债到期收益率利差	0.036	-0.049	0.998
5 年中期票据（AA）与 5 年国开债到期收益率利差	0.859	0.253	0.007
3 年中期票据（AA）到期收益率与股份制银行 3 个月理财产品收益率利差	0.899	-0.131	0.047

表 3“总体方差贡献度”一列体现了每个主成分包含原指标的信息量大小，结果显示信用因子、期限因子、行为因子三者的贡献度分别为 39.897%、28.084%、22.011%。从“累积贡献度”一列可看出，三个主成分累积体现了原指标 89.992% 的信息，高于 80%，因此计算结果可将其作为度量债券市场脆弱性的合成指标的主成分因子。

表 4 总体方差贡献度 单位：%

因子	贡献度	累积贡献度
信用因子（F1）	39.897	39.897
期限因子（F2）	28.084	67.980
行为因子（F3）	22.011	89.991

（二）债券市场脆弱性指数的计算

根据表 4 各个主成分对应的方差贡献度分别为 39.897%、28.084%、22.011%，确定各个主成分在计算债券市场脆弱性指数中的权重系数，可得 $F1$、$F2$、$F3$ 对应的权重系数分别为 0.39897、0.28084、0.22011。然后，根据权重系数计算综合因子，计算出债券市场脆弱性指数在 2008 年 5 月 4 日—2017 年 12 月 31 日区间的运行状态（为了理解方便，权重数据进行了归一化处理）。

$$F = 0.39897/0.89992 \times F1 + 0.28084/0.89992 \times F2 + 0.22011/0.89992 \times F3 \quad (1)$$

脆弱性指数在观测区间起点 2008 年 5 月 4 日为 -0.29513。在 2008 年 5 月 -2009 年 1 月震荡上升，2009 年 1 月 9 日达到了区间峰值 1.44678。随后回落震荡，从 2011 年 5 月开始二次上升，于 2011 年 10 月 10 日达到观测区间历史峰值 1.49525。随后 2011 年 11 月开始震荡回落，2016 年 11 月 11 日达到观测区间历史谷值 -1.68139 之后又小幅度回升，一直到最近的观察终点 2017 年 12 月 31 日，终点观测值为 -0.24425。

为判断我国债券市场是否处于脆弱状态，需要建立一定的判断标准，即警戒线。本文根据蒋丽丽和伍志文（2006）的做法，并结合利差相对稳定，受外在变量冲击力时脆弱性指数才会出现应变的特点，长周期看波动总体上符合正态分布，因此按照 95% 的置信区间设定上下两条警戒值：

$$R1 = \bar{\mu} + 2\delta = 1.07050 \quad (2)$$

$$R2 = \bar{\mu} - 2\delta = -1.07050 \quad (3)$$

$R1$ 表示上警戒值，$R2$ 表示下警戒值，μ 表示债券市场脆弱性指数平均值，δ 表示债券市场脆弱性指数标准差。其中债券市场脆弱性指数平均值为 -2.60419 ×10^（-8），标准差为 0.53525。经计算，脆弱性指数在 2008 年 12 月 17 日达到了 1.10179，首次突破上警戒线，直到 2009 年 6 月 4 日完全回落至上警戒线下方。经过 2 年半的震荡，脆弱性指数于 2011 年 9 月 26 日再次突破了上警戒线，直到 2012 年 1 月 10 日完全回落至上警戒线下方。随后于 2011 年 11 月开始震荡回落，2016 年 8 月 12 日降到了 -1.14610 突破下警戒线，于 2017 年 2 月 7 日又回到警戒线以上（见图 1、图 2）。

为了更直观地显示脆弱性指数和债券市场主要品种的波动关系，本文将脆弱性指数分别与中长期国债和国开债、长期国债、中期国开债和票据、中短期票据和银行理财对比（见图 3 至图 6）。

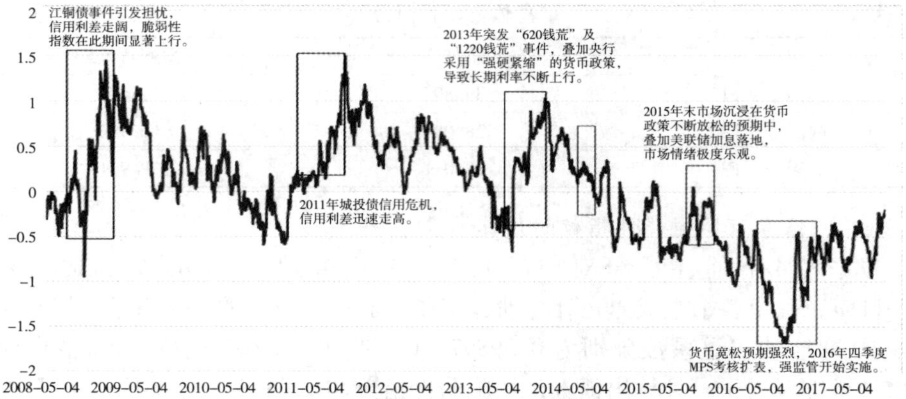

图 1 债券市场脆弱性指数

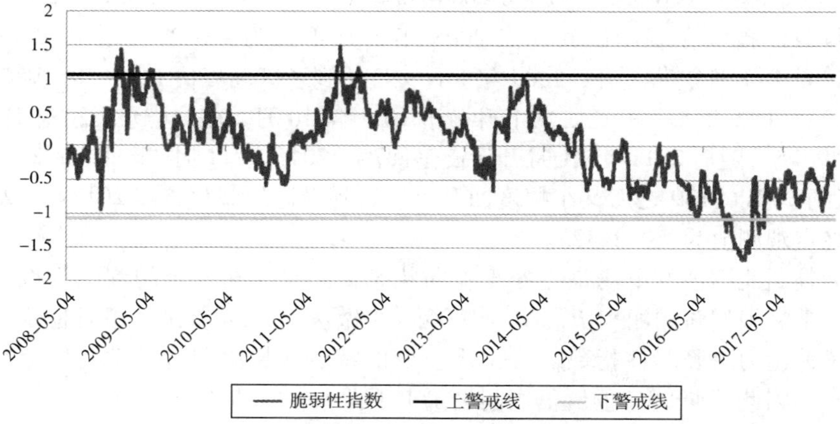

图 2 债券市场脆弱性指数及警戒线

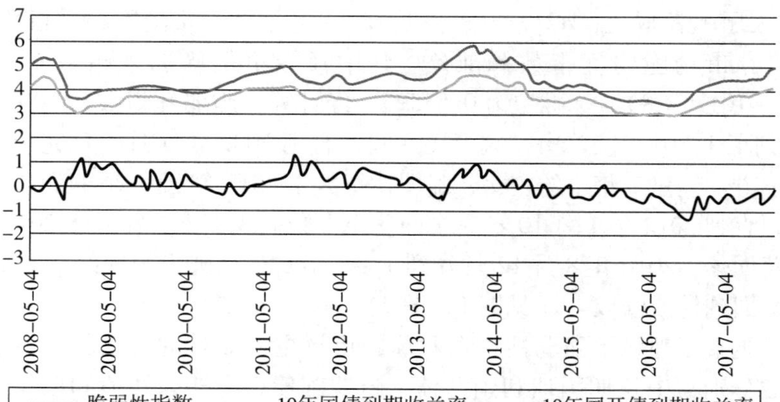

图 3 脆弱性指数与中长期国债、国开债对比

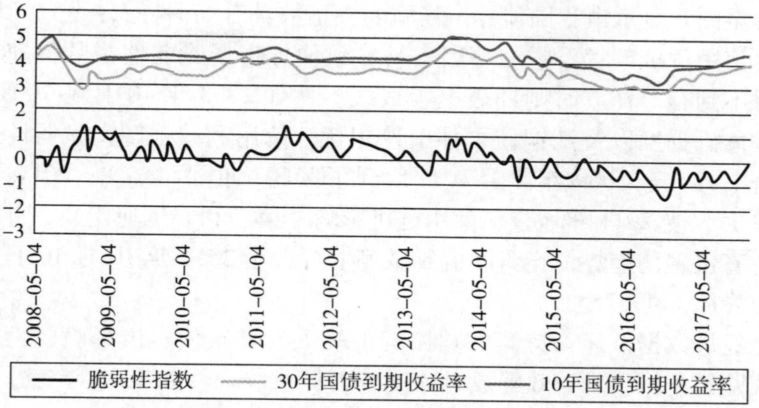

图 4　脆弱性指数与长期国债对比

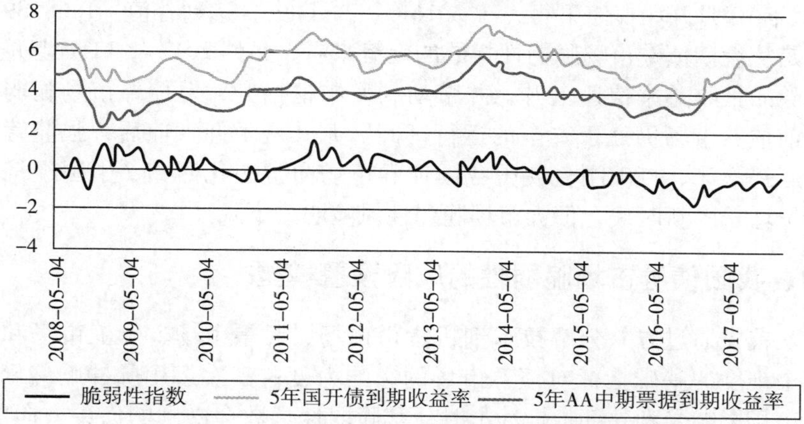

图 5　脆弱性指数与中短期国开债、票据对比

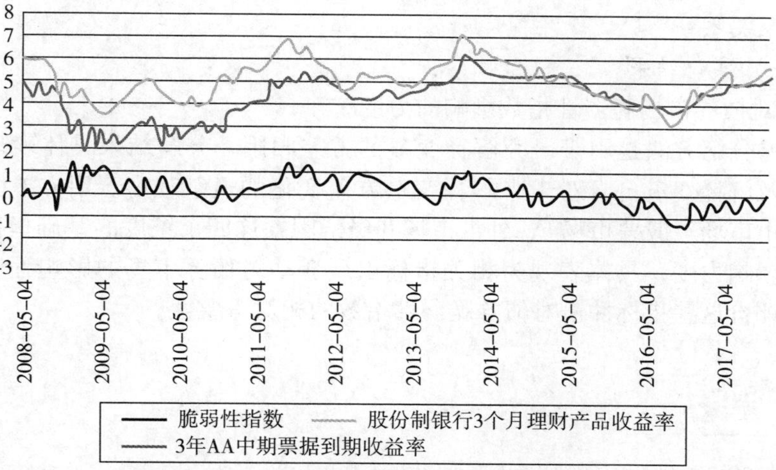

图 6　脆弱性指数与短期票据、银行理财对比

图3至图6显示出我国债券市场脆弱性指数具有如下特点：

一是信用危机、货币紧缩等因素易导致债券市场脆弱性指数迅速走高，风险累积得不到有效释放时则冲破上警戒线。例如2008年10月至2009年1月，全球金融危机爆发以及江铜债事件引发担忧，信用利差走阔，脆弱性指数在此期间显著上行，于2009年1月9日达到了区间峰值1.44678；2011年9月至2012年1月，受2011年城投债信用危机影响，信用利差迅速走高，并在一段时间内维持高位震荡趋势，脆弱性指数显著上行，于2011年10月10日达到观测区间历史峰值1.49525。

二是经济数据低迷、持续的宽松货币政策易导致债券市场脆弱性指数持续走低，风险累积得不到有效释放时则突破下警戒线。例如2008年三季度央行宣布降准降息，连续不断的货币政策放松，导致长期利率一路下行，脆弱性指数从2011年10月开始一路下行，于2016年11月11日达到谷值－1.68139。

三是从近期债券市场脆弱性指数的走势来看，虽然2017年11月起债券市场主要债券品种收益率快速上升，并带动利率中枢抬升，但债券市场脆弱性指数显示目前债券市场仍处于安全的运行区间。尤其是十九大前后，强监管引发的降杠杆、挤泡沫、打破刚兑使得我国债券市场向常态化回归，中国经济也进入了有质量增长的新时代，债券市场脆弱性风险明显下降。

四、我国债券市场脆弱性的风险预警模型

本文首先通过方差分解技术剖析货币市场、股票市场、外汇市场和经济因素这四个维度的基础指标对债券市场的影响力度；其次运用脉冲响应函数，分析债券市场影响受到外部指标冲击时，其脆弱性指数会受到的何种方向的变化；最后运用格兰杰因果分析，统一研究这些基础的冲击指标与债券市场脆弱性指数的因果关系。

（一）实证结果

1. 对债券市场脆弱性指数影响的力度

方差分解方法是用于研究解释变量的方差归因，分解结果具体表现被解释变量以及解释变量自身对未来解释变量方差变化的贡献程度。用方差分解方法分析货币市场、股票市场①、外汇市场和经济因素这四个维度的基础指标对债券市场的影响力度，具体表现为相关指标出现变动对债券市场的影响程度，从而进一步评价这些指标冲击对债券脆弱性指数的相对重要性。

① 货币市场和股票市场的月度数据经由原始指标转化而来。

表 5　债券市场脆弱性指数方差分解（月度数据）

t	1	2	3	4	5	6
Y	100	91.8946	83.72343	75.3662	68.46669	62.82028
X1	0	0.252794	0.448491	1.464838	1.931917	2.349049
X2	0	1.927587	2.664829	2.499098	2.228524	2.056099
X3	0	0.022125	0.385135	1.223472	2.133583	2.476859
X4	0	0.064289	0.051934	0.081873	0.102983	0.182647
X5	0	1.456193	1.258417	1.062305	0.985936	0.903872
X6	0	0.992703	1.121956	1.460997	1.802574	2.147729
X7	0	0.05745	0.378153	2.131143	4.062868	6.013495
X8	0	0.071174	0.077163	0.409397	0.639071	0.697477
X9	0	0.867455	0.938799	0.875635	1.119447	1.290982
X10	0	0.828364	2.13543	3.236511	3.830783	3.966249
X11	0	0.31993	1.541155	2.240315	2.468226	2.513781
X12	0	0.808534	0.803788	0.989909	1.652377	2.137456
X13	0	0.08395	2.384812	3.646608	3.998836	3.907654
X14	0	0.035711	0.101748	0.2375	0.585061	1.210339
X15	0	0.141341	0.46457	0.774595	1.284246	2.004635
X16	0	0.1758	1.520189	2.299601	2.706877	3.321392

以六个月的研究周期来看，债券市场脆弱性指数具有自我运行的特征，但随着时间的推进，其自身的影响逐渐减弱。从其他影响指标来看，“外汇占款环比”的影响力最为显著并逐期加强，影响力从第三个月0.38%增长到第六个月的6.01%。除“外汇占款环比”（X7）外，从第三个月起，“名义GDP同比”（X10）、“工业企业息税前利润/利息支出”（X13）和“社会融资规模当月值/名义GDP当月值”（X16）三个指标在六个月内对债券市场也有一定影响，分别为3.97%、3.91%、3.32%。其他的X1、X2、X3、X6、X11、X12、X15这六个指标对债权脆弱性的影响均在2%至3%之间（详见表5）。

2. 对债券市场脆弱性指数影响的方向

完成方差分解分析后，本文利用脉冲响应函数来分析债券市场脆弱性指数会受到何种方向的冲击。以六个月为周期，上述16个指标对债券市场脆弱性指数（Y）影响的脉冲响应函数运算结果如图7所示：

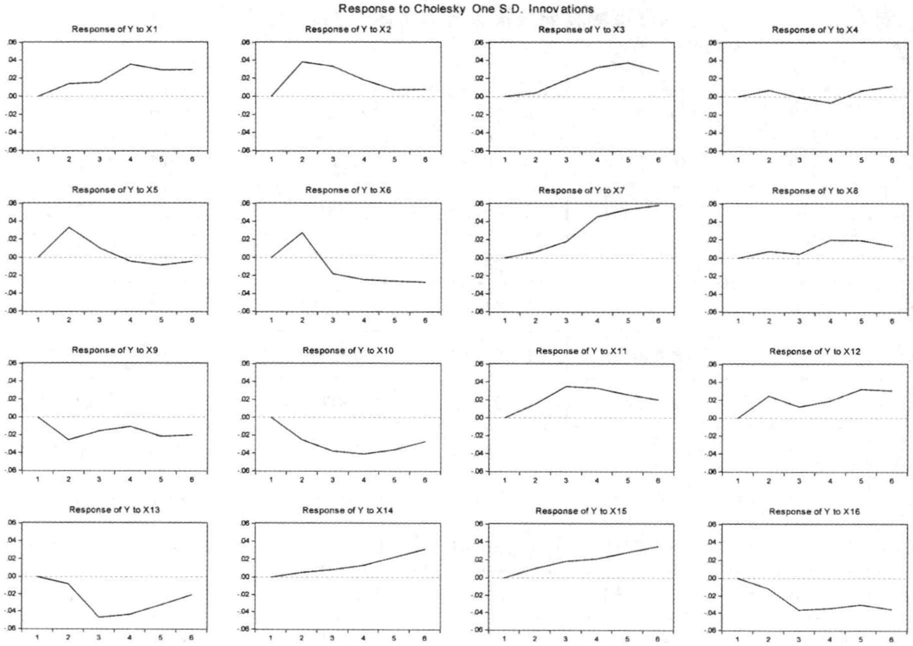

图 7　16 个经济指标对债券市场脆弱性冲击

从图 7 所示响应函数第 6 个月数据所反映的情况看，“中证 500 与申万 A 股指数涨幅差”（X5）、“上证 50 与申万 A 股指数涨幅差”（X6）、“M2 初值/M1 初值”（X9）、“名义 GDP 同比”（X10）、“工业企业息税前利润/利息支出”（X13）和“社会融资规模当月值/名义 GDP 当月值”（X16）等 6 个指标影响方向均为负向，表明这些指标出现上升，债券市场脆弱性指数向下运行。其余 10 个指标的影响方向为正向，表明这些指标出现上升，债券市场脆弱性指数向上运行。

3. 格兰杰因果分析

同样，我们用格兰杰因果分析方法来判断四个维度的 16 个指标与债券市场脆弱性指数之间的因果关系①。从表 6 看 X7 与 Y 的关系，可以看出“X7 不是 Y 的格兰杰因”所对应的 P 值为 0.0179，该值小于 0.1，即说明我们有超过 90% 的把握相信“X7 是 Y 的格兰杰因”，同理第二行所对应的 P 值为 0.6702，该值大于 0.1，即说明我们有超过 90% 的把握相信“Y 不是 X7 的格兰杰因”，或者说“X7 不是 Y 的格兰杰果”。

① 其中 P 值小于 0.1，在统计学意义上因果关系成立；P 值大于 0.1，则在统计学意义上因果关系不成立。

表 6　　格兰杰因果分析结果

因	P 值	果	P 值
X1 does not Granger Cause Y	0. 8608	Y does not Granger Cause X1	0. 1422
X2 does not Granger Cause Y	0. 2723	Y does not Granger Cause X2	0. 9087
X3 does not Granger Cause Y	0. 5773	Y does not Granger Cause X3	0. 0724
X4 does not Granger Cause Y	0. 7757	Y does not Granger Cause X4	0. 1046
X5 does not Granger Cause Y	0. 3901	Y does not Granger Cause X5	0. 6428
X6 does not Granger Cause Y	0. 5716	Y does not Granger Cause X6	0. 2843
X7 does not Granger Cause Y	0. 0179	Y does not Granger Cause X7	0. 6702
X8 does not Granger Cause Y	0. 2611	Y does not Granger Cause X8	0. 8322
X9 does not Granger Cause Y	0. 1324	Y does not Granger Cause X9	0. 1663
X10 does not Granger Cause Y	0. 0982	Y does not Granger Cause X10	0. 141
X11 does not Granger Cause Y	0. 8414	Y does not Granger Cause X11	0. 1979
X12 does not Granger Cause Y	0. 3614	Y does not Granger Cause X12	0. 8188
X13 does not Granger Cause Y	0. 231	Y does not Granger Cause X13	0. 0945
X14 does not Granger Cause Y	0. 0675	Y does not Granger Cause X14	0. 2867
X15 does not Granger Cause Y	0. 0283	Y does not Granger Cause X15	0. 3268
X16 does not Granger Cause Y	0. 5819	Y does not Granger Cause X16	0. 0046

分析结果显示“外汇占款环比”（X7）、“名义 GDP 同比”（X10）、“CPI 当月同比”（X14）和“固定资产投资完成额（累计同比）”（X15）这四个指标第一行对应的 P 值分别为 0. 0179、0. 0982、0. 0675 和 0. 0283。因此我们有理由相信这四个解释变量是债券市场脆弱性指数的因，表明这些解释变量，如“外汇占款环比”“名义 GDP 同比”“CPI 当月同比”和“固定资产投资完成额（累计同比）”表现出经济金融变化，影响债券市场的内在稳定性。而“7 天与隔夜同业拆借利率利差”（X3）、“工业企业息税前利润/利息支出”（X13）、“社会融资规模当月值/名义 GDP 当月值”（X16）这三个指标第二行所对应的 P 值为 0. 0724、0. 0945、0. 0046，因此我们有理由相信这三个解释变量是债券市场脆弱性指数的果，表明“7 天与隔夜同业拆借利率利差”“工业企业息税前利润/利息支出”“社会融资规模当月值/名义 GDP 当月值”是债券脆弱性的表现形式。

从债券脆弱性的因果关系分析可以看出，外汇资金的流动和经济好坏（GDP、固定资产投资、居民消费指数水平变动等）对债券市场的系统性风险有重要影响，而实体经济的杠杆水平变化则是债券市场系统性风险的表现结果，说明整个社会通过不断加杠杆来对赌系统性风险。

(二) 主要结论

1. 债券市场脆弱性指数目前处于安全运行区间

以期限利差、信用利差、流动性利差和刚兑利差为基础，运用因子分析法拟合的我国债券市场脆弱性指数较好地反映了债券市场系统性风险的变化，当信用危机、货币紧缩等因素出现时市场出现过度恐慌，债券脆弱性指数会迅速走高并上冲警戒线；当经济低迷、货币持续宽松时，过度的杠杆和泡沫推动债券脆弱性指数迅速走低，并下穿警戒线。2016 年以来，中央供给侧改革和强监管措施的不断出台，特别是十九大前后我国经济进入有质量增长的新时代，债券脆弱性指数迅速向常态化回归，目前处于安全的运行区间。

2. 对债券市场脆弱性指数影响力度

债券市场脆弱性指数短期具有自我惯性运行的特征，随着时间的推进其自身的影响逐渐减弱。从方差分解的实证结果来看，“外汇占款环比”的影响力最为显著并逐期加强，影响力从第三个月 0. 38% 增长到第六个月的 6. 01% 。其次“名义 GDP 当季同比”、“工业企业息税前利润/利息支出” 和 “社会融资规模当月值/名义 GDP 当月值” 三个指标在六个月内对债券市场也有一定影响，分别为 3. 97% 、3. 91% 、3. 32% （具体见图 5）。

3. 对债券市场脆弱性指数的影响方向

“中证 500 与申万 A 股指数涨幅差”“上证 50 与申万 A 股指数涨幅差”“M2 初值/M1 初值”“名义 GDP 同比”“工业企业息税前利润/利息支出” 和 “社会融资规模当月值/名义 GDP 当月值” 等 6 个因素的影响均为负向，表明这些指标出现上升，债券市场脆弱性指数向下运行。其余 10 个指标因素的影响为正向，表明这些指标出现上升，债券市场脆弱性指数向上运行（具体见图 7）。

4. 与债券市场脆弱性指数的因果关系

从格兰杰因果的实证分析来看，“外汇占款环比”“名义 GDP 同比”“CPI 当月同比” 和 “固定资产投资完成额” 这四个经济指标是债券市场脆弱性指数的因，而“7 天与隔夜同业拆借利率利差” “工业企业息税前利润/利息支出” “社会融资规模当月值/名义 GDP 当月值” 这三个指标是债券市场脆弱性指数的果（具体见表 6）。

五、政策建议

本文运用因子分析法拟合构建了我国债券脆弱性指数，并通过相应的数学工具评估相关宏观经济金融指标的变动对其在力度、方向和因果关系上的冲击。这是观察债券市场系统性风险的引爆点和脆弱点的良好视角，也是评估相关政策影响的良好手段，对于政策从力度、方向和因果三个维度综合考量具有非常重要的意义。具体建议如下：

（一）密切关注债券市场内在的风险累积状态

从本文的研究结果来看，债券市场具有自我运行特征，表明债券市场受到其他外部市场波动的影响相对比较小，其核心原因是由于债券市场的资金流入方和流出方的结构相对固定，对市场信号的反应具有同步性和类似性，而如果出现风险事件导致这种固定结构受到损害，则债券市场容易出现单边的预期变化，从而导致了流动性单向宽松或恶化。回顾 2016 年底的“债市风波”，就是由于美联储加息、强监管引发金融机构去杠杆、年末资金面趋紧等多因素的共同作用，使得债券市场这种相对固定的结构受到侵害，从而形成投资者的恐慌性抛售，这与本文的实证结果比较相符。债券市场自我运行的特点决定了相关经济金融因素对其脆弱性的影响相对有限，而外在的政策干预影响则较为显著。因此政策上需密切关注债券市场内在的风险累积状态，特别是要做好债券市场资金流入和流出方结构的风险动态监测，在这种相对固定的结构因意外事件受到严重损害时，宏观政策上应该相机进行预期引导和干预，避免市场出现崩盘。

（二）从影响力度、方向和因果关系着手，综合考量宏观审慎政策措施，防范债市的系统性风险

从对债券市场的影响力度、方向的因果关系变动来看，需重点关注代表资金流动的“外汇占款环比”这个因素，发挥其对债券市场风险的引领作用。同时，还应关注“名义 GDP 同比”等经济活跃指标而引发债券脆弱性指数变动的风险。

同时也要注意应用“工业企业息税前利润/利息支出”“社会融资规模当月值/名义 GDP 当月值”这两个经济指标对债券市场脆弱性指数的滞后影响，特别是从防范系统性风险角度，应尽量出台与“外汇占款环比”“名义 GDP 同比”“CPI 当月同比”“固定资产投资完成额”等指标相关的政策调控工具，而尽量将“工业企业息税前利润/利息支出”“社会融资规模当月值/名义 GDP 当月值”等相关指标作为政策有效性的评估工具，而尽量避免出台融资规模限制等的行政性强制干预措施。特别是在相应政策出台前，要综合评估政策措施出台半年或一年后对债券市场系统性风险的冲击，以及由于政策强度过大而引发持续的滞后效应。用稳定的、适时的、适度的宏观经济政策管理债券市场预期，效防范系统性危机的发生。

（三）进一步完善债券市场脆弱性监测体系

本文选取了 4 组债券市场的利差指标及 16 个监测指标进行债券市场脆弱性的课题研究，但在金融实践中，不仅债券市场脆弱性指数的覆盖面有待进一步扩张以更好地体现代表性，而且债券市场脆弱性程度会受到各方事件和因素的冲击，其影响因子非常庞杂，本文限于精力不能完全覆盖，这是有待持续完善

之处。同时，债券市场的发展是互相博弈和不断演化的过程，监管提前干预和有效预期管理可能会大幅降低脆弱性风险的发生，因此如何更加精确、及时、适度地构建宏微观政策组合也是未来本课题进一步研究的方向。

作者：吴红兴、韩玉嘉、郑哲

中外商业银行操作风险管理对比及分析

摘要：《商业银行操作风险管理指引》（以下简称《指引》）颁布至今已逾十年，我国商业银行在操作风险管理的治理建设、制度完善、组织框架和管理方法等方面进行了探索和推进，并取得了明显的进展，逐步开启了本土化、创新化的进程。本文选取某中资法人银行、某外资法人银行开展调研，对比研究操作风险管理发展、创新、深化的趋势。

一、公司治理的比较

根据《指引》的要求，商业银行应首先从“公司治理”的层面明确操作风险决策管理职责。由于公司治理存在差异性，中外资商业银行在治理结构上有不同的特点。中资银行在“两会一层”形式上实现了决策、监督和执行的职责分立，并与外资银行一样都清晰地反映出了管理路线和报告路径，体现了董事会的最终管理责任。

表1

公司治理	某中资法人银行	某外资法人银行
董事会	承担监控操作风险管理有效性的最终责任。 1. 审定操作风险管理战略和整体政策； 2. 定期审阅操作风险报告； 3. 制定适当的奖惩制度。	1. 为管理操作风险，定期审阅和批准操作风险管理政策和管理架构； 2. 审阅操作风险管理状况。
监事会	结合日常对董事会、高级管理层的履职尽职情况的监督，以及根据需要对经营决策、风险管理和内部控制进行监督等方式，履行对操作风险管理的监督职责。	
管理层	负责执行董事会审定的操作风险管理战略、总体政策及体系，在操作风险的日常管理方面对董事会负最终责任。高管层下设风险管理委员会，定期听取操作风险管理报告。 1. 制定、审核和监督执行操作风险管理政策、程序和具体操作规程，定期向董事会报告；	风险管理委员会向董事会推荐操作风险管理架构及政策，定期审阅操作风险管理状况并保证操作程序符合管理政策。 操作风险管理委员会定期审阅操作风险管理政策以及审批操作风险管

续表

公司治理	某中资法人银行	某外资法人银行
管理层	2. 界定各部门操作风险管理职责以及报告路径、频率、内容。	理手册和指引，审阅操作风险管理状况报告，如需要，再提交至风险管理委员会审阅。 相关副行长及风险总监负责主管风险管理部门以及负责监控全行操作风险。

二、组织架构的比较

商业银行通过建立操作风险“三道防线”管理体系，明确总行部门与各分支机构的操作风险管理职责，划定了“前、中、后”台部门责任与边界。中外资商业银行在“三道防线”的建设上基本接近，主要突出前台部门的首要责任，体现出操作风险管理从一线做起的原则。

表 2

组织架构	某中资法人银行	某外资法人银行
一道防线	总行各业务与职能部门和分支机构组成操作风险管理的第一道防线，为操作风险防范的第一责任人，牵头本条线、本单位操作风险管理工作，并承担与本部门、本单位相关的内部控制建设及操作风险管理的直接责任。	相关职能部门（首要责任）：通过遵守既定的程序来履行日常职责，成为操作风险管理整体中的一部分；及时向指定的操作风险管理协调员报告任何不符合指引及程序的事项。
二道防线	操作风险、内部控制、案件防控等管理推进部门，一起构成操作风险管理的“第二道防线”，负责全行操作风险管理体系的建设和实施，牵头内部控制体系的统筹规划，组织实施内部控制有效性评价。	风险管理部、合规部：制定操作风险管理政策、手册和指导方针；监测操作风险向操作风险管理委员会、风险管理委员会、董事会报告监测结果及重大操作风险问题，协助委员会履行其对操作风险管理活动的监督的主要职责。
三道防线	总行审计部等作为操作风险管理的第三道防线，负责监督操作风险管理与内控工作的执行。	内审处。

三、管理工具的比较

风险和控制自我评估（RCSA）、操作风险管理关键风险指标（KRI）、损失事件收集（LDC）是操作风险管理的三大工具。商业银行充分运用三大管理工具，推进操作风险管理完整地闭环运行。首先在风险发生前自评，包括操作风险暴露评估以及控制有效性评估，防范未然；其次是进行定期指标监测，及时提供预警信息；最后是记录已发生的风险，收集全行发生的操作风险事件及损失数据，就风险事件确认整改措施并跟踪执行情况，督促整改。

表 3

管理工具	某中资法人银行	某外资法人银行
RCSA	1. 操作风险、内控管理的风险识别评估采用统一的流程清单及风险矩阵、风险评级标准、问题分级标准、问题清单，实现总行、分行两个层级的管理运用。 2. 通过操作风险与内控合规管理子模块，系统建立评估计划管理机制，实现 RCSA 工作流程，实现对评估结果合理性的管理、考核和评价，实现对评估结果的改进建议跟踪落地。	1. 操作及其他风险管理部组织牵头，各业务部门对其职责范围内的操作风险状况与控制效果进行内部评价的活动。 2. 定期开展 RCSA 自评，如业务需要亦可临时开展 RCSA 自评，实现操作风险的主动识别与内部控制持续优化，有效激活三道防线，引导资源分配到高风险区域。通过不断循环、完善、调整，形成了 RCSA 的生命周期。
KRI	覆盖全部业务条线，对不同操作风险因子进行监测，监测不同的风险、事件的类型。 已制定关键风险指标共 120 个，覆盖 22 个业务条线，其中月度监测指标 22 个，季度监测指标 59 个，半年度监测指标 16 个，年度监测指标 23 个。	针对主要业务领域，设定特定关键风险指标以及指标预警阈值，对指标进行监控，对于超过阈值的预警指标进行排查或干预。每月收集全行统一的关键风险指标：目前全行主要涉及 6 种事件类型，15 个指标，并正在条线/部门特定指标的制定中。
LDC	通过系统建立损失数据的主动报送、被动报送机制，并与 RCSA、KRI、考核评估建立关联关系。对损失数据的分布进行自动统计分析。在损失事件录入时，将事件与所属条线、流程、机构等相关联，后续便可形成条线、流程、机构等维度的数据统计分析。	一般操作风险事件，每月初通过操作风险月报上报总行操作及其他风险管理部。重大操作风险事件：以 ad hoc 的形式在事后 3 日内汇报重大操作风险事件。风险成因归类：由业务部门和操作风险管理部共同确认，并在操作风险管理委员会上汇报。

四、考核机制的比较

商业银行全面将操作风险管理纳入考核体系，成为工作业绩评定和核定奖金的依据。由于中外资银行的组织结构不同，某中资法人银行对总行部门与分支机构采用了不同的考评方式，某外资法人银行则从母行自上而下采取了统一的风险管理考核制度。

表 4

考核机制	某中资法人银行	某外资法人银行
总行部门	1. 经营性部门考核内容包括 KPI 完成情况、年度重点工作任务完成情况、全面风险管理扣分项。 2. 非经营部门考核内容包括年度重点工作任务完成情况和全面风险管理扣分项。 3. 全面风险管理扣分项，包括监管数据报送质量、操作风险发生情况，采取倒扣分形式，外部监管发现的问题，扣 1 分/次；行内监控发现的问题，扣 0.2 分/次（全部累计扣分不超过 5 分）。	逐级建立“风险管理考核制度”，即母行对子行、子行对分行。 例如“风险管理考核制度”中，包含了对分行年度案件防控工作的考核规则。考核采取评分制，对分行（包括所管辖支行）考核年度内的案件防控工作出具考评意见，并作出评分建议。考核综合得分作为分行业绩考核计划的一部分。
分行机构	已建立分行操作风险管理考核体系：考核指标分为“机制建设情况”“日常评估及监测执行情况”“排查工作开展落实情况”“管理工作评价”、“控制结果管理扣分项”5 大类 20 项。	

五、风险排查的比较

商业银行通过开展操作风险专项检查及非现场排查，覆盖关键业务、关键环节、关键岗位，重点突出银行业务的特点，并结合排查成果开展评价、督促、整改、考核和问责等。中外资商业银行由于业务特点的不同，在操作风险排查中的具体侧重点各有不同。

表 5

风险排查	某中资法人银行	某外资法人银行
专项检查	“百日行动”专项检查，包括 10 个操作风险重点领域，覆盖全行 14 家分行。 “雷霆行动”飞行检查，检查重点为营业网点管理、员工管理及其他操作风险隐患。 重点领域包括：印章管理（公章、业务章）、征信管理、存单质押项下同业投资业务、信用卡申请端反欺诈、个人存单质押贷款业务、开户及对账管理、资产托管业务、银票贴现业务、放款审核员工异常行为排查等。	涉及武汉、宁波、长沙、上海、西安、杭州、石家庄、珠海、济南分行，覆盖重点风险领域。 重点领域包括：票据管理业务、日间库监控、档案管理、理财产品交易流程、零售业务流程、发票验证流程、ATM 安全检查、防范客户信息泄露等。

续表

风险排查	某中资法人银行	某外资法人银行
非现场排查	重点包括：（1）对资金交易流水进行风险排查，排查信贷及类信贷客户与P2P、小贷公司、融资担保公司、第三方交易平台等资金流向。（2）对员工异常行为进行风险排查，排查员工与客户、第三方交易平台等类金融机构、交易场所的资金往来、大额资金转账；是否存在经商办企业、投资或参股企业；是否存在参与民间借贷的情况；是否存在民事纠纷、刑事案件等诉讼信息等。	重点包括： 衍生产品 债券交易

六、操作风险管理的本土化创新

自《指引》颁布至今，操作风险管理在国内商业银行全面风险管理体系中已日趋成熟与完善，并与国内商业银行的业务实践和风险特点逐渐契合，在治理架构、体制机制、工具运用、科技创新上均有长足进步，促进了商业银行操作风险管理的本土化创新。

一是完善操作风险管理配套机制。重在合力，商业银行积极推动操作风险管理方式的关联互动，形成协同机制。某中资法人银行提出了五项机制确保操作风险管理协同效应的发挥，包括：包干制，各级经营层与管理部门承担操作风险与案件防控的包干职责；排查制，覆盖关键业务、关键环节、关键岗位，通过现场与非现场相结合的方式，开展业务风险排查、人员风险排查、网点风险排查，提升操作风险事前预警、事中管理、事后跟踪的能力；监测制，深入运用操作风险三大工具，结合非现场监测模型、内控穿行测试、员工违规积分、检查监督整改等工具协同使用；报告制，进一步规范重大突发事件、案件风险信息、合规风险信息、操作风险信息等风险信息报告机制；追责制，按照“严查重罚”原则，对发生违规行为或案件的机构和个人进行追责，形成持续高压态势。

二是创新操作风险管理系统。某中资法人银行通过整合操作风险与内控管理系统，从而实现操作风险三大工具与内控评价、合规管理、非现场监测“四合一”。该系统包括两个子模块，其一是操作风险与内控合规管理子模块，以操作风险三大工具为核心整合了内控管理下的内控评价、检查管理、问题整改管理、员工违规积分、合规管理等；其二是操作风险非现场监测子模块，对原有预警系统的预警信息进行整合分析、为业务条线提供非现场监测功能，同时重点对内部员工的账户异常、授信业务交易异常进行日常监测。同时，某中资法人银行针对国内同业频繁发生因印章管理失控引发重大操作风险事件或案件，计划开发“印章监控系统”，运用现代科技手段，改变现有人工管理印章的弊端，将行政公章、业务类印章等容易引发案件的印章实物纳入系统管理。

作者：鲍亮

上海银行业十年案件风险特点总结与分析

摘要： 随着我国经济形势的不断变化，外部风险向银行体系输入和转移的深度、广度日益增加。过去十年间，上海辖内银行业案件（风险）正从单一业务领域向跨领域发展，业务风险交叉渗透屡见不鲜，银行内外人员为求利益铤而走险。上海银监局以制度为抓手，以系统为依托，以人员为重点，多措并举地推进案防工作，取得一定成效。

一、上海银行业十年案件（风险）总体情况

2007 年至 2016 年，上海银行业金融机构共报送案件（风险）信息 64 起（9 起发生在外地），涉案金额约 93.96 亿元。其中，已确认案件 41 起，涉案金额约 36.70 亿元；案件风险信息 16 起，涉案金额约 49.41 亿元；另有 7 起案件风险信息已撤销，涉及金额 7.86 亿元。此外，2013 年“泛鑫”保代案在保险代理行业掀起轩然大波，亦牵扯出部分大型银行上海市分行共 12 名员工参与推介泛鑫产品，涉及推介金额约 6 613 万元，此案虽未计入辖内案件（风险），但给辖内机构敲响了警钟。

二、上海银行业案件（风险）主要特点

十年来，辖内发生的案件（风险）主要涵盖会计结算、信贷、票据、理财、同业等业务领域，涉及 9 大类型共 40 家机构，政策性银行、国有银行、邮政储蓄银行、股份制银行、城商行、农村商业银行、外资银行、专营机构、信托公司、财务公司等十类机构均有案件（风险）发生；其中，股份制银行、国有银行、外资法人银行是重点发案机构，共发生案件（风险）50 件。上海辖内经历了 2007—2009 年的案件高发，2010 年的零案件，2012 年、2014 年、2016 年分别 10 起案件（风险）的反弹，案件数量总体呈波动上行趋势；在年度平均单案涉案金额方面，2013 年、2014 年、2016 年均高于 1 亿元，且以 2016 年平均单案涉及 4.8 亿元为最高，发案金额在多年间波动上升。

（一）同质同类案件反复发生，传统业务催生新风险

在传统银行业务不断发展的过程中，不法分子逐步熟悉了业务办理大量细节，将触手慢慢伸向各类业务，将“黑手”伸向业务的各个环节，部分业务在多年间反复发案。一是信贷业务内外部风险并存。2011—2016 年，辖内共发生

14 起信贷案件，涉案机构多达 16 家，既有外部人员伪造材料骗取贷款（9 起），又有内部人员违规发放贷款、甚至帮助企业伪造材料（4 起），还有 1 起贷款客户违约并潜逃案。二是理财业务产品销售过程隐患重重。在部分机构越来越强调“重业绩、轻管理”、“重短期营销、轻长期发展”的企业文化下，理财经理背负的指标压力也与日俱增，银行内部管理粗放，部分机构员工违规销售非银行代理产品造成客户资金无法兑付的案件在一段时间内集中爆发，2011—2015 年连续发生 8 起。三是票据业务成为新的案发风险点。不法分子通过虚构贸易背景、伪造材料、调包票据，亦有银行员工监守自盗甚至内外勾结，引发一系列风险事件；除传统纸票业务以外，2016 年上海辖内发生的 3 起电票案件风险，反映出电票系统代理接入、票据纠纷处理、票据流转环节中的薄弱点。

（二）外部风险向内传导，内外风险交叉感染

在银行业务越发多元化、金融业务内外联系愈发广泛的背景下，传统金融风险已不再局限于行业内部，更多的外部风险开始向银行业传导，不同金融行业间的风险交叉传染也给风险防范带来严峻考验。一是纯外部侵害造成的三类案件不容轻视。在外部经济环境日趋复杂的情况下，辖内 2014 年起发生了 4 起因大额授信客户发生重大变故、外部不法分子恶意欺诈或破坏等原因造成的三类案件，亟需银行业金融机构寻求新的应对手段。二是民间融资等外部风险向银行业金融机构渗透。部分担保公司、小贷公司、P2P 等类金融机构打着“投资”、“理财”等旗号，实质却涉嫌非法集资等违法违规行为，相关风险也通过各种形式、多种渠道向银行业金融机构传导，并经历了从员工直接参与作案到内外勾结、从单一作案到团伙作案等变化。在监管部门出台一系列规范性文件对员工参与民间融资等行为设立红线禁令后，相关案件数量逐步减少。

（三）内部员工成案件高发群体，且不同层级均有涉及

十年间上海辖内的各类案件和风险事件中，有 46 起案件（风险）涉及机构员工参与，其中有近七成为基层作案或内外勾结作案。2007—2009 年，辖内连续爆发了 19 起员工参与的案件（风险），甚至有部分案件（风险）由银行员工直接作案，利用多种手段挪用、冒领或盗取银行及客户资金。在上海银监局的督导下，随着银行内部管理水平的提高、从业人员风险防范意识的增强，银行柜台员工直接作案并造成客户或银行资金损失的案件（风险）数量大幅下降，2010 年至 2016 年共发生 7 起。但随着外部环境的不断复杂化、外界诱惑不断增多，银行员工涉案不再仅限于基层柜面人员，亦有管理人员参与作案，职务侵占案、非法出售客户个人信息案又呈抬头趋势，“飞单”案件亦成为一定时期新的案发重点。

三、案件（风险）暴露的问题与不足

纵观十年来上海辖内机构发生的案件（风险），案件的发生不仅因为不法分子计划周详等外部因素，更重要的是案发机构自身在内控管理、风险防范、制度执行、员工管理、整改问责方面存在问题等内部因素。表现在：一是重业务拓展轻风险管理，内控制度、选人用人、激励考核让位于业务拓展。二是重工作部署轻任务落实，对案防工作的长期性、复杂性和艰巨性认识不足，案防工作重视程度有所下降。三是重制度建设轻执行监督，执行走样、监督走神、贯彻走调，执行监督不足。四是重“形象”保护轻行为管控，对员工的思想教育不足、管理手段滞后、问责惩戒不力。五是重业务检查轻实质整改，整改工作系统性不强，能拖则拖，说一套做一套。

四、构建“制度＋人防＋系统”的案防工作体系

（一）夯实基础，编织制度防护网

上海银监局大力督促辖内机构不断完善内控管理水平，结合上海实际创新推出《上海银行业金融机构基层网点主要负责人案防日常基础工作的指导意见》（简称“十必做”）、“上海银行业金融机构防范操作风险三十禁”；先后制定了《上海银行业金融机构案件处置工作实施细则》《分支机构案防工作评估办法》《上海银行业离职人员跨行追责机制》《从业人员诚信信息管理办法》《从业人员流动信息报送制度》《银行业金融机构操作风险重要风险点及防范措施》等一系列案防新规；建立离职人员声明机制，要求机构就基层高管登报发布离职公告、客户经理发布离职告知书、理财经理在营业网点刊登离职公告，从源头上防范风险；并以文件形式进一步规范了银行从业人员参与民间融资、非法集资、违规销售等行为的内部问责，加大违规失范行为的惩处力度。

（二）首建系统，打造人员管理网

上海银监局充分运用技术手段加强员工行为管控，运用上海银行业从业人员监管信息系统对人员流动信息、处罚信息、理财资质信息、合规测试信息、全员信息进行跟踪完善。同时，进一步强化系统数据收集与使用，辖内机构查询系统后未提拔或录用100余人；实现金融监管部门信息共享；推进与上海市公共市信用信息平台、上海市新型金融业态监测分析平台及人行、市环保局、市安监局的信息共享合作。2015年，首创中资银行跨行联动员工异常行为交叉排查，借助系统数据共查处参与非法集资、民间借贷的违规人员数十人；后借助大数据查实部分员工存在违规行为，其中个别员工的违法线索已移交公安部门。目前，已形成“金融机构、监管当局、行业自律组织以及政府信用信息平台四合一的共管模式”，有效防范带病流动、带病提拔。

（三）多措并举，强化员工教育网

银行员工的行为管理一直都是案防工作的难点、重点，上海银监局通过汇编“上海银行业案防制度”“上海银行业十年典型案例”“案防知识120问”，开展案防专题培训、制作案例警示教育片、建立案防案例库、开展庭审教育、下发风险预警通报、抽查基层网点案防工作等手段，帮助基层员工、高管重温案防制度，明晰底线禁令，提高案防意识，保持警钟长鸣；积极推动同业公会制定违规积分管理指引、开展案防知识竞赛，重点围绕基层高管合规水平进行测试，并组织受罚人员集中闭卷测试，了解被处罚人员对案防制度的掌握情况，多维度加强员工行为管理。

（四）明确职责，落实行业监管网

上海银监局立足自身“三维一体”监管架构改革，构建起消保处统筹组织，机构监管处重点查防，操作风险、合规风险小组技术支持的案防工作机制，形成总分、点面相结合的案防联动格局；修订并印发《案件防控与处置工作管理制度》《银行业突发事件应急预案》，厘清内部工作职责与流程，提升案防工作质效。随着上海国际金融中心建设和中国（上海）自由贸易试验区建设的不断推进，金融业务业态创新与金融监管改革持续深入，多种非传统金融违法犯罪活动也相继出现，甚至假借金融创新之名实施犯罪，上海局将进一步强化案件风险防控的监管力度，督促机构重点围绕基础管理和基层管理，建立并落实从业人员家访制度，构建差异化、全覆盖的案防教育培训体系，加强制度的持续执行力和刚性约束力，加大责任追究和违规处罚力度，切实提升机构的主体意识、责任意识和风险防范意识。

作者：杜蕊、谢文灿

三、促进改革转型篇

关于在全面从严治党形势下加强干部队伍建设，提升监管效能的研究报告

摘要：在全面从严治党形势下加强干部队伍建设方面，本文建议可以提升四个“力”为抓手：抓政治标准，提升队伍凝聚力；抓领导干部，提升队伍向心力；抓选人用人，提升队伍执行力；抓履职问责，提升队伍战斗力。切实把思想和行动统一到习近平新时代中国特色社会主义思想上来，着力提高“八大本领”，建设一支政治过硬、堪当重任的优秀监管干部队伍。

十八大以来，党中央和中组部就加强干部队伍建设工作提出了一系列重大举措和创新，银监会也出台了许多规定和要求。十九大报告中要求“注重培养专业能力、专业精神，增强干部队伍适应新时代中国特色社会主义发展要求的能力”。新形势下要求我们每一位干部都要增强“四个意识”，充分认识干部人事工作的重要性，加强监管能力和监管队伍建设。在决胜全面建成小康社会的关键时期，大力加强干部队伍建设，努力建设一支敢打硬仗、善打硬仗的“四有”干部队伍，全面提升银行业监管的效能，提高服务实体经济的水平，是对银监会系统各机构的基本要求，也是上海全面建设“五个中心”的应有之义，更是推进国家金融治理体系现代化的重要途径。

从总体上讲，上海银监局干部队伍年纪轻、学历高、综合素质优，执纪守纪情况也良好，是一支朝气蓬勃的有较强战斗力的团队，但从高标准、严要求来看，我们也不回避还存在某些不足之处。当前上海银监局在干部队伍建设方面面临的困难和问题主要表现在：人力资源配备与监管任务之间的矛盾日益突出；在干部选用上晋升空间受限；职工收入缺乏有效的增长机制，干部职工心理落差较大；一线监管人员在人、财、物等方面面临着诸多实际困难；由于工作压力大，在干部中出现精神状态不适应、疲劳倦怠现象等。这些已成为制约监管有效性进一步提升的重要因素，需要认真加以审视和深入研究。目前就全面从严治党形势下加强干部队伍建设方面，我们可以从提升以下四个“力”来加以努力：

一、抓政治标准，提升队伍凝聚力

习近平总书记在党的十九大报告中指出，要突出政治标准，提拔重用牢固

树立“四个意识”和“四个自信”、坚决维护党中央权威、全面贯彻执行党的理论和路线方针政策、忠诚干净担当的干部。这一要求，体现了组织路线为政治路线服务的根本原则，凸显了干部工作的政治定位，具有鲜明导向性和现实针对性。因此，我们要求干部首先要在政治上达标。习近平总书记还强调，“干部在政治上出问题，对党的危害不亚于腐败问题，有的甚至比腐败问题更严重”。金融是现代经济的核心，银行业是我国金融的主体，银行业监管工作关系到国家经济金融安全。上海银监局员工在工作中要始终把鲜明的政治标准放在第一位，始终从政治角度看问题，从维护国家金融安全的高度搞监管。

一看政治立场。政治立场必须体现到对党的信仰、党的组织、党的事业的忠诚上，最重要的就是要把党放在心中最高位置，牢固树立党的领导是中国特色社会主义最本质特征和中国特色社会主义制度最大优势、党是最高政治领导力量的观点，坚持党对一切工作的领导。就是要牢固树立政治意识、大局意识、核心意识、看齐意识，自觉在思想上、政治上、行动上同以习近平同志为核心的党中央保持高度一致。牢牢把握正确政治方向，要求我们自觉用习近平总书记系列重要讲话精神这一马克思主义中国化的最新成果武装头脑，真学真懂真信真用，不断提高马克思主义理论水平和工作本领。突出政治标准，就要把是否对党忠诚、牢固树立“四个意识”作为首要标尺，大力选用那些全面贯彻执行党的理论和路线方针政策，坚决贯彻党中央决策部署，坚持“四个服从”，始终与以习近平同志为核心的党中央对标看齐、保持高度一致的干部。

二看政治定力。政治定力，最根本、最紧要的是理想信念的坚定性。对马克思主义的信仰，对社会主义和共产主义的信念，是共产党人的政治灵魂，是共产党人经受住任何考验的精神支柱。习近平总书记形象地指出，理想信念就是共产党人精神上的“钙”，精神上“缺钙”就会得“软骨病”。如果共产党人没有信仰、没有理想，就必然会导致政治上变质、经济上贪婪、道德上堕落、生活上腐化。因此，一定要将共产主义远大理想同我们当前的事业紧密联系在一起，不断增强“四个意识”，尤其是看齐意识，一步一个脚印地为实现“两个一百年”目标和中华民族伟大复兴的中国梦而努力奋斗。这方面，最主要的现实判断标准就是看干部能否坚定“四个自信”。“四个自信”，源于党带领人民进行革命、建设、改革的伟大实践，体现了科学社会主义理论逻辑和中国社会发展历史逻辑的辩证统一，反映了当代中国发展进步的根本方向，是检验干部理想信念的“试金石”。在当今世界风云变幻、当代中国深刻变革、社会思想多元多变的背景下，党员干部只有坚定“四个自信”，才能保持战略定力和前进动力，自觉成为共产主义远大理想和中国特色社会主义共同理想的坚定信仰者和忠实践行者。

三看政治担当。政治上敢不敢担当、能不能担当、有没有担当，最能检验党员干部的政治操守、政治品格。现实中，有些党员干部好像表现得政治上很成熟，但深入分析起来，其实是一种不问政治是非、不讲政治原则的圆滑。如果干部队伍中这样的人多了，就会贻害党和人民事业。面对敌对势力加紧对我国实施西化、分化战略，面对意识形态领域的尖锐较量，面对激烈的国际政治斗争，面对艰巨繁重的改革发展稳定任务等，都需要广大党员干部强化政治担当、增强斗争精神，敢于亮剑、敢于碰硬。各级党组织要在选人用人上树立鲜明导向，大力选拔使用那些敢担当、善作为，尤其是关键时刻站得出来、顶得上去的干部，坚决不用那些畏首畏尾、患得患失、溜肩耍滑的“骑墙派”“官油子”，大力营造为敢担当的干部担当、为敢负责的干部负责的浓厚氛围。

四看政治纪律。《中国共产党纪律处分条例》中将政治纪律作为党员应遵守的第一纪律。严明纪律，是维护党的团结和集中统一的根本保证。在所有党的纪律中，政治纪律和政治规矩是最重要、最根本的。党员干部必须把严格遵守政治纪律和政治规矩作为安身立命的“压舱石”，在守纪律、讲规矩上作表率，自觉做政治上的明白人、老实人。就选拔使用干部而言，必须把政治纪律和政治规矩作为底线和红线，对那些视政治纪律和政治规矩为儿戏，我行我素、无所顾忌，违反“五个必须”要求、搞“七个有之”等活动的干部，实行“一票否决”，不但不能提拔还要严肃处理，使政治纪律和政治规矩真正成为“带电的高压线”。各级组织和广大党员干部要坚决同一切违反党的纪律的行为作斗争。

二、抓领导干部，提升队伍向心力

上海银监局的日常工作都是以处室为基础开展的，很多重大任务是以处长为骨干力量完成的。办好中国的事情，关键在党，关键在人，关键在党的干部队伍。当前，我国经济进入“新常态”，银行监管工作面临的挑战前所未有，抓好支部和支部书记队伍建设，对于有效应对监管工作挑战具有特殊的意义。风气好不好，主要看领导，领导干部要以上率下，一级带一级，一级做给一级看，强化各级领导干部的责任担当，以求真务实作风推进各项工作。

一要心中有党。要在政治上思想上行动上与党中央保持一致，做到政治自信、政治自觉、政治自律。具体到我们的工作，心中有党就是要树立全局观念，强化“一盘棋”意识，切实破除“本位主义”和“部门主义”，从监管事业全局出发思考、谋划和推进工作。当前，各级部门要认真抓好十九大精神的学习培训，真正解决好“总开关”问题，补足精神上的“钙”。要不断深入学习贯彻习近平总书记系列重要讲话精神，深化学习宣传党的理论创新成果，用真理力量支撑价值观自信，站在思想制高点坚守好我们的核心价值观。

二要心中有民。心中有民是共产党人的初心。习总书记指出：“要着力践行以人民为中心的发展思想。以人民为中心的发展思想，不是一个抽象的、玄奥的概念，不能只停留在口头上、止步于思想环节，而要体现在经济社会发展的各个环节。”要进一步树立为民情怀，准确认识和处理好监管与为民的关系，真正做到监管的出发点是为民，为民的落脚点在监管。对于监管干部来讲就是要践行为民监管的理念。为民监管本质上是要解决“我是谁、为了谁”的问题。银监会专司银行监管职责，根本工作目标是维护广大金融消费者的权益。要舍弃自己的部门利益，当人梯，功成不必在我。这就要求我们有更高的境界、更开阔的视野、更广阔的胸怀，去做好监管工作。

三要心中有责。党员领导干部具有强烈的事业心和责任感，既是为官从政的基本要求、履行职责的根本动力，也是人民群众的迫切期望。党员领导干部特别是各处室主要负责人，要树立正确的政绩观，防止和克服只顾眼前、不管长远，搞短期行为。习近平总书记强调，有多大担当才能干多大事业，尽多大责任才会有多大成就。现在，银行业监管工作进入了新时代，任务重、挑战多、压力大，如果没有担当精神，没有迎难而上的勇气，很多矛盾和问题就解决不了。当前，我们正在进行具有许多新的历史特点的伟大斗争，各级领导干部都肩负着历史重任，经受着时代考验。因此，我们必须坚定不移地将中央精神转化为一系列促进银行业深化改革和稳健发展的监管政策措施，确保中央、银监会路线方针政策得到有效贯彻落实。

四要心中有戒。处级干部要率先垂范、慎微慎言，身教胜于言传。在从严治党背景下，领导干部都应增强纪律规矩意识，严格要求自己。领导干部一旦放松对自己的要求，就有滑向堕落的危险。正人必先正己。因此，大家要有警惕性。提高警惕性的关键在于强化党规党纪意识，把纪律和规矩挺在前面，让纪律成为防止以权谋私的“紧箍咒”，成为秉公用权的“护身符”。大家应始终牢记权力是人民群众赋予的，是履行职责的保障，而不是谋取个人私利的工具，在职务待遇上“知足”，在工作事业上“知进”，做到对上不越权、对下不揽权、同级不争权、对人不弄权、私事不用权。始终不忘初心、慎终如始，对自己高标准严要求，从点滴小事做起，慎重对待工作生活中的每个“第一次”，筑牢思想防线，不越法纪红线，严守做人底线，干干净净、平平稳稳地度过自己的职业生涯和整个人生。

三、抓选人用人，提升队伍执行力

为政之要，首在得人。选好人用好人，首要的问题是坚持正确选人用人导向。选什么人、用什么人，事关党和国家前途，关乎人民群众福祉。推动全面从严治党、提升监管有效性，必须用好选人用人导向这根“指挥棒”，聚天下英才而用之，真正把忠诚党和人民实业、做人堂堂正正、干事干干净净的干部选出来、用起来，推动形成风清气正的良好政治生态。要强调政治素质是选拔干部的第一标准，大胆起用对党忠诚、勇于担当、无私奉献的干部，建设一支讲大局、能干事、重团结的人才队伍。

一有重才之心。各级领导都要有爱才之心、容人之量、育才之智，善于扶梯子、搭台子、压担子，鼓励年轻人创新实干，使人才与事业融合发展。只有用得不好的干部，没有不能用的干部，作为处长，一定要注重用人所长，要满腔热忱地帮助每一位同志成长，要全方位地充分调动好每一位同志的积极性，不能让任何一位同志虚度青春、荒废业务，也不能让同志们忙闲不均、激情受挫。要形成各级别的后备干部，精心培养接班人，使我们的事业永续发展。对于那些看得准、有潜力的年轻干部，要放到重要台阶和关键岗位上去挑重担，让他们在干事中长本事，在历练中变老练。对那些有发展潜力的干部要以大局为重，舍得让他们到别的处室进行轮岗交流，促进监管人才加强专业深度，丰富监管阅历，积累全面技能，培养具有综合监管能力的多面手和监管通才。要树立全局观念，强化“一盘棋”意识，切实破除“本位主义”和“部门主义”，从监管事业全局出发思考、谋划和推进工作。不仅要“同意让出去”，还要“亲自送出去”，甚至“主动推出去”。希望各处室主要负责人肩负起培养青年人才的责任，甘为人梯，言传身教，慧眼识才，不断发现、培养、举荐人才，为优秀人才脱颖而出铺路搭桥。

二有育才之法。以价值观教育和思想为引领，弘扬“讲正气、讲担当、讲奉献”的价值观，提升全体干部员工的工作激情和钻研精神。要教育引导干部员工尤其是党员领导干部牢固确立爱岗敬业、自觉奉献和“一岗双责”的主人翁意识，正确对待薪酬待遇、职业生涯、外部诱惑，通过加强政治思想、意识形态教育，坚决消除不作为、不善为、乱作为，懒政、庸政、怠政等不良现象，努力提升广大干部员工对事业的尊重感、责任感和荣誉感。对年轻优秀人才要早发现、早使用，让他们在创造的高峰时期唱主角、挑大梁，发挥最大潜能。要把严格管理干部和热心关爱干部结合起来，推动广大干部群众心情舒畅、充满信心、积极作为、敢于担当。努力创造用感情凝聚人、用事业激励人、用理想召唤人的良好氛围突出作风锤炼，大力弘扬党的优良传统，引导干部始终保持生机勃发、奋发有为、开拓进取的精神状态。

三有用才之智。习近平总书记强调，“要以识才的慧眼、爱才的诚意、用才的胆识、容才的雅量、聚才的良方，广开进贤之路，把各方面知识分子凝聚起来，聚天下英才而用之。”要以岗位锻炼、一线历练为主渠道，加大干部培养的力度。要建立职责明晰、高效运行、有效制衡的运作机制，为才能的发挥提供平台，使人才在监管工作中创造价值，使优秀人才在监管实践中脱颖而出。创造竞争性的成长环境，大力培养在某一领域中起引领和核心作用的专业领军人才。从看戏到唱戏，激发每个员工的活力。做好干部交流工作，加大优秀干部选拔培养力度，塑造一批“思想有锐气、作风有正气、监管有底气、队伍有朝气”的干部队伍，形成结构合理、素质兼容、一体联合、充满活力的人才布局。通过干部交流强化对干部的识别，增强全局意识，提高干部的能力和水平，实现人才资源的合理配置。

四有量才之能。衡量评价人才是一门大学问。如何对人才进行评价，对工作进行考核，对绩效进行评估，考验着组织人事部门和各级领导干部的智慧和格局。要全面、客观、辩证地看待干部的优缺点。对敢于担当、敢抓敢管、敢于批评、敬业工作的干部，有时难免会遭受非议，对这些干部要予以肯定保护；对于不敢担当、无原则地讨好群众的领导干部，要批评教育；要用发展的眼光去看干部，有的同志过去存在某些缺点，现在改正了，就不要总用老眼光去看人家，要一视同仁。深入细致、持续有力的考核评价是确保各项工作取得实效的有效手段。有比较才有说服力，通过确立清晰的工作流程、相对合理的岗位职责和完备（包括可以一定量化）的工作考核机制，让干部员工主动“晾晒”工作成果，努力消除干部员工不想作为、消极怠工的现状。

四、抓履职问责，提升队伍战斗力

我们监管的主责就是防风险，发展的目的也是为了更好地防风险。党赋予我们监管干部的权力，既是信任、培养，更是考验。党员干部必须心存敬畏，坚持监管姓党、监管姓监，自觉接受党和人民的监督。干部想干事、肯干事，多干事、干实事，干成事、不出事，是义务，也是本分，更是最起码的要求。诚然，工作压力大、薪酬水平低、生活成本高，是困扰一些干部干事的现实问题，但绝不能以此为借口“为官不为”，更不能形成“为了不出事、宁可不干事”的错误观念。如果大家工作方法简单、工作作风漂浮、工作态度骄横，对“为官不为”“为官慢为”“为官乱为”等行为不能及时督促整改并进行问责，就会极大挫伤监管队伍的积极性和工作热情，严重损害监管队伍的战斗力和凝聚力。

一是明确责任。各处室主要负责人要认真落实好“一岗双责”，按党委要求加强督促检查。确保“两个责任”的落实，使明责、落责、问责三管齐下。处室负责同志要负起职责范围内的干部管理责任，对于下属工作中的问题，属于能力不足的，要创造机会加强培训和实践锻炼；属于担当精神缺乏的，要明确责任加强督查；属于不作为的，要严肃批评教育甚至执纪问责。领导干部要唤醒责任意识，激发担当精神，把责任扛在肩上，做到知责、尽责、负责，敢抓敢管，勇于负责，绝不能出现底下问题成串、为官麻木不仁的现象。要着力解决不善做或不愿做思想政治工作问题，对员工思想政治工作不能一味地拖延等靠，不能简单地把问题矛盾上交。对履行职责不到位，导致领导班子软弱涣散、不正之风长期滋生蔓延的，要严肃追究主要责任人和相关责任人的责任。同时，还要积极向党委有关职能部门建言献策。

二是落实责任。习总书记多次强调，要把不同主体责任划分清楚、明确下来，理清责任链条，拧紧责任螺丝，提高履责效能，以责促行、以责问效。要坚持抓早抓小抓苗头，防微杜渐，及时对干部教育提醒。要引导干部强化组织意识、纪律意识，增强讲规矩、守纪律的观念，守住底线，不逾红线。要坚持从严治处、从严律己、从严带队伍，把干部队伍教育好、管理好、监督好。对不良现象和错误行为要敢于批评，以从严管理监督干部为重点，全面加强干部监督力度。各处室主要负责人要具有领导科学发展、驾驭复杂局面、处理棘手问题、做好群众工作的本领。领导干部要以身作则，善始善终，说到做到，决不能轻诺寡信。加强经常性综合分析研判，坚持问题导向，不断完善政策措施。进一步加强对上海银监局工作人员监管履职行为的监督管理，切实做到履职尽责，提升监管精细化水平，有效防范监管风险。

三是坚守责任。监管干部守土有责，就是要坚守监管底线。各处室主要负责人要牢固树立不抓党风廉政建设就是严重失职的意识，把主体责任记在心里、扛在肩头、抓在手上，常研究、常部署，抓领导、领导抓，抓具体、具体抓，种好自己的责任田，解决好不想抓、不会抓、不敢抓的问题。要善于在处室多头工作中牵住“牛鼻子”，做到既统筹兼顾，又抓住重点，有效配置人力、精力和资源，推动全局工作开展。领导干部应该有“功成不必在我”的境界，安于本职、心无旁骛，多考虑监管事业发展，少考虑个人得失，这是一种奉献，也是监管干部的职业操守。

四是追究责任。严格执行责任追究制度。通过健全责任追究制度，将纪律规矩覆盖市场准入、非现场监管、现场检查和行政处罚等监管全流程、全环节，覆盖全体干部员工，对主体、监督和领导责任落实不力的，实行严格追责。要强化问责、敢管善管，把责任明确到人，特别是交叉性的、有可能出现推诿的工作，相关领导要做好监督提醒，不能让责任落空。要建立健全落实主体责任的责任追究机制，对不认真履行部门党风廉政建设主体责任、领导不力、不抓不管导致出现重大责任问题的领导干部，要严肃追究责任。既要追究当事人的责任，又要倒查追究相关领导的责任，以常态化问责倒逼主体责任落实到实处。干部的选拔任用、考核、奖惩、评优等，都要与监管问责有效结合。加强检查和考核，及时发现和解决问题，完善抓落实长效机制。

当前，我们正处于全面建成小康社会决胜阶段、中国特色社会主义进入新时代的关键时期，在新的历史起点上进行伟大斗争、建设伟大工程、推进伟大事业、实现伟大梦想，更需要建设一支政治过硬、堪当重任的优秀监管干部队伍。我们要以高度的使命感和责任感，切实把思想和行动统一到习近平新时代中国特色社会主义思想上来，强化问题意识、树立问题导向，着力提高“八大本领”，保持政治定力，坚持实干兴邦，以昂扬的精神状态，努力创造经得起实践、人民、历史检验的新业绩。

课题组组长：蔡莹、张建设、沈奇媛、
张浩、刘雪心、叶青、俞磊
执笔：詹晶

提升巡视工作实效的几点启示

摘要：针对当前新形势下巡视工作的不断深化，上海银监局纪委对辖内部分大型银行巡视工作开展情况进行专题调研。通过学习借鉴，本文从如何进一步加强巡视队伍建设、厘清巡视和经济责任审计的关系、发挥合力提高巡视工作效能、加大巡视整改监督的力度几方面提出了具体的建议，以期望有助于推进完善系统内巡视工作的质效。

巡视是全面从严治党的利剑，是党内监督的战略性制度安排，对加强和改进党的建设，发挥党要管党，推进党风廉政建设和反腐败工作，促进领导班子和领导干部队伍建设，具有十分重要的意义。针对当前新形势下巡视工作的不断深化，上海银监局纪委对辖内大型银行分行巡视工作进行专题调研。近两年紧扣“六项纪律”、紧盯“三大问题”、紧抓“三个重点”，坚持问题导向，部分大型银行对辖内分支机构组织开展巡视工作进行了积极的有益尝试，并取得良好的成效。

一、辖内大型银行巡视工作的良好做法

（一）注重巡视队伍建设，为巡视工作提供组织保障

根据“保持核心人员的稳定”和“巡视组人员构成不固定”的原则，建立巡视工作组织架构，完成巡视队伍配置。一是成立巡视工作领导小组，由纪委书记担任组长，组员由相关部门主要负责人构成。在分行设立巡视办公室专职巡视工作。二是配备专职巡视组长和巡视专员多名，副组长由所属分支行纪委书记轮流担任，通过巡视实践全面提升纪委书记履岗能力；三是建立一支党员青年骨干人才库，分批参加巡视工作，将巡视工作作为年轻干部锻炼成长的重要平台，并纳入党委加快青年人才培养方案的重要举措，同时对巡视期间工作表现的综合意见，作为对后备人才考核的内容之一。人员配置的到位保障了巡视工作独立运转，切实扛起巡视工作的主体责任，确保巡视工作上台阶。

（二）注重巡视前培训，提高巡视工作人员素养

精选培训对象，组织对分行党委部门、支行纪委书记、分行部门纪检监察分管领导、分支行监察部经理的专题巡视培训，对借调参加巡视工作人员和全

体巡视办人员开展专项培训。同时派员参加总行举办的常规巡视工作培训班。通过分层次、多形式、持续的培训，加强了纪检监察干部和巡视工作人员的政治思想教育，坚定理想信念和政治立场，不断提高政治理论水平，帮助巡视工作人员进一步把握好政治巡视的定位和方向，提升现场巡视工作的操作能力。

（三）注重运用巡视技巧和方法，发挥巡视利剑作用

在传统的“听看查”巡视方式基础上，积极创新“动态调整”、“立行立改”工作方法，提高现场巡视工作效能。一是利用民主测评和问卷调查的结果，结合被巡视单位的基本情况和特点，适时调整访谈提纲，突出谈话重点，对关键事、关键人、关键点直接谈、直接问，提升访谈的效率和效果。二是注重了解真实情况，对于同一问题，从被巡视单位不同部门了解相关信息，相互印证，对存在的矛盾点，进行有针对性的核查。三是设计巡视发现问题的“立行立改通知单”，对巡视中发现的能马上改正的问题要求立即整改，发挥现场巡视立行立改作用，推动被巡视单位重视并及时整改。

（四）注重巡视整改督查，提升巡视实效

多手段并行开展巡视整改督查，进一步强化巡视整改力度，做到发现问题就要解决问题，件件有着落、条条要整改。一是实行立体双向巡视整改监督机制，被巡视单位要即知即改、立行立改、全面整改，相关职能部门要强化源头整改，用制度堵漏纠偏，使整改成果固化为系统内管党治党的长效机制，达到标本兼治的效果。二是建立完善巡视整改清单管理制度，对巡视发现的问题，逐条梳理，建立巡视整改台账管理制度，关注巡视发现问题的处置情况，加强对巡视整改情况的实时跟踪了解。三是适时开展专项检查、巡视“回头看”，深入开展巡视整改的督查、督办，对敷衍整改、整改不力、拒不整改的单位和机构严肃问责，切实抓好巡视整改落实。四是强化责任追究，督促被巡视单位加强责任认定和问责处理，做到执纪必严、违纪必究，对个别典型违规违纪行为提出通报批评，让全体党员领导干部受警醒、明底线，形成有效震慑。

（五）注重巡视成果运用，推进完善制度建设

针对巡视发现的问题，强化巡视成果运用，进一步推动巡视成果在班子建设、业务发展、选人用人等方面的效用发挥，增强巡视监督的综合效应。某大型银行分行在巡视中，巡视工作组不仅发现被巡视单位“六大纪律”方面的问题，提出了有针对性的整改建议，巡视成果显著，同时针对巡视中发现的重要问题或带有普遍性、倾向性、系统性的问题，以及深层次矛盾和体制机制问题，巡视组还深化巡视工作的成果，先后形成了加强基层党组织建设、加速人才培养、夯实信贷基础推进信贷文化、细分责任认定等多篇专题报告，并在制度层面加强了银行的内部管理。

二、对当前巡视工作的思考

（一）进一步加强巡视队伍建设

一是要着力健全巡视队伍管理机制，突出巡视人员的专业素养，严格把好巡视人员的“入口关”。改变过去组员临时抽调现象，确保把政治过硬、品德优良、业务精湛、经验丰富的同志充实到巡视组。二是高度重视巡视前培训工作，巡视前的培训对巡视工作能否取得实效至关重要。要抓好政治理论学习和业务知识培训，组织巡视人员熟悉相关的法律法规，全面掌握巡视工作业务知识和工作流程，为有效开展巡视工作奠定扎实基础。三是要完善考核激励机制，客观公正评价巡视工作，区别表现采取相应的奖励惩处措施。

（二）进一步厘清巡视和经济责任审计的关系

鉴于当前对企事业单位的党政领导干部均要实行任期经济责任审计，审计的相关内容要求与目前实施的巡视内容有较多重叠，且在实际操作流程方面也基本雷同。建议在有限的资源配置情况下，从制度上厘清巡视和经济责任审计的关系，进一步明确两者的检查内容和方式、检查人员的职责定位等。

（三）进一步发挥合力提高巡视工作效能

充分发挥各单位纪检、组织、审计、信访等方面的监督合力，可以通过联席会议制度，建立常态化的密切协作机制，形成巡视工作合力，联手提高巡视工作水平。巡视期间也要密切协作，对专业性强或特别重要的问题，及时提出协助意见。巡视组要借助合力，广泛搜集问题，多角度、立体地了解被巡视单位，从现象入手、从数据入手，找准突出问题，有的放矢，做到带着问题去巡视，提高巡视效率。

（四）进一步加大巡视整改监督的力度

一是可推行立行立改制度，发挥现场巡视即查即改作用。二是要以公开促整改，自觉接受党内、群众和舆论的监督。三是要采取巡视“回头看”方式，深入开展巡视整改的督查、督办，检查被巡视单位对巡视发现问题的整改落实情况。四是要加大问责力度，推动被巡视单位开展责任认定和问责处理，既及时起到了巡视的威慑作用，也推动被巡视单位重视并及时整改。

作者：张宇、韩延瑜、卢申华

银行业监管罚没条款中违法所得的比较研究

摘要：在银监会“强化监管处罚、坚持罚没并重”的要求下，基于上海银监局在行政处罚实践，本文研究“违法所得”的内涵和外延，探索“违法所得”的数额认定和成本扣减问题，明确了“没收违法所得”适用中的一系列相关问题，同时对银行业监管中没收违法所得并处罚款的适用提出相应的政策建议。

为深入学习贯彻习近平总书记系列重要讲话精神和治国理政新理念、新思路和新战略，落实党中央、国务院关于金融改革发展的部署和要求，在银监会防范金融风险、加强惩戒力度的工作要求下，上海银监局坚持“强化监管处罚、坚持罚没并重”，在服务监管大局的处罚实践中，对《银行业监督管理法》《商业银行法》《金融违法行为处罚办法》等法律法规罚没条款中“违法所得”进行深入研究。通过对“违法所得”的内涵和外延、“违法所得”的计算标准、“违法所得”适用的制度完善等问题的分析，力求统一行政处罚中罚没的适用标准，使处罚标准公开透明，具有明确的可操作性。以此明确违法成本，提升监管质效，为弥补监管短板、治理金融乱象提供工作建议。

一、国内行政处罚中罚没基准和“违法所得”的比较研究

（一）我国行政处罚体系中罚没条款的立法现状

《中华人民共和国行政处罚法》（以下简称《行政处罚法》）第八条规定：“行政处罚的种类：（一）警告；（二）罚款；（三）没收违法所得；……（七）法律行政法规规定的其他行政处罚”。作为我国行政处罚的一般法，《行政处罚法》列举了没收违法所得和罚款两种最为普遍的行政处罚种类。我国各领域现行的行政处罚立法，存在大量没收违法所得及与之相关联的罚款情形。各个具有行政处罚具体规定权和实施权的行政机关，包括国务院、国务院各内设机构及派出机构等，采用法律、司法解释、部门规章、规范性文件等形式，对“罚没”这一并处处罚进行具体规定。经过不断探索，在中国特色社会主义法治体

系的框架下，各领域基本设定了较为完备的“罚没”设定和实施标准[①]，对行政机关有效实施行政管理和行政处罚，维护公共利益，保护公民、法人或者其他组织的合法权益，设定了依据。

由于各行政领域处罚立法体系很复杂，行政处罚规定其分类很多，导致各行政领域间处罚标准和尺度差异较大，赋予现有行政处罚领域立法技术不断完善和进步的空间。总结现有行政处罚的“罚没”规定，多具有以下特征：

1. 罚款基准种类多样。根据《中华人民共和国刑法》（分则）（以下简称《刑法分则》）对经济犯罪的相关规定，倍比罚金制的基准种类多样，至少包括：应纳税额（如危害税收征管罪[②]）、销售金额（如生产、销售伪劣产品罪[③]）、违法所得额（如高利转贷罪[④]）、非法经营额（如虚报注册资本罪之规定“虚报注册资本金额”[⑤]、洗钱罪之规定“洗钱数额”[⑥]）；行政处罚中，金融领域立法尤其以《中华人民共和国证券法》（以下简称《证券法》）为例，针对不同的违法违规行为，分别采用“非法所募资金金额”[⑦]“买卖股票、证券等值”[⑧]、“非法融资融券等值”[⑨]“业务收入”[⑩]等基准；此外其他领域，《文物保护法》《产品质量法》等均存在不同的数额认定基准[⑪]。基准因业务领域、违法违规情形的不同而有所区分，通过法律法规或规范性文件的形式加以确认，有利于遵循处罚法定、过罚相当原则。

2. 行政罚款与其他行政措施、民事赔偿责任、刑事责任相竞合或衔接。如根据《中华人民共和国银行业监督管理法》（以下简称《银监法》）之规定，相关违法违规行为多责令改正，违法行为构成犯罪的，依法追究刑事责任；《行政处罚法》第二十八条规定，刑事罚金与行政罚款可以折抵；《广告法》规定，广告经营者、发布者、代言人承担相关民事连带赔偿责任等；同时在实践过程中，对于违法所得应予没收和退还亦有相当程度的重合。2017 年 9 月 1 日起施行的

---

① 各领域在法律规定的行为、种类和 幅度范围内，作出行政处罚的具体规定，明确行政处罚的具体实施标准。《工商行政管理机关行政处罚案件违法所得认定办法》、《价格违法行为处罚规定》、《中华人民共和国海关行政处罚条例》等。

② 《刑法》第三章第六节。

③ 《刑法》第三章第一节。

④ 《刑法》第一百七十五条。

⑤ 《刑法》第一百五十八条。

⑥ 《刑法》第一百九十一条。

⑦ 《证券法》第一百八十八条。

⑧ 《证券法》第一百九十九条、第二百零一条。

⑨ 《证券法》第二百零五条。

⑩ 《证券法》第二百二十三条。

⑪ 《文物保护法》第七十一条、《产品质量法》第五十条。

《民办教育促进法》保留了“退还所收费用后没收违法所得”[①] 的罚则表述，是为数不多的规定退还费用后再予以没收的规定。对于违法所得的数额是否应当在返还之后再予以没收未有相关明确规定。

3. 以“违法所得”数额作为认定是否罚款、确定定额罚款或倍比罚款的基准。如《证券法》第二百一十九条规定：“证券公司违反本法规定，超出业务许可范围经营证券业务的，责令改正，没收违法所得，并处以违法所得一倍以上五倍以下的罚款；没有违法所得或者违法所得不足三十万元的，处以三十万元以上六十万元以下罚款；……”

（二）我国行政罚没制度中“违法所得”的认定标准

我国对于“违法所得”及罚款数额认定的现有规定，明显存在一个立法完善的过程，行政法规、规章等的制定机关不断通过各种解释和复函对“违法所得”作出补充规定，除上述明文规定外，尚未立法的领域也有相关案例明确罚没基准的计算[②]。

总体来说，存在以下计算标准（见表1）：（1）以违法违规的全部收入作为“违法所得”。（2）以违法违规行为的全部收入扣除合理成本、支出作为“违法所得”。（3）在扣除成本、支出的同时扣除税费[③]。

① 《民办教育促进法》第六十二条。

② 在证券业监管中，现行《证券法》对不同业务采取不同的罚没基准，“非法所募资金金额”、“买卖股票、证券等值”、“非法融资融券等值”、“业务收入”等。对于“违法所得”的数额认定，涉及交易行为的，均采用实际成交差额规则，即以金融商品买卖的建仓成本与平仓收入之间的差额，扣除相关交易费用。如“中国证监会行政处罚决定书”（林庆义）（〔2017〕72号）对“禁止参与股票交易的人员持有、买卖股票的情形”作出罚没处罚，没收违法所得数额按照卖出买入差额计算，并扣除相关手续费、税费等交易费用。如“中国证监会行政处罚决定书”（刘敏、刘英、张永宁等4名责任人员）（〔2017〕74号）对“内幕交易”作出罚没处罚，没收违法所得数额按照卖出买入差额计算，扣除交易税费。

③ 在进出境监督管理中，《海关法》及海关总署颁布的规章、规范性文件均未对“违法所得”加以明确。在最高人民法院公报案例“博坦公司诉厦门海关行政处罚决定”中，一审法院认定“原告博坦公司违法经营油料的总收入为47 985 271元，是违法所得，被告厦门海关在扣除3 006 505元税款后，将余额以违法所得没收，并无不当。博坦公司主张从中扣除经营费用，没有法律依据。”二审法院维持了一审判决。由此可见，在计算“违法所得”时扣除缴纳税费，已被司法机关认可，而扣除相关经营成本，则未有定论。

表 1　　各领域对“违法所得”的具体规定

计算方式	发布部门	法规名称	效力级别	发布时间	条文规定
以全部收入作为违法所得	国家安全监管总局	《安全生产违法行为行政处罚办法》（国家安全监管总局令第 77 号）	部门规章	2015. 04. 02	第五十八条　本办法所称的违法所得，按照下列规定计算： （一）生产、加工产品的，以生产、加工产品的销售收入作为违法所得； （二）销售商品的，以销售收入作为违法所得； （三）提供安全生产中介、租赁等服务的，以服务收入或者报酬作为违法所得； （四）销售收入无法计算的，按当地同类同等规模的生产经营单位的平均销售收入计算； （五）服务收入、报酬无法计算的，按照当地同行业同种服务的平均收入或者报酬计算。
	农业部办公厅	农业部办公厅关于认定种子违法案件中违法所得和货值金额的复函（农办政函〔2017〕4 号）	部门规范性文件	2017. 01. 17	种子违法案件中的“违法所得”，是指违反《中华人民共和国种子法》的规定，从事种子生产、经营活动所取得的销售收入。
	国务院法制办	国务院法制办公室复函（国法函〔2003〕240 号）	行政法规（解释）	2003. 10. 16	《中华人民共和国导弹及相关物项和技术出口管制条例》中的“违法所得”是指从事违法行为的全部实际收入。
	农业部办公厅	农业部办公厅关于如何认定违法所得问题的函（农办政函〔2014〕34 号）	部门规范性文件	2014. 04. 15	《兽药管理条例》第五十六条、第六十一条、第六十六条、第六十七条所规定的“违法所得”，是指违反《兽药管理条例》的规定，从事兽药生产、经营活动所取得的销售收入。
		农业部办公厅关于认定蚕种违法所得问题的函（农办政函〔2014〕15 号）	部门规范性文件	2014. 02. 18	蚕种违法案件中的“违法所得”，是指违反《中华人民共和国畜牧法》、《蚕种管理办法》的规定，从事蚕种生产、经营活动所取得的销售收入。
		农业部办公厅关于认定违法所得问题的函（农办政函〔2012〕38 号）	部门规范性文件	2012. 05. 15	《中华人民共和国农产品质量安全法》第四十九条、第五十条第一款和第五十一条所规定的“违法所得”，是指违反《农产品质量安全法》相关规定，从事农产品生产、经营活动所取得的销售收入。

续表

计算方式	发布部门	法规名称	效力级别	发布时间	条文规定
以全部收入作为违法所得	农业部办公厅	农业部办公厅关于《中华人民共和国动物防疫法》违法所得问题的函（农办政函〔2010〕9号）	部门规范性文件	2010.01.25	《中华人民共和国动物防疫法》第八十一、八十二条所规定的"违法所得"，是指违反《动物防疫法》规定从事动物诊疗活动所取得的全部收入。
	国家食品药品监督管理局	国家食品药品监督管理局关于《药品管理法》、《药品管理法实施条例》"违法所得"问题的批复（国食药监法〔2007〕74号）	部门规范性文件	2007.02.08	一般情况下，《药品管理法》、《药品管理法实施条例》中的"违法所得"，是指"实施违法行为的全部经营收入"。
全部收入扣除合理支出作为违法所得	国家食品药品监督管理局	国家食品药品监督管理局关于《药品管理法》、《药品管理法实施条例》"违法所得"问题的批复（国食药监法〔2007〕74号）	部门规范性文件	2007.02.08	《药品管理法》第八十二条、第八十七条规定的"违法所得"是指"实施违法行为中收取的费用"。 《药品管理法实施条例》第八十一条规定的"违法所得"是指"售出价格与购入价格的差价"。
	环境保护部	《环境行政处罚办法》（国家旅游局令第38号）	部门规章	2010.01.09	第七十七条 当事人违法所获得的全部收入扣除当事人直接用于经营活动的合理支出，为违法所得。
全部收入扣除合理支出和税费作为违法所得	国家工商行政管理总局	《工商行政管理机关行政处罚案件违法所得认定办法》（国家工商行政管理总局令第37号）	部门规章	2009.01.01	第二条　工商行政管理机关认定违法所得的基本原则是：以当事人违法生产、销售商品或者提供服务所获得的全部收入扣除当事人直接用于经营活动的适当的合理支出，为违法所得。 第九条　在违法所得认定时，对当事人在工商行政管理机关作出行政处罚前依据法律、法规和省级以上人民政府的规定已经支出的税费，应予扣除。

二、美国金融监管处罚中金钱制裁的立法和实践现状

世界范围内，各国有着不同的金融监管体系①，在经济发展汲取发达国家经验的同时，金融领域的监管立法架构也可由其配套法律体系获得启示。英美作为普通法系国家，不同于我国直接规定行政处罚制度，尤其是美国，立法体系庞杂，并未有统一的行政法或行政处罚立法。在此，课题组通过对美国货币监理署（OCC）的相关规定辨析，明确其金融监管制度中对于罚款数额的认定方式，寻求对我国银行业处罚中罚款和没收违法所得中的自由裁量的启示。

（一）美国货币监理署与我国银行业监督管理机构适用金钱罚制度的比较研究

OCC 对于违反银行业监管法律的行为采取的民事罚款（civil money penalties②，CMP），与我国银行业监督管理机构相比，存在以下差异性特征：

1. 处罚对象不同。我国银行业监督管理机构仅对银行业金融机构及其业务活动进行监督管理，除擅自设立银行业金融机构和非法从事银行业金融机构的业务活动外，对其他主体并不具有处罚权；而美国金融监管当局在银行业监管中，除了对商业银行等银行业金融机构进行处罚，还可以对他们服务的提供者、业务关联方的机构和个人进行处罚，只要其对银行业金融秩序和消费者权益造成损害。

2. 处罚形式不同。美国对于违反银行业监管法律的行为处以民事罚款，根据不同情形，采用司法机关主导或行政机关主导，并且大多通过和解的形式最终科处罚款。

3. 数额裁量的体系和基准均不相同。不论采取何种形式，均需银行业监管机构事先评估确定罚金数额③。美国银行业处罚中，罚款的认定标准并不以“违法所得”为唯一基准，而是采用矩阵模型，考量多种因素，注重体现罚款的惩罚性和威慑力④。美国法典第 12 卷是美国银行业法律的统一编纂，包含了美国现行银行业监管的诸多法律规定。根据美国法典第 12 卷第 1818 节第 9 条的规定，确定 CMP 根据以下四个因素：一是金融机构的规模，以及机构或责任人的

---

① 英美国家采用混业经营。

② “Penalty”与“fine”的区别在于，民事罚款和刑事罚金的区别。在美国，行政机构裁决或诉讼科处的罚款属于民事性质，多数罚款案件是通过向法院起诉决定，行政机构可以做原告或被告。之所以称为“civil penalty”，是体现了衡平法体系中人人平等的精神，行政机构与罚款相对人权利义务平等，行政机关不具有行政行为和诉讼行为上的特殊性。

③ 对于数额的认定和评估对于金融监管部门是一项庞大且耗时的过程，对于复杂的案件，有的甚至经过长达数年的评估。

④ 美国多个判例和法规中都强调：“不允许违法者从违法行为中获得任何利益，形成对他们的惩罚。”

诚信或善意；二是违规事件的严重程度；三是早前的违规记录；四是司法程序需要的其他要素。在此基础上，美国法律也细化了 13 项评估因素以确定合理的罚款金额①。

（二）美国 OCC 罚款制度裁量基准

OCC 通过一系列立法和规定，构建了银行业监管罚款制度，包括罚款的适用对象和情形、实施主体、实施程序，在追缴违法收益的情况下，依据矩阵直接评估罚款数额。近期，OCC 发布的《政策和程序手册》在最新的修改②中对 CMP 的评估确立了更加完善的模型，以对银行业机构为例：综合考虑 11 个因素，按其严重程度给予 0～4 分，根据不同权重，确定综合得分，按综合得分分为六等，每一等结合资产规模确立罚款金额上限。在评估模型中，美国监管当局对“违法所得”（Unjust Enrichment）的评估，重点在于：（1）其直接收益和间接收益的综合，防止遗漏间接收益，缩小收益的计算数额。（2）违法所得作为模型中的考量因素，其是否扣除成本并未明确，课题组认为在此庞杂的模式中，违法所得并非直接计算罚款数额的基准，而是一项危害性大小的考量因素，因此，其中包含成本与否并不直接影响罚款的效力。

表 2　　OCC 罚金（CMP）制度的矩阵模型（适用于机构）

分值	0	1	2	3	4	权重
意图	无		应当知道	忽略警示	直接或间接故意	7
公告后的持续性	公告前停止	公告时即停止	采取措施但公告后继续违反	未采取措施且公告后持续一段时间的违反行为	违反行为仍持续或公告后较长时间	5
掩饰、隐瞒	无隐瞒或自首	应要求坦白	不完全揭露相关事实和线索裁量	故意复杂化使得不易揭露	积极掩饰隐瞒违法行为和相关事实	6

① The OCC transmitted the 1998 FFIEC Interagency Policy in OCC Bulletin 1998 – 32, “Civil Money Penalties: Interagency Statement” (July 24, 1998); “PPM 5000 – 7 (REV)” (June 16, 1993); PPM 5000 – 27 (REV), “Civil Money Penalty Assessment for Delinquent or Inaccurate Call Reports,” (May 21, 1993), and OTS Regulatory Bulletin 18 – 3b, “Enforcement Policy Statement on Civil Money Penalties,” (December 3, 2009)

② OCC 于 2016 年 3 月发布了对银行业监管罚款的最新评估制度，对 1993 年发布以来的评估模型进行了完善。

续表

分值	0	1	2	3	4	权重
违法行为所致金钱或其他获利	无	银行最小的间接收益或相关利益	银行间接收益或相关利益	银行直接收益或相关利益	银行直接巨额利益	4
银行损失或风险	无	现实的最小损失和风险	适度的损失和风险	实质性适度损失和风险	巨额实质损失	4
银行经济损失以外的影响和损害	无	最小的影响和损害	适度的影响和损害	实质性适度影响和损害	巨额实质损害	5
对客户或公众的损失和危害	无	最小的损失和危害	适度的损失和危害	实质性适度损失和危害	重大实质危害	5
对类似行为事先的关注和采取的行政行为	无	关注任何缺陷或违反相关要求注意事项（MRA）	重复或曾经关注 MRA	曾采取非正式的执法行动	曾采取正式的行政行为	3
从事违法行为或相关趋势的历史记录	无违法记录	无关的违法记录	至少有一个类似的违法记录	虽无关不类似但反复的违法记录	相似的违法记录	3
公告前违法行为的持续时间或频率	一次性违法行为	违法行为持续6个月以内	数次违法或持续一年以内	经常违法或持续一至两年	常规性违法或持续两年以上	3
内控（IC）和合规（CP）的有效性	完善的内控和合规	略有瑕疵的内控和合规体系	内控合规体系存在一定的漏洞	存在一定无效的内控合规问题	内控合规体系存在缺陷	4

注：PPM 5000－7（REV）。

由表2可以看出，美国在银行业罚金制度的适用中，就公开的评估因素，有下列的可取之处：

1. 对“财产所得”采取笼统的规定。（1）所得包括直接所得和间接所得；（2）所得评估时不应扣除返还部分；（3）除金钱所得之外的利益，一些其他形式的获利也应当考虑在内；（4）个案中，和解令公布的基准数字，往往未以直接涉案利益金额作为明确的参考标准。

2. 权重显示，主观意图相关指标在各项因素中占据主导。表2中，前三项因素集中体现了机构违法行为的主观意图，包括意图衡量指标、规定公告后的持续性、对违法行为的掩饰隐瞒等因素。

3. 考量多项因素并考虑对经济金融秩序的影响，根据机构总资产分为七级评估罚金数额（见表3）。矩阵模型考量多种因素，并非只以有无违法所得或违法所得的多少认定违法行为的严重性，并非以违法行为作为计算罚款金额的唯一标准，评估矩阵及自由裁量因素模型更加丰满，虽在实践中取证和认定等方面，需要大量行政司法资源和金融专业知识，但无疑作为罚款数额认定过程中最为重要的一环，矩阵模型的全面性体现了英美法系国家在金融监管立法方面的经验。

表3　　基于矩阵模型得分和机构总资产建议罚款金额上限（美元）

矩阵得分	总资产 小于5千万	总资产 5千万~2.5亿	总资产 2.5亿~10亿	总资产 10亿~50亿	总资产 50亿~250亿	总资产 250亿~1 000亿	总资产 超过1 000亿
0~40	0	0	0	0	0	0	0
41~70	1万	2万	10万	30万	150万	500万	1 500万
71~100	2.5万	5万	25万	100万	500万	1 500万	3 000万
101~130	5万	10万	50万	200万	1 000万	3 000万	6 000万
131~160	10万	20万	100万	400万	2 000万	7 500万	1.5亿
161+	10万+ 总资产1%	20万+ 总资产1%	100万+ 总资产1%	400万+ 总资产1%	2 000万+ 总资产1%	7 500万+ 总资产1%	1.5亿+ 总资产1%

三、我国银行业监管处罚罚没条款中“违法所得”的适用

（一）我国银行业监管中“违法所得”的立法规定

在银行业监管法律中，《银监法》《商业银行法》《金融违法行为处罚办法》等各类已经作出了包括没收违法所得、罚款、责令停业整顿或者吊销经营许可证、警告、取消任职资格、禁止一定期限直至终身从事银行业工作等多种行政处罚规定，各行政规章及规范性文件在上位法授权的给予行政处罚的行为、种类和幅度的范围内亦作出具体规定。其中对没收违法所得及罚款多采用并处形式，规定有定额罚款和倍比罚款，基准一致地采用了“违法所得”。

《银监法》第四十四条对于“擅自设立银行业金融机构或者非法从事银行业金融机构的业务活动”的情况规定，处没收违法所得并处定额罚款或倍比罚款。第四十五条对“未经批准设立分支机构；未经批准变更、终止的；违反规定从事未经批准或者未备案的业务活动的；违反规定提高或者降低存款利率、贷款

利率”的情形，规定处没收违法所得并处定额罚款或倍比罚款。第四十六条对严重违反审慎经营规则的行为单处定额罚款。

《商业银行法》的“罚没条款”增加了对存款人和其他客户造成财产损害、违反国家规定从事相关投资业务、向关系人违规发放贷款的情形。针对配合监管和审慎经营条款情形则仍旧进行单处定额罚款。

《金融违法行为处罚办法》则对股权变更、超范围经营、账外经营、出具虚假金融票证、违法票据行为、存贷款业务、混业经营、违法投资等行为并处罚没；对抽逃出资和市场准入等事项单处罚款。

表4　法律法规中对于罚款和没收违法所得的规定

	单处罚款数额（万元）	罚没条款（万元）			
		条款	没收违法所得	适用情形	罚款数额
《银行业监督管理法》	20～50 10～30	44、45	✓	≤50	50～200
			✓	>50	>50＊（1～5）
《商业银行法》	20～50	73	✓	≤5	5～50
				>5	>5＊（1～5）
		74	✓	≤50	50～200
				>50	>50＊（1～5）
《金融违法行为处罚办法》	5～50 5～30 10～50	13	✓	0	10～50
				>0	＊（1～5）
		14	✓	0	5～30
				>0	＊（1～3）
		15	✓	0	5～30
				>0	＊（1～3）
		16	✓	0	10～50
				>0	＊（1～5）
		17	✓	0	5～30
				>0	＊（1～3）
		……			

（二）“违法所得”计算的实践探索

我国现行银行业监管立法体系虽然对于没收和罚款采用“违法所得”为统一基准，但对“违法所得”的计算并未有明确规定，实践中，各地银监局尚未形成一致做法。在银监会“强化监管处罚、坚持罚没并重”的要求下，上海银监局在行政处罚实践中，持续深入研究“违法所得”的内涵和外延，探索“违法所得”的数额认定和成本扣减问题。

1. 违法收入

在罚没实践中，不同业务对于业务收入的计算不同，且通常以实际收入为准，并结合业务协议约定收益予以核实认定。单笔中间业务以非利息收入为业务收入，单笔投资业务以投资收益为业务收入，在认定时，直接以金融服务相关手续费、服务费或相关收益的计算标准，以特定时间为计算时间点，计算实际获得的金额；在存贷款业务中，实际收入的计算较为复杂：（1）依据《商业银行法》第七十三条的罚没规定，需要确定以下数额：拖延、拒绝支付本金和利息的违法收入，非法查询、冻结、扣划存款的违法收入等；这些数额并非与每笔存款业务收入一一对应，如何认定，有一定的探索空间。（2）对违法发放贷款的行为，在不同的时间截点，依据等额本息还款方式和等额本金还款方式的不同、实际还款情况的不同等确定利息收入。

2. 成本扣除

参照银监会《银行业行政处罚工作补充规定》中的相关表述，上海银监局在已有的罚没案例中，对不同业务采取下列措施：（1）对超业务范围经营案件，不扣减成本。《银行业行政处罚工作补充规定》提出："未经批准或者备案非法从事银行业务的，银监会及其派出机构应当依法没收违法、违规行为获取的全部实际收入"，因此，对超业务范围经营案件产生的全部实际收入作为违法所得予以没收，不扣减成本。（2）对业务范围内的违规经营案件，扣减资金成本。根据《银行业行政处罚工作补充规定》第十九条"银行业金融机构在合法业务范围内违法、违规经营的，银监会及其派出机构应当依法没收相关违法、违规收益；违法、违规行为获取的实际收入和违法、违规收益的计算，应当以会计账册或者其他证据证明的实际入账数额或者确定发生的违法所得数额为准"的规定，对业务范围内的违规经营案件，没收相关违法违规收益（即全部实际收入扣除成本）。对于扣除成本，上海银监局已有案例选择当期人民银行活期存款基准利率确认资金成本。

四、我国银行业监管罚没制度完善的相关思考和建议

（一）"违法所得"应扣除哪些合理支出

银监会《银行业行政处罚工作补充规定》中对于"没收违法所得"的适用虽已有规定，但如何进一步完善和统一罚没基准，确定"违法所得"的数额认定和罚没基准，仍应当考量下列主要因素：

1. 直接成本

对于成本如何扣除，实践和法律规定不尽相同。从会计学角度，利润的计算首先应当扣减主营业务成本，商业银行的主营业务成本主要在于支付的存款利率等，即资金成本。而资金成本与资金收入并非一一对应，所以对于扣减成

本如何认定，存在不同方案，各有利弊：

（1）按最低成本原则，以当期人民银行活期存款基准利率确认资金成本。

（2）按资产负债期限匹配原则，以当期人民银行定期存款基准利率确认资金成本。

（3）按平均资金成本原则，以上市银行年报披露的付息负债平均成本率确定资金成本。付息负债平均成本率=当期利息支出/付息负债日均余额，付息负债包括客户存款、同业存拆放款、已发行债务和向央行借款。需要关注的是：第一，该方案需要以审计数据为基础，未经审计的比率以监管部门现有手段无法核实其真实性和准确性；第二，审计数据有滞后性，无法取得当期付息负债平均成本率，需采用上期审计数据；第三，获取平均资金成本率系法人银行并表数据，与处罚当事人（分行或支行）数据可能并不一致；第四，非上市银行的数据较上市银行难获取。

（4）按当期人民币一年期同业拆借利率确认资金成本。该方案变相认可了将短期拆借资金用于中长期贷款，且期限不匹配。

（5）按当期国债收益率确认资金成本。需要指出的是，国债收益率属于资金的机会成本，是资金使用的收益率，本质上不是资金成本。

（6）按银行内部 FTP 确认资金成本。但 FTP 属于内部资金转移价格，不能代表市场公允价格，不宜作为抵扣资金成本的标准。

在上述诸多方案中，采取何种选择，应当考虑：第一，不同案例中资金运作期限长短不一，很难按资产负债期限匹配原则找到对应的成本利率；第二，“一行三会”系统处罚案例中均未有扣除资金成本的先例，如何扣除成本尚不明确；第三，不同的吸存方式，利率不尽相同，并不能与违法收入一一对应；第四，扣除的资金成本应具有公允价格，且计算简便易懂。

2. 税费

会计学上，应当在计算利润时首先扣除主营业务税费。商业银行在一定时期内取得的营业收入和实现的利润，必须按照税法的规定缴纳各种税金，不同税费的缴纳基准、期限和会计记账均有所不同。这些应缴的款项在未交之前暂时停留在本银行，形成一项负债，而这些负债的具体金额则需视银行的经营状况才能确定。

所得税具体金额必须等到银行会计期间终了，计算出盈亏总额（利润或亏损总额）后才能确定，因此无法与违法收入对应；增值税应计算销项税额扣除进项税额的差额，销项税额按销售额和税率计算，与业务逐项对应，而进项税额是按总体成本价格和扣除率计算，无法与收入一一对应；印花税则根据每笔业务发生额缴纳，与违法收入一一对应。因此，所得税、增值税与业务收入无法逐笔对应，不予扣除，但印花税与业务收入有对应关系，在计算违法所得时应予以扣除。同时，对于已缴纳的印花税，凭纳税凭证当然扣除，而未实际缴纳的税费，如在未来确需缴纳，则宜考虑事先扣除。

3. 管理费用、营业费用、财务费用等间接成本

会计学上，在计算净利润时，对于企业法人的间接成本，包括管理费用、营业费用、财务费用等应当扣除。而在银行业金融机构违法经营处罚实践中，已形成较为一致的观点，即对间接成本不予扣除。

（二）“违法所得”适用中相关问题的明确

1. 没收违法所得后机构又取得后续违法所得的，可以再次没收。专家理论有下述观点：（1）认定违法所得时，可将合同约定的可得利益作为计算基数，增加处罚威慑力。（2）可将确定取得的违法所得列入没收范围，不确定是否能够取得的，不计算在内，监管机构可在后续违法所得产生后再次没收。（3）没收违法所得前应当先责令机构清退现有违法所得，同时通过责令停止合同履行阻断后续违法所得产生的可能性；责令改正后依然产生违法所得的，可以再次没收。（4）行政处罚决定书中可以保留没收后续违法所得的权利，将处罚问题转化为执行问题。后三种观点，对没收违法所得给予充分考虑和论证，但在罚没条款中，对后续违法所得未作罚款倍比处理，操作方式需相关规范性文件进一步明确。

2. 已经清退的费用不应计算在违法所得范围内。违法违规机构已经清退的费用，不应被认定为违法所得；同时，在没收违法所得时应当注意消费者和善意交易对手的权利保护，避免与民争利。2017 年 3 月 15 日通过的《民法总则》第一百八十七条同样确定了“民事优先”原则，即“民事主体因同一行为应当承担民事责任、行政责任和刑事责任的，承担行政责任或者刑事责任不影响承担民事责任；民事主体的财产不足以支付的，优先用于承担民事责任”。因此，在银行业监督管理机构的处罚实践中，明确了银行业金融机构违规行为涉及无过错的客户或者第三方的，监管部门应先责令该机构清退相关费用，再收没收剩余违法所得。

（三）银行业监管中没收违法所得并处罚款的政策建议

规范对“没收违法所得”并处罚款的适用，统一违法所得的认定标准，解决罚没制度中存在问题的，笔者结合银监会审理意见及相关处罚实践，提出如下建议：

1. 对《银监法》《中国银监会行政处罚办法》等具体规定，建议通过规范性文件的形式，明确“违法所得”的概念、计算方法，对如何计算业务收入、是否扣除成本等问题进行统一。例如规定：银行业监督管理机构认定的违法所得是指银行业金融机构违反《银监法》《商业银行法》等相关规定，从事银行业业务的业务收入，扣除/不扣除业务成本，并规定“业务收入”和“业务成本”，

“业务收入”可规定为约定收入或实际收入。课题组倾向于在过罚一致的原则下，从适应经济水平、提升监管质效、节约执法资源、简化数额认定的角度，规定违法所得。

2. 统一罚没的裁量基准，建议在即将出台的银行业行政处罚裁量基准的相关规定中，对定额罚款数额、倍比罚款的倍数的认定基准进行明确。对于是否借鉴英美法系裁量矩阵的因素，将机构违法违规行为的主观意图、资产规模、社会影响、涉案金额、违规记录等内容纳入相关规定，仍需进一步探讨。

3.《银行业行政处罚工作补充规定》虽然规定了没收违法所得的主要标准以及合法业务范围内“扣减成本”的基本原则，但对于哪些成本属于可扣减的范围、扣减标准仍缺乏可操作性的细化规定。特别是银行业务成本多为资金成本，资金收入与成本没有一一对应关系，很难按照资产负债期限匹配原则找到相对应的成本利率，且成本计算有多种口径，各行计算口径不一致，因此更需要对此予以统一、规范。

课题组组长：马立新
课题组成员：陈颖、张剑、单亮、陆海天、
郑亮、胡淑敏、李莉
执笔人：胡淑敏

探索规制全面管理体系　更好提升规制执行成效

——基于对银行网点规制执行情况调研的思考

摘要：做好规范性文件的制定和实施工作是贯彻党中央国务院关于全面依法治国、建设法治政府的总体规划与战略部署的重要环节，上海银监局结合规制执行调研中发现的问题和情况，对进一步提升监管规制执行质效提出了相关的建议。

党的十八大以来，以习近平同志为核心的党中央提出了全面依法治国的新理念新思想新战略，开辟了全面依法治国理论和实践的新境界，开启了中国特色社会主义法治的新时代。作为地方银行业监督管理部门，积极贯彻落实党中央国务院关于全面依法治国、建设法治政府的总体规划与战略部署，其中重要的一个环节，就是做好规范性文件的制定和实施工作。

规范性文件（以下简称规制）是监管部门部署政策要求，约束被监管机构业务和人员行为，引导被监管机构良好创新发展的重要工具，也是唯一可由地方监管部门自行制定并可作为监管执法依据的法律文件，其重要性不言而喻。近年来，面对复杂多变的外部金融环境，上海银监局作为地方银行业监督管理部门，遵照中国银监会加强依法行政、简政放权等相关工作要求，不断加强规制管理，通过设置规范审核关口、强化集体审议、及时提请备案、开展动态后评估和实施定期清理等举措，夯实规制管理基础，提升规制规范性、前瞻性和有效性，经过一段时间的实践和探索，逐步形成一套行之有效的地方金融监管部门规制“事前、事中、事后”全流程的管理模式。在全流程管理模式下，近年来，上海银监局制定出多部规范银行经营发展、引导银行有效创新的具有普适性、持续性的监管规制。

制定和执行永远是判断规制好坏成败的两个方面，密不可分，互为支撑。在做好规制制定的同时，上海银监局持续关注规制执行成效，不断加强通过规制传导监管意图的实时性和有效性。为了解监管规制的贯彻落实情况，判断现有的规制是否对在沪银行业金融机构起到了良好的监督、指导和约束作用，近期，上海银监局在辖内选取部分银行开展了规制执行情况调研。

一、规制执行调研发现的情况和问题

银行的支行网点是监管规制贯彻落实的基层和终端，传导路径最长，网点对监管规制的知晓和执行情况直接影响监管规制的目标成效，因此上海银监局选取了辖内部分机构网点进行直接走访，通过座谈的方式与支行网点负责人和支行一般员工了解情况，查阅相关记录和资料，以获取实际情况。调研所走访网点，业务规模和员工人数在所选银行的网点中基本都属中上水平，具有一定的行业代表性，调研结果也基本反映了上海银行业金融机构对监管规制执行的普遍状况。通过调研发现，整体上，机构对监管规制的重视程度和执行情况逐年提升。各家银行与网点之间都建立了明确清晰的监管规制传导路线，确保了监管要求及时有效准确地传达到各个银行网点。所有被调研银行对监管规制贯彻落实都做到了有举措、有成效；大多数网点将监管规制的学习纳入日常学习培训内容，部分银行还将监管要求纳入员工考试题库，覆盖到全部网点一线员工，做到了“外化于形”；部分银行还将重要监管规制要求修订进本行内部制度和规定，体现出监管要求的逐渐“内化于心”。全部被调研网点都认为，上海银监局监管规制对网点在强化内部业务管理，提升风险意识，保障网点安全平稳运营起到良好成效。不过调研也发现，银行在理解掌握和执行监管规制中尚存在一些认识不到位、理解不透彻、执行不分类等亟待改善的问题。

一是机构对监管规制与一般性监管文件的界定仍存在模糊。从调研情况来看，银行在贯彻和执行监管要求的过程中，尚未能有效区分规制类监管要求与非规制类监管要求。对那些实际上是属于提出监管指引、风险提示或良好行为规范导向等的监管红头文件也作为监管规制，加以强制要求贯彻实施。这种模糊认识，直接导致网点对所有监管文件均眉毛胡子一把抓，造成条条要遵守、件件要落实的忙碌局面，给基层带来监管要求过多、过繁，执行过累、压力过重的错误认知，同时也加大了一线员工的工作负荷。

二是对规制条文理解不透，影响规制执行。调研发现，网点对一些规制内容理解不准确、不到位，甚至发生偏差，对既定的监管目标实现造成困难。比如，个别银行将一些监管规制明确的监管指标与绩效考核进行挂钩，容易造成这些监管指标因人为因素影响而失真，导致这些监管指标的分析基本失去意义。同时，网点在执行监管规制过程中如果遇到问题，也较难寻找到有效的解释和答复渠道。

三是部分银行落实监管规制重形不重质，影响规制执行。从调研情况看，虽然银行都能够及时转发监管规制，但不提具体落实意见，照抄、照搬、照转的情况依然存在；有的银行虽然提出细化转发意见，但往往就是层层加码，提出切实可行“自选动作”的不多。支行网点对于监管要求的贯彻学习，也主要停留在读、抄、背的“小学生”阶段，解读研究分析的少，形式活泼多样的少，难以契合当前“80 后”、“90 后”为主流的银行网点员工认知习惯，容易造成“学”与“做”的脱节。

二、关于进一步提升监管规制执行质效的思考

习近平总书记在十九大报告中指出，“深化依法治国实践”。“全面依法治国是国家治理的一场深刻革命，必须坚持厉行法治，推进科学立法、严格执法、公正司法、全民守法。”这充分说明全面依法治国的必要性和艰巨性，当前依法治国仍然“在路上”。具体到从监管规制角度来看，地方银行业监管部门的规制建设之路，也同样任重道远。虽然调研验证了沪上银行对监管规制的整体执行情况良好，但部分规制的落实成效距离政策预期仍存在差距，这既有银行自身问题，同时也提示监管部门需要不断转变监管理念和监管方式，进一步提升监管规制执行质效，完善当前规制管理机制，建议可以在适当时机进行以下尝试。

第一，尝试明确一个标准。即监管部门应对不同性质的监管文件，明确不同的执行标准。其中，监管规制应该比照监管意见书、行政处罚决定书和现场检查意见书等，执行标准应为最高、最严，不仅应要求银行必须强制执行、严格遵守，还应要求银行将相关监管规制要求固化、细化进内部操作规程或工作制度。同时，还必须通过现场检查、规制后评估等方式验证监管规制的落实情况。而对于非规制类的原则导向监管文件要求，其贯彻执行标准应次于监管规制，可以要求银行结合自身实际情况参照或比照执行，同时鼓励银行结合自身情况进行细化。对监管要求进行明确分级，一方面可使机构进一步明确监管部门所传导的监管意图，方便机构更好执行、领会和贯彻文件内涵，有效降低基层网点在执行过程中的压力和困惑，而把更多资源和精力配置到重点监管要求和关键领域之上；另一方面也可让监管人员能够有效区分各级监管要求的效力，更好把握监管尺度，提升监管效率。

第二，尝试实施一项创新。即尝试在监管规制加入“落日条款”（sunset clause）的设定。“落日条款”是指在立法初期即对法律有效期限进行预判，对法律进行限时，时限一到法律当然失效。“落日条款”被广泛运用于国际法律规定之中，一般有效期设为 5 年。从立法实践看，如果一个规制在 5 年的时间内设有得到被规范对象的有效贯彻或落实，未达到制定时的预期目标，那么其条文内容一定存在问题，理应进行修订或宣布废止失效。上海市政府在《上海市行政规制制定和备案规定》（政府令 2016 年第 46 号）中已经明确市府部门发布的规制有效期为 5 年，过期后必须重新颁布，否则自动失效。在金融监管部门先行先试“落日条款”，不仅可敦促监管者提升规制执行的紧迫感和责任感，而且有助于调整银行的心理预期，减缓银行面对各类监管要求所形成的疲劳情绪和

执行压力。

第三，尝试建立三项机制。一是建立监管规制的评估机制。从目前情况看，大多数的监管规制在下发后都缺少系统性的评估，监管规制在机构内部执行的情况如何、效果如何，都没有形成良好的信息回馈机制。建议金融监管部门可以统一组织开展对现有监管规制和监管要求执行情况的后评估工作，定期形成重要规制执行评估报告并辅以相关现场检查动议，以检验规制执行成效，强化监管权威。二是建立对监管规制的双向培训机制。双向培训，即是对银行进行培训，同时也对监管者自身进行培训。对银行而言，培训从某种意义上可以替代监管督导和检查，有利于银行更深刻领会理解规制背后的监管意图，提升银行对监管规制重视程度，督促银行更好吃透和落实监管要求，从而提升规制的执行力。对监管者而言，了解和掌握可以作为执法依据的规制的内涵亦相当重要，培训有利于监管人员更好运用监管规制开展监管工作。三是对监管规制的解释答复机制。对行政规章制度进行解释答复，是依法行政的重要环节，也是监管服务应有的内涵。对出台的监管规制配套解释答复和畅通咨询渠道，可在一定程度上减少或避免因理解不当而造成的违规问题发生。同时，通过畅通咨询渠道，能够更多了解银行对规制建设的立项动议，尤其是在业务创新等方面，使监管规制可以在系统内先行先试，更好营造辖内有法可依的银行发展环境。

作者：田伟

非居民账户监管研究

摘要：随着中国经济金融不断对外开放，各类“走出去”和“引进来”经贸活动日益活跃，非居民金融服务发展诉求亦不断上升。目前，境内银行可通过三类账户服务境外非居民机构，即离岸账户（OFFSHORE ACCOUNT，以下简称 OSA）、境外机构境内账户（NON－RESIDENT ACCOUNT，以下简称 NRA）、境外机构自由贸易账户（FREE TRADE NON－RESIDENT，以下简称 FTN）。这三类账户均为境外非居民机构在境内银行开立的账户，本文统称其为非居民账户。然而，由于三类账户分别归属不同的监管部门，因此运作规则、特点各不相同，银行在开展非居民业务时往往根据业务特点、客户需求及自身利益等，相机选择不同的非居民账户作为业务开展载体。就此，监管人员开展深入调查分析，挖掘银行选择账户的内在逻辑与动因，以发现可能存在的监管套利空间及风险隐患，进而对改进和加强非居民业务监管、促进非居民业务又好又快发展提出政策建议。

一、三类非居民账户比较

总体而言，OSA、FTN、NRA 三类非居民账户的共同点在于：开户主体都是境外主体，账户内的资金性质视作境外，与境外账户或者其他非居民账户之间的划转较为自由。但与境内账户的往来则视同跨境，对境内主体来说，向非居民账户划款或从非居民账户收款，视作向境外的划款或者收款，需要相应的交易背景，并进行国际收支申报，而真实性审核的责任主要由境内银行承担。三类账户的不同点，源于不同监管部门的规则差异，并进而对银行、客户带来不同的影响。

（一）从监管的维度看，不同账户所归属的监管部门不同，因而所遵循的基本规则有重大差异

一是分属不同监管主体，各主体对于非居民业务有不同的监管目标和考虑，导致在规则设计上重点不一。如人行对于 FTN 账户想赋予其跨境投融资创新试验的功能；外管通过对 NRA 账户功能的拓宽希望扩大外汇资金的境内使用；银监会通过 OSA 账户培育境内金融机构的国际竞争力。

二是账户性质及业务管理规则不同。OSA 账户是离岸账户，在业务管理上较为灵活，多参照国际惯例。而 NRA 账户和 FTN 账户是在岸账户，需严格遵守

境内法律法规。在账户管理方面，NRA 多采取传统账户管理模式：例如，通过月度、季度报表等，监管对于整体资金流动和风险把握有一定滞后性；又如，对于特殊业务，如沪港通业务熊猫债募资账户等，主要通过专户的形式管理。FTN 账户通过建立分账核算系统，监管部门可以及时（T+1）收取底层数据，便于监管按照宏观审慎管理要求，及时准确跟踪跨境资金流动情况，切实做好事中事后监管，为未来可能开展的先行先试业务奠定监管基础。

三是账户独立性及资金来源运用不同。OSA 账户单独建账，自求平衡，在银行端与境内资金完全隔离，资金来源与运用类似海外分行（OSA 账户可向境内居民企业提供离岸直贷业务，但需要占该企业的外债额度）。NRA 账户未实行分账管理，在银行端与境内联通，即银行 NRA 账户可使用总行资金，也可将剩余资金上存总行。FTN 账户实行分账核算，可在满足一定条件下与境内实现有限渗透，如允许总行在一定额度内给予 FTN 账户人民币资金支持，这使得 FTN 的人民币资金成本有较大灵活性，如果境内市场资金成本低，则可向母行拆借，反之，则可向境外拆借。总体而言，从三类账户的资金来源运用独立性看，OSA 账户最强，FTN 账户次之，NRA 账户最弱。此外，在客户端，三类账户中的非居民与一般居民账户进行交易时均视同跨境交易，并进行国际收支申报。

（二）从银行的维度看，不同账户所涉及的政策红利不同，因而对运作成本带来重大差异

一是开户机构范围不同。OSA 账户开立只限于招商银行、交通银行、浦发银行、平安银行四家获得相关牌照的银行；NRA 账户则属于通用账户，境内任何中外资银行均可以提供账户开立服务；FTN 账户则限于上海辖内通过人行分账核算业务验收后可提供相关服务的机构（截至目前，获得 FTN 业务经营资格的机构共有 56 家）。这意味着部分机构仅可通过 NRA 账户开展非居民业务，NRA 账户是机构获取非居民客户最为广泛的渠道。

二是存款准备金缴存规定不同。OSA 账户因被监管视为离岸账户，因此豁免缴纳存款准备金，而 NRA 账户和 FTN 账户因纳入在岸账户监管，均需要缴纳存款准备金。由此，带来三类账户资金成本的差异。

三是利息税缴纳规定不同。OSA 账户无须缴纳利息税，而 NRA 账户和 FTN 账户均须代扣代缴非居民利息所得税。（《中华人民共和国企业所得税法实施条例》第九十一条规定，非居民企业取得的利息收入，减按 10% 的税率征收企业所得税。港、澳等与境内签署了相关税收协定地区，企业所得税按 7% 征收）而非居民在香港金融机构的存款所获利息可获豁免缴纳利得税。

四是外债管理规定不同。OSA 账户和 FTN 账户的存款不纳入银行短期外债指标。而 NRA 账户下的外币存款占用银行的稀缺的短债额度，因此外币 NRA 资金的规模有限。但近一年多来，在“扩流入”的政策导向下，根据人行 2017 年

下发的《关于全口径跨境融资宏观审慎管理有关事宜的通知》（银发〔2017〕9号），本外币 NRA 存款列入了跨境融资的豁免项，以鼓励银行通过 NRA 账户吸收更多的境外资金用于境内。由此，目前三类账户的外债管理规定趋同，即均不占银行外债指标。

（三）从客户的角度看，不同账户所承载的功能不同，因而带来的便利性有重大差异

一是开户对象不同。OSA 账户包括机构账户和个人账户，NRA 账户和 FTN 账户仅包括机构账户（在 FTN 体系内还存在 FTF 的境外个人账户类型，但目前因受政策所限，除了尝试性开展过理财等业务外，基本未开展实质性业务）。因此，从账户的服务对象看，OSA 账户覆盖最为全面。

二是账户币种的差异。OSA 账户仅可经营可自由兑换货币，不包含人民币；NRA 账户虽包含人民币与外币功能，但由于外币 NRA 账户与人民币 NRA 账户的管理部门分属外管和人行，因此在账户监管思路上有着一定的差异，NRA 账户并未真正实现本外币一体化经营；FTN 账户是一个真正意义上的本外币一体化管理账户，企业可开立多个、多币种 FTN 账户并在不同的 FTN 账户之间自由划转资金，由人民银行制定规则并负责管理。因此，从本外币一体化运作的程度看，FTN 账户优势明显。

三是账户功能不同。从存款类业务及理财类业务看，OSA 账户、FTN 账户留存资金可存活期、定期及办理理财业务，理财业务投向境外的部分需参照 QDII 的规则进行管理。外币 NRA 账户资金可办理活期、定期、结构性存款，人民币 NRA 账户资金也可以活期转定期，但 NRA 账户资金一般不能办理理财。从资产类业务看，OSA 账户和 FTN 账户可以办理贷款、贸易融资等业务；NRA 账户可办理贸易融资业务，但原来一般被认为不能办理贷款业务，但目前外管允许辖内银行通过事先报备制度的方式，开展贷款业务。从中间业务上看，三类账户均可办理跨境结算、汇款、货币兑换等业务，但由于 OSA 账户中未有人民币，因此不能办理人民币与外币的兑换业务，仅能办理外币间的兑换业务。

四是结售汇政策价格差异。OSA 账户为单币种账户，无结售汇功能，可办理外汇间的买卖。NRA 账户在经审核交易背景后，客户可办理结售汇，参照境内（CNY）市场价格。FTN 账户项下同样在审核交易背景后可办理结售汇，结售汇价格则参照境外（CNH）市场的价格。

综上可见，就监管维度而言，OSA 账户的监管最为宽松、自由化程度最高；FTN 账户的监管较为严格、精细，必须遵循境内现行法规，实现了银行与监管的“T+1”信息系统对接；NRA 账户同样必须遵循境内现行法规，但主要采取传统的报送报表的监管方式。相比之下，FTN 账户的监管较为严谨、及时、有效。就银行和客户维度而言，OSA 账户的运作最为自由、成本最低，但只能经

营外币业务，无法实现本外币一体化运作，不利于同时利用境、内外两个市场的资金资源；FTN 账户的本外币一体化优势明显，且可经营各类业务，但因须遵循境内现行法规，业务规则与境外有较大差异，另外与非 FTN 之间的跨境往来管制较严，仅限于“四种情形”① 和人民币，因此自由度和便利度受到较大限制；NRA 账户开立较为方便，受众范围最广，存量业务较大，但可经营的业务品种较为局限，本外币一体化程度不足，服务的自由度最弱。

二、账户选择逻辑

基于三类非居民账户的上述差异，银行在具体开展非居民业务时，往往会根据客户需求、业务特性、考核需要等因素，有针对性地选择不同的非居民账户开展业务，由此形成跨账户的监管套利，进而带来跨境、跨市场的套利空间。

（一）基于客户业务性质的账户选择逻辑

1. 贷款用途

贷款用途的监管差异是银行和客户选择非居民账户的重要动因之一。从账户属性上看，NRA 及 FTN 账户是在岸账户，需遵守境内的法律法规，而 OSA 账户是一个离岸账户，可以参照国际惯例开展业务。这在 1997 年人民银行发布《离岸银行业务管理办法》中第七条有明确规定——“银行应当按照本办法经营离岸银行业务，并参照国际惯例为客户提供服务”。在实际操作中，银行也是遵循这一原则。这就造成了 FTN 与 OSA 账户监管标准的重大差异，OSA 账户的监管要求相对灵活，尤其体现在国际惯例与境内规则在对贷款用途要求上的不同。

在境内，相关法律法规对于贷款用途有严格的限制，尤其是股本权益类贷款。根据境内《贷款通则》规定，贷款不得从事股本权益性投资，国家另有规定的除外。目前，在“另有规定”上，国家仅通过下发《商业银行并购贷款风险管理指引》（以下简称《并购贷款指引》）在并购性质的权益性投资领域放开了对贷款的限制，同时要求“并购交易价款中并购贷款所占比例不应高于60%”“并购贷款期限一般不超过七年”。此外，境内对于贷款用于限制性行业，如房地产行业也有诸多要求。而在境外，除了有反洗钱、反恐怖融资和反逃税的要求外，往往对贷款用途没有具体的限制，且对并购贷款的成数和年限也没有特殊规定。

贷款用途的监管差异成为银行和客户选择账户的主要因素。例如，客户通

---

① 同一非金融机构的 FTN 账户与其境内其他银行结算账户之间的人民币资金划转（即同名账户的跨区人民币资金划转），在符合以下四种情形及金融机构的真实性审核要求下，可以自由进行，无须监管部门事前审批，没有额度限制。这四种情形是：一是经常项下业务，二是偿还自身名下且存续期超过 6 个月（不含）的上海市银行业金融机构发放的人民币贷款，三是新建投资、并购投资、增资等实业投资，四是人行规定的其他跨境交易。

过 OSA 账户参照国际惯例获得各类股本权益类贷款，包括 PE 投资机构贷款、股东分红类贷款等。

2. 币种需求

币种是客户选择账户的重要因素之一，这在人民币趋于贬值的区间尤为突出。2015 年“8·11”汇改后，人民币总体趋于贬值，因此，在负债的币种选择上，相对于美元等强势货币，企业往往倾向于选择人民币贷款，且大部分“走出去”企业的主业均在境内，未来的收入来源多来自于境内人民币收入，为了使未来的收入与负债币种相匹配，因此不少“走出去”企业的境外贷款希望以人民币计价，获得贷款后在 CNH 市场上兑换成美元等可自由兑换货币，向对手方支付交易对价。

对于企业的上述需求，OSA 账户由于币种限制无法提供人民币贷款服务，而 FTN 账户及 NRA 账户是多币种账户，在币种上可满足客户的人民币及外币的多种需求，有利于客户规避汇率风险。

3. 结售汇便利及价格

从结售汇便利性上看，OSA 账户为单币种账户，无结售汇功能。总体而言，FTN 结售汇便利度大于 NRA 账户结售汇便利度。例如，在 FTN 账户中，对于有外汇需求的企业，银行在把握交易真实性的前提下可提前为客户购汇，锁定汇价；而在 NRA 账户中，必须要真实交易发生后，银行审核单据的基础上，才可以购汇。此外，只有自贸区内的银行才可以办理 NRA 的结汇业务，且结汇后人民币资金必须马上汇入境内，不能停留在 NRA 账户中。NRA 账户较为严格的结售汇要求主要是因为 FTN 账户的汇率价格参照的是境外市场价格，而 NRA 参照的是境内市场价格，对 NRA 账户从严管理可以一定程度上减少套利行为，控制大额汇兑对国内市场的冲击。鉴于以上区别，客户一般会根据自身需求对账户进行选择，对于无结售汇及币种需求的客户，往往更倾向于便捷程度更高的 OSA 账户。有结售汇需求的客户往往会选择同时开立 FTN 及 NRA 两种账户，根据境内外汇率价格差选择在更有利的市场办理结售汇业务。

4. 资金划转便利性

账户资金便利性也是客户选择账户的因素之一。OSA 账户内资金与境外账户之间划转无需审核单据，可凭客户指令直接办理，多数客户通过网银系统即可直接操作。因此，在便利性上客户体验较好。FTN 账户及 NRA 账户与境外账户的资金划转需要银行按照“展业三原则”，审核相关单据，保证交易真实性，一般需要到柜台落地办理，目前无法通过网银凭客户指令划转，便利性相对较差。此外，为了防止套利，防控跨境资金流动风险，监管对于 FTN 和 NRA 这两类在岸、但可有限跨境渗透的账户的资金划转有一些特殊规定。例如，人行要求 NRA 人民币账户不能收取境外同名账户划转资金；FTN 资金跨二线划转必须以人民币形式等。因此，对于与境外账户有频繁划转要求的客户，如仅有外币需求一般较多使用OSA账户，如同时包含人民币需求，一般会选择FTN账户。

5. 资金保值增值需求

资金保值增值方面，OSA账户的优势在于可以办理活期、定期及理财业务，利息所得可豁免缴纳利息所得税，但无法提供人民币服务，因此有外币增值保值需求的客户一般首选OSA账户。FTN账户的优势在于有与OSA同样上述的负债类业务范围，且可本外币一体经营，但无税收豁免优惠，须代扣代缴非居民利息所得税。而NRA账户负债类业务品种有限，只能办理定期及活期业务，且无税收豁免优惠，因此保值增值功能最弱。因此，相较之下OSA账户对吸收非居民的外币资金占据优势，但本币方面则FTN账户优先。

（二）基于银行自身原因的账户选择逻辑

1. 资金来源及成本

一是资金来源不同造成价格差异。NRA账户中的本外币资金除了存款外，来源于总行司库，属于境内资金，一般参考境内的外币及人民币FTP价格。而OSA及FTN账户中的外币资金与境内市场完全隔离，除了部分存款沉淀外，多来源于境外市场拆借，资金成本一般参照当期境外该币种资金成本。FTN账户中的人民币资金除了存款外，可来源于境外拆借，亦可来源于总行资金。非居民账户的外币资金成本差异主要取决于境内外价格差异，在目前境外金融市场普遍流动性宽松的情况下，外币的境外融资成本总体低于境内，FTN及OSA账户的外币资金成本一般比OSA账户低。就本币而言，NRA账户的资金成本与境内基本一致，而FTN账户本币的资金成本，受到境内外人民币成本的综合影响，目前由于人民银行对人民币外流采取一定限制措施，离岸人民币资金价格高于境内，FTN账户的人民币账户资金更倾向于依赖总行的支持，例如2017年11月末FTN账户负债总额6 883亿元人民币，其中系统内往来负债（主要总行支持，部分来源于境外分行）4 286亿元人民币，占比高达62%。这就使得总行支持力度成为造成人民币资金成本差异的第二个重要因素。

二是总行支持力度。在FTN账户初建时期，不少银行总行为了鼓励支持FTN账户的发展，对FTN账户的人民币资金成本有一定的优惠，造成部分银行FTN账户中人民币贷款利率低于境内价格（可达20BP）。在人民币贬值压力较大的特殊时期，为了防止资金外流，人行对各银行总行流入FTN账户内的人民币资金采取了额度限制（如不能超过某一时点总量）及使用限制（如仅可用于区内企业FTE的贷款）等窗口指导政策。目前，随着人民币贬值压力的缓解，此类政策已基本取消。此外，在信贷额度受宏观调控影响趋于紧张的时期（如2017年末），各家银行总行普遍对FTN账户的资金成本方面已无倾斜政策，与境内FTP基本持平，目前仅个别银行的总行对FTN账户仍有一定的资金价格优惠政策。

2. 账户权限及考核

不同银行对三类非居民账户的管理方式及权限设置方式有所不同。

一是管理与权限。OSA 账户业务的分行贷款权限一般较小，基本由总行离岸部直接管理，虽然政策允许总行离岸部授权自贸区分行办理 OSA 业务，但据了解，OSA 账户的利率定价权、审批权等关键权限基本掌握在总行离岸部，分行多作为业务拓展及基本操作部门。FTN 账户业务一般落地在分行，分行权限相对较大，部分银行如建设银行等反映，与其他账户相比，分行在 FTN 账户有较大的利率定价权和审批权，因此此类银行的非居民信贷业务大多通过 FTN 账户开展。但也有个别银行如上海银行的 FTN 账户落地在总行，分行反映 FTN 账户的权限较小，需逐笔审批，因此更倾向于使用 NRA 发放非居民贷款。就 NRA 账户而言，各家分行的贷款审批权限基本与传统账户相似。

二是记账与考核。各家银行对于三类账户的记账方式（如账户是否落地在分行）、考核方式（如利润是否落地在分行）等也直接影响银行对三类账户的选择。大部分银行更倾向于选择账户、利润考核均落地在分行的账户类型（如 FTN 账户和 NRA 账户），而对于 OSA 账户的选择较为谨慎。

总之，由于各家银行在三类账户管理路径、权限、考核等方面不尽相同导致行际间账户选择倾向性差异较大，各行的业务量在三类账户的分布上有所不同。

3. 额度限制

监管机构各类监管指标及额度管理对三类账户的计算标准差异也是银行选择账户的动因之一。

一是 MPA 广义信贷增速。人行 MPA（Macro Prudential Assessment，宏观审慎评估体系）考核的广义信贷增速指标中不包含 OSA 账户内的数据，而 FTN 账户、NRA 账户中的信贷增规模要纳入 MPA 广义信贷增速考核指标中。对于大多数银行，尤其是中小银行而言，MPA 广义信贷增速的监管要求在一定程度上约束了其业务增量，因此从银行总行的角度看，有动力鼓励分支机构多开展 OSA 业务，以节约信贷规模占用，同时压缩对 FTN 和 NRA 的资金与价格支持。

二是外债额度。早期控流入阶段，NRA 存款需要占银行的稀缺外债指标，多数银行，尤其是外资银行一般不建议客户将外币存放在 NRA 账户中。2017 年，为了促流入，人行在《关于全口径跨境融资宏观审慎管理有关事宜的通知》（银发〔2017〕9 号）已将本外币被动负债列入了豁免项目，NRA 存款不再占用境内银行的全口径外债额度。至此，在外债额度方面，三个账户政策已基本拉齐，所有类型的非居民账户余额均不占用境内银行的外债额度。

三、风险隐患及政策建议

（一）三类账户监管套利空间及风险隐患

1. 跨部门监管套利

由于三类账户的监管规则不同，产生套利空间。从规则上看，OSA账户属于离岸账户，业务规则参照国际惯例，如国际上对贷款的行业投向、用途等方面没有具体要求。FTN账户及NRA账户则属于在岸账户，需要遵守境内法律法规及政策要求。从实操上看，监管对OSA账户关注较少，仍然沿用1997年出台的《离岸银行业务管理办法》，人民银行与外管局基本不对其业务进行要求，银监部门在日常监管中也很少关注，主要是总行层面的法人机构并表监管，上海局通过区域特色报表每季度收集基础数据了解基本情况，现场检查方面也很少涉及该账户业务。而FTN账户及NRA账户是在岸账户，人民银行、外管局出台的相关的监管要求较多，银监部门也要求这两类账户中的业务必须遵守境内的法律法规，对于服务非居民的金融业务并未有特殊政策，这在一定程度上制约了境内机构为非居民提供全方位金融服务的能力。因此，凡是涉到境内外监管规则有冲突的非居民金融服务，如小股权类贷款、超比例限制的并购贷款等，银行和企业通常选择OSA账户办理业务，若没有OSA经营资格的银行，则无法通过FTN、NRA开展此类业务。针对这一情况，目前上海银监局通过创新互动机制，支持个别银行在符合国家政策导向、服务实体经济的前提下，就非居民金融服务创新等领域，通过充分监管沟通，以个案试点的方式在FTN和NRA账户中先行先试。

以“走出去”企业的境外股权融资贷款为例。银行一般通过三种方式为“走出去”企业在境外设立的平台公司即非居民客户提供融资服务：一是纯境外贷款：以内保外贷的形式，由境外分行发放贷款。二是纯离岸贷款：通过OSA账户发放非居民贷款；三是准离岸贷款：通过FTN账户发放非居民贷款，享受自贸区特殊政策，如由银行向上海银监局提出申请，通过创新互动机制，以个案突破方式先行先试，通过FTN账户或NRA账户发放贷款。通过前两种方式发放的贷款，银行均无须事先知会监管，容易造成一定的监管真空。例如，贷款用于境外二级市场股票买卖、小股权投资、股东分红等股本权益性投资。此外，不排除银行通过OSA账户或内保外贷的形式为境内公司的境外平台或境外注册而实际业务在境内的公司提供各类国内限制性行业的贷款，如为房地产公司提供流动资金贷款等。

可见，由于三类账户的监管规则不同，容易在贷款用途、行业政策等方面产生监管盲区，从而造成一定风险隐患。鉴于目前境内银行服务的非居民多为“走出去企业”的境外平台，因此账户间的监管套利可能会干扰境内市场宏观调控效果，需要监管关注。

2. 跨市场监管套利

由于三个账户资金来源、适用市场的汇率和利率不同，形成一定的套利套汇空间。

第一，利用贸易、直投等形式跨境套汇套利。该套利模式源于人民币离岸市场 CNH 与人民币在岸市场 CNY 之间的汇差及利差。在人民币贬值预期下，境外企业一般利用 NRA 账户在 CNY 市场上购汇，再利用 FTN 账户在 CNH 市场上结汇以实现套汇。由于境外人民币市场上已实现可自由兑换，在岸人民币市场上仅在经常项下和直投项下实现可自由兑换。因此，企业主要通过构造贸易与直接投资需求实现套利。

例如，区内企业可以构造与境外关联公司的进口贸易合同（多为黄金等低物流成本的大宗商品），境外关联公司通过在境内 A 银行的 FTN 账户或 OSA 账户设定美元资金质押，申请开立保函或信用证，基于 A 银行的信用向境内 B 银行（亦可是 A 银行的非 FTN 账户）申请人民币贷款或信用证贴现，并通过远期合同锁定汇率风险。境内公司在获得人民币贷款或信用证贴现后，在 CNY 市场上购汇对外支付；境外公司在收到美元货款后，在 CNH 市场上结汇，同时实现套汇套利。

此外，企业还可利用自贸区境外直接投资备案的优惠措施，在自贸区设立境外股权投资并购平台，通过在香港等地并购壳公司，将境内人民币资金在 CNY 市场上换成美元后汇至境外，实现套汇套利。与企业构造虚假贸易相比，利用境外直接投资通道更安全，因为在境外可以将相关的资产打包成壳公司增发股权或直接被并购，境内相关部门很难审查境外股权交易或并购交易的真实性。

第二，利用 FTU 资金价格优势跨区套汇套利。在 FTN 账户创设初期（2015 年），部分国有大型银行总行对于 FTU 账户的资金成本及授权上有一定的倾斜。个别企业通过在小银行开立的高息定期存单后，到国有大型银行进行存单质押，获得 FTN 账户的低息人民币贷款或美元贷款。如为人民币贷款则仅仅实现套利。如贷款币种为美元，可同时实现套汇套利：在银行为客户办理远期锁汇的基础上，客户将美元贷款在 CNH 市场上换汇成人民币，并通过构造贸易、投资、租赁等行为将人民币回流到境内区外使用，实现跨区跨币种套汇套利。在这一套汇套利模式下，三方参与者各取所需，分有所获：对于提供高息定期存单的小银行来说，主要是通过高息揽存完成总行一般存款等考核指标；对于提供 FTN 内低息美元或人民币贷款的银行来说，由于有他行存单质押，属于低风险业务，可在风险较小的条件下获得存贷利差；对于客户来说，可以通过跨区、跨币种借贷交易配合虚假贸易等方式实现套汇套利。但该模式的循环重复使用，对宏观调控带来一定的危害：一方面虚增银行信贷规模，造成信贷资金空转，另一方面虚增贸易数据，扰乱了国家外汇管理秩序。

目前，随着 FTN 账户内资金价格与区外趋同（总行对 FTN 政策倾斜弱化），以及监管部门监管政策趋严，上述套利模式已较为少见。但境内外、区内外汇率、利率市场割裂的现状并未改变，市场套汇、套利的动力依然存在，值得监管密切关注。

（二）政策建议

综上，从根源上看，跨部门监管制度的差异和市场管理的割裂是三类非居民账户套利空间得以“合理”存在的根本原因，存在一定的隐患，不利于进一步推进“走出去”和“引进来”的金融服务开放，需要前瞻关注，有序推进相关监管制度短板的弥补工作，重点加强对非居民业务的功能监管和完善跨境资金管理。

1. 短期：微观上平衡三类账户监管政策，结合实体经济需要缩小制度差距

（1）针对外融外用“两头在外”的非居民业务，放松管制

目前，我国境内银行在获得 OSA 经营资格受限的情况下，更多地通过 FTN 账户及 NRA 账户等在岸账户探索非居民业务，但常常面临境内涉及境外客户、境外项目等非居民业务领域的规制缺失或不足，或与国际通行规则有所冲突的情形。这对市场整体和监管效果带来三个方面的不利：一是迫使银行和客户选择监管要求较低的 OSA 账户及境外银行账户开展非居民业务，使得相关业务游离于监管视野之外，有碍市场公平与监管透明；二是无法通过 OSA 账户或境外银行账户开展业务的机构，在其通过 FTN 或 NRA 在岸账户开展非居民业务缺乏充分法律支撑之下，容易陷入无所适从或无序经营，加大合规风险，有碍市场秩序；三是企业的一些合理金融需求，尤其是在境外落地、需要比对境外水平的金融服务，未能得到充分满足，不利于支持实体经济，尤其是“走出去”的企业。为此，综合平衡境内市场宏观调控、防范境外风险输入和支持企业“走出去”等各方面国家金融安全和发展战略的需要，建议：针对外融外用的非居民业务，如 OSA 账户及 FTN 账户中的外币贷款境外使用的业务，允许境内银行视同纯离岸业务，参照 OSA 监管规则，自主对接国际通行业务规则予以开展，以适应同台参与国际金融竞争、支持境内企业“走出去”的需要。

（2）针对“一头在外”的非居民业务，严防跨境风险交叉传染

对于“一头在外”的非居民业务，即资金来源或资金使用一头在境内，一头在境外的非居民业务，如 NRA 账户内的本外币贷款、FTN 账户的人民币贷款，此类业务的资金全部（NRA 账户内的本外币贷款）或者部分（FTN 账户的人民币贷款）来源于境内；“走出去”的中国企业通过境外平台公司在境外融资后返回国内使用。为防止被非居民业务有意或无意利用此类业务渗透和影响境

内市场，建议相对于“两头在外”的业务可采取相对较严的监管政策，紧密结合境内政策和市场的形势，按照以我为主、适当借力的原则，从严监测，一事一议，个案支持，切实防范跨境风险交叉传染。

（3）针对OSA监管真空，加强风险监测与防范

1997年出台的《离岸银行业务管理办法》及1998年《离岸银行业务管理办法实施细则》距今已有二十年，目前银行离岸业务的种类及复杂程度与账户创设初期有了很大的不同，国际、国内环境也发生了巨大变化，文件中关于离岸“参照国际惯例为客户提供服务”的说法较为模糊，加上近年来，银监会、人民银行、外管等监管机构对于OSA账户现场检查及业务指导较少，使得市场上普遍认为OSA账户是一块政策“飞地”，在账户内开展的各项业务可以完全脱离国内各种政策的束缚，以“国际惯例”作为衡量业务合规性的标准。事实上，OSA账户与FTN账户相比，监管对其管控力相对更弱（FTN账户T+1日向监管报送业务底层数据，而OSA账户每季度汇总报送业务总量），其业务风险更大，但在现实中，监管对FTN账户中的业务管理却要求远远高于OSA账户，存在风险与监管不匹配的现象。因此，建议借鉴FTN和NRA的监管做法，加强对OSA账户的监管与引导，一是加大监管日常关注，完善监测机制和加强现场检查，防范重大风险，防止监管缺位；二是加快完善离岸银行业务管理办法，研究出台相关监管口径，细化“参照国际惯例”的边界，避免OSA账户监管真空，带来重大风险隐患。

（4）配合人民币国际化步伐，全面支持本外币一体化的非居民业务

目前，三类非居民账户中，真正实现本外币一体化管理的账户仅为FTN账户。建议配合人民币国际化步伐，一方面在账户设计上适时增加OSA账户的人民币功能；另一方面通过跨部门的协作进一步改善NRA账户本外币分类管理的现状；三是以FTN账户为标准，逐步拉近三类账户本外币一体化经营上的差距，为下一步综合清理账户管理、统一账户监管规则奠定基础。此外，在结售汇方面，建议配合我国资本项目可自由兑换的开放进程，逐步在各类账户中放开自由结售汇功能。

2. 中长期：宏观上完善非居民业务监管制度，统一非居民账户监管规则

从长远看，完善宏观跨境管理政策，消除市场割裂、账户割裂现象才能从根本上避免非居民业务中的监管套利。

（1）统一境内外市场价格

境内、境外利率和汇率市场的割裂是各类非居民账户产生价格套利的制度根源。在人民币可自由兑换尚未实现的情况下，境内的汇率市场、利率市场与境外市场相对独立，存在一定的价格差。尤其是目前在人民币处于贬值压力的形势下，监管通过严格审核交易背景、限制转口贸易、提高境外投资门槛等方

式防止跨市场套利及资金外流。这虽然在短期内对套利行为起到一定的遏制作用，但从长远来看，在国家整体改革开放的总体安排下，逐步实现人民币可自由兑换，消除境内外汇率、利率价格差，才能从根本上解决跨市场套利问题。

（2）统一非居民账户规则

三类账户规则不统一是产生监管套利的制度根源。三类账户产生于不同时期，分别由人民银行、银监会、外汇局负责日常监管，各部门关注点及政策出发点不一致导致账户间政策差异明显。总体说来，OSA 账户历史最为悠久，账户管理最为宽松；FTN 账户诞生较晚，账户设计和管理较为完善；NRA 账户居中。建议从顶层设计上协调三部委，重新明确新的开放时代下非居民账户设立的功能目标的前提下，吸收三类账户的优点，统一账户规则，精简账户设计，强化功能监管，建立和完善本外币一体化非居民账户及监管体系，以更好地适应我国在开放型经济体系建设过程中非居民业务加快发展的需要。

作者：林泓

外资法人银行转制十年治理层履职情况分析及监管建议

摘要： 自2007年4月汇丰中国、东亚中国、渣打中国和花旗中国首批机构转制开业至今，外资法人银行公司治理已经历了十年的发展和完善。本文对9家在沪外资法人银行治理层（含董事会、专门委员会、董监事）现状进行了分析，总结治理层履职存在的问题，并分析问题原因，提出监管建议。

一、外资法人银行治理层基本情况

（一）董事会人员结构

外资法人银行转制10年以来，董事会人员数量和结构变化较大。目前，9家机构中大部分董事会人数规模为8～9人。其中，总人数较多的两家大型港资银行达到11～12人，其中非执行董事和独立董事较多；董事会人数最少的仅有6人，各类董事人数均较为精简。

根据董事会非执行董事、独立董事和执行董事架构情况可大致将董事会分为三种类型：一是委派董事主导型。母行在董事会派驻非执行董事占比一半以上，更为强调母行的控制。二是外部董事较强型。独立董事在董事会中占比超过1/3，较为强调外部约束和监督作用，董事会构成更接近稳健风格。三是执行董事主导型。这类以日资银行为代表，执行董事人数占比一半以上，较为强调本地决策者的责任，高管层的权力较大。

（二）董事会专门委员会设置情况

从专门委员会设置情况看，转制初期董事会大多只设置审计（稽核）、风险管理、关联交易3个基本专门委员会，个别还设置了综合管理类和信审功能专门委员会。而《公司治理指引》出台后，新设薪酬、提名和战略等功能性专门委员会。目前，9家机构董事会大多设置4～5个专门委员会，最多的设置6个专门委员会，但最少的仅设置了3个常规专门委员会。

（三）监事人员结构

由于在华外资法人银行均为单一股东或个别股东合资股权结构，所以不设监事会，仅由股东委派一名股东监事。股东监事或来源于股东内部的高管，或来源于外部且大多同时担任股东的独立董事或者监事。股东监事负责监督董事会履职，并对董事会和董事履职情况进行评价。

二、履职存在的问题

从专项治理和近年检查情况看，外资法人银行部分董事会和专门委员会还存在人员结构不达标、运行不规范、董监事履职尽职有效性不足等问题。

（一）人员结构不合理

一是独立董事人数不足。按照《公司治理指引》和《内部审计指引》的要求，董事会至少应当有 3 ~4 名独立董事，才能满足对专门委员会履职独立性的要求。但 9 家机构中，有 5 家独立董事人数不足 3 人，其中最少的仅有 1 名独立董事，均不能满足法规对独立董事最低人数的要求，进而影响专门委员会履职的独立性。

二是主席资格不符。9 家机构审计委员会和关联交易委员会主席均能安排独立董事担任（或由一位独立董事同时兼任），但提名或薪酬委员会主席大多仍由非执行董事担任，不符合《公司治理指引》的要求。

（二）基础工作不规范

一是核心制度不规范。部分专门委员会议事规则没有标注版本、审议或修改日期等基本信息，无法判断其效力；或是议事规则没有中文译本；个别专门委员会议事规则在股改后未及时修订，部分条款与实际做法有较大差异，制度名称也仍为股改前名称。

二是运作规则不规范。个别股东未按照公司章程召开股东年会，部分专门委员会未按要求制订年度工作计划，未按照委员会议事规则定期召开会议，或长期以传签形式代替正式会议等。

三是档案记录不规范。部分董事会和专门委员会以决议替代会议纪要，或会议纪要不完整，尤其是缺少对重要决策的讨论记录，直接影响对董监事履职情况的判断；个别董事会存在由未获任职资格核准的拟任董事长主持会议和签署纪要，及拟任董事以正式董事身份签署纪要的情况，暴露出拟任董事对任职资格核准的合规意识薄弱；其余还包括出席和列席不分，出席和缺席不分，出席和委托不分的“三不分记录问题”，以及董事和监事签字缺失也是会议纪要中较为常见的问题。

（三）履职尽职不到位

一是应审议而未审议。部分董事会仍存在未能履行规定审议职责，或审议不严的履职有效性问题。如《公司治理指引》2013 年颁布后，个别董事会 3 年未进行章程的差异分析和修改工作，多处条款长期不符合法规规定；未按要求制定银行经营发展战略（含中长期发展规划等），或者是发展战略未经董事会审议即报股东征求意见；未能审议重要业务规章的合规性，导致发生本行同业非标投资比例超标的违规问题。此外，《稳健薪酬监管指引》要求董事会负责本行薪酬管理制度和政策设计，并负最终责任。但大部分董事会并未制定本行的绩效薪酬递延支付、延期追索、扣回制度，而是直接执行母行的制度，且存在延期支付比例和范围不达标等多项与薪酬指引不符的问题。

二是应申报而未申报。母行委派的外籍董事大多在海外投资或者参股注册公司，或以公司名义持有不动产物业和俱乐部会员卡实现避税目的，且部分独立董事本身也是其他公司高管。按照《关联交易管理办法》的规定，上述公司与外资法人银行构成关联关系，但检查中发现多例董事未申报关联关系，暴露出董事合规意识不足的问题。

三是应考核管理而未考核管理。董事会和监事对董事履职情况的考核管理仍存在较多不严肃和不完善的情况。如董事应当每年至少亲自出席2/3以上的董事会会议，但海外董事采取视频连线形式参会的较为普遍，个别董事全年未亲自到场出席董事会，或者参会次数低于2/3，但考核仍为合格；部分董事履职评价缺少董事互评、董事会评价、外部评价等环节，不符合法规规定；董事履职评价表填写较为随意，履职时间定义过于宽松（4小时以上即可算一天）等。此外，按规定应当建立董事履职档案，完整记录董事参加董事会会议次数、独立发表意见和建议及被采纳情况等，作为对董事评价的依据，但9家机构均未能建立如此翔实的董事履职档案。

三、原因分析和监管建议

银监会在2017年年中工作座谈会上提出，要强化董事履职评价、考核和问责，充分发挥监事对董事会和高管的监督作用，并加强对股东的穿透监管。因此，监管部门不仅应对已发现的治理层履职问题要求严肃整改，还应对造成问题的原因进行更深层次的分析，并通过多种监管手段持续狠抓治理层履职有效性，压实董事会风险防控的最终责任和管控水平。具体原因分析和监管建议如下：

（一）董事不能“不懂事”

导致董事会履职问题的原因，表面上是董事履职态度不认真，但究其根源，部分问题还在于董事不熟悉本地法律法规的要求，未能对管理层上报的有关问题引起重视，存在监督失职情况；也有管理层未如实上报情况，导致董事会和管理层信息不对称的问题。并且像长期未落实《稳健薪酬监管指引》这样的问题，不同的外资法人银行产生的原因可能截然不同。

监管建议：一是董事要着力提升对法律法规的熟悉程度。董事只有懂法才能守法，才能更好履行董事职责，而不应成为高管层的背书工具。在外资银行条线化管理架构下，董事结构特殊性在于股东委派的非执行董事占较大比重，而他们与本地市场地域较远；同时大部分独立董事来源于企业和政府，没有金融领域的长期从业经历，并不熟知本地监管法规。因此，在监管实践中对任职资格审查除需董事对本地金融风险和法律法规熟悉外，后续还应当关注向董事持续提供相关培训的情况。二是监管部门和董事会要着力加强对失职行为的问责力度。一方面，《公司治理指引》要求“高级管理层应确保董事会能够及时、准确地获取各类信息”，对于向董事会隐瞒真实情况的行为（如将问题制度提交董事会审议但又未如实说明），董事会应对相关高管人员进行严肃问责。另一方面，董事会对管理层上报的问题未能引起重视负有失职责任的，或董事（特别是独立董事）长期未能充分履职尽职属于“举手董事”或“沉默董事”的，监管部门可责令对相关董事进行诫勉谈话或直接问责，但在目前监管实践中尚未发现有对董事进行问责的案例。

（二）独董不能“履职”

分析9家机构共25名独立董事背景发现，主要分为企业高管、高校教授、退休官员和事务所合伙人四类，并呈现“三多三少”的特点：一是香港的多，本地的少。绝大部分独立董事来自于香港地区，而来自于内地的甚少。二是外资的多，中资的少。大部分董事任职或退休单位为外资企业或特区政府，只有少数是本地高校教授或金融机构退休高管。三是非银的多，银行的少。大部分长期在非金融企业任职，有长期商业银行从业经历的仅3人。这种情况导致董事实际履职效果不理想。

监管建议：一是母行要基于本地市场和专业能力两个点物色合适独立董事。作为唯一来自于非股东的董事，独立董事不仅扮演着董事会本地化和多元化的重要角色，还肩负着构建和平衡董事会稳健性、加强股东约束和监督的重要职责。此外，独立董事还普遍担任了审计委员会和关联交易委员会主席，而要履行专门委员会主席职责就对其独立性、专业能力和风险敏感性均有较高要求。因此，独立董事不仅要熟悉本地银行业情况，还应具备商业银行风险管理和审计领域的长期从业经历。二是监管部门酌情延长独立董事在同一家银行的任职时限。独立董事需要既知晓国内市场和监管环境，又熟悉外资银行企业文化，因而具备语言优势的独立董事人选较为稀缺，再加上中资商业银行高管退休后不能在外部兼职等因素的影响，外资法人银行在国内聘请优秀独立董事的来源和难度较大。虽然《公司治理指引》规定“独立董事在同一家商业银行任职时间累计不得超过六年”，但为最大化发挥现有独立董事作用，建议酌情延长其任职时限。

（三）监事不能只旁观

从股东监事实际履职情况来看，其对董事会监督并没有落实到位。股东监事与股东委派的非执行董事同样存在本地化不足，对本地市场和风险情况不熟悉的问题。如《公司治理指引》要求监事（会）应对经营决策、风险管理、内部控制以及薪酬管理制度进行监督，并定期与监督部门沟通等。但在监管实践中还未发现监事对风险和合规问题提出质疑的案例，监事也很少主动向监管部门汇报情况和了解关注点，从而影响其履行监事职责。

监管建议：一是监事不能只在董事会会议期间扮演旁观者的角色，而应积极履行好监督职责。监事应当充分利用《公司治理指引》所赋予的查阅董事会和管理层资料、列席管理层会议的权力，履行好职责，并做好履职记录。二是监管部门在加强对董事会问责的同时，对于未能履行好职责的监事，亦可一并依法问责。

（四）母行不能乱插手

在港资银行中发现有母行插手干预内部管理的情况，其母行委派非执行董事在董事会占主导地位。具体干预形式包括母行直接确定高级管理人员薪酬，越过本地管理层直接参与日常经营决策，以列席人员身份主导本地管理层会议，要求本地委员会向其报告等。母行干预既影响本地管理层履职独立性和积极性，又不利于对管理层的问责，造成约束机制无法有效发挥作用。

监管建议：母行应当通过公司章程和委派董事等合法方式行使出资人权利，不能擅自干预其他董事和管理层享有的决策管理权，不能越级直接干预日常决策，以确保董事会和管理层履职的独立性和积极性。监管部门实践中如发现母行有越界插手干预外资法人银行正常经营管理的，应明确向母行指出问题并纠正。

作者：胡俊

新设分行经营弱预期　多管齐下监管重提前

——近年来新设外资银行分行准入后评估报告

摘要：2015年以来，上海银监局（下文简称“上海局”）对近年来新设外资银行分行陆续开展“开业一年后评估”工作。发现与设立伊始的预期相比，新开分行实际发展规模、盈利情况存在较大差距，业务拓展面临瓶颈，呈现出“理想与现实”之间的鸿沟，并衍生出信用风险、操作风险、合规风险隐患，威胁银行在沪稳健、可持续发展。对此，上海局从准入和非现场监管两个维度采取多项措施，包括加强准入辅导和提示、完善固化准入后评估机制、转变非现场监管思路等，以期推动新开分行在设立和经营伊始即奠定良好的经营基础。

一、近三年来在沪新开分行基本情况

（一）近年来在沪外资银行分行稳步增加，新兴市场国家机构增多

近年来，随着上海国际金融中心建设逐步推进，在沪外资银行分行数量稳步增加，2014年共有两家分行获批开业，2015年共4家，2016年共3家，外资银行在沪继续呈现集聚之势。截至2016年末，在沪共有来自25个国家和地区的外资银行分行63家（不含3家批筹）。在近三年来新增加的9家机构中，四家来自发达国家，五家来自新兴市场国家和地区。

（二）规模、盈利远低于预期水平

一是资产方面，绝大多数规模仅有预期值一半。2015—2016年获批开业的五家外资银行，在分行筹备时期，普遍存在预期过高，对开业后情况过于乐观的情况。除一家分行可行性报告预期和开业后第一年实际数值几乎持平外，其余四家开业运营后第一年的实际资产规模仅有可行性报告的一半左右，最低的一家2016年末资产总额仅为可行性报告预期的40%。

二是盈利方面，成本端基本符合预期，收入端落差较大。从营业收入情况来看，分行均未能达到预期，数值差距最大的某分行2016年实际收入仅有可行性报告的23.4%，实现情况不足四分之一。其余四家分行该比例分别为86.3%、32.5%、33.2%和29.0%。从成本情况来看，新开分行成本控制情况较好，2016年实际成本占可行性报告的平均比例为93.3%。从实际利润来看，由于收入水平严重不足，截至2016年末五家新开分行均处于亏损状态，体现了“理想和现实”的差距。

三是客户营销方面，新开分行客户拓展难度较大。除一家分行的经营特色为财富管理业务外，其余四家分行的主营业务均以传统对公信贷业务为主，四家分行原预计在总行的支持下，第一年将有15~20个左右的优质客户。但从2016年实际业务客户数来看，四家分行贷款客户的数量均不超过6个，足见新开分行在客户拓展方面的难度。

二、新开分行经营不及预期的主要原因

（一）外部经营环境

一是经济下行压力增大，客户需求不足。新设立机构由于刚刚进入中国，尚未打开市场局面，客户资源较为有限，其在业务拓展上受到经济下行的冲击更为明显。二是“追随客户”策略难以有效落实，加剧业务困境。外资银行总行普遍认为可以通过联行推荐方式帮助新开分行取得第一批客户。然而实践中，母行客户进入中国市场已有一段时间，在市场上已有长期合作的中外资银行，轻易不会转而选择作为“后来者”的新开分行，开业初期既无人民币业务资格又无价格优势。三是政策环境变化，原主营业务受到较大遏制。部分业务无法如期开展。2016年中国人民银行暂停RQDII业务，国家外汇管理局也暂未核准新的RQDII额度，这些举措导致以境外理财业务为特色的某分行无法开展RQDII业务，原优势业务难以开展。

（二）内部管理能力

一是招人难，留人更难，人员流失率较高。“上海滩”作为外资银行集聚之地，对优秀金融人才的争夺较为激烈。五家分行的人员流失率在15%以上，最高的三家分行人员流失率在30%左右，这就意味着分行在开业不足两年的时间内，几乎三分之一的人员离职。一些重要岗位人员变动或长期空缺。如两家新开分行均开业一年行长即离职。两家新开分行在开业后合规负责人一职一直空缺，其中一家近期才招聘到合适人选申请合规负责人任职资格。对于新开分行而言，频繁的人员变动和重要岗位空缺均不利于其稳健经营，员工业务能力不足，不仅难以顺利推行新开分行的原定发展策略，甚至成为发展掣肘。

二是部分母行（总行）海外发展经验有限，对新开分行缺乏监督指导。随着中国国际影响力的不断提高，越来越多来自发展中国家的银行表现出对中国市场的极大兴趣。然而，这些银行中大部分海外机构网点较少，缺乏管理海外分支机构的经验和能力。

三、存在的风险隐患和上海局采取的措施

在以上原因的共同作用下，新开分行经营情况不及预期，并衍生出一些风险隐患，突出体现在信用风险、合规风险和操作风险等领域。由于分行规模较

小，且风险处于初期暴露阶段，还未引起显著损失，但若不及时关注并督促整改，随着分行规模增长，风险程度也将“滚雪球”似的累积，届时一旦有风险触发点或风险事件爆发将危及分行稳定经营。一是新开分行盲目拓展信贷业务，推升信用风险。新开分行由于无法发挥“追随客户”的策略，在成本盈利的压力下，只能转换策略，拓展新的信贷客户来源。例如某新开分行，其原设想主要拓展自西班牙语国家的大型跨国企业，但目前现有客户以大型国企和央企为主。而另一家新开分行，总行为分行制定的预算指标较高（2015 年资产增幅需达到 25%，税前利润增幅需达到 150%），因此在境内未能拓展到印度在华投资优质企业的情况下，大量发放境外贷款以实现预算指标。二是内部管理不足，分行面临操作风险、合规风险隐患。在规章制度建设不足、人员频繁更迭、业务迟迟无法拓展等情况下，一些新开分行已暴露出操作、合规风险隐患。

上海局在前期机构准入过程中，就给予机构大量的筹建前辅导，审阅机构提供的全套管理制度和业务流程，然而外国银行分行筹建的主体责任终究还是在于银行自身。在后续外国银行分行开业后，通过非现场的持续监管，监管人员逐步发现新开分行存在的以上问题，迅速加强监管力度，采取针对性的监管措施，推动新开分行在设立和经营伊始即奠定良好的经营基础。

一是加强新开分行走访，风险隐患早发现。上海局从 2015 年起，即陆续开展对新开分行的后评估工作，目前 2014 年以来开业、且开业已满一年的 7 家分行，上海局已陆续走访评估 6 家，走访颇有成效，及时发现问题，及时督促整改。二是加强监管力度，针对问题较为严重的新设分行下发监管意见。为了对新开分行有所触动，上海局加强监管力度，向三家新开分行分别下发监管会谈备忘录和监管意见，对于以上监管文件，上海局均要求分行汇报总行，在总行指导下开展整改。三是坚持开业审计，做好监管沟通。对于新开分行，上海局坚持要求其总行在开业后一年内对分行开展一次全面内部审计，且在审计前后与上海局进行监管会谈。目前新开分行均能执行该审计工作。四是提高对话层级，从总行层面推动新开分行建设。大多数来自新兴市场国家的外资银行其自身仍处于发展期和完善期，也是近十年来才开始设立海外分支机构，“出海”时日不长，仍处在学习摸索期。上海银监局注重加强和保持与其总行高管层的沟通和对话，要求总行充分关注上海分行的合规和风险管理工作，不设置过高的预算指标，配合监管部门共同推动新设分行夯实经营基础、达到可持续发展的目标。

四、下一步监管考虑

（一）更有针对性做好准入筹建辅导，为后续非现场监管打好基础。

一是加强监管提示，帮助总行和新开分行更准确了解中国市场。作为新的市场参与者，在涉足市场初期难免出现对当地情况了解不足等问题，且目前新设机构在批筹前基本无在沪（甚至在华）工作人员，主要通过咨询公司或会计事务所收集资料，了解到的情况与实际情况存在差距，因此需要监管人员在准入阶段即帮助银行了解当地的实际情况，提示其他新开分行已出现的问题。二是做好开业验收，确保验收整改到位。上海银监局于2012年建立准入验收小组工作机制。包括开业验收小组和人民币业务验收小组，小组成员相对固定，并根据风险和业务条线进行分工。上海局拟在当前验收小组工作机制的基础上，拟下一步结合2017年准入后评估的经验，总结新设机构常出现的报表、A/B角设置、授信流程等共性问题，在验收时予以检查和提示，从而“防患于未然”，为未来运营打好基础。三是加强准入和非现场工作交接，推动新开机构非现场监管有效性。在机构开业后，准入人员应总结该机构辅导和开业验收过程中的问题或关注点，与非现场监管员进行交接，保证后续关注事项得以持续跟进。

（二）固化和规范后评估工作机制，做好新设分行开业一年后评估工作

上海银监局拟固化对新设分行开业后一年的走访评估工作，作为对新设分行监管的“规定动作”，拟设计“准入后评估工作表”，包括“经营策略、公司治理、风险管理”等评估模块，便于监管员在走访评估中进行填写，从而加强评估工作的规范性、全面性和有效性，并且有利于汇总和比较，更清晰地辨别出共性问题。

（三）结合新开分行特殊性，转变非现场监管思路

鉴于新设分行的特殊性，在非现场监管中做好以下几点：一是要做到适当的监管资源倾斜。外国银行分行的规模小，不代表风险小，新分行不仅有老问题还会出现新问题，因此新设分行的特点需要监管资源的适当倾斜，确保有经验的监管员能够有效识别出分行所存在的问题，并督促机构整改提升。二是转变原来针对欧美成熟银行在沪分行的监管思路，相比欧美银行，新兴市场国家新设分行普遍采用较为扁平化的管理模式，治理结构上相对较弱，操作风险和合规风险暴露程度更高，因此在采取持续的监管措施时，不仅要紧盯主要风险的监管监测指标，更要提高对管理层的监管指导，从“评判式”到“指导式”监管，通过提高实地走访核查频度，制定更具前瞻性的监管对策，力争监管端口前移。

作者：王玮、寇宏、王仲方

关于进一步促进外资银行在华稳健发展的报告

摘要：近年来，外资银行在国内的市场份额呈逐年下降趋势，并在2014年以来加速下降。除母行战略调整及自身因素外，国内各类政策限制也致使外资银行在国内发展困难重重，关闭分支行乃至撤离我国的情况逐渐增多，不仅影响我国对外开放形象，而且对人民币汇率和资金外流产生影响。在当前扩大对外开放的政策导向下，更需要通过提升外资银行在我国金融市场的活跃度与参与度，促进我国金融市场进一步融入国际金融体系，并推动我国“一带一路”及人民币国际化等重大战略的实施。

一、外资银行在华发展现状

2008年金融危机至今，外资银行在国内的市场份额呈逐年下降趋势，与继续扩大对外开放的大形势有所背离。截至2017年1月末，全国外资银行资产总额占全国银行业之比为1.25%，较2008年2.38%的水平显著下降。其中，各项贷款的市场份额下降更为明显，由2008年的2.52%下降至1%。上海情况与全国趋势相同。2017年1月末，上海辖内外资银行资产总额和各项贷款占上海辖内银行业之比分别为9.25%和6.74%，较2008年大幅下降5.59个百分点和10.56个百分点。目前的美英金融市场，外资银行无论是从机构数量还是资产规模，都占据较大份额，扮演着举足轻重的角色。例如，截至2016年第一季度末，在美外资银行共261家，占美国银行机构总数的8%，外资银行资产规模和贷款的市场占比分别为21%和16%。截至2016年底，英国拥有来自超过50个不同国家的250多家外资银行，机构数占比超过40%，外资银行总资产占比近半。

二、外资银行在华发展面临的困难和诉求

（一）人民银行贷款窗口指导限制外资银行贷款业务发展

自2016年底开始，人民银行结合“宏观审慎评估体系”对多家外资银行进行了贷款窗口指导，要求银行每月新增人民币贷款不能超过人民银行核准额度。由于外资银行人民币信贷投放的原始规模较低，同时受到自身经营规模、客户群限制，无法完全顺应人民银行“支农支小”的贷款政策导向，较难获得结构性参数的调整，导致核准的贷款增速较低。外资银行普遍反映人民银行贷款窗

口指导对其影响较大，贷款业务增长和贷款管理的灵活性受到限制，或导致2017年贷款规模继续负增长。

（二）跨境业务及外汇监管趋严，优势业务受到较大遏制

一是近期人民银行与外管局加强了对银行的窗口指导，严控跨境资金流出，包括提出人民币收付比1:1的考核指标，人民币资金池不得出现净流出等。由于外资银行客户多为跨国企业或走出去的中资企业，跨境业务较为集中，严控措施对外资银行影响较大，支付结算、现金管理、内保外贷等业务受到较为严重冲击。二是人民银行的全口径跨境融资宏观审慎管理政策将商业银行跨境融资规模与一级资本/营运资金进行挂钩，较大地限制了以跨境融资为主的外资银行融资规模，外资银行分行更是面临跨境融资额度大幅减少、流动性不足的窘境。

（三）试点业务与政策制定长期缺乏对外资银行应有的关注

一是部分试点业务在设计资质要求时，由于未充分考虑外资银行的差异性，实质上造成了对外资银行的业务准入限制。如债券承销商、黄金及各类市场做市商、发行同业存单和大额存单、证券投资基金托管人、支付机构备付金存管等业务资格都与资产规模、业务规模等指标挂钩，导致外资银行即便在技术与经验层面有优势，却由于规模较小难以介入本地市场。二是监管部门在制订部分政策时，也未充分考虑到外资银行实际情况。如整治不规范经营要求未考虑到多数外资银行的贷款定价模式依照母行国际惯例，对贷款的费用和利息分别定价，分别覆盖不同的成本，与中资银行以利息收入为主的定价模式存在较明显的区别。

三、当前发挥外资银行业务优势的重要性

（一）外资银行外汇及交易业务的优势可活跃国内银行间市场

国内利率汇率市场化改革不断深入，已接近尾声，国际经验表明，当前是国内金融创新和风险管理的高峰期。从现状看，全国外汇衍生产品日均成交金额仅占全球1.1%，利率衍生产品日均成交金额占全球比重仅为0.3%，与我国超过15%的GDP全球占比有着巨大的差距，同时也说明其中有着巨大的增长潜力。而国际市场上充裕的市场流动性正是国内主要外资银行的母行所提供的。对此，外资银行可借助母行利率汇率等市场化经营和风控经验，特别在产品创新方面的丰富操作实践，带动国内市场发展，以提高国内市场流动性以及人民币应有的国际定价权。

（二）外资银行的特色业务有利于丰富金融市场产品

外资银行一方面积极发挥着“鲶鱼效应”，在具有优势的贸易融资、现金管理和个人理财等方面发挥了积极效应，为本地市场引入了丰富的产品和成熟的做法，促进了银行业整体服务能力的提高；另一方面，外资银行也提供很多特

色金融服务，提升金融中心服务功能。如浦发硅谷银行填补了上海乃至全国科技金融专业型银行的空白，华美银行的影视行业融资、荷兰合作银行的农业信贷、北欧银行的船舶融资等都颇具特色。

（三）外资银行通过集团联动和母行国际网络优势，已然成为中资企业“走出去”的重要支撑

外资银行通过集团联动，依托海外网络优势与丰富的全球化产品，在服务中资企业境外兼并购、安排中资企业登陆境外融资平台、协助中资企业在特定地区和国家开拓业务等方面具有双重优势。这种深植于当地市场的一揽子金融服务恰恰是进入海外市场不久的中资银行境外分支机构难以做到的。

四、进一步促进外资银行在华稳健发展的政策建议

（一）利用自贸区建设促进外资银行业务经营

一是利用自贸区先行先试的制度优势，研究推动外资银行在自贸区内开展目前受限的跨境业务与外汇业务等优势业务，并利用自贸创新平台开展金融科技等各类创新业务。二是鼓励外资银行发挥其经营特色，在自贸区内设立各类专营分支机构，推动自贸区经济发展。

（二）推动中外资银行合作促进上海国际金融中心建设

一是鼓励中外资银行利用行业协会等平台加强产品业务及风险管理等领域的全方位交流。二是鼓励中外资银行进行业务合作创新，发挥外资银行在产品设计、银行间市场交易和风险管理等方面的优势，实现优势互补。

（三）加强市场沟通与监管协调，增强政策连续性与灵活度

建议各监管部门在政策制定时加强与包括外资银行在内的各类市场主体及其他监管部门的协调沟通。同时，避免使用行政手段强制干预市场，更多地使用市场化手段进行引导，并根据市场情况调节政策执行力度，增强政策连续性与灵活度。

（四）借鉴国际惯例，考虑外资银行情况放宽部分政策口径

例如，建议在坚持“质价相符”、扶持小微和市场化原则的前提下，允许外资银行按照国际惯例收取涉贷部分费用，确保其保持经营特色，为实体经济提供更为优质的国际化专业金融服务。

（五）其他政策建议

一是简化和缩短“一带一路”相关国家和地区银行在国内业务的审批流程和时限。二是建立国内外资银行“一带一路”相关业务和咨询统计体系，更好地对接和发挥中外资银行各自优势，推动“一带一路”倡议实施。三是放松并鼓励欧洲及英资银行在国内特定区域收购资产以换取中资银行可持有其母行的部分股权，从而达到中外资银行利益捆绑，进而有利于“一带一路”、人民币国

际化及带动国内市场发展等目标的实施。四是拓宽境内外资法人银行资本补充渠道，包括发行各类资本债务补充工具、非公开募集资本、公开上市等。五是建议允许外资银行经审批对中资金融机构控股，可从不吸收公众存款的非银行业金融机构逐步开放到证券保险业金融机构，逐步放开现有中资商业银行对外资股东20%、25%的持股比例限制。

作者：张光平、吴沁、韩爱华、汤颖男、
钱嫣、戴莉莉、程坚、吴晓婧

互联网公司消费金融业务现状研究及监管建议

摘要： 近年来，互联网巨头、互联网垂直分期平台以及互联网网贷平台纷纷进入消费金融业务。本文从业务规模、获客渠道、展业形式及合规性、风控手段及有效性、定价及消保情况、资金来源和资本充足状况等方面对几家有代表性互联网公司的消费金融业务进行了分析，研究了互联网金融风险专项整治工作领导小组办公室和P2P网络借贷风险专项整治工作领导小组办公室联合下发的《关于规范整顿“现金贷”业务的通知》（以下简称《通知》）的影响，并提出了建立和完善消费金融法律体系，加强消费金融业务行为监管；逐步完善征信体系建设，纳入小贷、P2P等非持牌机构的授信信息，防范借款人多头借贷、过度借贷行为等监管建议。

近年来，以阿里巴巴、腾讯、京东为代表的互联网巨头纷纷开展消费金融业务，其业务范围也从最初的线上场景消费贷（本文场景消费贷特指借款人只能在特定商户场景使用贷款资金，资金受托支付给特定商户的消费贷款）延伸到现金贷业务，业务规模增长迅速。此外以乐信集团、趣店集团为代表的互联网垂直分期平台①，也从细分垂直领域进入到消费金融业务，还有许多诸如宜人贷、拍拍贷、信而富等为代表的互联网网贷平台也进入到消费金融业务，引起了新闻媒体的广泛关注。

由于没有监管约束，互联网公司消费金融业务确实存在着发展过速、杠杆率过高以及对借款人保护不力（无法防范借款人多头借贷、利率过高及暴力催收等）等问题，而且由于监管标准不一对持牌机构形成了“劣胜优汰”的挤出效应。

2017年12月1日，互联网金融风险专项整治工作领导小组办公室和P2P网络借贷风险专项整治工作领导小组办公室联合下发了《关于规范整顿“现金贷”业务的通知》（以下简称《通知》），对小贷、P2P等非持牌机构的消费金融业务进行了规范，统一了消费金融业务的监管标准。本文对该通知的影响进行了分析，并提出了几点监管建议，供决策参考。

---

① 不同于最初的电商巨头，垂直分期平台聚焦于垂直细分的特定消费领域，比如分期付款学车，分期付款交房租，分期付款去旅游，分期付款装修等。

一、互联网公司消费金融业务现状

下文选取了互联网公司开展消费金融业务的三类主体进行分析：电商平台类（主要以京东金融和蚂蚁金服为例）、垂直分期平台（以趣店集团为例）和网络借贷平台（以宜人贷为例）。

（一）业务增长迅速，已赶超持牌消费金融公司

从相关报道来看，互联网公司的消费金融业务虽然开展时间不长，但增长迅速，部分公司规模和利润已超越持牌消费金融公司。如京东“金条”于2016年1月上线，当月贷款额超1亿元，2017年“金条”单月贷款总额近100亿元；蚂蚁借呗2015年4月上线，仅仅2年后截至2017年4月末，其贷款余额已达到1 351亿元，而2016年末借呗的贷款余额仅为919亿元，仅仅四个月贷款余额就增长了47%，而中银消费金融公司2017年4月末贷款余额仅为297.67亿元；趣店2017年上半年实现营业收入18.33亿元，同比增长393.3%，净利润9.74亿元，同比增长695.25%，而中银消费金融公司2017年上半年利润仅为6.45亿元。

（二）业务开展形式和主体从最初的小贷公司扩展到信托及助贷等形式

京东金融、蚂蚁金服和趣店集团消费金融业务初期开展主体以小贷公司为主，业务开展形式为小贷公司表内自营贷款。之后为扩大业务规模，摆脱小贷公司杠杆率约束，普遍通过信托及助贷等形式开展业务，业务开展形式为信托贷款及持牌机构表内贷款，小贷公司端体现为表内信托计划投资或表外担保。

1. 京东金融

京东“白条”最初作为京东为消费者提供的商业信用产品推出，随着“白条”使用范围的拓展到第三方店铺以及其他线下消费场景，“白条”背后公司主体也变成了小贷公司，“金条”背后公司主体也是小贷公司。

2. 蚂蚁金服

蚂蚁金服旗下的消费金融业务包括蚂蚁花呗和蚂蚁借呗。其背后公司主体分别是重庆市蚂蚁小微小额贷款有限公司和重庆市阿里巴巴小额贷款有限公司，具有网络小额贷款公司牌照。

蚂蚁花呗自2015年4月正式上线，主要用于在天猫、淘宝上购物，申请开通后，将获得500～50 000元不等的消费额度。用户在消费时，可以预支蚂蚁花呗的额度，享受“先消费，后付款”的购物体验。为了更好地服务消费者，蚂蚁花呗开始打破了购物平台的限制，将服务扩展至更多的线上线下消费领域。

蚂蚁借呗是蚂蚁金服推出的另一款消费信贷产品，蚂蚁借呗嵌入在支付宝账户之中，业务模式为现金贷，贷款周期为1天到12个月。在2016年末贷款余额中，期限为6个月和12个月的贷款合计占比97%。贷款金额在1 000元至

3 000元的占比75%。

除通过小贷公司名义发放贷款外，蚂蚁借呗还通过信托渠道发放贷款，由信托作为贷款主体向借款人发放贷款。多数信托采用结构化设计，蚂蚁借呗认购次级份额，优先级一般为银行、资管等资金认购，剩余收益和实质风险均为蚂蚁借呗所有。根据报道，2016 年末借呗贷款余额 919 亿中 368 亿通过小贷发放，551 亿通过信托发放。

3. 趣店集团

目前趣店持有两块全国网络小贷牌照：通过 2016 年 5 月设立福州高新区趣分期小额贷款有限公司，同年 12 月，趣店再次成立赣州快乐生活网络小额贷款有限公司。截至 2017 年 6 月末，趣店的贷款余额已经超 90 亿。趣店在招股说明书中承认这两块小贷牌照已经不能满足目前的业务量需要。趣店还通过和其他金融机构合作放贷的模式开展业务，具体有三种模式：

第一，趣店通过提供流量导入和技术支持等方式与银行或消费金融公司达成合作，也即所谓的助贷模式。在此种模式下，趣店作为通道收取手续费，但需要承担担保责任，借款人直接向银行或消费金融公司偿还本金和利息。银行或消费金融公司收取固定的利息（9% ~13%），剩余收益和风险均为趣店所有。2017 年上半年，趣店通过该模式融资 28. 15 亿元，占上半年全部放款金额的 7. 4%。

第二，趣店通过复杂的信托模式设计，由信托作为贷款主体向借款人发放贷款。多数信托采用结构化设计，趣店认购次级份额，优先和次级的比例多为 5:1 或 6:1，优先级一般为银行、资管等资金认购，优先级信托预期收益率一般为 7%，剩余收益和实质风险均为趣店所有。2017 年上半年，趣店通过信托募集的资金高达 55. 48 亿元，占上半年全部放款金额的 14. 6%。

第三，债权转让，趣店通过与私人资本合作，把收取信贷借款费用的权利转移给私人金融资产交易平台，类似之前与 P2P 公司的合作。2017 年上半年，趣店通过该模式融资 127. 92 亿元，占上半年全部放款金额的 33. 5%。

4. 宜人贷

宜人贷作为一家 P2P 公司，其业务开展形式主要是 P2P 平台，作为信息中介撮合借贷双方。财务业绩显示，2017 年第二季度，宜人贷为 13. 8 万位借款人促成借款总额 81. 9 亿元，较 2016 年同期增长 80%。70. 9% 的借款人通过线上渠道获取；借款总额的 51. 2% 通过线上渠道促成，线上渠道促成金额的近 100% 来自移动端。在筹资端方面，2017 年第二季度，宜人贷为 19. 96 万位出借人完成 114. 47 亿元的资金出借。出借行为 100% 通过公司的线上平台完成，其中 90% 通过宜人财富手机 App 完成。

（三）获客渠道以平台用户为主，辅以广告宣传，获客成本较低

京东金融的宣传及获客渠道主要为自身官网、行业论坛、传统平面广告和网络广告等；蚂蚁金服的获客基本来自于支付宝入口；趣店最开始在校园周边以张贴广告、发放传单的方式获客，自2015年10月蚂蚁金服入股趣店之后，趣店大幅依赖支付宝引流，获客成本显著降低。2016年趣店停止线下地推并且大规模裁撤兼职地推人员，业务转型走向线上，从而人均获客成本急速下降；宜人贷目前的主要获客渠道是通过其品牌进行获客，主要手段是通过宜人贷的APP以及宜人贷借款官微。宜人贷凭借其良好的口碑及雄厚的资金，获取了一大批的客户。

（四）风控过于依赖金融科技，实际风控效果有待长期观察

虽然蚂蚁金服和趣店集团目前披露不良率较低，但其风控主要依赖金融科技，不审核现金贷客户贷款用途，不调查借款人债务存量，不评估借款人多头借贷风险，无法规避过度授信和多头授信风险，实际风控效果有待长期观察。

1. 蚂蚁金服

蚂蚁金服中的蚂蚁花呗和借呗产品的不良率仅为1%不到。风控核心是CTU，即基于海量数据的智能风控大脑。CTU的核心机制在于判断是不是账户主人在操作，交易请求是不是可信，若不可信则进行规则验证，验证还不通过则阻止交易。目前对于约80%风险的判断是通过智能审理的方式进行处理的，还有一部分是通过人工审核的方式。蚂蚁金服主要的三道风控手段是反欺诈规则、评分卡和准入策略，目前其沉淀了千余条专家规则和数十张专家评分卡，覆盖了机器注册、图案或欺诈、多头申请、中介代理、可疑操作行为、申请评分、额度指引等多维度，可根据业务场景灵活配置。

2. 趣店集团

与众多互联网金融公司一样，趣店依靠大数据、机器学习和人工智能的风控系统，在几秒钟内评估一个人的信用水平并实现放贷。趣店主要依靠提供身份证照片和手机号码，并通过向手机号码发送验证码来确认借款人身份。

趣店在招股说明书中显示30天以上逾期不还的不良贷款在2015年占1.5%左右，而在蚂蚁金服战略入股趣店之后，2016年不良率骤降到0.5%以下，2017年持续下降到0.4%。不良率情况远好于行业平均水平。

同时趣店对逾期超过180天的贷款予以核销，2017年6月底，趣店核销贷款774万元，远小于不良贷款总额1.79亿元。因此实际坏账率维持在非常低的水平。

3. 宜人贷

宜人贷目前与行业的大趋势一样，也是采用大数据的风控模型，其信用评价部分是基于母公司宜信多年的风控经验和数据。用户在借款时，其风控平台

会根据信用卡账单信息、手机型号、手机端消费情况、借款人经常使用的 APP 以及地理位置等信息来进行大数据分析用户的信用状况。宜人贷在借款时也会要求淘宝信息的验证。宜人贷将不同信用的借款人分为 AA、A、B、C 四个档次，AA 类用户信用等级最高，C 类用户信用等级最低，根据信用等级不同借款利率也相应不同。

财报显示，截至 2017 年 3 月 31 日，2015 年促成的 AA、A、B、C 借款的累计净坏账率分别为 5.5%、7.3%、9.3% 和 7.7%；2016 年促成的 AA、A、B、C 借款的累计净坏账率分别为 0.7%、1.5%、2.4% 和 2.0%。

（五）消保方面存在各种隐患

趣店集团和宜人贷产品综合年化息费率都存在高于 36% 的监管上限的问题，暴力催收的负面新闻也层出不穷。京东金融和蚂蚁金服虽然不存在定价过高和暴力催收等问题，但账户盗刷、伪冒注册等问题表明其在消保方面也存在一定隐患。

1. 京东金融

京东白条额度一般在 3 000 ~ 5 000 元，分期服务费率为 0.5% ~ 1.2%（月）。

就公开信息情况显示，京东目前在用户账户安全方面和消费者权益维护方面的工作尚差强人意。近年来，全国各地频频爆出“京东白条”盗刷事件，涉及金额少则上千，多则上万，不少白条账户中绑定的信用卡也未能幸免，消费者的“京东白条”账户屡次被盗刷也说明了京东的交易系统存在缺陷或交易流程存在漏洞。

2. 蚂蚁金服

蚂蚁金服旗下的蚂蚁花呗产品和信用卡类似，若在免息期内还清本金，就不收取任何手续费、利息等费用。如果到期还不上，蚂蚁花呗有两种解决方式：第一种是按当期未还金额的 0.05% 按日收取利息，直到还清本息为止；第二种是提供分期服务，花呗分期内是不计算利息的，只是收取手续费，费率和分期数有关，目前是 6 期的费率为分期总金额的 4.5%，12 期费率（年利率）为分期总金额的 8.8%，平均每期费率为 0.73%，目前最多可分 12 期。

对于蚂蚁金服旗下的蚂蚁借呗产品（现金贷），用户可以申请的贷款额度从 1 000 ~ 300 000 元不等。蚂蚁借呗的还款最长期限为 12 个月，贷款日利率是 0.045%，年利率为 17.85%。

3. 趣店集团

趣店旗下包括两款 APP，趣店和来分期。趣店 APP 从事网上消费分期业务，来分期主打小额现金贷。其中，来分期用户量和使用量显著大于趣店 APP。

根据招股说明书，2016 年趣店 59.5% 的贷款年化收益率高于 36% 的监管上限。2017 年 10 月 23 日有媒体测算，来分期 5 000 元 6 个月的现金借款，每月还款 922.99 元，实际年借款利率经计算达 42.6%。同样趣店 APP 的 3 398 元 1 年期的分期付款业务，经测算实际年化利率也是 42.6%。

据中国电子商务研究中心发布的《2017 年（上）中国电子商务用户体验与投诉监测报告》，分期消费电商平台的用户信息安全存在诸多隐忧，除被冒用信息注册成为该类平台用户外，该类平台的注册用户也面临信息安全隐患。

据新闻报导，趣店存在诸多电话短信骚扰威胁，暴力催收的案例。同时，没有资料显示趣店采取了任何手段应对过度授信的问题。

4. 宜人贷

宜人贷盈利模式是从两边同时收费——一边是向借户收取交易费，另一边向债主收取服务费。同时，借户贷款需向宜人贷支付利息，而宜人贷会向投资者支付借款利息。在宜人贷的平台上，信用等级越低，其借款违约的可能性也就越高。因此，C 类借户的贷款利率最高。据年报数据，C 类借户需要支付的 APR（Annual Percentage Rate，年利率）大约为 39.5%。这 39.5% 由两部分组成：年利息 10% ~12.5%，以及交易费 28.2%。

宜人贷也存在着诸多侵害消费者权益的问题，包括各种方式进行暴力催收（包括但不限于：电话、短信、IM 聊天工具等）以及泄露借款人的借款信息侵犯当事人的名誉及人格尊严、隐私。

（六）通过 ABS 等各种表外形式融资，实际杠杆率过高

京东金融、蚂蚁金服和趣店集团资金来源以 ABS、信托和助贷等各种表外融资为主，实际杠杆率过高，经推算资本充足率甚至低于持牌机构。

1. 京东金融

京东金融资金来源形式多样，其中资产证券化为其融资主要方式之一。京东金融资本充足管理现状无法从公开信息获取。

2. 蚂蚁金服

根据报道，2016 年末借呗贷款余额 919 亿元中 368 亿元通过小贷发放，551 亿元通过信托发放。而借呗背后主体重庆市阿里巴巴小额贷款有限公司 2016 年末总资产仅为 134 亿元，其中贷款为 69 亿元，其余估计为持有的信托和 ABS 次级档投资，可以推算出 368 亿元通过小贷发放的贷款大部分已通过 ABS 移至表外。因此借呗主要资金来源于信托资金和 ABS 筹资。

而阿里巴巴小额贷款有限公司 2016 年末净资产 47.4 亿元，除以年末借呗贷款余额 919 亿元，其资本充足率远低于持牌机构 10.5% 的要求。

3. 趣店集团

趣店曾依赖 P2P 作为资金主要来源，但由于成本高及其他风险问题，趣店于 2017 年 4 月停止了与 P2P 的合作（资金成本 12%）。目前趣店资金来源多元

化。2017年上半年发放贷款资金中，趣店自有资金占比44.6%，债权转让占比33.5%，信托计划占比14.6%，表外交易（助贷）占比7.4%。趣店融资合作方超过21家，提供了趣店超过55.4%的资金供给。

趣店资本充足管理状况目前无法从公开信息中获取。

4. 宜人贷

宜人贷作为P2P平台，其主要资金来源是P2P投资者资金，也存在资本不充足问题。财报显示，2016年第四季度，宜人贷按照本期促成借款总额的7%计提质保服务专款4.81亿人民币，一旦出现借款人不还款的情况，宜人贷将动用这些质保款来补偿理财人的损失。

二、互联网公司消费金融业务对持牌机构的影响

（一）风控过于依赖金融科技，消费者权益保护不力，易导致金融乱象和金融风险

1. 过度授信、多头授信，导致信用风险不断累积

目前由于消费金融行业竞争主体多元化，各放贷平台之间信息共享薄弱，风控手段过于依赖金融科技，审查不是很严格，大量不具备还贷能力的客户获得了非持牌机构的贷款（过度授信），大量不具备还贷能力的客户在多个互联网平台进行贷款（多头借贷）。尽管有些互联网科技公司本身风控模型通过引入大数据分析、人工智能、区块链等相关行业尖端技术，能形成精准客户画像，得到客户的基本资信信息，从而进行有效放贷。但是由于各放贷平台之间信息共享薄弱，放贷方无法确认客户的实际负债，会导致多平台重复授信。

超前消费在非持牌机构的支持下日益膨胀，最终不得不“借新还旧”“拆东墙补西墙”，债务累积像滚雪球一样越来越大，最终无力还款导致消费金融不良率会越来越高。一方面，由于不良率的提高，不得不通过高利率覆盖高不良率，消费金融行业可能滑入了高利贷的陷阱；另一方面，不良率的提高，导致信用风险的不断累积，最终可能出现金融乱象、导致局部金融风险。

2. 信息泄露、暴力催收等问题频发，威胁整个消费金融行业环境生态

部分非持牌机构通过恐吓威胁、泄露个人隐私等野蛮方式催收，漠视消费者权益的保护，甚至出现“校园裸贷”、借贷者自杀现象，影响社会的和谐稳定。网上频频曝光的校园贷、随之而来的暴力催收，甚至出现有违道德底线的“裸条贷”等相关问题，威胁整个消费金融行业环境生态，使消费金融行业承受道德批判，挤占了合规持牌机构的市场空间。

（二）缺乏资本充足监管，形成“劣胜优汰”的挤出效应

互联网公司普遍通过资产证券化、信托及助贷等形式规避小贷公司的杠杆率限制，因此其业务规模可以在短期内不考虑资本金限制急速扩张，这种资本

充足监管上的不公平对持牌机构影响巨大，形成“劣胜优汰”的挤出效应。

根据中国资产证券化分析网，截至2017年上半年，非持牌机构的发行消费金融ABS产品金额达到1 352.7亿元，占消费金融ABS产品总发行额的60%以上，在市场中占据了主导地位。通过ABS，互联网公司将表内贷款转移至表外，表内仅持有少量次级类证券，因此规避了小贷公司的杠杆率限制。而对于持牌机构，一方面如果次级类占比达到一定比例，贷款不能出表；另一方面，即使贷款得以出表，其持有的次级类证券在计算资本充足率时需要乘以12.5倍来计算风险资产，因此和ABS之前相比并不能节约太多监管资本。

对于通过信托发放贷款并持有的信托次级类投资，如果是持牌机构也需要乘以12.5倍来计算风险资产，和表内发放贷款相比并不能节约监管资本。

对于助贷形式发放的贷款，由于互联网公司承担担保责任，剩余收益和风险均为互联网公司所有。根据会计准则，这部分贷款应作为互联网公司表内资产记账，持牌机构提供的资金作为互联网公司向持牌机构借款记账。但目前各公司都未将该部分资产在表内反应，规避了小贷公司的杠杆率限制。而且即使作为担保这种表外业务，持牌机构也需要按照100%转换系数计算表外风险资产。

在监管标准不统一的情况下，正规消费金融机构业务扩展速度缓慢，而非持牌的消费金融机构业务扩展迅速，最终的竞争结果是正规持牌消费金融机构由于业务发展速度慢于非持牌消费金融机构，市场占有率逐渐下降，最终可能出现劣币驱逐良币，盗版打败正版、游击队打败正规军“劣胜优汰”逆向选择的结果。

（三）持牌机构通过助贷、联合贷等形式和互联网公司合作开展消费金融业务，存在合规隐患

部分持牌机构通过助贷、联合贷等形式和互联网公司合作开展消费金融业务，在合作中将部分贷款审批和贷后催收管理等风险管理核心工作外包给互联网公司，要求互联网公司承担担保责任，持牌机构仅收取固定利率的回报，剩余收益和风险均归互联网公司所有。根据会计准则，这种业务应计作对互联网公司发放的贷款，其实质是对互联网公司的授信而非对个人消费者授信。但目前实务中持牌机构并未对互联网公司做授信审核，仍然按照个人消费贷款记账，既存在合规隐患，又掩饰了业务真实风险。

三、规范互联网公司消费金融业务的政策建议

从私法自治、经济自由的理念出发，我们应当容忍和鼓励互联网公司消费金融业务的创新，但从实质正义、防范金融风险的角度出发，我们又必须对互联网公司消费金融业务予以监管。

(一) 对《关于规范整顿“现金贷”业务的通知》的解读和影响分析

1. 解读

2017年12月1日，互联网金融风险专项整治工作领导小组办公室和P2P网络借贷风险专项整治工作领导小组办公室联合下发了《关于规范“现金贷”业务的通知》，针对前述互联网公司消费金融业务中存在的问题，对小贷、P2P等非持牌机构的消费金融业务从以下几个方面进行了规范：

(1) 叫停小贷、P2P等非持牌机构开展网络现金贷业务。通知要求小贷公司暂停发放无特定场景依托、无指定用途的网络小额贷款，逐步压缩存量业务，限期完成整改。通知要求P2P网络借贷信息中介机构不得提供无指定用途的借贷撮合业务。

(2) 统一了消费金融业务的监管标准，明确了小贷、P2P等非持牌机构的消费金融业务在利率、风控、消保等方面的要求，与持牌机构相一致。通知要求各类机构以利率和各种费用形式对借款人收取的综合资金成本应符合最高人民法院关于民间借贷利率的规定，向借款人收取的综合资金成本应统一折算为年化形式，各种贷款条件以及与其处理等信息应在事前全面、公开披露。

各类机构应当遵守“了解你的客户”原则，应全面持续评估借款人的信用情况、偿付能力、贷款用途等，不得向无收入来源的借款人发放贷款，谨慎使用“数据驱动”的风控模型，不得以各种方式隐匿不良资产。

各类机构或委托第三方机构均不得通过暴力、恐吓、侮辱、诽谤、骚扰等方式催收贷款。应加强客户信息安全保护，不得以“大数据”为名窃取、滥用客户隐私信息，不得非法买卖或泄露客户信息。

(3) 规范了小贷公司资金来源，确保其不突破原有的杠杆率要求。通知要求小贷公司以信贷资产转让、ABS等名义融入的资金应与表内融资合并计算，合并后的融资总额与资本净额的比例不得突破现行杠杆率要求。

(4) 规范了持牌机构和第三方机构开展消费金融业务的合作，关闭了小贷公司通过助贷以及信托等形式放大杠杆率的大门。通知要求持牌机构和第三方机构开展消费金融业务的合作仅限于客户推荐。持牌机构不得将授信审查、风险控制等核心业务外包，不得接受合作机构提供的担保、兜底承诺等增信服务。持牌机构应要求并保证合作机构不得向借款人收取息费，以保护借款人利益并控制信用风险。

2. 影响分析

总体来看，通知针对互联网公司消费金融业务中存在的风控、消保、杠杆率等问题从各个方面进行了规范。通知直接关闭了互联网公司开展网络现金贷的大门，今后只能开展场景类消费贷款。通知还明确了小贷、P2P等非持牌机构的消费金融业务在利率、风控、消保等方面的要求，与持牌机构相一致，并规范了小贷公司资金来源，确保其不突破原有的杠杆率要求。

这些政策旨在保护金融消费者，将一切金融活动纳入监管，有利于持牌机构和非持牌机构之间公平竞争，良性互动发展。但政策实施效果有待观察，特别是小贷、P2P 等非持牌机构长期以来虽由地方金融办发放牌照，但缺乏实际审慎监管和行为监管。根据通知要求，小贷、P2P 等非持牌机构的业务规范由地方金融办承担，地方金融办是与否有足够专业能力和人力来落实通知要求存在一定的疑问。此外通知虽然明确了小贷、P2P 等非持牌机构的消费金融业务在利率、风控、消保等方面的要求，但对其违规行为的处罚处理缺少上位法的依据，对政策实施效果有一定影响。

个人消费贷款不同于企业贷款，起点低覆盖面广，金融消费者囿于其资力、金融经验、金融辨识等因素的限制往往处于弱势，处理不好必然造成社会稳定问题。在监管格局和法律框架未作改革之前，地方金融办对小贷、P2P 等非持牌机构的审慎监管和行为监管是否有效，小贷、P2P 等非持牌机构的消费金融业务在利率、风控、消保等方面是否能真正和持牌机构看齐，其个人贷款业务会不会出现以场景类消费贷款名义开展现金贷情况，或出现其他新形式的消保问题并影响社会稳定，需要密切关注。如若政策实施效果不佳，建议及时叫停小贷、P2P 等非持牌机构发放个人消费贷款，互联网公司如果想利用自身优势开展消费金融业务，必须向监管部门申请开展消费金融业务的牌照并接受监管。

（二）相关政策建议

1. 建立和完善消费金融法律体系，加强消费金融业务行为监管

健全的法律法规是金融服务业发展的根本保障，也是消费金融业发展的重要基础。消费金融行业发达的美国就用专门的消费金融法律体系，1968 年《消费信贷保护法》和 1974 年《统一消费信贷法典》作为美国消费金融的法律制度基石，为促进美国消费金融发展提供了法律体系基础。

互联网消费金融具有交易标的的无形性、交易内容的复杂性、交易内容的专业性、交易方式的电子性、营销方式的精准性等特征，金融消费者囿于其资力、金融经验、金融辨识等因素的限制，较之于互联网消费金融产品提供者往往处于弱势。若一味强调自慎原则，不仅金融消费者的合法权益难以保障，也极易引发系统性风险。

我国应该加快建立和完善消费金融法律体系，制定具体可操作的消费金融法律细则，加强消费金融产品信息的透明化、合规化披露，确保消费者的自主选择权，设定“犹豫期”机制、“提前还款”条款，给予消费者充分自主选择权，确保消费者的公平交易权，严格消费者信息保护制度，为促进消费金融发展夯实法律制度基础。无论持牌机构还是互联网公司从事金融业务，都适用于相应的法律法规。

同时还应明确小贷、P2P 等非持牌机构的行为监管机构，加强对小贷、P2P 等非持牌机构的行为监管。行为监管是针对金融机构经营行为的监管，主要是为了保护消费者的知悉权、选择权、公平交易权等各项合法权益。因此，在某种意义上，行为监管与金融消费者权益保护高度关联。目前持牌机构的行为监管基本由其机构监管部门承担，但非持牌机构的行为监管依然缺位。

2. 逐步完善征信体系建设，纳入小贷、P2P 等非持牌机构的授信信息，防范借款人多头借贷、过度借贷等行为

目前持牌机构使用的个人征信信息主要是央行征信系统，但央行征信系统仅包括了持牌机构的授信信息，未纳入小贷、P2P 等非持牌机构的授信信息，因此持牌机构也无法掌握借款人在小贷、P2P 等非持牌机构的借款情况，在防范借款人多头借贷、过度借贷方面也存在隐患。建议逐步完善征信体系建设，纳入小贷、P2P 等非持牌机构的授信信息，同时也应将央行征信信息向小贷、P2P 等非持牌机构开放，帮助其防范借款人多头借贷、过度借贷等行为。

课题组组长：蔡莹
课题组成员：赵茜、杨烨、王威、孙永、詹宇璐、张涵
执笔人：王威

浅析现金贷业务合法性及监管模式

摘要：近年来，我国现金贷业务呈现爆发式增长，相应风险也在显现。现金贷业务本质上是一种发放贷款的行为，根据现有法律法规，发放贷款属于金融业务活动范畴，是一项特许经营业务，任何未经批准开展的放贷行为均属于非法金融活动。当前，亟须从立法层面对非法放贷行为做出明确认定，在此基础上，做好对合法放贷和非法放贷的分类处置。

一、“现金贷”业务主要风险

现金贷企业的借款对象主要是无法通过银行融资的30岁左右的年轻群体，业务特征是利率高、逾期多、催收不规范、贷款人数多，聚集了大量社会不稳定因素。其主要风险包括：

一是借款人综合成本畸高。部分放贷企业通过收取各类服务费、甚至“砍头息”等方式，变相提高借款人借款成本，导致借款人年化综合成本普遍高于100%。许多放款企业还设置对借款人不利的还款顺序及高额的滞纳金。一旦逾期后，借款人在短期内将面临倍数级增长的各种息费成本。

二是贷前审查形同虚设。借款人只需提供极少的信息资料，即可申请“现金贷”，而放款企业对于借款人资质审核也往往流于形式。此外，据外部资料显示，目前“现金贷”多头借贷的比例已超过50%。风控体系的形同虚设，导致目前“现金贷”行业的整体借款逾期率普遍偏高。

三是各种催收乱象不断发生。目前放款企业对逾期贷款的催收主要依靠自身或外包，极少愿意通过司法途径进行债务保全，一定程度滋生了行业催收的各种乱象。根据一些案件显示，其中不乏使用非法拘禁、侮辱、恐吓等非法手段的情形，严重扰乱社会秩序，威胁公民人身安全。

二、关于发放贷款活动的法律法规规定

（一）发放贷款必须经监管部门审批

早在1999年，国务院颁布《非法金融机构和非法金融业务活动取缔办法》（国务院令第247号，以下简称《取缔办法》），其第三条规定：“本办法所称非法金融机构，是指未经中国人民银行批准，擅自设立从事或者主要从事吸收存款、发放贷款、办理结算、票据贴现、资金拆借、信托投资、金融租赁、融资

担保、外汇买卖等金融业务活动的机构”。第四条规定：“本办法所称非法金融业务活动，是指未经中国人民银行批准，擅自从事的下列活动：（三）非法发放贷款、办理结算、票据贴现、资金拆借、信托投资、金融租赁、融资担保、外汇买卖”。也就是明确，发放贷款须要经过相关有权部门批准。

《银监法》《商业银行法》等法律规定对经营贷款业务的审批权亦作明确。《银监法》第十九条、《商业银行法》第三条、《消费金融公司试点管理办法》第二条，明确了银监会对商业银行及消费金融公司的贷款业务具有审批权。此外，《关于小额贷款公司试点的指导意见》，明确了省级政府对小额贷款公司的贷款业务具有审批权。

（二）民间借贷与发放贷款之间有定性的界定标准

虽然法律法规对于放贷行为有明确规定，但许多从事现金贷业务的企业往往辩称其属于法律规定的民间借贷范畴，无须按照发放贷款的要求经过监管部门批准。对此，现有法律法规对民间借贷和发放贷款的界限，已作出了定性区分标准。

一是向社会公众发放贷款非民间借贷。最高院 1999 年公布的《关于如何确认公民与企业之间借贷行为效力问题的批复》明确指出，“公民与非金融企业（以下简称企业）之间的借贷属于民间借贷。只要双方当事人意思表示真实即可认定有效。但是，具有下列情形之一的，应当认定无效：（三）企业以借贷名义向社会公众发放贷款”。

二是相比民间借贷，非法放贷具有营利性、对象不特定性、经常性、长期性等特点。人民银行 2001 年《关于以高利贷形式向社会不特定对象出借资金行为法律性质问题的批复》（银办函〔2001〕283 号）指出，“非法发放贷款行为是指：未经金融监管部门批准，以营利为目的，向不特定对象出借资金，以此牟取高额非法收入的行为。非法发放贷款的行为主体可以是单位亦可以是个人，其行为特点是未经有权部门批准、没有合法的经营金融业务资格，经常性地向不特定的单位或个人出借资金，出借款项一般笔数多、累计金额大，多个借贷行为累计持续时间较长，客观上已形成的一种非法金融业务活动”。

三、当前整治非法放贷活动中面临的难点

根据现有法律法规，目前尚未获得消费金融公司、小额贷款公司牌照，而从事现金贷业务的企业，实际都具备一定的非法发放贷款行为特征。然而，现有法律法规仍存在一定空白，导致在整治非法放贷活动中，面临一些难点。

（一）尚未出台非法放贷的司法解释，刑事责任难追究

虽然相关法律法规中都明确，对非法金融活动，构成犯罪的，依法追究刑事责任。但就非法放贷行为而言，最高院并未如同规制非法吸收存款一般，通

过司法解释的形式，明确追究其刑事责任的具体标准，刑事打击的力度较为有限。如据外部资料显示，广东、浙江、江苏等地法院就认为在根据现有法律，非法放贷行为不足以认定为非法经营罪。其中，广州市中级人民法院 2014 年审理某起涉黑案件时，对犯罪嫌疑人发放高利贷的行为只认定违法，未认定犯罪。

（二）对银监会取缔非法金融活动缺乏配套的执法程序规定，行政打击难落实

《取缔办法》对人民银行调查、取缔非法金融活动做出了详细规定，而《银监法》第十九条、第四十四条，只规定银监会有权取缔非法金融活动，却缺乏相应配套的执法程序规定，难以实施对非法金融活动的有效打击。

（三）对非法放贷行为尚缺乏量化的认定标准

人民银行虽然在相关批复中描述了非法放贷行为的基本特征，但现有法规对于何谓“笔数多、累计金额大、累计时间长”等，没有做出相应界定，因此，对于企业放贷行为究竟属于民间借贷范畴，还是非法金融活动，缺乏量化的判断依据，加之随着我国市场化程度的提升，民间借贷行为本就具有易发性、复杂性和隐蔽性，客观上也对社会上各种借贷活动的区分和监管造成了一定困难。

四、相关国际经验

国际上一般称现金贷业务为“发薪日贷款”（Payday Loan）。英国金融行为监管局于 2014 年 4 月率先颁布了《消费贷款管理细则》，对高成本短期贷款（hight - cost short - term ，包含发薪日贷款）进行监管。2016 年 6 月 2 日，美国消费者金融保护局发布了关于发薪日贷款新规征求意见稿。两国监管法案要点主要包括：一是监管目标。让借款企业只向合适的人群借款；让消费者充分了解借款所承担的义务与风险。二是监管范围。美国对 Payday Loan 产品和车贷等纳入监管。英国将 P2P 借款及年化利率高于 100% 的产品均纳入高成本短期借款范畴。三是准入机制。从事发薪日贷款的企业需向主管部门申请资格认证。四是贷款要素限制，包括：借款成本、借款额度限制、贷款展期限制、罚金管理等，从而避免借款用户通过持续周转、多头借贷等方式承担远超过自身可负荷债务总额，陷入债务陷阱。五是建立监管报告机制。要求出借人必须通过信贷报告系统汇报所有信贷数据，或者本金偿还选项等信息。

五、监管建议

鉴于当前随着市场环境的变化，各类借贷行为日趋频繁，而非法放贷则已严重扰乱市场秩序，危害社会安全稳定，有必要进一步从立法层面明确对非法从事贷款业务的认定标准。在此基础上，实施分类处置，对以信息中介方式介入现金贷业务的平台企业，按照银监会对 P2P 业务的相关规定监管；对非法放

贷行为严格予以调查、取缔；对持牌房贷主体的合法放贷行为则强化事中、事后监管，统一市场规则。

（一）对中介平台按照P2P业务规定实施监管

针对部分网贷平台转型涉足现金贷业务的情况，由于其本身并非放贷主体，建议仍按照银监会关于P2P业务的相关规定予以监管，坚持平台的中介地位，严格禁止平台自身发放贷款和提供担保的行为。

（二）完善对非法放贷行为认定和打击的规则体系

一是针对借贷行为明确违法、犯罪两个层面的认定标准。建议提请从立法层面，参照对非法吸收公众存款的相关司法解释，明确对放贷行为是否违法、是否构成犯罪的认定标准，如涉及的人数、放款金额、持续时间等。同时，对向“不特定对象”发放贷款，也可通过列举的方式，做出更加具体的规定。从而构建对非法放贷行为实施刑事打击和行政打击的完整体系，并对社会上各类借贷行为起到明确的规范、指引和警示作用。

二是细化对治理非法放贷工作的职责分工、手段和程序。对于非法放贷的主体和行为，进一步通过修订《银监法》或出台相关行政法规的方式，明确银监会、地方政府、公安、工商等有关部门在治理非法放贷工作中的职责分工，从而形成各部门共同打击非法放贷行为的合力。

（三）对持牌放贷主体制定明确、统一的行为准则

对于获准经营贷款业务的企业，本着相同行为相同标准的原则，参照商业银行贷款、信用卡业务及对小额贷款公司的相关监管规定，强化事中、事后的行为监管，从而形成对所有合法放贷主体明确、统一的行为准则。针对当前现金贷业务主要乱象，并借鉴国际经验，需重点规制以下环节：

一是借款成本设定环节。参照对小额贷款公司资金运用的规定，贷款利率上限原则上放开，但不得超过司法部门规定的上限，即36%。同时，严禁放贷企业以收取服务费、“砍头息”等方式变相提高借款成本的行为。此外，参考对商业银行贷款业务的规定，加收逾期罚息的利率限定在贷款利率的50%以下，并按单利收取，避免“利滚利”导致借款本息急速膨胀。

二是信息报告环节。完善监管报告机制，要求持牌机构定期向人民银行信贷征信系统提供借款人、贷款金额、贷款担保和贷款偿还等业务信息。

三是贷款调查及发放环节。要求持牌机构建立健全贷款管理制度，明确贷前调查、贷时审查和贷后检查业务流程和操作规范。其中，对于借款人多头借贷的风险，可参考信用卡业务“刚性扣减”相关规定，要求放贷企业在核定借款人总授信额度基础上，扣减借款人在其他机构已获累计授信总额。

四是逾期催收环节。参照信用卡业务催收的规定，规范放贷企业催收行为。如禁止对催收人员采用单一以欠款回收金额提成的考核方式；禁止对与债务无

关的第三人进行催收；禁止采用暴力、胁迫、恐吓或辱骂等不当催收行为；对催收过程进行录音，并至少保存 2 年备查等。

五是个人信息保护环节。要求持牌机构依法保护借款人信息安全。如禁止收集与贷款业务无关的借款人信息；未经借款人授权，不得将相关信息用于其他用途等。

作者：姚伟、管申一、郭益智

未来银行理财业务发展研判分析及监管建议

摘要：上海银监局课题组通过对辖内各类资产管理机构走访调研，研判分析未来银行理财业务发展情况，提出统筹建立资管法规框架，完善银行理财规则，提升产品透明度和风险分层，引导银行提升投资管理和风险管理能力等建议。

一、各类市场机构特点

（一）资产管理机构业务快速发展

资管机构调研对象选取了一家券商资产管理子公司、基金管理有限公司及其子公司以及第三方财富管理机构。三类机构具有以下经营特点：一是重视投研建设。投资管理能力是资产管理的核心竞争力。三家机构均建立专门的投研团队。如基金管理公司投研团队配备约占公司总人数1/3；第三方财富以理解基础资产为研究方向，组建投研团队。二是建立风控体系，风险管理精细化。如券商资管公司事前根据委外客户要求设置单独的阀值和投资指标，据此在投资数据库中进行指标遴选，事中事后通过系统对投资资产进行风险管理。三是形成各自管理经营特点。相对而言，券商资管得益于母公司支持力度，也具有自身管控灵活度和主动性，公司可视情况调整资产结构，控制规模增长，提升资产管理质量；基金公司的产品结构则相对优化，更集中于投资管理，专业化分工更细，参与交易所市场交易效率更高；第三方财富财富金融布局更为灵活和广泛，旗下设立多个机构，开展包括财富管理、资产管理、全球产品开发平台和互联网金融等多类金融服务业务。

（二）银行理财机构推进产品和服务转型

银行理财机构调研对象选取了中资银行总行资管、私人银行专营机构以及外资银行各一家。三类机构均不同程度推进银行理财业务转型，大力发展净值型产品。业务发展上，有的依赖银行自身零售优势，有的则采取MOM运作管理模式。外资银行开始推进以客户为中心的财富资产配置转型。

（三）瑞银集团的财富管理和资产管理业务

调研对瑞银集团财富管理和资产管理做了跟踪。瑞银集团内设置财富管理、资产管理及投资银行三大业务主线，并分别设立实体以隔离风险，三条业务线既有业务联系又彼此独立。其中，财富管理（瑞士银行）提供针对全球富豪、瑞士私行客户及企业客户金融服务。瑞银全球资产管理开展大型资产管理业务。瑞银投资银行是全球性投资银行和证券公司，提供证券及其他金融产品。其中，资产管理与财富管理开展一定合作，包括合作发行并销售基金以及合作为客户定制解决方案。财富管理客户服务方式包括：一是客户全权委托投资，瑞银财富管理经授权后为客户进行全球投资；二是提供咨询和投资理财方案；三是提供经纪服务，客户自主投资方式。

二、未来银行理财业务发展预判

（一）市场环境改变推动银行理财从注重规模发展转向提升管理能力

一方面，宏观环境影响大类资产未来表现。随着我国投融资体制改革不断深入，政府、企业资产负债表逐步调整，资本性投资不断受到重视。另一方面，监管环境整体趋严。为适应市场环境变化，未来银行理财规模快速扩张态势将会放缓，银行理财将从规模发展转向资产配置和管理能力提升。

（二）资管竞争环境推动银行理财提升投研能力

从各类机构发展来看，未来资管竞争加剧，其中资管能力建设是核心。虽然商业银行具有审慎风险偏好、信用风险审查严格、注重流动性控制手段等优势，但是相对市场其他资管机构，银行理财投研资源投入较为薄弱，尤其随着市场环境变化，银行需要培养和建立适应市场发展的大类资产配置能力、标准化资产交易水平和相应的风险管控手段。

（三）推动银行理财非标资产投资的运作方式转型

从国际经验来看，非标资产属于另类投资范围，其风险－收益特性不适合普通个人投资者。加之透明度低和估值难度大，非标资产也不宜在资产配置中占据过高比重。因此，未来银行理财投向非标资产将转变产品形态并逐渐减少。通过监管规范，非标资产应以独立的产品形态运作，而非某个产品的配置投向，同时不存在份额切割和期限错配，以有助于信息充分披露和投资者的风险识别。

（四）鼓励资产管理独立专业化运作

从国外经验看，为保持服务专业性和独立性，资产管理和财富管理通常采取独立分设机构的形式展业。其中，资产管理专注资产投资能力，主要为大型机构投资者服务。财富管理专注资产配置能力，主要为个人投资者和小型机构投资者服务。相比之下，我国银行理财虽然兼具资产管理和财富管理，但仍处于以产品为中心的发展阶段。因此，未来可考虑资产管理和财富管理的实体化分离。商业银行可探索设立独立法人子公司，开展资产管理业务，既有利于专注投资业务，也有利于自营业务和资管业务分离。商业银行本身则开展财富管理业务，建立提供资产配置、投资咨询业务等全面金融服务的财富管理体系。

（五）规范运作，提高产品透明度

未来银行进一步加强产品端、运作模式和运作规范化转型，提升交易公允程度，实现产品透明和投资规范。一是净值型产品比例将进一步提高。二是进一步规范业务运作模式。搭建投资管理平台、选择投资管理人、多元化资产配置的委外投资管理模式成为银行理财近两年的管理运作模式方向。但是，由于委外投资管理模式尚缺乏制度规范，银行应谨慎选择委外投资合作机构，加强风险管理和对底层资产穿透的把控。同时，通过委外投资，向专业机构学习，提高银行自身的投研能力以及交易水平。

三、监管建议

面对未来银行理财发展变化，建议从完善监管规则、引导银行转型以及加强投资者适当性管理等方面做好准备。

（一）统一监管框架，强化监管协作，加强市场监测

清晰界定财富管理和资产管理，为同一类业务搭建统一监管框架。明确财富管理基本展业原则，减少利益冲突，切实保护金融投资者的利益。对跨市场、跨机构、跨产品的交叉类资管业务，建立大体一致的监管标准，并共同实施市场监测和信息共享。

（二）完善银行理财规则，杜绝监管套利，前瞻预警风险

一是加强理财投资非标资产的监管，杜绝监管套利。若银行实质承担非标资产信用风险的，应按照规定计提监管资本和拨备。二是进一步细化理财产品之间、理财与自营之间的交易规范，明确监管红线。同时，参考证监会对证券投资基金的有关要求，适时出台理财估值规范。三是强化系统性风险防范。对资管市场各类“创新”业务模式加强跟踪研究，剖析各投资环节对商业银行和整体宏观经济运行的潜在影响，前瞻分析系统性风险，及时预警并采取监管措施。

（三）引导银行主动转型，提升投资管理和风险管理能力

鼓励支持商业银行顺应市场环境变化，主动研判市场发展变化，进行策略、架构、决策机制、大类资产配置的转型。首先，确定本行理财业务未来发展定位，据此建立投研团队，加大投研投入，完善相关考评机制。其次，完善大类资产配置能力，将资产配置理念运用到产品设计、销售流程和系统建设过程中。巩固现有资产配置优势，累积投资多元化、国际化经营经验，有条件的可积极探索利用自贸区 FT 账户拓展境外资产投资渠道。最后，提高风险控制能力。加深对基础资产研究、理解和风险跟踪，加大系统建设和投研数据库开发，提升风控效率和精准度。

（四）提升产品透明度和风险分层，培育市场投资主体风险意识

一是引导机构加强产品投资、运作和销售全流程管理，提高产品透明度，合理配置各类风险资产，做好各类金融主体的产品分层销售。二是加强投资者教育，提升投资者风险意识。引导机构通过财富管理规划，帮助客户设定长期财富目标；通过多元化资产配置，帮助投资者认识和了解投资资产风险/收益属性，认同资产配置的价值理念；通过长期服务，培育具有理性认识和风险认知能力的投资者群体；同时，尽力培育尊重风险管理规律的真正的机构投资者。

作者：李皎、梁杰、刘敬莹

“去中心化”还是“新平台化”？

——区块链应用与金融发展趋势刍议

摘要：“去中心化”是区块链最主要的特征之一，在互联网生活由高度集中控制向分布集中控制转变的前提下，原有的中心意义被大大弱化，“中心”被“平台”所取代，形成未来多元多向文化的社会结构。平台的更迭成为时代更替的标志，而真正的去中心化并不能全面描述互联网整体进化，只适用于互联网应用的发展。区块链的重点在“链”而不在“区块”，关注应用突破也许是区块链金融在短期内比较现实的选择。

近年来，区块链技术的应用以其防篡改和高透明的独特优势，展示了其在金融领域中的良好发展前景，成为金融科技的风口概念，被认为是改变信任的革命。在业内人士看来，区块链技术的特性实现了业务的穿透性，能在不同的合作者之间建立起分布式的信任机制，从而提高金融交易的效率。虽然也有人指出这项技术还不够成熟，不要盲目跟风和过于夸大区块链的应用前景，但对这一新兴事物进行分析审视还是很有必要的。在这里，笔者仅就区块链的主要特征之一——“去中心化”作些初探。

一、“去中心化”不等于“无中心化”

“去中心化”是互联网的本质特征之一，即互联网架构是无中心的，任何两个终端都可以进行信息的交互而不必经由某一权威的许可。虽然互联网世界有根服务器，但这仅是对技术格式的规范，而不是对传输内容的限定。任何参与者均可提交内容，全体网民共同进行内容协同创作或贡献。在区块链领域，与传统的集中式网络架构不同，分布式的网络架构逐渐体现出与交往模式配合更为灵活、对更多网络运营角色支持力度更大等特征。交易结构的多元化和参与者地位的转换与去中心化互为因果，它们共同保证了用户需求的有效满足，形成需求方规模经济，并防止强制性垄断权力的形成。从文化形态上看，在个体中心论取代威权中心论的趋向中，去中心化的特性凸显了这种互联网精神的平等、开放等特征，塑造了新型的社会化关系形态和内容产生形态。互联网 2.0 时代，以多点对多点的去中心化的传播方式解构了原有的单向文化的社会结构，更鲜明地转向多元多向文化的社会结构。

虽然从社会形态上来讲，去中心化所导致的社会变迁是影响深远的，但我们依然可以看到，去中心化并非所有中心的消失和社会阶层的完全淡化，而是部分机制由高度集中控制向分布集中控制转变，变得更加个体化和多元化，原有的中心意义被大大弱化或转向多极化，从而影响了网络文化的形成和呈现。在信息交流上，人们直接进行多点对多点的互动沟通，但在信息管理和规模经济上，依然遵循着赢家通吃的原则。各类网红、热点、头条依然诠释着眼球经济的基本法则，在细分市场上还在不断上演着从竞争到兼并的资本博弈。所以这种去中心化不是不要中心，而是以一种更高级的中心，取代原有形态的中心，即以一种新层级的提升取代旧秩序的分配。因此，笔者姑且称为“新平台化”。

二、区块链将会构建一种新的平台

虽然就互联网的本质来讲，去中心化与个性自由联系在一起，但任何一个时代都是需要平台（核心）的。平台既有商业属性，也有公共属性。它大大提高了交往和交易的效率，为人类生活方式提供了更多的可能性，所以不同的平台成为不同时代的重要标志。在前信息时代的权力架构都是中心化的，或许不是独家，但一定不是高度分散，而是高度集中的。但进入信息交互时代，人们对于经济基础和上层建筑的看法与以往有很大不同，扁平化的生活呼唤扁平化的生活基座。在这短短的十年里，我们已经经历了多次平台的更迭，从新浪、搜狐、网易三大门户网站，到谷歌、百度两大搜索引擎，从 BAT 到微信、支付宝的开疆拓土，层级越来越高，影响面越来越大。在当今社会，凡是做得大的，都是综合性平台。例如，微软是 PC 时代的平台，安卓是移动互联时代的平台。而今天微信与支付宝的功能越来越强大，几乎已经囊括了衣食住行等生活工作的方方面面。可以说，谁掌握了平台，就掌握了时代。

所以有的人就认为，互联网去中心化的本质是重建中心化，因为去中心化的结果其实是搭建了一个参与者更自由、管控者更集中的平台。人们的需要依然大多是被创造出来的，而不是每个人自己创造出来的。在从一种平台向另一种平台的进化中，人们逐渐发现去中心化并不适用于互联网整体进化，而只适用于互联网应用的发展。从技术的发展趋势来看，也是更加集中化、复合化。众所周知，信息分为两种：知识和观点。前者有客观性，后者只是大家的意见。前者是需要有一定信用的、权威的信息源的信息，而后者是众说纷纭的，比较适合分布式网络的传递结构。我们通常所说的“互联网都天然地适合无政府主义思潮的生发”其实指的是后者。所以对于信用平台和信息平台的构建要有一定的区别对待。

三、金融新平台的发展应遵循客观规律

金融是国之重器，是国家重要的核心竞争力，金融体系是经济社会发展中重要的基础性体系。在金融支付结算领域，对于未来的发展路径，一直有两种不同的声音：一种建议要搞大集中，认为电子化的集中清算更高效、更可靠，是信息化时代的必然趋势；一种是要搞分布式，就像区块链一样开展全民参与记账，重构不需要第三方背书的信用建立机制。两种解决方案都有其逻辑合理性。发展的趋势是要靠实践和竞争实现的。但就目前看来，由于处理速度不快、基础成本过高、个人信息容易泄露等缺陷，区块链目前的市场接受度还不太高，标准也远未统一，无法创造更完善的风险定价体系，所以暂时还不会颠覆传统金融生态体系。发展同业链和产业链，关注应用突破，提升数据处理、终端支付等领域的效率也许是区块链金融在短期内比较现实的路径选择。

区块链不仅是技术的革新，更是思维方式的革命。新兴金融平台的出现既要有技术的创新，也要由社会生活方式提供相应准备。人的现代化与物的现代化互为因果，并共同成为社会发展进步的两翼。云计算、大数据、物联网、移动互联、人工智能等技术引发的传播变革乃至组织形态变革浪潮，使计算机技术与生活的结合也越来越紧密，并在不断影响和塑造着大众的生活方式。马克思把生产方式和社会经济制度的变化而不是某项技术的发明创造视为区分时代的基本标志。工具理性的智能化极易引发对理性幻想的心理崇拜。在人没有成为成熟的主体之前，简单的无政府主义只会造成更多的混乱和困扰。如果区块链要成为引发金融业颠覆式变革的发动机，那就要等待我们的数字化生活方式发生更加深刻地变革，毕竟区块链的重点在“链”的组建而不在“块”的独立，人机关系的背后起决定作用的还是人际关系。否则它很有可能就像它的首个应用——比特币一样，没有成为一种网上支付的工具，反倒成为了炒作的标的。社会生活是实践的，遵循社会的历史的发展规律，是把握金融发展趋势的重要前提。

作者：詹晶

四、国际借鉴研究篇

国际银行业监管治理借鉴与上海实践研究

摘要：党的“十九大”要求“健全金融监管体系”，对深化监管治理提出了更高要求。近年来，在中国银监会的正确领导下银行业监管治理已经取得诸多成效，但距离根治金融乱象特别是建设现代金融体系的要求还有诸多不足。本文基于国际金融治理近期经验的总结并结合上海情况，尝试提出新时代深化银行业监管治理应对之策。本文认为，新时代深化地方局银行业监管治理有三个侧重点，架构优化是深化监管治理的牵引车，提升透明度是深化监管治理的放大镜，严格监管法治是深化监管治理的试金石。

一、国际监管架构治理

从20世纪70年代至今40多年中，金融行业在世界各国经济社会发展与政府管理中的地位与影响经历了革命性的变化。监管治理的变化体现出开放性、革新性、制度性、权威性和有效性五个主要特征。

一是开放性。学习促进开放，金融治理的市场化与国际化理念不断更新。先是发展中国家向发达国家学习金融创新与监管治理经验，借鉴其教训，包括组织架构、金融市场建设、立法以及人才培养。由此促进了国际间、区域间和全球性的金融市场加快开放、加速发展。近期，发达国家开始向中国学习金融治理。

二是革新性。金融市场化与对外开放的进程、速度与深度对发展中国家监管架构调整的影响更为显著。以中国为代表的发展中国家通过金融市场化与对外开放加快了金融深化，监管架构调整的力度和深度更显著。欧盟和金融自由化是影响欧洲国家监管架构改革的显著因素。中国从1984年到2003年用了20年全方位改革了监管架构。

三是制度性。国际金融危机和重大金融风险事件深刻改变全球金融监管治理架构。美元危机与石油危机对西欧各国金融监管架构调整影响显著，拉美债务危机与苏联解体促使欧美各国调整金融监管理念。墨西哥金融危机和亚洲金融危机促使发展中国家金融监管架构进行较大调整。2008年全球金融危机则是一个分水岭，彻底改革了全球金融治理理念，主要发达国家率先改革监管架构，美国成立消费者保护局和金融稳定委员会，绝大多数国家都进行了金融监管架构调整。

四是权威性。全球金融治理的领导框架更加清晰。长期以来受制于东西方政治对立，国际金融治理的权威性领导机构缺位，国际货币基金组织（IMF）与世界银行集团（WBC）没有起到有效预警与充分防范国际金融危机的作用，发达国家与发展中国家之间以及不同区域国家之间在金融治理方面缺乏统一认识与共同理念。2009 年 G20 集团决定成立 FSB，金融稳定理事会第一次做到了把国际主要的金融监管组织（比如 IMF、BIS、BCBS、ECB 等）和主要的政府监管部门（比如美联储、欧洲央行、英格兰银行等）集合起来，共同执行国际金融监管标准。

五是有效性。国际银行业监管的话语权最大，国际清算银行 BIS 在全球金融体系里长期占据核心位置。巴塞尔银行委员会 BCBS 从 1974 年成立，已经拥近 30 个技术机构，其制定的全球银行监管标准《新资本协议》第三版已经被 100 多个国家或地区接受实施，其《有效银行监管核心原则》则受到更加广泛的欢迎和执行。

二、国际透明度治理

金融透明度低是引致 2008 年金融危机的惨痛教训之一，但是政府信息披露管制与会计信息披露作假却双向夹击监管透明度，并误导宏观审慎监管、损害金融基础设施。为此，有关国际监管部门在近 10 年来，从四个方面持续加强金融透明度治理。

一是从推动监管上层建筑改革着手。核心原则具有显著的监管制度革新指引性质。吸取金融大危机的教训，国际监管组织推动建立了逆周期监管新制度以及系统重要性银行监管新制度，把透明度作为监管制度要求。在 2012 年版核心原则中把 1997 年版的第 22 条“会计处理和披露”升级扩大。拆分细化为两条，27 条为“财务报告与外部审计”，28 条专列“信息披露与透明度”，并具体列出了制度必要标准与制度附加标准，涵盖法规制度与监管裁量权两种形式。在 2015 年版中，再次重申，保持透明度是强化市场监督及其纪律约束的要求；并且明确指出，规章制度透明和信息公开透明是完善的金融基础设施的要件之一。美国在其金融改革法案《多德—弗兰克华尔街改革与消费者保护法案》中第七章专列“华尔街透明度与问责法案”，提出“监管规则的一致性和可比性”原则，要求不同监管机构要“共同制定监管规则”并在规则发布前“商议和协调”；同时，对交易参与者提出“禁止操纵信息和虚假信息”，禁止“盗窃非公开信息”。

二是统一发布透明度国际标准。巴塞尔委员会（BCBS）和国际证监会组织（IOSCO）2015 年 7 月 23 日联合发布了《识别简单、透明和可比的资产证券化标准》，该标准适用于规范资产证券化，旨在识别和提升资产证券化结构的简单和透明度。该文件提出资产证券化监管的三大原则：简单性（以下简称 S）、透明性（以下简称 T）和可比性（以下简称 C）。文件指出，通过提升资产和结构的简明度，STC 标准使投资者和监管者更精确地评估资产证券化产品的风险敞口。通过提高透明度，STC 标准有助于投资者对证券化资产的结构、标的资产的特点和资产在存续期内的业绩获得更全面、可靠的信息，有助于投资者对风险和收益进行更彻底的分析。通过提升资产证券化交易中某些因素的可比性，降低评估证券化资产的难度。2017 年 12 月 7 日，巴塞尔银行监管委员会声明称巴塞尔协议 III 资本框架已完成，银行将面临更严格的资本及透明度监管。

三是从监管后评价方面，透明度是金融基础设施的重要指标和关键条件。IMF 在"金融部门评估规划"（FSAP）中把包括监管机构在内的金融体系透明度水平作为评估金融体系健全性或者脆弱性的重要指标。BCBS 在有效监管核心原则评估中把会计透明度、公开透明的金融信息、监管程序的透明等都作为有效银行监管的先决条件和金融基础设施。其指出，"有效的市场约束取决于市场参与者能否得到充分的信息，是否存在使投资者对其决策结果负责的各项安排。包括，公司治理结构、以及借款人向现有和潜在的投资者及债权人提供准确、有意义、及时、透明的信息"。FSB 确认了 12 项国际标准与准则，其中的《货币与金融政策透明度良好行为准则》《有效银行监管核心原则》《公司治理原则》《国际会计标准》与《国际审计标准》等标准原则中都对透明度提出了明确的要求。

四是压力测试倒逼透明度。压力测试的有效性建立在会计真实性、数据标准化、统计连续性等信息披露的质量基础上。风险损失的预测失真与预警错误对监管政策选择的影响很大，银行的报表失真将使公众对其信息透明度与机构信用的评价降低，从而导致声誉风险。因此，压力测试与金融部门评估、核心原则执行评价三者之间形成一个三维倒逼机制，促使提高监管透明度、市场透明度、机构透明度以及政府透明度，增强机构的安全性和金融体系的稳健性。巴塞尔银行监管委员会在 1998 年 9 月发布《增强银行透明度》报告中，正式对会计信息透明度定义为"公开披露可靠及时的信息，有助于信息使用者准确评价银行的财务状况和业绩、风险活动及风险管理活动"。BCBS 认为披露本身并不一定影响透明度，关键在于披露制度与披露质量影响透明度，为此必须提供及时、准确、可比、全面、相关和充分的制度信息与数据信息。

三、国际依法监管治理

监管治理的本质是依法行政，监管法治是监管治理的准绳与基石。金融立法改革是监管治理的终极武器，立法事件对监管治理的影响是决定性的。直接地说，监管治理有赖于立法先行，监管治理的优化与完善过程是金融立法改革不断体系化、不断国际化的过程。最近几十年来，国际监管法治的变化受到诸多国际政治、国际经济与国际危机事件等因素影响，其中心线索或者主要特点可以从三个方面进行概述。

一是大国主导。一国金融监管立法模式根植于国体政体，国际金融监管治理的话语权则决定于国家综合实力。把握国际监管治理的路线与脉络，应首先聚焦于英美立法进程。国际监管立法中美英金融立法的治理体系最成熟，其国际地位奠定了国际影响。具有全球影响力和国际主导性的1933年美国银行法，其实是史无前例的全球金融大危机的产物，是政府宏观管理理念的革命。由于美国的崛起与英国的衰落，在布雷顿森林体系中，主导国际金融市场规则的是美国，主导国际金融规则的国际货币基金组织和世界银行也是美国具有最大话语权的。这一格局出现小变化是以G7集团成立为标志的，而其显著变化则是G20集团成立以后。

二是银行立法为金融治理重心。对美国金融业发展与监管治理产生重大影响的立法事件主要有三个。事件一，1933年的《格拉斯－斯蒂格尔法案（*Glass－Steagall Act*）》确立了银行、证券分离，投资银行与商业银行分离，也称作《1933年银行法》。事件二，1999年11月，美国参众两院通过《金融服务现代化法案（*Financial Services Modernization Act*）》，《格拉斯－斯蒂格尔法案》终于被废除。事件三，《多德－弗兰克华尔街改革与消费者保护法》致力于保护消费者、解决金融业系统性风险等问题，旨在避免2008年的金融危机重演。美国总统奥巴马2010年7月21日签署金融监管改革法案，使之成为法律。对英国金融业发展与监管治理产生重大影响的立法事件主要有五个。事件一，《1946年英格兰银行法》将英格兰银行国有化，使其成为政府监管力量的重要组成部分。事件二，1979年银行法使英格兰银行获得了法定银行监管权，此后监管银行成为英格兰银行的法定责任。事件三，基于《1986年金融服务法》作为英国金融期货和期权市场管理的专门法律，《1987年银行法》确立了英格兰银行作为中央银行实施银行业监管的专门地位。事件四，《2000年金融服务与市场法》被誉为英国金融业的一部“基本法”，确立了金融服务管理局的单一监管机构地位，标志着英国金融监管体制实现了从《1986年金融服务法》确立的“行业自律”体制转变为“单一监管机构”体制的重大变革，金融服务管理局监管范围涵盖了证券、银行、保险以及各类互助会等全部金融领域。事件五，2009年《银行法》。2008年金融危机暴露出了英国银行法体系中的诸多不足，为弥补制度缺失，应对金融危机，英国制定了2009年《银行法》。从银行系统性风险监管、危机银行救助、银行破产、存款人保护等多个方面创新了英国银行法律制度。该法确立了审慎监管专门机构，完善了政府监管协调机制，创建了危机处置机制与银行破产制度，强化了存款人保护，实现了银行立法理念变革。总体上看，美英金融立法遵循了银行业主导的发展现实及市场规律。金融立法及其原则规定仍然以银行立法为重心这一事实，充分说明了金融业对于经济社会的从属性以及银行业对于经济金融发展的基础性。

三是国际组织的法定性决定国际监管治理的权威性及其协同效果。首先，第二次世界大战后长期主导国际金融治理是国际货币基金组织 IMF 和世界银行集团 WBG 这两大法定机构。IMF 是根据 1944 年 7 月在美国召开的布雷顿森林会议所签订的《国际货币基金协定》而成立，WBG 是根据布雷顿森林会议所签订的《国际复兴开发银行协定》而成立。国际货币基金组织的职责是监察货币汇率和各国贸易情况，提供技术和资金协助，确保全球金融制度运作正常。世界银行的职责是向全世界发展中国家提供资金与技术援助，帮助其建设教育、农业和工业设施，并通过设定借款承诺（比如减少贪污或建立民主体制等）而向成员国提供优惠贷款。国际清算银行是根据《海牙国际协定》于 1930 年 5 月成立，后来成为各国中央银行合作的国际金融机构，是世界上历史最悠久的国际金融组织目前的成员，目前共有 60 家成员中央银行或货币当局。其全球影响与权威地位主要体现在支持与维护各国中央银行支付清算畅通稳定，推动建设完善国际金融市场基础设施。其次，银行监管国际合作的组织制度法定化是 70 年代开始的，主要限于主要发达国家之间或者经济合作与发展组织 OECD 成员之间。巴塞尔委员会是 1974 年由十国集团中央银行行长倡议建立的，其成员主要是中央银行和银行监管当局，主要任务是制定发布银行监管国际标准，督促实施并评估各成员单位的标准执行成效。第三，真正全球性、全方位金融治理的组织法定化是从 2009 年开始的。金融稳定理事会 FSB 前身是金融稳定论坛，其作为国际金融监管合作的平台，旨在促进国际金融体系更稳定地运行。在中国等新兴市场国家对全球经济增长与金融稳定影响日益显著的背景下，2009 年 4 月 2 日在伦敦举行的 20 国集团（G20）金融峰会决定，包括中国在内的所有 G20 成员国，并将其更名为 FSB（Financial Stability Board，FSB）。FSB 的任务是制定和实施促进金融稳定的监管政策和其他政策，解决金融脆弱性问题。在 2016 年 G20 杭州会议上，全球金融治理的中国声音得到一致好评，金融治理的全球声音得以全面推行。

四、国际金融监管治理的中国声音

我国参与国际监管治理的时间并不长，但步伐却很快。我国在 1984 年就国际清算银行建立了业务联系，中国人民银行自 1986 年起就与国际清算银行建立了业务方面的关系，办理外汇与黄金业务。但作为国际银行监管的参与者却应从中国人民银行 1996 年 11 月加入国际清算银行算起。我国中央银行加入国际清算银行标志着我国的经济实力和金融成就得到了国际社会的认可，同时也有助于我国中央银行与国际清算银行及其他国家和地区的监管机构进一步增进了解，扩大合作，提高监管水平。中国银监会成立后，与多个国家监管当局签署合作备忘录，我国加快提升了参与国际监管的深度与广度。2007 年 2 月 28 日，中国银监会发布了《中国银行业实施新资本协议指导意见》，标志着我国正式启动了实施《巴塞尔新资本协议》的工程。2012 年 11 月 29 日，中国银监会以银监发〔2012〕56 号印发《关于商业银行资本工具创新的指导意见》。该《指导意见》分推进商业银行资本工具创新的基本原则、合格资本工具的认定标准、完善商业银行资本工具创新的工作机制三部分。中国银监会积极参与国际金融监管合作、政策制定和规则改革，积极参与全球或者区域性国际监管活动，积极推进系统性重要银行监管国际机制和防范跨境风险传染，全面落实并主动接受 IMF 与 WBG 的“金融稳定评估”和巴塞尔委员会“实施第三版巴塞尔协议国别评估”，协助 FSB 和 BCBS 完成了 FSAP 评估和美联储综合并表监管评估。

2008 年全球金融危机发生后，由于中国经济金融发展与管理的骄人成绩，世界金融监管治理的中国声音更频繁、更响亮。2017 年 12 月 2 日全球中央对手方协会（CCP12）在上海发布《CCP12 量化披露实务标准》，这一被业内人士称为“外滩标准”的首个中央对手清算行业国际标准，将增强全球中央对手方信息披露的规范性和透明度，对监管机构分析中央对手方风险防范水平、评判金融市场运行整体情况具有重要作用，也标志着我国对国际金融监管规则参与度引领度提升。

早在 1997 年东南亚金融危机期间，中国就主动参与了亚洲区域金融监管合作。分水岭是 2009 年。G20 为国际金融监管合作完成了开创性的、全方位的顶层设计。G20 及其 FSB 成立后，中国金融改革的市场化更深入，国际监管治理的行动更全面。关于流动性监管、市场风险监管等建议已经在国际监管标准中体现。发布了“中国版巴塞尔协议”即《商业银行资本管理办法》。在透明度监管方面，出台了《商业银行信息披露办法》，突出了市场准入的依法、规范、简化与透明原则，国际货币基金组织和世界银行以及巴塞尔委员会对中国银行业的监管制度、监管能力和监管有效性给予了充分肯定和高度认可。

2016 年习近平主席代表 G20 与会各国家、各机构和各方面，对新时期全球金融治理发出了新号召、勾画了新框架。目标是，完善全球经济金融治理，提高世界经济抗风险能力。策略是，继续推动国际金融机构份额和治理结构改革，扩大特别提款权的使用，强化全球金融安全网，提升国际货币体系稳定性和韧性。措施是，加强落实各项金融改革举措，密切监测和应对金融体系潜在风险和脆弱性，深化普惠金融、绿色金融、气候资金领域合作，共同维护国际金融市场稳定。路径是，深化合作、促进全球投资和增长，全面提升全球经济金融治理结构的平衡性、机制的可靠性、行动的有效性。

五、上海银行业监管治理的特殊挑战

上海金融的行业架构特殊性、区域地位特殊性与国家战略规划特殊性决定了上海银行业监管治理策略选择的特殊性，上海银行业监管治理的特殊挑战来自于其作为银行业改革阵地的厚重性、银行业开放滩地的穿透性、银行业创新高地的交叉性与银行业风险洼地的叠加性。

一是改革治理挑战。有别于中西部省市，上海银行业肩负国家使命，在贯彻落实“十九大”关于健全金融监管体系国家任务的区域实践中，必须面对三大挑战。一是如何正确选择上海银行业改革开放的战略突破口，先行先试，容错试错，有所为，有所不为，彰显中国思维。二是如何理性应对机构监管、属地监管与区域监管之间的矛盾冲突，健全完善风险监管、功能监管与行为监管间的宏微观协同机制，坚守红线意识。三是如何科学统筹创新监管、普惠监管、协同监管、科技监管、国际监管之间的关系，构建现代化国际化综合监管体系，体现上海特点。

二是监管转型挑战。长期以来，金融监管的宏观目标都是强增长，通过高速金融增长促进快速经济增长，经济金融化的脱实向虚后果导致市场需求畸形而供给侧结构脆弱化。“十八大”以来特别是“十九大”中央要求金融必须彻底、全面回归服务实体经济本源，强化普惠金融监管成为监管转型新方向。上海银行业监管转型挑战的特殊性在于如何统筹“三个协同”，协同推进国际金融中心建设与国际经济中心建设，协调推进国际贸易中心建设、国际航运中心建设与中国（上海）自由贸易试验区建设，协同推进四大国际中心建设与全球科技创新中心建设，协同推进区域宏观审慎体系建设与双向开放大金融服务体系建设。

三是金融交叉创新与监管国际化的挑战。中国发展不可逆，宏观上市场经济与开放经济不可逆，微观上金融大资管时代的金融交叉创新与监管国际化不可逆。相比于成熟的机构监管，新时代的创新监管环境更复杂，挑战压力更艰巨。难点在于，上海银行业创新监管不仅需要纵横应对跨行业创新风险、跨市场创新风险、跨区域创新风险、跨国境创新风险以及金融科技创新风险，同时需要规范、监督、评估银行业金融交叉创新对实体经济的服务力、贡献度。

四是能力治理挑战。有别于其他区域性大都市，上海银行业位处“四个国际中心”建设、自贸试验区建设以及全球科技创新中心建设等多项国家任务落实的特殊发展环境中，监管资源配置压力大，监管能力建设要求更高。能力挑战一，监管战略规划。如何整合多重监管目标，在监管分期规划、监管路径设计、监管远景评估以及监管重点选择等方面都考验战略预期规划能力。能力挑战二，功能监管。在大资管时代，金融业务交叉趋势不可逆，功能监管更加复杂，监管者的业务监管能力与监管机构的资源配置部门结构与执行机制都面临更严峻挑战。能力挑战三，科技监管。在大数据、云计算、互联网与智能金融时代，金融科技监管能力。能力挑战四，规制监管。在行业规制监管、业务规制监管、普惠规制监管、行为规制监管和国际规制监管等方面，监管后评价任务更重，监管规制透明度要求更严厉，监管规制引导市场预期的水平要求更高。能力挑战五，新时代监管人才培养。

六、上海银行业监管治理先行先试对策

新时代上海银行业监管应全面贯彻落实“十九大”关于“一个中心”（即“健全完善金融监管体系、守住不发生系统性风险底线”），与“三个支柱”（即“深化金融体制改革”“健全货币政策和宏观审慎政策双支柱调控框架”以及“建设现代金融产业体系”）的战略部署，紧密围绕深化优化上海银行业监管体系这一中心工作，全面深化上海银行业金融体制改革、全面维护上海区域货币信贷监管与上海区域宏观审慎监管双支柱框架、全面推进上海现代金融产业体系建设，紧紧抓住监管架构治理、监管透明度治理与依法监管治理三个突破口，在全面服务上海现代化经济体系建设方面有大思路，在全面接轨国际金融监管标准方面有大动作，在全面深化交叉金融创新监管体系有大机制，在全面强化普惠金融监管方面有大举措，在全面培养新时代复合型监管人才方面有大收获。

一是监管治理在深化架构治理、强化监管能力、优化监管基础三方面同时着力、分层推进。在深化架构治理方面，着力类别监管和金融机构商业模式管控。针对机构类别、业务类别、产品类别与风险类别等，健全团队工作机制，优化资源配置。在强化能力治理方面，着力功能监管与行为监管的同质同类同标准监管。针对交叉业务监管、科技金融监管、普惠金融监管、消权治理监管和行政处罚强制等，统一局内监管规范，协调区域监管标准。在优化治理基础方面，着力银行战略制定实施的监管后评价、提高监管透明度以为金融创新发展营造公平竞争环境，包括规制与政策后评价、架构治理评估、金融热点分析、金融形势预期与金融舆情监管等，加强区域交流、行业联动、公开透明。

二是重新定位透明度治理，唱响上海监管声音。当初，上海自贸试验区起步伊始，有外国媒体评论对自贸区的透明度治理能力表示怀疑，认为是最难突破的基础设施障碍。虽然这是明显的片面之词，但其质疑确有先进理念与国际经验的前提。如前所述，FSAP 和 BCBS 在 2010 年和 2009 年中国金融部门评估两次评估中都给中国打了高分，但在市场与政策透明度方面却不是最高分。相对而言，上海作为金融市场中心和金融信息中心，加快提升的透明度是最显著优点之一；但 2015 年以来的交易场所乱象与金融交叉风险穿透却暴露了，以银行资管业务为主体的金融资管市场其信息透明度非常不尽如人意，明显地不容

乐观。建议一，提升监管手册透明度。监管手册涵盖内容丰富，包括监管要素、操作流程、政策法规、文件格式等。应及时公开、持续发布监管手册，并定期补充、调整、完善、修订手册内容，定期清理监管手册。建议二，提升监管统计透明度。主动增进监管统计交流，积极完善数据标准化，高度重视监管报表研究，定期进行监管统计后评价。建议三，主动加强监管发言人制度的行业联动、区域联动和国际联动。建议四，不断完善规范性文件管理，定期开展规制执行后评价。建议五，打造高水平开放、多维度链接、及时性维护、定期性评价的监管信息平台。

三是深化依法监管与依法行政的合轨运行，提升治理规范度、治理兼容度、治理透明度与治理协同度。中国银行业监督管理法是国际上少见的部门专业立法。长期以来，对银行业依法行政与依法监管关系的界定与实施，大多强调专门法理念，强调依法监管的多，狭义执行成为常态；对依法行政与依法监管关系的合规运行问题，大多停留于理论与研究层面。由此带来的问题是，部门立法在实践中因为出现银监会、证监会、保监会执行标准不一致，导致许多新兴金融现象监管的行业冲突、部门差别及判罚不一，突出表现在金融业务创新监管特别是交叉性资产管理产品监管方面。上海银行业监管要率先建立适应双向开放要求的新时代全球性监管架构，应在以下几个方面加大探索力度，先行先试。第一，学习了解国际监管机构法律与规制监管部门的架构设置、运行特点，增进案例交流与工作接触。第二，深入剖析、借鉴引进先进国家监管机构创新“监管沙盒实验室”规制建设的模式、案例与流程，以及其激励相容的架构设计。第三，积极加入上海辖内银行业监管法治运行“1+3+1”横向贯通机制建设的深化、细化、固化工作，共同提升国际化中心城市的法治透明度与监管协同度。第四，积极参与反馈国家金融法律修订意见、地方金融法律修订意见特别是上海国际金融中心建设条例修订意见。第五，积极参与区域内跨部门间消费者金融权益保护工作的同步行动、同声表达、同轨问责，彰显监管法治的社会责任。

四是健全完善全方位支持上海全球化都市经济体系建设的金融服务体系与审慎监管体系。新时代上海银行业监管应坚持风险底线意识和监管创新意识双重并举，明确树立区域审慎监管风险底线思维和监管服务上海经济全球化都市建设合二为一的思想理念，力戒行业自封闭的金融部门主义。首先，监管治理要有鲜明的政治意识与大局意识。树立一切监管工作服从习近平新时代中国特色社会主义思想要求、服从上海全球化经济都市建设大局、服从“一带一路”建设和“长江经济带”建设国家战略及其方针政策、服从金融为全国人民服务的政治意识和推动人类命运共同体建设的思想觉悟。其次，紧抓能力治理这个关键。把审慎监管底线思维同步到现代化监管治理能力建设与国际化监管人才培养上来。再次，高度重视监管文化建设与监管生态建设。把弘扬金融爱国主义精神与锤炼监管全球化能力紧密结合起来，打造中国银行业监管上海品牌。最后，并步推进监管国际化与与银行国际化。唱响全球金融监管治理的中国声音，探索完善中国审慎监管的上海实践模式，细化落实中国监管话语权建设的上海监管行动规划要求。

附表 1　国际银行业监管治理机构

国际银行业监管治理机构	金融稳定理事会（FSB）
	国际清算银行（BIS）
	国际货币基金组织（IMF）
	世界银行（WB）
	巴塞尔银行监管委员会（BCBS）
	欧盟（EU）
	世界贸易组织（WTO）

附表 2　国际银行业监管治理的条例

机构	年份	条例
巴塞尔银行监管委员会（BCBS）	1975	《1975 年协议》
	1983	《1983 年协议》
	1988	《1988 年资本协议》
	1988	《巴塞尔协议Ⅰ》
	2004	《巴塞尔协议Ⅱ》
	2010	《巴塞尔协议Ⅲ》
	1992	《1992 年 7 月声明》
	1996	《资本协议关于市场风险的补充规定》
	1997	《有效银行监管的核心原则》第一版
	2006	《有效银行监管的核心原则》第二版
	2013	《有效银行监管的核心原则》第三版
	1998	《关于操作风险管理的报告》
	2007	《银行流动性风险管理与监管的稳健原则》
	2008	《公允价值的度量与建模报告》
	2008	《健全的流动性监管原则》
	2009	《新资本协议的框架完善建议》
	2009	《交易账户新增风险资本计提指引》
	2009	《市场风险框架的修订稿》
	2009	《稳健的压力测试实践和监管原则》

续表

机构	年份	条例
世界贸易组织（WTO）	1994	《服务贸易总协定》（GATS）
	1997	《金融服务协议》（FSA）
金融稳定理事会（FSB）	2009	《改进金融结构》
	2010	《降低系统重要性金融机构道德风险：建议与时间表》
	2010	《实施场外衍生品市场改革》
	2011	《影子银行体系：范围问题》
	2011	《影子银行体系：进展和下一步措施》
	2011	《影子银行体系：强化观测和监管》
欧盟（EU）	1957	《罗马条约》
	1973	《1973 年指令》
	1977	《第一银行指令》
	1978	《关于信用机构自有资金的指令》
	1978	《关于信用机构清偿比例的指令》
	1979	《第二银行指令》
	1993	《资本充足率指令》
	2000	《欧洲议会和欧洲理事会有关行用机构设立和经营的指令》
	1992	《并表监管指令》《大额风险指令》《清偿比率指令》《资本充足指令》
	1994	《关于存款保护计划的指令》
	2000	《欧洲会议和欧洲理事会关于信用机构充足和清算的指令》

金融市场基础设施原则（Principles for Financial Market Infrastructures，简称PFMI），是金融市场基础设施的国际标准，即支付系统、中央证券存管、证券结算系统、中央对手方和贸易库。PFMI 由国际支付结算体系委员会（CPSS）和国际证监会组织（IOSCO）联合发布，它被国际社会认为是加强和维护金融稳定所必需的 12 个关键标准。

附表 3　　金融市场基础设施原则

一般原则	法律基础
	治理
	风险综合管理框架
信用和流动性风险管理	信用风险原则
	抵押品原则
	保证金
	流动性风险

续表

结算	最终结算
	资金清算
	实物交付
中央证券存托和交换价值结算系统原则	中央证券存托原则
	交换价值结算系统
默认管理	参与违约规则与程序
	隔离和可移植性
一般业务以及操作风险管理	一般风险业务原则
	托管和投资风险原则
	操作风险
途径	准入和参与要求原则
	分层参与安排原则
	金融市场基础设施（FMI）链接
效率	效率和有效性
	沟通程序和标准
透明度	披露规则、关键程序和市场数据原则
	贸易存款市场数据披露原则

课题组成员：马立新、马强、田伟、吉玉萍、王晓玉
执笔人：马强、王晓玉

后危机时期金融机构处置改革进展的十年回顾

摘要：全球金融危机已过去十年，解决“大而不倒”问题取得了多项进展。得益于政策的完善，系统重要性金融机构（systemically important financial institutions，SIFIs）在破产时能够得到妥善处置，避免造成广泛的负面影响。但政策的落实仍需要多领域的大量工作，下一步重点仍是为SIFI的处置排除障碍。

一、重要改革项目进展概况

（一）全球系统重要性银行总损失吸收能力标准的执行正在向前推进

大部分全球系统重要性银行（global systemically important bank，G－SIB）正在努力满足将于2019年1月生效的总损失吸收能力（Total Loss－absorbing Capacity，TLAC）要求。多数G－SIB的母国当局已经或正在执行本国的TLAC要求，但要将巴塞尔银行监管委员会（Basel Committee on Banking Supervision，BCBS）对TLAC持有量的标准，以及对东道国当局G－SIB重要子公司的内部TLAC要求等完全转换为本国法规要求仍需时日。

（二）推动跨境处置任重道远

监管部门需要继续为推行特定机构跨境合作协议（Cross－border Cooperation Agreements，COAGs）清除障碍，包括仍不适用于所有G－SIB的有效信息共享协议。此外，还须持续推进G－SIB及其重要对手方对国际掉期与衍生工具协会（International Swaps and Derivatives Association，ISDA）处置维持协定（resolution stay protocol）的广泛依从性。

（三）《金融机构有效处置机制的关键属性》的执行在不同辖区和行业间仍不均衡

目前仅有部分金融稳定理事会（Financial Stability Board，FSB）成员国（多为G－SIB母国）已全面推行与《金融机构有效处置机制的关键属性》（Key Attributes of Effective Resolution Regimes for Financial Institutions ，以下简称《关键属性》）基本一致的银行处置机制。通常欠缺的推行力包括自救权、推行暂停使用提前终止权的权力，以及要求公司改变架构和运营以增加可处置性的权力。FSB成员国推行的改革解决了一部分上述问题但并非全部，且过去数年内完成的改革寥寥无几。一些成员国正着手进行保险业和CCP的处置机制改革，但非银行业的改革进程较银行业更为缓慢。

（四）2017 年发布的《中央对手方（Central Counterparty，CCP）处置和处置计划指引》具有里程碑意义

FSB 推行的处置指引，以及支付和市场基础设施委员会（Committee on Payments and Markets Infrastructures，CPMI）和国际证监会组织（International Organization of Securities Commissions，IOSCO）推行的适应力和恢复计划，共同为 CCP 的适应力、恢复和可处置性搭建了更广阔的政策框架。下一步工作将于 2018 年底前完成，决定是否需要针对 CCP 处置中的金融资源制定其他指引。FSB 也将在适当的时机考虑并制定有关如何处置 CCP 权益的指引。

（五）全球系统重要性保险公司处置计划进程缓慢

某些全球系统重要性保险公司（global Sysaemially important insurers，G－SIIs）母国因缺乏有效的保险公司处置机制大大阻碍了其可处置性。而目前正在部分 G－SII 母国推行的处置改革将给予监管当局更全面的权力，帮助其推动处置计划进程。

下一阶段，FSB 的工作重点是继续执行现行的处置政策，检验执行情况和评估成效。《银行业关键属性评估方法》的定稿版本，按照国际货币基金组织（International Monetary Fund，IMF）－世界银行标准和准则倡议的标准评估方法，将《关键属性》纳入评估范围。FSB 成员国一致同意根据《关键属性》对各自的银行处置机制进行评估并公开评估发现结果。同时，FSB 为 20 国集团国家改革效果的执行后评估搭建了框架。接下来，FSB 将研究效果评估方法，衡量处置改革更广泛的影响。

二、全球系统重要性银行（G－SIB）的可处置性

FSB“大而不倒”政策框架的核心在于 G－SIB 处置的可行性和可信性。所有 G－SIB 危机管理小组（Crisis Management Groups，CMGs）已开启第三轮可处置性评估程序（Resolvability Assessment Progress，RAP），衡量处置计划工作进展。2017 年 G－SIB 可处置性评估程序的主要内容包括：

（一）TLAC 标准的执行

2015 年发布的 TLAC[①]（总损失吸收能力）标准规定了 G－SIB 所应持有的、可在处置中用于自救计划的工具和债务的最低标准，保证其在倒闭时可有足够的损失吸收和资本重组能力，使当局能够完成有序处置，减少对金融稳定性的影响，确保关键功能的连续性，避免公共资金损失。

TLAC 标准的生效分为两个阶段。2015 年底前由 FSB 指定的 G－SIB（总部

① 详见《总损失吸收能力原则及条款》（http：//www.fsb.org/wp－content/uploads/TLAC－Principles－and－Term－Sheet－for－publication－final.pdf），2015 年 11 月 9 日。

位于新兴市场经济体，处于较长适应期的 G－SIB 除外）[①]，须自 2019 年 1 月 1 日起满足 TLAC 标准，即最低 TLAC 要求应至少占公司风险加权资产（risk－weighted assets，RWA）的 16% 和巴塞尔 III 杠杆率分母的 6%。自 2022 年 1 月 1 日起，最低 TLAC 要求应占风险加权资产的 18% 和巴塞尔 III 杠杆率分母的 6.75%。多数 G－SIB 已经达到或接近 2019 年应达到的最低外部 TLAC 要求，但部分 G－SIB 的分支机构距离 2022 年应达到的最低外部 TLAC 要求仍有较大差距。

FSB 成员国在司法层面将 TLAC 标准融入本地法规的工作进展良好。英国、美国、瑞典、瑞士已将外部 TLAC 要求写入法规，日本与银行业联盟（Banking Union）也已发布有关外部 TLAC 要求的政策建议。TLAC 标准的完全执行仍需两个方面的工作，一是有关 TLAC 持有和信息披露的法规，二是有关 G－SIB 重要子公司的内部 TLAC 要求。

（二）巴塞尔银行监管委员会（BCBS）对 TLAC 持有和披露的要求

2016 年 10 月，BCBS 发布了 TLAC 持有标准[②]。该标准适用于 G－SIB 和非 G－SIB，旨在减少 G－SIB 处置时金融系统中的风险蔓延。标准要求各银行必须从二级资本中扣除未包含在监管资本中的 TLAC 工具持有量。对 TLAC 信息披露的要求已于 2017 年 3 月定稿，并发布在《第三支柱信息披露要求——统一强化框架》中[③]。

（三）内部 TLAC 要求

多数机构的危机管理小组（CMG）仍未指定 G－SIB 东道国辖内需符合内部 TLAC 要求的机构，已经设定内部 TLAC 要求的 G－SIB 东道国数量较少。为协助各国当局执行内部 TLAC 要求，FSB 已针对内部 TLAC 发布指引。指引的征求意见稿发布于 2016 年 12 月，正式文件发布于 2017 年 7 月 6 日[④]。该文件为母国和东道国当局在沟通协商中的各自角色提供了额外指引，并对以下程序作出指导：（1）明确重要子集团和实体，及实体间的内部 TLAC 分配方式；（2）确定内部 TLAC 构成；（3）确定内部 TLAC 的发行策略和触发程序。

（四）处置中的业务连续性

G－SIB 与监管当局已稳步采取措施，确保在处置中维持 G－SIB 关键功能服务的连续性。大部分 G－SIB 已明确其关键服务，并在业务条线和法人实体加

① 详见《2015 年全球系统重要性银行名单更新》（http：//www. fsb. org/wp－content/uploads/2015－update－of－list－of－global－systemically－important－banks－G－SIBs. pdf），2015 年 11 月 3 日。

② 详见 TLAC holdings（http：//www. bis. org/bcbs/publ/d387. pdf）。

③ 详见 http：//www. bis. org/bcbs/publ/d400. pdf。

④ 详见《全球系统重要性银行内部总损失吸收能力的指导原则》（内部 TLAC）（http：//www. fsb. org/wp－content/uploads/P060717－1. pdf）。

以运用。许多 G－SIB 也已在修订或已经修订了服务水平协议，增加处置条款。下一步工作应继续推进处置中的连续性安排，并保证运营服务的提供商在处置中也有充足的资金来源。

（五）持续获得金融市场基础设施服务（Financial Market Infrastructure, FMI）

确保处置中公司在对 FMI 履行义务的前提下，能够持续获得金融市场基础设施的服务是未来的重要工作。确定关键金融市场基础设施（FMI 服务）及支付与清算活动水平的相关工作已取得一定进展，但目前仅有部分 G－SIB 为持续获得金融市场基础设施服务（FMI）制订了应急计划。2017 年 7 月发布的《对处置中公司持续获得 FMI 的指导》将有助于加快推进该方面工作①。

（六）跨境合作与信息共享协议

特定机构跨境合作协议（COAGs）是母国与东道国当局危机管理小组（CMG）间合作协调的必要基础。目前有 9 家 G－SIB 仍未签署特定机构跨境合作协议（COAGs）。缺乏正式的合作协议可能对处置计划或实际危机中的合作与信息共享造成负面影响。下一步需对相关母国与东道国当局的保密要求做等效性评估，并督促其余 G－SIB 及时签署特定机构跨境合作协议（COAGs）。

（七）提前终止权的跨境中止

26 家 G－SIB② 已签署 ISDA 于 2015 年制定的通用处置中止协议（以下简称通用协议），该协议将 2014 年的协议由双边场外衍生品交易合约扩展至融券交易。通用协议的签署者同意在特定处置机制中，就其之间的外国法律管辖金融合同③暂时中止提前终止权。现有的处置机制包括法国、德国、日本、瑞士、英国和美国实行的框架。在 2016 年至 2017 年间，意大利、荷兰、西班牙和瑞典则增加了相应的附加条款。

G－SIB 对协议的遵守建立在国际监管部门和行业均认为其他公司和对手方也应该遵循类似条款的基础之上。因此 FSB 成员国出台了监管措施，将协议范围扩大至非 G－SIB 的对手方，ISDA“辖内模块化协议”（Jurisdictional Modular Protocol, JMP）有助于符合相关监管措施的要求。德国、日本、瑞士和英国已出台了监管措施，辖内模块化协议（JMP）目前也已包括了德国、日本和英国模块。

协议的有效性取决于适用范围的广度，因此需要公司和监管当局的共同行

① 详见《对处置中公司获取金融市场基础设施（FMIs）的连续性指导》（http://www.fsb.org/wp-content/uploads/P060717-2.pdf）。

② 除中国农业银行、中国银行、中国建设银行和中国工商银行以外。

③ 所有发达经济 G－SIB 母国当局中，受本国法律管辖的 G－SIB 金融合同中将包含法定维持条款。

动。各辖区需要确定监管措施，扩大协议适用范围，确保非 G－SIB 的对手方间合规的普遍性和一致性。

（八）处置中的资金

各国当局与 G－SIB 正在推进处置中资金需求评估的工作，G－SIB 也在提高对资金需求的预测能力，以及在法人实体和司法层面对未支配抵押物进行识别的能力。

为推行《支持 G－SIB 有序处置所需临时资金的指引》[①]，FSB 与当局危机管理小组（CMG）合作推进处置资金计划的制订和实施，包括：（1）预估处置中资金需求的方法；（2）私人与公共处置资金资源的使用；（3）公司对预测处置资金需求、生成流动性报告与识别未支配资产的所有权和位置的操作与报告能力。

（九）估值能力与实施自救

及时、准确的估值对处置十分重要，主要体现在：（1）估算公司的财务状况，量化未来的预期损失；（2）反映公司处置后的价值；（3）预估股东与债权人将要承担的损失范围。

部分当局强调了公司估值能力不足对其可处置性产生的障碍。一些 G－SIB 已对管理信息系统（Management Information System，MIS）进行了改造，以完善月末会计核算流程。但公司在处置中重复月末流程的能力和在管理信息系统（MIS）中纳入处置相关的估值假设的兼容性仍存在问题。

FSB 将继续就实施自救交易开展工作，并将在 2017 年底前发布征求意见稿，列举监管当局在计划和实施自救时需要解决的一系列问题，包括：（1）使用自救权的估值程序；（2）进入处置流程后，暂停或取消股票上市、通知债权人、交割新证券或可交易单据的操作流程；（3）处置中管理权、控制权转移及公司设立新董事会的流程；（4）母国与东道国当局在自救交易方面扮演的角色；（5）与股东和社会公众的沟通工作。

（十）金融与业务的相互依存性

2017 年度可处置评估程序（RAP）的结果显示，G－SIB 间金融和业务的相互依存性可能对公司可处置性和稳定期后的重组造成障碍。公司的记账模式可能阻碍重组中业务条线和法人实体的分离，以及处置中衍生品和贸易行为的减少。

（十一）2017—2018 年度重点工作

2017—2018 年的重点工作一是对 TLAC 标准的完全执行，并对 2019 年即将

① 详见 http：//www.fsb.org/wp－content/uploads/Guiding－principles－on－the－temporary－funding－needed－to－support－the－orderly－resolution－of－a－global－systemically－important－bank－“G－SIB”.pdf，2016 年 8 月 18 日。

开展的技术性实施进行回顾；二是FSB将继续致力于为可处置性清除障碍，尤其将积极推动现有处置计划指导原则的有效执行，包括《对处置中公司持续获得FMI的指导》和《支持G－SIB有序处置所需临时资金的指引》，三是FSB也将就自救计划的执行发布征求意见稿。

三、FSB范围内《关键属性》的实施

（一）银行处置机制的改革

自2016年8月FSB处置进度报告发布起，各国当局的银行处置法律框架改革得到持续推进，但进程较为缓慢。2016年3月在此领域开展的《处置机制第二轮专题评估》[①] 发现依然有效，即仅有部分FSB成员国（大部分为G－SIB母国）已全面推行与《关键属性》基本一致的银行处置机制。

推行力不足方面通常包括自救权、暂停使用提前终止权的运用，以及要求公司改变法律和经营架构以提升可处置性。香港已经全面推行了恢复及处置计划，其处置计划与《关键属性》基本一致，并将于2017年7月7日生效。其他成员国（阿根廷、澳大利亚、巴西、加拿大、中国、印度、印度尼西亚、韩国、俄罗斯、沙特阿拉伯，新加坡，南非和土耳其等）的报告显示，各国正通过改革使其处置机制更多地与《关键属性》保持一致，并计划在处置机制中引入缺失的权力，对所有存在潜在系统性倒闭风险的银行推广处置计划要求，并要求银行采取措施提高可处置性。由于立法过程的时长难以预测，因此无法汇总成明确的时间进度表，各国推行改革的进程各不相同。

（二）国际货币基金组织和世界银行对银行业合规性评估的方法

2016年10月19日，FSB发布的《银行业关键属性评估方法》[②]，设立重要标准以指导对成员国银行处置框架符合《关键属性》的合规情况进行评估。评估方法是由FSB成员国、相关标准制定机构、IMF和世界银行的专家密切合作的成果，旨在促进跨境评估的一致性，并为各国在推行或改革银行处置机制，执行《关键属性》时提供相应的指导。

（三）FSB成员国的评估承诺

《银行业关键属性评估方法》的终稿将《关键属性》纳入其标准化评估方法中，该评估方法按照《IMF和世界银行标准和准则倡议》以及FSB为建立稳健

① 详见http：//www. fsb. org/wp－content/uploads/Second－peer－review－report－on－resolution－regimes. pdf，2016年3月18日。

② 详见http：//www. fsb. org/wp－content/uploads/Key－Attributes－Assessment－Methodology－for－the－Banking－Sector. pdf。

的金融体系[①]而设定的关键标准清单进行执行。

FSB 成员国一致同意按照《关键属性》的方法对各自的银行处置机制进行评估并公布评估发现。尤其是作为未来“金融业评估计划”的一部分，鼓励 G - SIB 的母国和重要东道国参与其中。

(四) 处置问题相关的区域 FSB 会议

FSB 正与其区域咨询小组（Regional Consultative Group，RCG）合作，加深非 FSB 成员国当局对如何将《关键属性》应用于新兴市场、国内和地区系统性金融机构的理解和关注。

在区域咨询小组（RCG）会议上，成员国讨论了 TLAC 标准的执行（2016 年 10 月召开的欧洲区域咨询小组（RCG）会议上）[②]、恢复计划的触发和恢复工具、以及恢复和处置的法律和执行框架（2017 年 5 月召开的中东和北非区域咨询小组（RCG）会议上）[③]、关于东道国当局在处置金融机构时信息需求的问题（2017 年 5 月召开的美洲区域咨询小组（RCG）会议上）[④]、《关键属性》、恢复和处置计划的实施，重点关注《银行业关键要素评估方法》（2017 年 6 月召开的亚洲区域咨询小组（RCG）会议上）[⑤]。

FSB 还与行业代表及主要市场利益相关者共同举办了一些宣传活动和研讨会，议题包括中央对手方（CCP）处置、内部总损失吸收能力（TLAC）、获取金融市场基础设施服务（FMI）的连续性、处置行动的跨境有效性和保险公司处置等。

四、评估处置相关改革的成效

许多成员国在开展处置改革方面已取得一定进展，使得对此类改革效果的初步分析成为可能。为此，FSB 为 20 国集团国家改革效果的执行后评估搭建了框架。该框架将指导如何分析改革是否达到了预期的效果，并帮助识别在不改

---

① 基于鼓励各国进行良好实践可达到或超过的最低要求，FSB 已经制定了值得优先执行的标准（视国家情况而定），被广泛接受。详见 http：//www. fsb. org/what - we - do/about - the - compendium - of - standards/key_ standards/。

② 详见《金融稳定董事会欧洲区域咨询小组第 11 次会议》（http：//www. fsb. org/wp - content/uploads/Eleventh - Meeting - of - the - Financial - Stability - Board - Regional - Consultative - Group - for - Europe. pdf），2016 年 12 月 24 日。

③ 详见《FSB MENA 区域咨询小组关于区域脆弱性、银行监管问题与代理银行的讨论》（http：//www. fsb. org/wp - content/uploads/20170515 - MENA - RCG - press - release. pdf），2017 年 5 月 15 日。

④ 详见《FSB 美国 RCG 关于区域问题、处置、代理银行和科技金融的讨论》（http：//www. fsb. org/wp - content/uploads/FSB - RCG - Asia - Press - Release - 1. pdf），2017 年 5 月 30 日。

⑤ 详见《FSB 亚洲区域咨询小组关于金融稳定问题的讨论》（http：//www. fsb. org/wp - content/uploads/FSB - RCG - Asia - Press - Release - 1. pdf），2017 年 6 月 9 日。

变改革目标的前提下，需要解决的非预期结果①。

FSB 在管辖范围内采用多种方法，以评估国内处置改革是否达到预期效果。为此，FSB 制定了一系列定性和定量指标，包括：

1. 基于工具的市场价格/利差，预估 SIFI 的资金优势；

2. 信用评级机构对政府支持的预期，反映在 SIFI 的评级提升或评级方法的变化；

3. 评估风险承担活动及补偿措施；

4. 改变法律和组织架构以提高可处置性；

5. 自救能力和承受力，以及在可处置性评估的发现。

FSB 将继续深化分析、制定措施、评估影响，并评估处置改革的有效性。

五、采取的行动及相关时间表

表 1　　采取的行动及相关时间表

1. 中央对手方（CCPs）		
工作	负责方	完成日期
结合 FSB 指引中的 CCP 处置与处置计划要求，推行《关键属性》。为在多个国家（包括母国在内）具有系统重要性的 CCP 设立以特定机构合作协议为基础的危机管理小组（CMG），同时启动处置计划和可处置性评估。	CCP 母国和东道国监管机构	2018 年底发布工作进度报告
评估支持处置的财务资源的充足性，评估附加财务资源需求（包括资金），并考虑发布进一步指导。考虑就处置中 CCP 资产的处理发布进一步指导。	FSB、CPMI－IOSCO	2018 年底
2. 全球系统重要性银行（G－SIBs）		
工作	负责方	完成日期
总损失吸收能力（TLAC）标准执行		
在制度法规中增加 TLAC 标准，包括对 G－SIB 重要子集团所在东道国监管机构的内部 TLAC 要求。	FSB 成员	2018 年底
执行 TLAC 标准，最低 TLAC 达到公司风险加权资产的 16% 和巴塞尔Ⅲ杠杆率分母的 6%。	2015 年底前指定的（非新兴市场经济体）G－SIB	2019 年 1 月

① 详见《二十国领导人金融监管改革实施后效果评估框架》（http：//www. fsb. org/wp－content/uploads/P030717－4. pdf），2017 年 7 月 3 日。

续表

2. 全球系统重要性银行（G－SIBs）		
工作	负责方	完成日期
对TLAC标准执行情况设立持续监控程序。	FSB、BCBS	2018年初
审查TLAC标准的技术执行情况。	FSB、BCBS、FSB成员国	2019年底
最低TLAC达到风险加权资产的18%和巴塞尔Ⅲ杠杆率分母的6.75%。	2015年底前指定的（非新兴市场经济体）G－SIBs	2022年1月
最低TLAC达到公司风险加权资产的16%和巴塞尔Ⅲ杠杆率分母的6%。	2015年底前指定的新兴市场经济体G－SIBs	2025年1月（最迟）
处置自救计划执行		
就有关处置自救计划执行原则发布咨询，包括处置估值、交换机制、公司管理、证券法律和信息披露等事项。	FSB	2017年底（2018年发布最终指导文件）
获取金融市场基础设施（FMIs）的连续性		
执行《对处置中公司获取金融市场基础设施（FMIs）的连续性指导》，完成进一步工作。	FSB成员	2018年底发布工作进度报告
处置中的资金		
完成执行《支持G－SIB有序处置所需临时资金的指引》的进一步工作。	FSB	2018年底发布工作进度报告
处置的跨境有效性		
批准相关法规，促进对ISDA暂停协议的遵守（买方/卖方）。	G－SIB母国当局	2017年底
完成支持《关于处置行为跨境有效性原则》① 执行的进一步工作。	FSB	2018年底发布工作进度报告
可处置性评估程序（RAP）		
执行第四次可处置性评估程序，并进行完善。	FSB	2018年底

① 详见 http：//www.fsb.org/wp－content/uploads/Principles－for－Cross－border－Effectiveness－of－Resolution－Actions.pdf，2015年11月3日。

续表

3. 系统重要性保险公司（G－SIIs）		
工作	负责方	完成日期
可处置性评估程序（RAP）		
执行第三轮可处置性评估程序，关注《发展系统重要性保险公司有效处置策略和计划》① 相关指导的执行情况，并进行完善。	危机管理小组（CMG）中 G－SII 母国或东道国监管当局	2018 年底
处置框架和处置计划		
完成支持处置改革在保险行业开展的进一步工作，包括处置权力的执行、处置工具的使用和 NCWOL 保障的应用。	FSB、IAIS	2018 年底
4. 对处置框架改革的执行监控和效果评估		
工作	负责方	完成日期
执行监控		
继续采用标准化模板对银行业和非银行业执行监控。	FSB	2018 年底发布工作进度报告
接受 IMF－World Bank 对银行业开展的关键属性评估，并公开结果。	所有 FSB 成员国，从 G－SIB 母国司法辖区开始	2017 年起
为评估处置相关改革效果深化分析、优化方法，并提高可处置性。	FSB	2018 年
关键属性评估方法		
出台《保险业关键属性评估方法》供国际货币基金组织和世界银行对保险业进行合规性评估。	FSB、IMF、Word Bank、IAIS	2017 年底发布咨询文件；2018 年底发布最终文件。

资料来源：www. fsb. org/wp－content/uploads/P060717－3. pdf.

编译者：吕婕、张明雅

① 详见 http：//www. fsb. org/wp－content/uploads/Final－guidance－on－insurance－resolution－strategies. pdf，2016 年 6 月 6 日。

金融稳定理事会发布《金融科技对金融稳定的潜在影响及监管关注事项》研究报告

摘要：2017 年 6 月 27 日，金融稳定理事会（FSB）发布研究报告《金融科技对金融稳定的影响及监管关注事项》，认为现阶段金融科技整体上风险可控，同时也指出了值得监管机构关注的 10 个问题，其中 3 个问题在国际协作中应优先考虑。报告还强调，由于金融科技具有普适性和全球维度的特征，监管方面应加强国际协作。

一、金融科技的范畴及驱动因素

（一）金融科技的范畴

FSB 在报告中将金融科技按照经济功能和行为分类，而非按照技术和监管分类。一方面，它将金融技术与现有金融市场结构相结合，分析对金融稳定的影响。另一方面，它将分析重点放在行为和结果上，而不是金融技术服务提供商或技术上。报告将金融科技归纳为五个领域：一是支付和清结算，二是存贷款和融资，三是保险，四是投资管理，五是市场支持。

金融科技发展迅速。2016 年 1 ~ 9 月，全球金融科技投资达 210 亿美元，较 2013 年增长 5 倍。大部分投资流向了美国、亚洲的支付和借贷领域的金融科技公司巨头，保险、分布式账本技术（DLT）和财富管理领域的投资也在增长。从业务细分领域来看，Alipay、Apple Pay、PayPal 等手机和网络支付平台为用户提供便捷的在线支付服务。比特币等数字货币可以被用于真实的交易支付，贷款也可以用数字货币发放。众筹通过互联网平台为投资者和借款者提供对接服务，简化了传统金融机构之外的信息共享问题。金融机构正在研究分布式技术在金融服务中的应用，尤其是跨境支付方面，基于分布式的数字结算可以为消费者节约交易成本，带来可观的收益。数字身份验证在信息安全方面具有类似的潜在优势，并可以进一步降低交易成本。其他技术创新也正在改变提供信息和服务的方式：智能合约促进业务和流程的自动化，从而降低成本。据估算，在美国和欧洲市场，智能合约可以为抵押贷款借款人每笔业务节省 480 美元至 960 美元，为银行每年节省 30 亿 ~ 110 亿美元。大数据的应用可以改进信用风险评估、投资回报和保险合同定价。智能投顾通过挖掘信息价值来改进金融咨询服务，包括财务顾问的速度、多样性和质量。除了金融服务之外，在内审和监管等方面，金融科技同样发挥重要作用，在降低合规的同时，更及时地发现风险。

（二）驱动金融科技发展的主要因素

金融科技并不是一个新现象，从20世纪60年代的信用卡、70～80年代的ATM和电话银行、90年代债券和资本市场放松管制后出现的新金融产品，到本世纪初的网上银行，过去几十年内金融服务创新不断，其驱动因素主要有三项。一是金融消费者偏好的变化，即客户对服务的要求不断提高，如便利性、速度、成本和用户友好性等。二是技术发展因素，如互联网、大数据和移动技术的发展。三是监管变化因素，即监管要求的改变以及带来的商业模式的变化。

上述驱动因素中任何一项都可能对金融体系结构产生重大影响，主要体现在三方面。一是市场集中度影响。技术创新降低了进入门槛，为新进者或非传统金融服务者提供了和现有金融机构竞争的机会，从而降低市场集中度。二是竞争影响。技术可以改变新进者的成本，而这些新进者本身可能是技术领先者。因此，竞争的威胁可能会削弱现有金融机构的定价能力。三是产品结构影响。技术进步改变金融服务的提供方式，使得许多金融服务不再依附于传统的银行业务。这将使金融产品结构发生变化，导致更多的金融服务落在监管范围之外，从而可能间接降低其合规成本。

二、金融科技对金融稳定的影响分析

（一）对金融稳定的正面影响

理论上，金融服务中的技术创新可以通过许多传导路径对金融稳定产生有益影响，包括减少金融摩擦、去中心化、多样化、效率、透明度及获取金融服务的便利性，如表1所示。

表1　金融科技对金融稳定的正面影响

正面影响因素	影响路径
去中心化和多样化	金融体系分散化，减少金融冲击影响，某一个或某一类金融机构发生问题，不会导致整个市场失效，还有其他提供者可以继续服务。
运营效率	提高运营效率（包括通过竞争创造的激励机制），支持金融机构的稳定经营模式，进而提高金融体系和实体经济的整体效率。
透明度	降低信息不对称，可以对风险进行更准确地评估和定价，便于针对特定风险敞口创建相应的金融工具，促进市场的完整性并提高市场参与者管理风险的能力。
获取服务的便利性	可获得性和便利性，提升金融服务对家庭和小微企业的普惠程度，这对经济的可持续增长和分散投资风险都非常重要。

(二) 对金融稳定的负面影响

金融科技对金融稳定的负面影响包括微观层面和宏观层面的金融风险，以及风险的传导路径。

微观层面的金融风险是指那些使特定的企业、金融市场基础设施或行业遭受冲击的风险。微观层面金融风险的集聚可能会对关键服务的提供、系统重要性市场或交易对手产生影响，进而对整个金融稳定产生系统性冲击。如表 2 所示。

表 2　　微观金融风险

潜在风险	传导路径
财务因素	
期限错配	贷款期限长于融资期限时会发生展期风险，如果涉及关键金融业务和服务，还可能引发系统性风险。网络贷款往往存在期限错配。
流动性错配	资产和负债具有不同流动性时会产生“挤兑风险”，处理流动性相对较差的资产（贱卖）会扰乱市场。网络信贷平台一般不持有客户资金或将持有资金投资于流动性资产，平台本身并未进行流动性转换。
杠杆	金融科技业务有时会涉及杠杆，如：众筹平台借入资金为债券或股票发行临时持仓融资，或网贷平台使用自有资产为贷款提供融资。在遭受风险损失时，高杠杆意味着更低的损失吸收能力，并且使系统重要性的交易对手暴露于潜在的风险之中。
操作因素	
治理和流程管理风险	金融科技发展初期通常游离在监管之外或者只受到较低标准的监管，随着发展壮大，会对受监管的交易对手产生越来越大的影响。因此，管理如果不够完善，可能会导致金融服务和关键基础设施直接中断，引发风险。
网络风险	网络攻击对整个金融体系的威胁日益严重，金融科技的广泛应用会扩大网络黑客可攻击的接入点。另外，金融科技使金融机构间的联系更为紧密，金融业务对网络攻击的敏感性也随之提高。
第三方依赖风险	金融科技会增加金融体系对第三方的依赖，比如云计算服务仅由有限的第三方提供。对这些第三方的破坏会传导至整个金融体系，尤其当系统重要性机构或市场依赖于相同的第三方时，则有可能引发系统性风险。
法律和监管风险	金融科技创新在一定程度上并未被现有的立法或监管覆盖。尤其当金融科技服务在发展或寻求监管套利时，法律和监管风险会更大。如果监管对风险损失的责任不能明确界定，则会对整个系统的信心造成危害。
金融基础设施业务风险	一些新型金融基础设施，如支付和结算服务平台，常常由兼营科技和数据的企业提供，容易受到外界因素的影响，甚至导致金融服务的退出，削弱其作为基础设施的功能，引发风险。

宏观金融风险通常指对金融体系造成冲击、从而增加金融不稳定发生的概率的系统性风险，如表3所示。

表3　　宏观金融风险

潜在风险	传导路径
风险传染	声誉风险传染通常是金融科技面临的潜在风险，比如单个网贷平台出现问题可能被解释为整个行业存在问题。自动化和人工智能的使用缺乏人的监督，可能会成为新的、不可预测的金融市场传染源。
顺周期性	金融科技使市场参与者采取行动的方式趋于一致，使市场呈现顺周期性的特征，在短期或长期内加剧金融体系的波动。比如，智能投顾的风险模型高度依赖类似的算法，相比传统投资组合方式更具有羊群效应，可能增加资产价格的波动幅度，进一步放大对金融体系的冲击。
过度波动	许多金融科技设计的本质就是快速地对市场做出反应，这就意味着它可能创造或加剧金融系统的过度反应。现金归集系统的设计初衷是根据市场价格变化做出快速反应，促进银行现金的高效流动，这虽然为客户创造了更多的价值，但也可能因为反应过度而增加银行存款的波动性，增加银行的流动性风险，也会使金融体系对新闻信息过度敏感。
系统重要性	金融科技的发展导致未来可能会出现高度关联的实体，成为系统重要性金融基础设施，如分布式技术可能在未来结算服务中发挥核心作用。因此会导致道德风险并放大风险。与其他服务提供商相比，具有系统重要性的机构更倾向于追逐超额利润，可能扼杀竞争（赢者通吃），降低了竞争者在这些机构遭遇困境时介入的可能性。

（三）FSB关于平衡金融稳定影响的核心观点

关于金融科技对金融稳定的潜在影响，FSB提出应做到“五个平衡”。

一是去中心化和集中效应的平衡。由于网络效应和规模效应可能会促进更大程度的集中，金融科技催生的去中心化和多样化可能并不能像预期的那样带来潜在利益。在一些领域，这可能导致非传统参与者系统重要性上升，进而可能削弱整个金融体系的韧性。

二是效率和风险的平衡。提高效率能带来可观的回报，但单方面强调效率可能会牺牲严谨的财务和操作风险管理流程。如果相关风险能得到妥善管理，特别是那些与顺周期和过度波动有关的风险，金融科技对效率的提升将有力支撑金融稳定。

三是降低操作风险和产生新风险的平衡。金融科技提升了系统现代化水平，简化了操作流程，进而降低了部分操作风险。同时，网络风险、第三方依赖和法律不确定性可能产生新的风险漏洞和传染路径。

四是获取金融服务的便利性与金融不稳定风险的平衡。金融科技拓宽了家庭和企业获取金融服务的渠道，促进了可持续发展和金融普惠。信贷等金融服务的持续增长，给家庭和企业带来便利的同时，也可能会增加金融风险，公众金融教育的重要性也进一步凸显，否则可能导致金融体系的不稳定。

五是发展和监管的平衡。金融科技能够迅速发展得益于宽松的监管环境。但金融服务的快速变化会对现有金融体系产生冲击，如现有金融机构会面临更多的市场竞争。相应地，监管面临难以监控和应对金融风险的困境，尤其是在缺乏评估金融科技风险的数据和指标的情况下。

三、金融科技的监管举措与面临的挑战

随着金融科技的快速发展，监管机构应对金融稳定面临的机遇和风险做出充分考虑。目前许多技术创新尚未经过完整金融周期的考验，监管机构此时做的每个决定都可能成为一种先例，从而影响金融科技的发展方向。因此监管机构应持续评估其监管框架的充分性，既降低风险，又能够充分发挥金融科技的优势。总体而言，目前各国监管机构的政策目标主要是消费者和投资者保护、市场完整性、金融普惠、促进创新或提高竞争力。金融稳定不常被列为金融科技监管改革的目标。

（一）各国对金融科技的监管举措

尽管现行监管框架能够覆盖许多金融科技业务，FSB 发现大多数监管机构已经或计划对金融科技采取监管措施，但由于各国金融和金融科技行业的规模和结构不同，现有监管框架的范围和灵活性不同，监管措施的范围和力度存在很大差异。各国监管措施主要集中于支付和融资领域，投资管理领域次之，因为该领域大部分业务适用于现行监管制度。仅有少数几项监管措施涉及保险和市场支持方面。

支付和清结算方面，监管措施主要体现在对移动支付、非银行支付和数字货币方面，旨在增强金融普惠，使更多消费者获得支付服务，保障支付系统平稳运行。例如：欧盟、日本先后制定和完善了相关法律法规，加拿大、中国香港、俄罗斯等调整了客户身份认证机制，如使用电子签名、生物认证等更加灵活的 KYC 认证方式。

借贷和融资方面，监管措施主要体现在为股权众筹和网络借贷修订现有法规，包括新增或完善牌照要求。例如：墨西哥、加拿大、澳大利亚、英国、印度尼西亚、巴西等。中国在网络借贷领域积极发布了一系列规定和指引，以确保国内网络信贷活动得到控制，同时中国正在研究国际监管经验以便下一步制定股权众筹监管框架。

保险方面，国际保险监督协会（IAIS）对保险业创新进行了盘点并指出：保险业对技术的投资尽管在增长，但与银行业相比较为滞后。只有中国、印度和俄罗斯报告了相关监管措施，旨在通过某些保险产品的电子销售来增强保险

服务的可获得性。俄罗斯还草拟了提出进一步信息披露要求的修正案。

投资管理和投资者服务方面，一些国家地区已经或计划为智能投顾提出指导意见，大部分是在证券监管框架内对现有规则进行适当调整，包括登记制度、适当性准则和“技术中立”的行为要求，即对线上和线下的经营行为采用一致的监管要求。

市场支持方面，对云计算应用的监管基本被纳入对银行的第三方服务商的管理机制中。法国、新加坡、南非、英国称其已针对云计算外包服务修订或发布了审慎风险管理指引。

（二）监测金融科技业务面临的挑战

虽然海量数据是许多金融科技业务得以发展的根本，但部分监管机构指出：金融科技行业缺少官方数据来源、数据质量较差，导致金融监管者难以监测其发展情况。原因部分在于一些金融科技公司业务实质上与银行相同，但未被纳入监管框架，或不完全适用于现行的监管报告要求，其实是进行了监管套利。此外，科技公司和电商企业可能将客户数据用于金融业务，模糊了金融与非金融的边界，但这些技术应用和业务模式并不包含在传统的报告要求中。这些现象凸显了基于行为而非基于机构开展监管的必要性。但机构监管仍是大部分监管机构的主要着眼点。

部分监管机构认为监管沙盒、创新加速器和创新中心等交互机制可以成为重要的信息来源。监管沙盒是指在受控环境中开展新技术测试，创新中心帮助初创公司适应现行的监管要求，创新加速器提供包括资金支持在内的合作手段。目前这些机制还处于实验阶段，其经验将随着时间推移逐步评估，供国际研讨和同业学习。然而，监管机构主要关注金融科技如何影响国内金融格局，基本没有考虑跨境问题。

网络安全方面，虽然网络风险并非金融科技独有，但数字化金融扩大了网络黑客入侵可能性，引发了财务风险、数据隐私、数据所有权管理以及法律责任等问题。因此，金融科技的发展进一步凸显了防范和监测这些风险的重要性。加强网络安全需要做大量工作，但出于国家安全考虑，这些工作可能不会被公开。

四、金融科技需要监管关注的十个问题

FSB 提出了十项需要监管机构关注的问题，其中前三项被认为是国际合作的优先事项。这些问题并非新问题，但鉴于金融科技的发展速度、新的相关性以及对第三方服务提供商依赖度的提高，这些问题会更加突出。

一是管理第三方服务提供商的操作风险。监管机构应确定对金融机构重要第三方服务提供商的现行监管框架是否适用，例如在云计算和数据服务领域，

特别是对多家金融机构依赖于相同的第三方服务提供商的情况。监管机构需要在全球范围内加强协调，包括与信息技术安全机构等非传统合作伙伴进行协调。

二是缓解网络风险。全球层面合作能够最大程度地减少网络安全防控区域化的不良后果，并提高对网络风险的认识。做好网络攻击事件应急预案、信息共享、监控、将网络安全提早纳入系统设计、提升金融和科技能力，以及培育用户的风险意识等均有助于降低网络攻击对金融稳定的不利影响。

三是监测宏观金融风险。虽然目前没有明确的迹象表明这些风险已经显露，但经验表明：如果不加以限制，宏观风险将很快出现。进行金融科技风险评估普遍面临公开数据有限的问题，监管机构应考虑从多种途径发展自己获取和评估信息的能力，包括采用金融科技。

四是跨境法律问题和监管安排。跨境贷款、交易和支付等方面的创新，包括智能合约的引入，引发了本国法律框架国际兼容性的问题。智能合约和分布式账本技术的部分应用，在某些情况下的法律效力和可执行性存疑，也会影响其跨境使用，应进一步探讨。

五是大数据分析的治理和披露框架。一些大数据分析模型的复杂性和不透明使监管机构难以评估模型的稳健性或市场行为中不可预见的新风险，以确定市场参与者是否完全掌控自己的系统。

六是评估监管范围并及时更新。监管机构应对金融科技领域的快速变化做出及时响应，并定期重审监管范围的适当性。

七是与私营部门共同学习。监管机构应持续改善与私营部门的沟通，通过监管沙盒、创新加速器和创新中心等形式分享经验、获取信息。这些方法或许会为新的监管参与模式提供丰富的视角。

八是进一步拓宽公开沟通渠道。由于金融科技的重要性和金融系统的相关性日益增强，监管机构应进一步拓宽沟通渠道，以确保自身对市场情况有所准备。

九是提升员工在新兴专业领域的能力。监管机构应确保有足够的资源和人才来应对金融科技。

十是研究数字货币的政策方向。除监测发展情况外，有关部门还应分析数字货币对货币政策、金融稳定和全球货币体系的潜在影响。

作者：陈子昊、王菁、王俊涛

新加坡金融科技生态体系发展概况的相关启示与建议

摘要：2017 年 11 月 13 日至 17 日，新加坡金管局（MAS）与新加坡银行业协会联合举办第二届金融科技节，以论坛、展会、金融科技加速竞赛（Hackcelerator Demo）的形式展开，来自 100 多个国家共 2 万余人参会。参会机构包括国际组织、监管部门、金融机构、科技企业、咨询公司等。论坛分为主论坛和 3 个分论坛，议题覆盖全球市场洞察、大数据、云计算、金融科技风险、网络安全、合规科技（Regtech）、监管科技（Suptech）、普惠金融、保险科技、金融科技应用、监管沙盒等各个领域。展会由来自世界各地的金融科技相关企业布展，介绍自身科技创新产品和优势，以促成投资合作。金融科技加速竞赛由 20 家初创企业，围绕普惠金融、监管科技和客户体验三个主题提供解决方案，并当场评选颁奖。

一、新加坡政府营造金融科技生态体系

新加坡政府将科技创新视为打造“智慧国家”的重要支柱之一，大力推动金融科技生态体系建设，主要采取了四个方面举措：

（一）完善机构设置和队伍建设

2015 年 8 月，MAS 设立金融科技和创新团队，分设支付与技术方案、技术基础建设和技术创新实验室三个办公室。MAS 还组建了专门的监管科技（Suptech）团队，吸引科技、投行专才加入，并加强了机器学习、云计算等方面的技术人才培养。

2016 年 5 月，MAS 和新加坡国立研究基金 RF 的下属机构 SG－innovate 共同成立金融科技署（FinTech Office），为企业提供一站式服务：一是审查并提供跨政府机构的金融科技相关补助计划；二是关注产业基础设施、人才培养与人力需求之间的断层，并提出目标战略、政策和方案；三是通过金融科技活动（金融科技节）与相关倡议推动和管理新加坡金融科技的品牌及营销战略。

（二）明确发展规划和关键技术

MAS 制订了推进新加坡金融科技发展的五大计划：一是推动“金融领域科技和创新计划”（FSTI），投资 2.25 亿新币用于支持金融科技生态系统建设，吸引金融机构在新加坡设置研发中心或创新实验室，支持金融科技项目的开发与

应用；二是搭建电子支付基础架构，以便客户通过移动端或计算机实时进行资金转移；三是建立智慧化监管报送系统，通过数据标准化和自动化方式降低金融系统持续报送的成本；四是打造金融科技生态圈，搭建金融机构协同创新平台，帮助设计合法且风险可控的解决方案；五是推广金融科技技术与技能培育计划，与金融机构、培训机构、大学等学术单位合作，促进金融业的创新文化，设置金融基金，提供更多培训机会等。此外，MAS 进一步明确了金融科技领域的六大关键技术，即移动支付、身份验证及生物识别、区块链、云计算、大数据和机器学习。

（三）推行“监管沙盒”，鼓励试验

MAS 于 2016 年 11 月正式发布了《金融科技监管沙盒指引》，鼓励金融机构和有意向的公司进行更多的金融科技试验。监管沙盒允许在事先报备的情况下，简化市场准入标准和流程，给予部分法规的适用豁免，在确保消费者权益的前提下，快速落地运营新业务。与英国 FCA 监管沙盒适用于所有创新业务相比，新加坡监管沙盒只适用于金融科技领域，但监管要求更加宽松和灵活，例如未限定在沙盒中测试的时间要求、未限制授权类型等。

（四）广泛开展国际合作与交流

新加坡已与英、法、日、澳等多国监管机构签订了金融科技合作协议，范围涵盖信息共享、人才交流和项目研发。MAS 先后与多家监管、研究机构开展跨境合作，如与中国香港金管局共同打造以区块链技术为基础的跨境贸易融资平台；与加拿大中央银行合作通过区块链技术提升跨境付款结算的效率和安全性；与泰国中央银行对接两国的跨行转账平台，实现即时跨境转账；与美国麻省理工学院合作金融科技研发；与美国金融服务信息共享和分析中心联合设立亚太区域情报与分析中心等。

二、新加坡金融科技发展概况

（一）初创企业大量涌现

新加坡的金融科技初创企业已经在支付汇款、在线融资、财富管理、区块链等领域生根发芽。在支付汇款领域，移动支付成为初创公司聚焦热点，如：移动支付平台 MatchMove Pay 为未在银行开户的用户提供 P2P 转账、跨境货币交易、虚拟支付卡等服务；Fastacash 则将线上支付和社交平台相互结合，提供点对点价值转移（如资金、通话时间、电影票、优惠券等）和数字内容交易（如照片、视频、音频、消息等）等服务。在在线融资领域，初创公司主要是网络贷款和众筹平台，如专注于房地产众筹融资平台 CoAssets、提供股权众筹和贷款众筹的 FundedHere。在财富管理领域，跨境证券交易服务商 M - DAQ 专为跨境交易提供多币种转换服务；模拟炒股的移动应用程序 TradeHero 创建了一个全球投资社交网络，并提供全球主流股票交易所的实时数据供用户模拟操作。在区块链领域，初创公司运用区块链技术尝试在各方面改进金融服务，如 Otonomos 帮助公司进行海外注册及资产数字化，Ripple Singapore 和 CoinPip 专注于运用区块链技术改进国际支付和提高转账效率。

（二）金融机构探索创新

星展银行推出金融科技创新加速器“星展创投计划”（DBS Accelerator），为金融科技初创企业提供支持；在印度首创“纯数字化银行” Digibank，通过生物识别和人工智能等技术提供移动金融服务。大华银行设立 FinLab 创业加速计划，帮助初创公司进行科技金融革新的研究；提出“Beyond Bank”计划，推出不需要实体卡片即可关联信用卡进行 NFC 支付、使用手机进行 ATM 取现等便捷服务。华侨永亨银行推出移动支付服务 PayAnyone；组建创新实验室 The Open Vault，上线了 OneWealth 投资决策 APP，为客户提供资讯、决策和投资管理。

除新加坡本地银行外，花旗、渣打、汇丰、瑞银、美国运通、摩根大通等全球金融巨头都在新加坡推出了金融科技创新实验室，全球支付公司 VISA 也在新加坡成立了新的创新中心。

三、启示与建议

（一）正确认识和面对金融科技

根据金融稳定理事会（FSB）的定义，金融科技是指技术带来的金融创新，它能创造新的模式、业务、流程与产品，既可以包括前端产业也可以包括后台技术。实际上，金融科技并非新生事物。20 世纪 60 年代的信用卡，70～80 年代的 ATM 和电话银行，以及 21 世纪初的网上银行等，都是金融与科技融合创新的代表。

正确认识和看待金融科技至关重要。既要防止过度神化、一哄而上，再次陷入“互联网金融”乱局；又要防止草木皆兵、过度监管，扼制了金融创新和市场活力。结合此次金融科技节的学习体会以及对市场的观察和调研，上海银监局认为目前金融科技大体可以包括三个范畴：一是传统金融机构的科技创新；二是新兴类金融机构；三是与金融机构合作或提供服务的科技企业。针对上述 3 个领域应区别对待、分类施策，避免采取一刀切的做法，正确处理好鼓励创新和加强监管之间的关系。

（二）适度鼓励合法合规金融科技创新

金融科技创新对实现普惠金融、促进行业转型、提高市场竞争力具有一定的积极意义，因此新加坡积极支持金融科技发展，力争打造“智慧金融中心”，具有一定的借鉴意义。全国金融工作会议对“监管姓监”提出了更明确的要求，对金融科技所隐含的潜在风险要积极关注，适时纳入监管。与此同时，也应当区别对待、适度鼓励合法合规的科技创新，避免陷入一放就乱、一管就死的怪圈。监管部门应在鼓励有效创新和防范过度创新之间寻求平衡点。国家层面可以考虑对科技创新出台一定的支持政策，这也符合我国科技是第一生产力的论断。

一是对于持牌金融机构，应在风险可控的前提下积极鼓励其科技创新。部分银行建议监管部门加大行业基础设施和创新技术共享力度，助力银行业创新转型。二是对持牌金融机构与科技企业的合作应持包容态度，以便其借助外力加大科技创新力度。目前，银行在与科技企业合作的过程中面临合作范围、技术标准、行业规范等方面的困惑，部分银行建议银监会层面出台相关指导意见。三是对打着“金融科技”或“互联网金融”等旗号而实质从事非法金融业务的伪科技公司，则应当加大清理整顿力度。

（三）将金融科技监管纳入顶层设计

在此次科技节上，相关监管当局也交流了对金融科技的监管态度。主流观点认为，各国对监管当局是否有提高市场竞争力的职责持不同的态度和定位，但是对所有金融业务应当施以公平一致的监管。金融科技没有改变金融的本质与功能，且金融科技引发的新风险，包括不当销售、洗钱、数据泄露、外包风险等对监管提出了新的要求，金融科技监管的必要性已成为国际共识。

由于金融科技企业侧重不同，有的专注于“Tech”，即提供技术和基础设施服务，有的直接做“Fin”，即实质上从事的是金融业务，两者对消费者和市场的影响程度不同。因此，建议区别对待、分类施策。对实质从事金融业务的金融科技企业应坚持以风险为本的“穿透式监管”，与持牌机构适用基本一致的风险监管要求，防范监管套利。可以借鉴新加坡的监管沙盒机制，要求此类机构在监管关注下试点开展业务。对于持牌金融机构，在鼓励其科技创新的同时，也要关注其风险控制机制。对于专注于“Tech”的科技企业，则主要关注其与金融机构合作中的相关外包风险。

此外，建议将金融科技监管纳入金融监管协调机制，明确金融科技的监管范围、风险底线和监管分工，构建和完善金融科技监管体系。

（四）积极加强监管科技建设和人才队伍建设

监管部门还应注重提升监管科技（中国）能力，积极跟上不断发展变化的金融市场。在与 MAS 的交流中，他们对银监会 EAST 系统非常感兴趣，并表示新加坡打算在 2020 年前实现类似 EAST 的数据采集机制，并在 2025 年前实现与金融机构的直接系统对接。银监会 EAST 系统在监管科技的创新方面实际上已经走在了前面，如果能进一步提高 EAST 系统的运行性能、操作的便捷度，则将进一步提高监管效能。

在监管人才建设方面，新加坡成立了专门的部门，吸收了包括 Moody 和

UBS 等机构的高端人才，积极研究运用机器学习、人工智能等手段提高监管效能。面对金融科技的日新月异，我国监管科技滞后、相关监管资源不足的矛盾进一步凸显，如何吸引、培养和留住金融科技专业监管人才成为监管部门面临的又一重要课题。

作者：陈子昊、王菁

新加坡“金融科技监管沙盒”简介与启示

摘要：2016年11月，新加坡金融监管局在亚洲首个“金融科技节”期间正式发布了《金融科技监管沙盒指南》（*Fintech Regulatory Sandbox Guidelines*），以期加快促进本国金融科技和智能金融的建设和发展。现将有关情况编译及比较，以期对我国境内的金融科技监管能有所启迪。

一、新加坡“监管沙盒”的由来

2015年下半年开始，由于世界贸易水平的持续疲软，新加坡调整了战略发展方向，将建设“智慧国家”作为政府的重点发展任务，全面支持市场创新，为经济增长注入新的活力。在此背景下，新加坡结合自身的金融业基础，不遗余力地推动Fintech企业、行业和生态圈的发展，目标成为世界智能科技大国和智能金融中心。

为推进Fintech发展，新加坡政府于2015年8月在新加坡金融管理局（MAS）下设立金融科技和创新团队（Fintech & Innovation Group，FTIG），并在FTIG内建立支付与技术方案、技术基础建设和技术创新实验室三个办公室。并投入2.25亿新元推动《金融领域科技和创新计划》（*Financial Sector Technology & Innovation Scheme*，FSTI），鼓励全球金融业在新加坡建立创新和研发中心，全面支持地区金融业发展。但设立FTIG对Fintech发展的支持力度有限，于是在2016年5月由新加坡创新机构（SG - Innovate）和新加坡金管局（MAS）联合设立金融科技署（Fintech Office）来管理金融科技业务并为创新企业提供一站式服务。新设立的金融科技署的主要工作包括：审查、申请津贴和研究经费，执行政府对Fintech的补助计划，对金融科技企业提供监管一站式审批援助；完善产业基础设施建设、解决人才培养和人力需求的矛盾，提升企业组织核心竞争力；管理新加坡Fintech品牌及推广战略，执行Fintech的推广活动，致力于打造全球金融科技中心。

为了实现引导和促进Fintech产业持续健康发展的目的，新加坡在2016年6月创建了“监管沙盒”（Regulatory Sandbox）制度，为企业创新提供一个良好的制度环境。监管沙盒是一个“试验区”，市场放松产品和服务的法律监管和约束，允许传统金融机构和初创企业在这个既定的“安全区域”内试验新产品、新服务、新模式等创新，甚至可以根据“试验结果”修改和提出新的法律制度。

在此基础上，新加坡金管局于2016年6月发布了《金融科技监管沙盒指南（征求意见稿）》，拟通过为金融科技的发展开辟安全有益的环境，以实验性的方式向市场推出其产品和服务，让一些初创企业获得更大的发展空间，然后再根据实际的市场影响进行适当监管。《金融科技监管沙盒指南》（*Fintech Regulatory Sandbox Guidelines*）（以下简称《指南》）于2016年11月亚洲首个“金融科技节”期间正式公布执行，明确采取“监管沙盒”的监管形式，允许初创企业在没有完全许可下经营企业。

二、新加坡“金融科技监管沙盒指南”简介

新加坡金融监管局在2016年11月亚洲首个“金融科技节”期间正式发布了这一指南，针对初创企业在没有完全许可下经营企业，制定了具体的监管指引，主要包括沙盒监管方法、目标对象、沙盒的目标和原则、沙盒评估标准、扩展或退出沙盒。

（一）沙盒监管方法

一是金管局为了鼓励金融科技试验，使有潜力的创新能够在市场中得到测试并有机会在国内外得到更广泛的应用，规定金融机构和任何有意向的公司均可以申请加入沙盒，在这个明确界定了空间和时间的环境中试验金融服务创新。二是沙盒包含有适当的安全措施来容忍失败的后果和维护整个金融体系的安全与稳健。三是金管局会根据需要试验的金融服务种类以及涉及的申请人和申请事项来决定为每个项目放松的具体法律和监管规定。四是一旦通过申请，申请者就成为部署和操作沙盒的责任主体（“沙盒实体”），金管局通过放宽其自身发布的具体法律和监管规定来为其提供适当的监管支持。五是一旦试验成功退出沙盒，沙盒实体就必须完全符合相关法律和监管要求。

（二）目标对象

目标对象包括但不限于金融机构、金融科技公司以及与其合作或为其提供支持的专业服务公司。

（三）沙盒的目标和原则

金管局的目标是通过鼓励金融部门的创新以及对安全技术的采用，将新加坡转变成智慧金融中心。金管局为此给沙盒提供必要的监管支持，以达到以下目标：一是提高效率；二是更好的管理风险；三是创造新的机会；四是改善人们的生活。同时要求申请者必须理解沙盒的目标和原则，不能利用沙盒作为规避法律和监管要求的手段。另外，MAS提出了两种不适用沙盒的情形：一是拟申请的金融服务与新加坡已有的金融服务类似，除非申请者能够说明应用了不同的技术；或者同样的技术以不同的方式被应用。二是申请人尚不能证明其已经做了尽职调查，包括在试验环境下测试过申请的金融服务并且知晓拟实施金

融服务的法律和监管规定。

（四）沙盒评估标准

MAS 要求申请中应包括必要的支持信息以说明其满足以下评估标准：一是提交申请的金融服务包含有新的或正在兴起的技术，或者对现有的技术以创新的方式应用；二是提交申请的金融服务解决了某个问题，或者有益于消费者或行业；三是申请者有意愿和能力在退出沙盒后将提交申请的金融服务在新加坡更大规模地实施，如果有其他原因导致金融服务不能在新加坡实施，申请者也应继续以其他方式为新加坡作贡献，比如继续努力开发原来申请的金融服务；四是沙盒试验的测试场景和预期结果应有明确的定义，而且沙盒实体应根据商定的时间表将测试进程向金管局报告；五是对沙盒在执行中的适当边界条件应有明确界定，以同时保护消费者的利益和维护行业的安全与稳健；六是对由金融服务引发的重大风险应有评估和相应的化解、减轻措施；七是应有一个可接受的退出和过渡策略，以防申请的金融服务在被停止或者退出沙盒后继续在更大规模上实施。

（五）扩展或退出沙盒

在沙盒的最后时期，由金管局放宽的法律和监管要求也将到期，沙盒实体必须退出沙盒。如果沙盒实体需要延长在沙盒的存续期间，沙盒实体应在沙盒到期至少 1 个月前向金管局提出申请，并提供支持延期申请的理由，金管局将负责审查申请，而且将在个案审批的基础上给予批准。金管局关于延期申请具有最终决定权。沙盒实体退出沙盒后，在试验的基础上以更大规模实施金融服务的前提条件是：金管局和沙盒实体均对沙盒已经实现的预期测试成果满意，并且沙盒实体能够完全地满足相关的法律和监管要求。而在下列情况下沙盒实体将被停止：一是基于与沙盒实体达成共识的最新测试场景、预期成果和进度，金管局对已经实现的预期目标不满意；二是在沙盒时限到期时，沙盒实体不能完全遵守相关法律和监管规定，如果预期出现这种情况，沙盒实体最好将该情况提前告知金管局；三是试验过程中发现了金融服务中的某个缺陷，其带给客户或金融系统的风险超过其所带来的益处，且沙盒实体也承认他们在沙盒存续期限内无法解决该缺陷；四是金管局会因为某些原因终止沙盒，比如沙盒实体违反了沙盒存续期限内实施的条件；五是沙盒实体已经通知监管局其在自由裁量权内做出的退出沙盒的决定。

三、新加坡关于发展 Fintech 的打算

（一）简化在线支付服务监管，形成单一统一框架

过去企业或银行需要同时遵循《支付系统法》和《货币兑换和汇款业务法》，企业或银行需要同时申请多个执照，对许多企业特别是一些支付中介来说

较复杂和令人困惑，现在金管局正计划将这两部法案结合在一起，建立一个统一的监管框架。所有的支付服务受统一法律框架监管，合并处理执照、法规和监管事务。企业只需根据自己所做的业务类型，对应着法律涉及的那一条来执行就可以了。

（二）建立电子支付网络

过去这是新加坡的短板，新加坡没有类似支付宝的自主的无现金支付品牌。拟通过建立“中央处理系统”，让人们届时仅使用一段信息，比如收款人的手机号、身份证号或者电邮地址就能够向其转账。这些信息将和各银行账户绑定，所以付款人无须知道账户号就可转账。还有“统一销售点终端”，商户届时可以用其接受所有信用卡支付，包括手机支付服务中的信用卡。

（三）建立全国性的“KYC（了解你的客户）”数据平台

帮助银行免去繁冗的客户数据收集工作和降低合规成本。新加坡正在通过一个个人数据平台进行国家化的 KYC（了解你的顾客）能力储备，这个平台会储存新加坡常住人口的经过政府部门认证的个人信息。同时，金管局将与政府部门合作来扩大该个人信息平台，这个名为“MyInfo 服务”的平台会让新加坡的金融行业更加方便的获得 KYC 所需信息。目前市民利用该平台与政府进行在线交易。金管局计划将该平台延伸至金融领域，帮助解决诸如重复填表和数据输入错误等问题。

（四）建立应用程序接口（APIs）

允许软件应用程序之间的无缝衔接，海关、税务、银行均可使用这一链接，帮助金融机构更好地利用科技金融，促进机构关注以客户为中心的金融创新。

（五）探索区块链金融（block chain）

考虑创立针对区块链行业的加速器（孵化器），建立 G2G（政府对政府）的信息共享平台。

（六）云计算的推广运用与管理（主要涉及信息共享与数据安全）

金管局与阿里巴巴、亚马逊、微软等大数据应用公司开展定期研讨会，就包括信息安全在内的风险考虑向企业提出问题，由企业在几个月内提供相应的解决方案并得到金管局的认可，金管局据此制定金融机构使用云技术应用的监管指引，确保云技术在金融体系内的应用能做到风险可控。

（七）发展电子金融产品（主要关于投资和保险）

过去保险等金融业务需要面对面的交流，如今可以通过 P2P 等平台进行在线的投资、购买保险等，消费者可以获得更多的金融和保险建议的电子服务，监管部门将升级相关监管框架。

（八）加强网络安全

尝试效仿美国的模式。金融服务、信息共享和分享中心（总部位于美国，以共享防止网络攻击和情报为主）正与金管局合作在新加坡建立一网络情报中心。

四、启示与建议

金融科技是信息技术时代带来的新一波金融浪潮，主要发达金融市场国家都在积极研究新的适应之道。中国作为世界普遍公认的Fintech发展最快的国家之一，也因此有了再次实现金融赶超、建立金融强国的新机会。如何汲取当前网络金融监管的经验教训，及早一手抓支持、一手抓规范，两手抓、两手硬，立足本土、胸怀世界，有序推动Fintech在中国的发展与创新，参与甚至引领全球Fintech的监管标准建设，亟须重视，也是上海国际金融中心建设可以先行先试的重要领域之一。

上海银监局于2015年创建的《中国（上海）自由贸易试验区银行业务创新监管互动机制》（以下简称创新互动机制），即为对中国式银行业监管沙盒的尝试，可作为探索科技金融监管的载体之一。建议：依托现有的创新互动机制，以功能监管为视角（凡是与银行业务有关的Fintech），以个案突破的方式，将辖内银行业金融机构自身以及与外部单位合作的涉Fintech业务逐步纳入监管视野，一方面前瞻防范Fintech领域的监管空白和跨领域监管套利；另一方面为积极有益的Fintech探索提供必要的绿色通道，从而更有效地引导和支持Fintech的有序创新和发展，并为建立健全Fintech监管模式提供重要实践参考。

在探索过程中，我们认为要重点把握好以下三点：一是更新监管理念。以负面清单管理的思维，开放、包容看待尚无法清晰确定利弊的新鲜事物。在明确风险监管底线与原则的基础上，包容创新，容许单点失败。按照实质重于形式的要义，立足服务实体经济的金融本源，充分吸纳非金融领域的观点与建议，不断丰富和完善对日新月异的信息技术下的新的金融功能与商业模式的认知，容许更大的跨界金融创新。二是优化监管关系。改进和加强与市场主体的审慎、持续互动，从而实现对风险的更前瞻、更准确的研判，探索形成监管与市场更加激励相容的监管模式。如以原则导向与风险为本，加强试点前政策辅导和试点中、试点后的跟踪评估，强化持续的监管提示和服务，切实防止“创新不当”，加大支持合理创新。三是着眼制度创新。创新试验的最终目的在于探索行业的普适经验，优化市场环境。因此，应在试点的基础上及时总结和固化良好做法，建立健全相关制度，弥补监管制度短板，为创新试点的复制推广和全行业服务水平的提高提供必要的条件。

作者：张月婷

消费金融时代信用卡分期业务面临的风险和挑战

摘要：近年来，普惠金融业务兴起，信用卡在年费基本全免、商户回佣率较低、信用卡利率市场化程度不足的背景下，各银行逐渐将分期业务作为战略转型的重点和利润的重要来源。本文通过对境内外信用卡分期业务的发展历程和发展状况进行比较，研究境内信用卡分期业务面临的风险和挑战，并提出针对性建议。

一、信用卡分期业务简述

（一）信用卡分期业务定义

信用卡①是记录持卡人账户相关信息，具备银行授信额度和透支功能，并为持卡人提供相关银行服务的各类介质。信用卡分期业务是银行基于信用卡持卡人提供的一项消费信贷业务，银行可给予持卡人一笔信贷资金允许持卡人分期（通常以月为单位）偿还，也可在持卡人进行大额消费时或还款困难时，由银行为持卡人垫付全部资金，然后由持卡人分期偿还。银行提供信用卡分期付款业务，一般向持卡人收取手续费或利息；部分与商户合作的分期产品，会向商户收取一定的手续费。

（二）境外信用卡分期业务发展起源

信用卡分期付款是社会经济发展的伴生物。从起源上看，分期付款早在17世纪就已经存在，1807年美国消费者开始利用分期付款方式购房家具等耐用消费品。1856年，美国当时最大的缝纫机公司I. M. Singer推出了分期付款购买缝纫机，并成功地把分期付款概念推向美国，逐渐延伸至汽车、耐用消费品等领域，自20世纪40～50年代开始大规模发展。

信用卡作为一种先消费后付款的金融支付工具，起源于20世纪初的美国，最早是一些百货商店、饮食业、娱乐业和汽油公司等为招徕顾客、推销商品、扩大营业额，有选择地在一定范围内发给顾客一种类似金属徽章的信用筹码，作为客户购货消费的凭证，顾客可以在这些发行筹码的商店及其分店赊购商品并到期付款，这就是信用卡的雏形。

---

① 定义来自《银行信用卡业务监督管理办法》（中国银行业监督管理委员会令2011年第2号）。

1950年，美国商人弗兰克·麦克纳马拉与其商业伙伴在纽约创立了“大莱俱乐部”（Diners Club，即大莱信用卡公司的前身），并发行了世界上第一张以塑料制成的信用卡——大莱卡。1952年，美国加利福尼亚州的富兰克林国民银行作为金融机构首先进入发行信用卡的领域，由此揭开了银行发行信用卡的序幕。

最初信用卡只是按月全额支付欠款的签账卡。1959年，美国的美洲银行在加利福尼亚州发行了具有滚动信贷功能的美州银行卡。即持卡人在月底收到账单时不必全部付清，余额滚入下个月，银行则在余额上收取利息。这就是我们今天说的“循环信贷”，它是信用卡的主要盈利点。此后，许多银行加入了发行信用卡的行列。

到了二十世纪六十年代，信用卡很快受到社会各界的普遍欢迎，并得到迅速发展。不仅在美国，而且在英国、日本、加拿大以及欧洲各国也盛行起来。从七十年代起，中国香港、中国台湾、新加坡、马来西亚等发展中国家和地区，开始发行信用卡。由于信用卡和分期付款本质上均为消费贷款，随着消费信贷市场充分发展，分期付款和信用卡业务逐渐融合，信用卡发展为具有循环信贷和分期付款等功能的产品。

（三）境内信用卡分期业务发展趋势

境内的消费金融发展路径并没有走由销售或制造企业倡导兴起的路径，也没有经历从分散、小型机构到大型机构的市场竞合过程，而是直接进入了银行主导的发展阶段。在产品方面，小额分期也没有得到充分的发展，便直接进入了信用卡为主的阶段。且信用卡分期业务是伴随着信用卡业务的全面发展而产生的，大致经历了三个阶段：

第一阶段大约2002年至2008年，以促进消费为目的的商户分期萌芽起步。在信用卡业务起步阶段，大部分银行采取与境外发卡机构合作或借鉴境外信用卡业务模式，如招商银行全盘引入台湾中国信托银行的业务团队，将台湾信用卡发展模式直接搬进来。同时，为促进信用卡业务交易，培养持卡人刷卡习惯，招商银行率先参照台湾模式在业务推出了“免息免手续费”的商户分期，各银行亦参照境外模式推出了商户分期、账单分期等产品。其中商户分期主要由商户贴息，对持卡人“免息免手续费”；账单分期主要是为无法按时还款的持卡人提供分期还款服务。

第二阶段大约2008年至2015年，明确场景的大额消费分期业务快速发展。自2008年起，一方面，银行信用卡发卡量同比增长率回落，信用卡逾期180天以上余额大幅增加，占期末贷款总额比例同比上升；另一面，银行在发卡规模扩大的同时面临信用卡激活率偏低导致的管理成本和各项费用的上升、卡均收入增长缓慢等问题，同时还面临刷卡手续费下调、利率市场化改革等外部环境的挑战，信用卡业务盈利能力不容乐观。在此背景下，各银行积极进行信用卡业务模式转型，从“量”到“质”，挖掘信用卡相关的分期业务。而此时境内汽车产业的快速发展提供了契机，信用卡汽车分期业务应运而生并得到了快速发展。以 7 家在沪持牌信用卡中心（以下简称卡中心）为例，自 2008 年汽车分期起步至 2015 年 5 月份，信用卡分期业务余额达到峰值，此后汽车分期业务余额稳定在 1 900 亿元左右。此外，各银行也探索发展家装、车位、婚庆、教育等大额专项分期，但由于消费场景较为碎片化，此类分期业务规模发展有限。

第三阶段大约 2015 年至今，开放场景的现金分期等业务快速发展。汽车分期等有明确场景的分期业务对商户依赖度较高，随着 2015 年国务院常务会议鼓励符合条件民间资本、国内外银行业机构和互联网企业发起设立消费金融公司，互联网消费金融公司的快速发展开始逐渐出现垄断消费场景的势头。银行也利用大数据等互联网风控模式，大力发展现金分期等无指定用途的大额专项分期，降低对消费场景的依赖度。以卡中心为例，2015 年初现金分期业务余额不足 200 亿元，但截至 2017 年 9 月份，现金分期余额已近 2 500 亿元，增长 12 余倍。

（四）信用卡分期业务类型

1. 按分期额度来源分为固额分期和专项分期

固额分期，即循环额度内分期，客户获得信用卡核准后，在使用过程中申请分期服务时一般不需要提供额外的资信证明，还款后即恢复信用额度。

专项分期，即循环额度外的分期，是银行在初次授信审批的基础上，在固定额度之外再给予持卡人专项额度，持卡人需额外提供资信证明材料，还款后专项额度即取消，如再有需要则需重新申请和审批。该类分期实质是一笔传统的消费信贷。

2. 按消费场景分为还款型分期、商品型分期和现金型分期

还款型分期是基于还款场景下申请的分期，持卡人刷卡消费后可就单笔消费金额或本期账单金额向银行申请分期，具体分期产品为账单分期等。

商品型分期是基于具体消费场景申请的分期，具体包括买车、装修、婚庆、教育、医疗等线上线下场景，具体分期产品为商户分期、汽车分期、装修分期、车位分期等。

现金型分期是一种开放场景下的分期产品，持卡人申请分期时未明确资金用途，银行将信用卡额度转换为现金转入持卡人借记卡账户，或给予持卡人一笔专项分期资金，允许持卡人在非法规禁止性消费领域用卡，具体分期产品包括现金分期、备用金分期等。

二、信用卡分期业务发展现状

（一）境外信用卡分期业务现状

1. 美国市场

还款型分期产品为主。在信用卡分期产品方面，除零售商发行的信用卡提

供商户分期服务外，大部分机构并没有明确的信用卡分期付款产品。各机构主要通过设置优惠费率，鼓励客户不要将欠款一次性还清，实质上是不等额的分期付款或循环信用产品。通常情况下，美国信用卡每月最低还款额仅为当月账单金额的1%，对信用记录不佳的持卡人会提高每月的最低还款额。在定价上，主要以利息定价。根据客户还款计划，按照贷款余额每月收取利息，同时，根据持卡人的资信状况不同，适用不同水平的利率。信用记录最高的客户可获得4.25%左右的较低年利率，该利率也随着市场利率的变动而变动。此外，部分银行为客户提供余额代偿业务，即A银行给予客户一笔低利率的信用卡额度用于偿还B银行高利率的信用卡欠款。

循环贷款占比呈下降趋势。美国信用卡业务在20世纪末经历了快速发展时期，但2008年金融危机后，信用卡贷款余额迅速下降，并自2012年起开始回升。截至2017年9月末，信用卡（循环）贷款余额1.01万亿美元，已接近2008年1.02万亿美元的高位，但在个人消费贷款（不含住房按揭）的比重却从2008年的38%下降到27%。主要由于自2008年危机以来，美联储一直将利率维持在低位来鼓励消费者借贷并刺激经济增长，汽车行业为提高销售量而放宽贷款条件，越来越多低信用评分客户的进入导致汽车贷款规模快速上升。此外，美国学费的快速上涨也助推了助学贷款的快速上升。而危机后美国颁布了《信用卡消费者权益法案》，对银行和发卡机构采取更为严格的管理，对消费者强化保护，消除卡行业不公平的利率上调的做法。由于信用卡业务标准并未有明显放松，所以，虽然随着外部经济政策的刺激，居民信用卡消费交易有所上升，但其增幅仍低于汽车贷款和助学贷款。信用卡贷款余额具体趋势如图1所示。

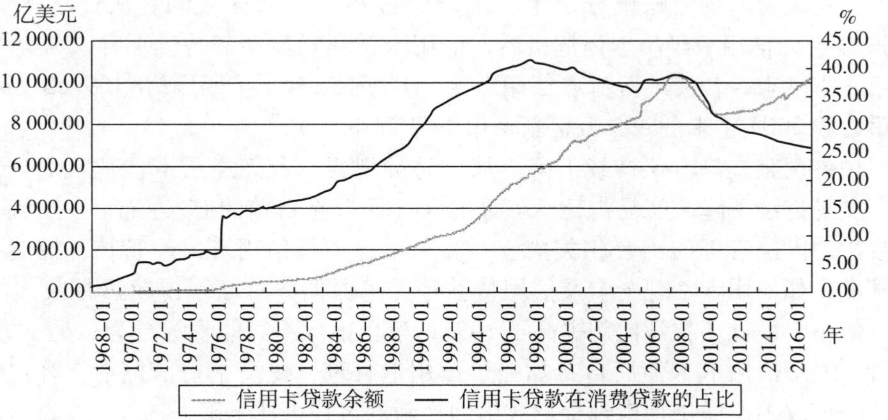

数据来源：WIND资讯数据库。

图1 美国信用卡（循环）贷款余额趋势图

2. 韩国市场

商品型分期产品为主。信用卡业务发展前，韩国就存在以汽车、家电、机械设备等高价消费品为对象的分付款服务为主，但是手续较为复杂，一般需要抵押担保。1990 年韩国修订《信用卡业法》后，允许信用卡机构开展分期付款业务，很快信用卡凭借申请便利等优势替代了分期付款，大到买房、购车，小到手机等电子产品，甚至葬礼礼金都可以通过信用卡分期支付。但韩国在信用卡发展前期，主要通过现金型分期产品盈利，在 2002 年左右预借现金交易额曾占到信用卡整体交易额的 70% 左右。该国虽在 2002 年颁布相关规定要求现金贷款比率不得超过 50%，但 2003 年仍出现了信用卡危机，各机构才开始降低预借现金比率。目前韩国分期市场主要以商品性分期产品为主，预借现金交易占比已从 2003 年的 67% 下降至 11%，分期付款交易从 2003 年的 13% 上升至 20%。危机前预借现金交易占比高企，主要是部分持卡人通过以卡养卡、借旧换新的形式延缓债务风险暴露。在危机后，韩国政府逐渐收紧信用卡机构的准入，完善信用卡信息共享征信平台和个人信用等级，要求机构严格信用卡客户准入，对于取现、分期付款较为频繁的用户，须降低其信用分数和等级，同时鼓励机构调整手续费及分期付款利息的标准以提高经营效益。因此，预借现金交易持续下降。

3. 中国台湾市场

还款型和商品型分期为主。中国台湾地区信用卡分期产品主要包括商户分期、账单分期、现金分期和余额代偿等产品。信用卡分期期限一般不超过 60 个月，在收费方面公布每月手续费率（根据客户风险定价不同），并折算为年利率。如花旗台湾规定账单分期年利率介于 6.75% 至 15% 之间。从贷款规模看，2006 年台湾信用卡经历卡债危机后，信用卡循环贷款余额持续下降。截至 2017 年第三季度末，台湾地区流通信用卡 4 141 万张，循环信用余额 109.63 万亿新台币，较 2005 年末的 495 万亿新台币下降 78%。

预借现金交易占比持续下降。从交易类型看，台湾经历卡债危机后，预借现金交易持续下降，交易占比从峰值的 20% 下降至目前的 1% 左右。一方面，由于台湾地区监管部门出台相关措施，要求银行加强信用卡风险管控，控制总授信额度，如信用卡、现金卡及信用贷款等无担保债务总额不得超过月收入的 22 倍，信用卡最低还款额比例提高至 10%，禁止银行不当催收等行为；另一方面，银行在经历信用卡卡债后自身加强了信用卡管理，提高了授信标准，客户结构得到一定改善，通过预借现金形式借旧换新的客户占比下降。

（二）境内信用卡分期业务发展现状

1. 业务规模迅速增长

短短十几年间，银行信用卡分期业务从无到有、从小到大，业务呈快速发展态势，并结合中国国情和市场环境，形成了特色的信用卡分期业务，在消费信贷市场中占着举足轻重的地位。截至2017年第三季度末，卡中心信用卡分期业务余额已超1万亿元，较2011年末增长10余倍。

2. 现金型分期占比上升

目前，境内信用卡分期业务已包括汽车分期、家装分期、账单分期、商户分期及现金分期等多个产品，渗透至消费领域的方方面面，分期类型以大额专项分期为主。截至2017年第三季度末，固定额度外的专项分期余额 占信用卡分期业务余额的61.54%；开放场景的现金型产品（包括现金分期和类现金分期①）余额较2011年增长56余倍。其中，专项现金分期余额已超越汽车分期业务，成为最主要的专项分期产品。

3. 业务期限以中短期为主

信用卡分期业务期数一般分为3期、6期、12期等，最长不超过60期。从卡中心2017年前三季度的分期交易数据看，固定额度内的分期产品期限一般较短，85%以上交易的分期期限不超过12期（1年）；固定额度外的专项分期产品期限较长，其中，汽车分期业务中分期期限为36期（3年）的交易占比达59%；家装分期业务中分期期限为48期（4年）的交易占比72%。各分期业务品种期限分布详见图2。

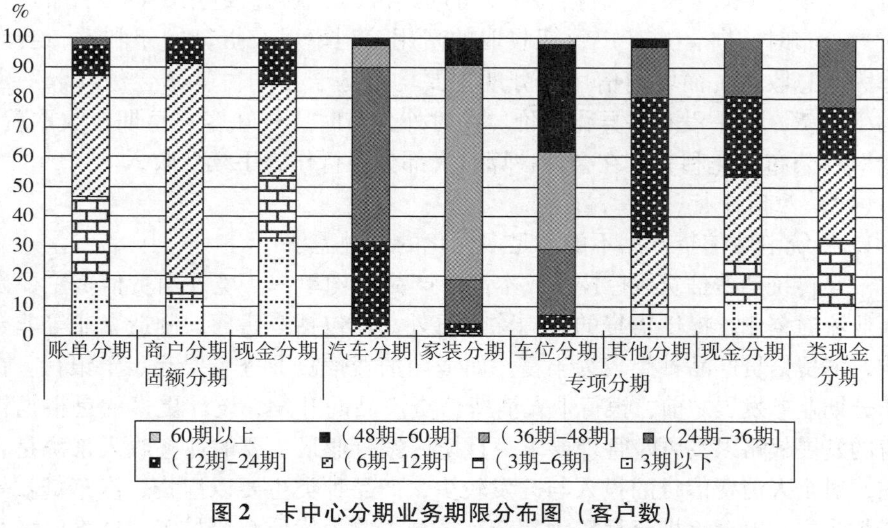

图2 卡中心分期业务期限分布图（客户数）

---

① 类现金分期是指卡中心在固定循环额度之外，给予持卡人一定的授信额度，该额度只能在非限定商户通过POS刷卡的形式消费交易。卡中心要求持卡人需将资金用于消费领域，但未明确具体用途。如建卡分期通、交卡好享贷、招卡备用金等分期产品。

4. 业务收入以手续费为主

境内信用卡分期业务是从商户分期逐渐兴起时，主要向商户收取分期业务手续费，而对持卡人提供“免息免手续费”的优惠。随着分期业务的不断发展，分期业务逐渐发展到账单分期、现金分期、汽车分期等多种形式。其中账单分期和现金分期两种分期业务，银行不再向商户收费，而是直接向持卡人收费，但仍沿用商户分期的做法，将全部分期业务收入均统称为分期手续费。目前银行对外公布均为“免息收费”，手续费率一般介于一年期贷款基准利率和信用卡透支利率（18.25%）之间，银行一般根据分期类型和期限设置固定的分期手续费率。在会计核算上，大部分中资银行均将向持卡人收取的手续费作为中间业务收入核算。

（三）与境外信用卡分期业务主要差异

1. 产品种类存在差异

境外信用卡分期产品较为单一，主要以固额内的商户分期、账单分期、现金分期等产品为主，对于大额资金需求主要通过个人消费贷款业务满足。而境内信用卡分期在境外分期产品的基础上，新增大额专项分期，将传统消费贷款业务转至信用卡项下开展。

2. 定价模式存在差异

境外信用卡分期业务以利率定价，即根据客户还款计划，按照分期贷款余额每月收取利息，同时，根据持卡人的资信状况不同，适用不同水平的利息。在对外公布时，向告知客户每期收取的费用、利率以及折算的年利率，会计核算作为利息收入。而境内信用卡分期主要均是基于分期付款总金额收取一定比例的手续费，几乎没有差异化定价。在对外公布时，告知客户每期应收取费率，并未对外公布年化利率，在会计核算时大部分银行作为手续费收入。

（四）原因分析

1. 传统消费信贷产品不能满足多元化的金融需求

一是传统消费信贷风控技术成本高，产品结构单一。境外消费信贷主要发端于商业流通企业，提供信贷的机构除银行外，还包括零售商、制造企业等非金融机构，消费信贷产品种类较为丰富。而境内消费信贷业务主要起步于银行。在信用卡分期业务发展之前，银行个人消费信贷产品的开发、设计更多的是根据银行自身的发展战略以及风险管理要求，且境内银行业最主要的业务收入来源是企业客户，对个人消费信贷的投入与开发较少，产品种类主要以房贷、汽车贷款等大额贷款为主，申请审批流程较为复杂，客群主要为优质企业员工，这难以满足大众小额、多频的消费需求。而信用卡业务在发展之初就借鉴国外成熟经验，成立独立的信用卡中心，运用评分卡等大数据模型对客户集中授信，该风控模式为分散、小额、海量借贷提供了可能。信用卡分期业务凭借产品种类丰富、免抵押免担保、审批速度快、资金用途相对宽松等优势，得到众多客户的亲睐。

二是信用卡利率市场化程度不足，风险定价能力单一。2017 年之前，境内信用卡透支利率一直为日利率万分之五（折合年利率为 18.25%）。2017 年 1 月起，虽然信用卡利率最低可打七折（折合年利率为 12.78%），但相比境外较为自由的利率定价空间，境内信用卡仍存较大差距。较为固定的信用卡透支利率难以满足不同消费者的金融需求，因此银行只能针对不同的分期产品制定不同的手续费。目前银行分期业务手续费率折算为年化利率基本介于 5% ~18.25% 之间，部分分期业务实际利率低于人民银行规定的法定利率，银行通过将分期业务收入包装成手续费收入的方式获得自主定价权。

2. 法律法规体系不完善，存在套利空间

一是监管要求不统一。美国、韩国、中国台湾、中国香港等境外市场针对信用卡分期、消费信贷等个人信用贷款产品制定专门和统一的消费金融法律，而境内开展信用卡分期业务和个人消费贷款业务所依据的监管法规存在不同。相对消费信贷业务，信用卡在资信调查、授信审批、资金用途等方面的监管要求更为宽松、便捷。如 2004 年发布的《汽车贷款管理办法》规定“贷款人发放汽车贷款，应要求借款人提供所购汽车抵押或其他有效担保”（2017 年 11 月修订的《汽车贷款管理办法》已取消相关规定），而信用卡业务无相关要求，故导致银行将汽车分期贷款转至信用卡分期项下开展。此外，《个人贷款管理暂行办法》对贷款“三查”、资金用途管控等有明确要求，且指出“信用卡透支，不适用本办法”，银监会 2017 年 3 月 31 日印发《中国银监会办公厅关于加强信用卡预借现金业务风险管理的通知》规定“基于信用卡业务系统开展的消费贷款业务，应同时满足信用卡业务和相关消费贷款业务的监管规定”，但该法规的层级低于《个人贷款管理暂行办法》，银行具体如何执行需进一步明确。

二是逾期量刑存在差异。对于个人消费贷款，如果未按照与银行签订的借款合同履行还款责任，一般属于民事纠纷，应追究民事责任。只有“以欺骗手段取得银行贷款”或“以非法占有为目的，诈骗银行贷款”，才可追究刑事责任。而信用卡透支金额在 1 万元以上，并且经发卡银行两次催收后超过 3 个月仍不归还，即可追究刑事责任。信用卡逾期量刑标准显著高于个人消费贷款。

三是会计核算方式不同。目前尚无法规对信用卡分期业务收息收费问题进行明确，银行多将信用卡分期业务收入作为“中间业务收入”核算，而将消费贷款业务产生的收入入账利息收入科目。但两类业务在实质上并无明显差异。大部分银行在中间业务收入考核的压力下，通过信用卡分期业务发放个人消费贷款可增加中间业务收入。

3. 信用卡业务盈利来源单一

信用卡业务主要收入来源包括商户回佣、年费收入、利息收入和分期业务收入。但目前境内银行大多发行免年费的信用卡，年费收入占比不足 2%，商户回佣率持续下降至0.3%左右，仅为美国等发达国家的十分之一。境内银行的盈利来源主要依赖信用卡循环和分期等消费信贷业务产生的利息收入，但由于循环客户的获取需要客群结构的调整和用卡习惯培养，短期内难以获得成效，为此各银行为快速实现盈利，多大力发展信用卡分期业务。

三、分期业务面临的主要风险和挑战

（一）分期手续费率告知模式易误导消费者

银行宣传信用卡分期业时均采用免息但收手续费的模式，在网站公告、协议文本等渠道一般仅披露信用卡分期业务的单期（月）手续费率，未提示实际年化费率。该模式不够透明，很容易误导消费者。因为消费者每月偿还信用卡分期本金，贷款本金每月占用呈递减状态，并没有被一直全额占用，信用卡分期业务的实际年化费率大约为每月手续费率乘以12后的2倍，明显高于银行同期贷款利率，普通消费者很难准确掌握信用卡分期业务的真实价格水平并作出合理判断。

（二）会计核算模式虚增中间业务收入，不利于银行转型发展

各行开展的信用卡分期业务，主要向商户和持卡人收取手续费。银行为合作商户提供营销宣传等服务，属于银行中间业务范畴，向其收取手续费相对合理。但银行为持卡人提供的是资金服务，分期透支余额计入贷款科目内，各银行需要承担相应的资金成本，属于银行的贷款类业务，以手续费名义向持卡人收费实质是“以费代息”，将其作为中间业务收入核算，导致收入数据严重失真，且掩盖了银行在拓展中间业务收入渠道方面的不足，不利于银行转型发展。

（三）现金型分期产品资金用途异化

一是现金分期资金用途较难管控。银行通常在合同中与持卡人约定资金仅限于购物、旅游、家装、教育、结婚等消费用途，不得用于生产经营、房地产、股市及法律禁止的非法用途，并通过随机抽查方式，要求持卡人提供相关证明材料（业务凭证、购物合同及发票）来管控资金用途，但此方式不具操作性，不仅滞后，而且无从验证持卡人是否提供假发票、假合同，更无从覆盖遍布全国的持卡人，导致部分持卡人将资金挪用于生产经营、民间借贷、投资、投机等较高风险领域。

二是类现金分期资金多被持卡人套取。银行通过信用卡渠道开展的大额专项消费分期，虽然约定持卡人只能在限定MCC类商户交易，但由于银行对该类分期业务的交易监测规则存在不足，部分分期资金被持卡人套取挪作他用。

（四）个人征信体系发展滞后，信息不对称风险上升

境内居民个人信用信息分散在公安机关，所属学校，工作单位，人民银行

等各个部门，人民银行虽建立个人征信系统，但数据来源主要为金融机构提供的信贷信用数据，并不能提供完整的个人信用画像。部分银行向人民银行报送信用卡授信数据未包括专项分期授信额度，P2P、小贷公司、电商金融等机构开展的消费信贷业务也未全部上传至人行征信系统。截至2016年末P2P等网络借贷用户已达1.6亿[①]人，多头授信、共债风险显著上升且难以辨识。此外，网贷理财平台倒闭和跑路事件的风险也正在传导至银行。

（五）互联网消费金融业务冲击

随着移动互联网技术的发展、大数据征信的创新带来的风控模式创新，信用卡分期业务面临着来自银行内部和互联网金融公司的冲击。

1. 来自银行内部

与信用卡分期业务相比，传统消费信贷专注于大额信贷产品，且客户大部分为净值较高的人群，授信审批流程较长，多以抵押担保类贷款为主。但在“强监管、去杠杆、抑泡沫、防风险”的大环境下，使得银行同业、理财、表外等影子银行业务受到极大的压缩，各银行纷纷发力零售信贷业务，重视运用大数据征信、机器学习等金融科技，转型升级零售信贷产品。目前，各银行利用行内个人客户的海量数据优势对客户信息（基本资料、行为信息、征信信息等）进行交叉验证，已实现信用贷款的快速审批。客户通过手机银行、网上银行等进行申请后，银行可在几分钟内完成审核并将款项发放至客户借记卡（30万以内自主支付），借款期限从2个月到5年不等，客户可选择等额本息还款。业务模式与信用卡现金分期业务无实质性差异，但在客户体验方面更具优势。一是银行消费信贷业务多采用收息方式并告知年化利率，在消费者告知方面更加透明。二是银行提供的消费信贷业务以银行同期贷款利率为基础进行定价，相对信用卡分期业务更显优惠。

2. 来自互联网消费金融公司

最近几年，互联网消费金融业务快速发展，2016年交易规模达到4 367.1亿元，同比增长269%。WIND咨询预测2017年互联网消费金融交易规模将达到9 983.4亿元，同比增长100%以上。

从业务模式看，互联网消费金融主要有以下几类代表：一是电商平台的消费金融，包括蚂蚁“借呗”、京东“金条”、微粒贷等产品。截至2016年底，蚂蚁借呗获取客户规模逾千万，放贷3 000亿元，形成近1 500亿元余额，微粒贷以放贷规模近1 600亿元跟追其后。二是线上微额现金贷款，以手机贷、现金巴士、2345贷款王为代表，面向个体主要提供3 000元以下的授信产品，一般借款期限7~30天。三是主打分期购物的互联网消费金融平台，如乐分期、趣分

① 数据来源：艾瑞咨询：2017年中国信用卡代偿行业研究报告。

期。四是以信用卡余额代偿为切入的平台，如还呗、省呗等。

与信用卡分期业务相比，互联网消费金融在消费场景嵌入、海量数据支持、用户体验方面更具优势。一是它比银行及其他金融机构更接近用户，也更为简单快捷，让用户更为自然地接纳此业务；二是凭借对电商平台用户消费数据的挖掘，互联网消费金融的风控能力大为增强；三是此类产品的特点均为一键申请，即刻放款，客户体验良好，完全迎合急需资金的小贷客户对信贷产品效率的要求；四是互联网消费金融业务未受到严格的监管，合规成本低，风险容忍度高。因此，互联网消费金融从多维度对基于银行卡的消费金融业务形成冲击。

四、相关建议

（一）统一监管标准

目前，境外开展的信用卡分期业务主要是基于信用卡循环额度内开展，对信用卡分期业务和信用卡资金用途无特别监管要求，大部分监管机构将信用卡、信用贷款等进行统一监管。如中国香港地区明确个人信用卡业务适用一般贷款及风险管理原则；韩国制定《专业信贷金融法》对信用卡、分期付款和租赁等个人消费信贷业务实施统一监管。境内个人消费信贷市场产品主要包括银行系的信用卡分期和消费贷款、互联网金融机构消费信贷、消费金融公司的消费信贷等，上述业务实质并无明显差别，但尚无统一的监管要求，各业务之间存在监管套利风险。建议综合考量业务发展状况，针对个人消费信贷业务纳入统一的综合授信管理机制，明确一致的贷前、贷后和贷中管理要求，加强资金用途管控，促进个人消费信贷业务规范健康发展。

（二）加快个人信用体系建设

个人征信是消费信贷业务发展的关键因素，美国、韩国和中国香港等地区均已建立完整的个人信用征信体系，信用记录不良的客户将面临严格的处罚，影响着日常生活的方方面面，信用记录严重不良者甚至被限制出境。而我国境内个人信用体系尚不完善，加快征信系统建设、健全信用信息主体权益保障机制和健全信用信息安全管理体制是个人消费信贷业务持续蓬勃发展不可或缺的基本条件。通过个人征信数据不仅可以甄别出具有稳定偿还能力的消费金融业务客户，而且通过平台自身沉淀下来的用户交易数据、投资组合、风险偏好，经第三方征信机构采集的电商交易数据、社交数据、银行卡消费数据，以及其他基本资料、公共记录等信息，可以多维度为用户描绘一个立体化的征信画像。建议相关部门推动征信体系建设，依托人行征信平台，整合公安、税务、电信等部门及其他机构，强化征信管理系统建设，促进社会信用资源的开发、积累和规范使用。

（三）关注居民部门“加杠杆”风险

近年来，普惠金融业务兴起，银行、消费金融公司、互联网金融公司以及电商平台等机构纷纷涉足，个人消费信贷市场业务快速增长，目前信用风险虽处于可控范围内，但近一两年居民部门加杠杆特征明显。截至 2017 年第三季度末居民部门杠杆率已达 48.6%①，较年初上升了 3.8 个百分点。虽然个人消费信贷业务当前表现较多的是合规风险，但若不加以关注，可能引发信用风险。如韩国和中国台湾地区在 21 世纪初期均发生了信用卡危机，主要表现过度授信和现金分期业务的过度发展。为加强信用卡业务管理，中国台湾地区明确规定信用卡、现金卡及信用贷款等无担保债务总额不得超过月收入的 22 倍；韩国规定现金贷款比率（现金贷款/贷款总额）不超过 50%。目前，我国境内信用卡业务已建立刚性扣减机制，并规定预借现金比例不得超过非预借现金比例，但总授信额度管控机制尚未涵盖银行零售贷款、互联网消费信贷等其他个人信用贷款。建议针对个人信用贷款建立统一的综合授信管理机制，将现金类贷款比例控制在合理范围内，并督促各机构强化资质审核，严格执行信用卡最低还款额比例要求，防范过度授信风险。

（四）规范信用卡分期业务息费管理

建议进一步完善信用卡业务的利率市场化机制，给予银行更多的自主定价空间。同时要求银行还原分期业务的信贷属性，将向持卡人收取的手续费调整为透支利息，并向消费者充分披露年化利率，充分尊重并保障消费者的知情权、自主选择权和公平交易权。

（五）督促银行提高风险管理水平

一是在风险可控、业务合规的情况下，鼓励银行优化内部管理体系，加强收集移动互联数据、客户用卡行为、外部资信数据以及客群人口特征等多维度的数据并将其模型化，通过加强风险控制提高经营的质量，并从差异化的授信额度和利率定价等方面，为客户提供多样化的金融产品服务。二是关注银行与互联网金融公司的合作情况，督促银行坚守风险底线，特别要求加强持卡人信息保护和发卡授信审核，防范因抢占市场，降低准入标准和风险管理要求而引发的风险。

作者：刘海英

① 数据来源经济参考网，《2017 年三季度中国去杠杆进程报告》。居民部门杠杆率 = 居民部门贷款余额/名义 GDP。

中国台湾地区“双卡风暴”及对大陆消费金融监管之借鉴

摘要：近年来，随着大陆经济增速下滑、企业融资需求下降，商业银行、互联网金融、P2P 网贷公司等机构纷纷将目标客户转向个人客户，在满足个人贷款需求的同时，也带来杠杆率快速上升、信用风险大、违约率高、暴力催收等问题，与十余年前台湾地区爆发的“双卡风暴”相似。在中央再三强调防风险、强监管的要求下，研究台湾“双卡风暴”不仅可以为解决大陆消费金融领域存在的问题提供参考，也可以为进一步完善大陆金融监管体制机制探明方向。本文通过对比台湾双卡风暴爆发前后与当前中国大陆地区经济金融环境，分析大陆消费金融领域存在的问题及风险，提出相应的政策建议。

台湾地区在 20 世纪 90 年代发生“双卡风暴”。在此过程中所暴露出的银行业者、监管部门以及金融消费者的不足之处，可以对当前中国大陆地区加强消费金融监管，抑制家庭标杆率急剧上升提供有益借鉴。

“双卡风暴”发生时，台湾地区银行业面临的经营环境变化，与当前大陆的情况颇有相似之处：一方面在资金的需求端，随着经济增速放缓，企业融资需求下降，企业金融难以支撑银行信贷规模增长需求；另一方面作为资金的供给方，经历了大幅扩张后的银行业市场趋于饱和，利率市场化改革导致利差空间持续收窄，融资渠道多元化同样加大了银行的经营压力。面对这种环境变化，银行业金融机构不得不多渠道拓展业务，大力开展中间业务和收益相对较高的零售银行业务，从而导致消费金融快速膨胀，风险隐患日益积聚。

但是，与“双卡风暴”发生时的台湾地区相比，当前大陆在消费金融领域面临的风险环境更为复杂。其一，金融科技的快速发展和广泛应用大大提升了社会生产力与金融服务效率，也降低了金融业务的技术门槛，打破了金融行业的垄断地位和地域限制，各种网贷平台及互联网金融机构如雨后春笋般涌现，纷纷投入金融领域，开展类金融业务，特别是风险较高的消费信贷业务。其二，大陆当前分业监管的体制很难应对这种跨地域、跨行业、跨领域、跨机构的市场局面，相关业务的监管主体责任不明，监管制度欠明确，监管机制不够完善。在消费信贷领域，新机构、新业务的不断涌现，大大提高了大陆金融监管的难度与成本，也给各种合法、非法的类金融机构浑水摸鱼以可乘之机，市场混乱程度比当年台湾地区有过之而无不及。

一、台湾地区“双卡风暴”的具体走势及后续影响

(一)“双卡风暴”的缘起分析

1989年台湾地区修订了银行有关规定，允许利率自由化并开放设立民营银行。1991年到1992年，台湾地区一下子批设了16家商业银行，相对于当时已有的20多家银行而言，市场竞争骤然激烈，引爆了银行之间的价格战，存款利率急剧飙升，利差从3%以上快速收窄至1.5%以下，整个银行业陷入全行业亏损状态。1999年7月，亚洲金融风暴使得这种状况更为恶化，台湾银行业的不良贷款率迅速上升，到2002年末接近12%。同时，加上台湾岛内产业向海外转移，企业融资需求下降，以及岛内企业筹资管道日益多元，企业金融获利日益萎缩，迫使银行将重心转移至消费金融领域。

为了争夺消费金融市场，台湾地区银行纷纷以各种手段推销信用卡与现金卡，争相以高额的授信额度鼓励客户透支消费。现金卡作为一种无担保消费性贷款卡，本来是作为短期急需资金之用，应该严格审核办卡资格。当时，台湾地区财政事务主管部门考虑到地下钱庄放款所衍生出来的种种社会问题，希望普通民众的小额资金需求（类似大陆所称“普惠金融”）可以由银行融资渠道满足，于是特别颁布了银行办理小额放款业务有关规定，鼓励银行办理小额信贷业务，便利民众融资。在这样的大背景下，台湾地区银行放宽了对现金卡的审核条件。因为现金卡使用方便，可随时通过自动提款机预借现金，因此，一些客户乐于用信用卡透支消费，再以现金卡借贷还款，导致消费信用循环扩张，背负的债务越来越重。

据台湾地区金融监管机构统计，2000年台湾信用卡与现金卡仅1 830万张。到2005年底，金融机构累计发放各类金融卡1.3亿张，其中信用卡4 000多万张，人均近两张卡；2004年5月至2005年10月，双卡合计放款余额由6 058亿元增加至8 062亿元新台币，增幅达33%；其中现金卡放款余额由1 810亿元剧增至3 133亿元新台币，增幅达73%。至2005年底，信用卡发卡机构达51家，现金卡达33家，双卡循环信用贷款规模接近3 500亿元新台币，双卡循环贷款利率高达20%！与此同时，由于当时台湾地区经济不景气，许多低收入家庭不得不依靠借新债还旧债，背负的家庭债务规模如滚雪球一般快速扩张，最终成为了“卡奴”。2005年底，台湾地区卡债泡沫破灭，很多持卡人无力还款，家庭陷入生活困境，被第三方机构暴力催收，并因此走上绝路。受此影响，台湾地区经济增速大幅下滑，金融环境急剧恶化，社会矛盾迅速激化。

(二)“双卡风暴”的后续影响

双卡风暴发生当年，台湾地区银行业总营收同比下降近20%，随后两年仍

陷于“双卡风暴”的阴影之中。受卡债拖累，2006年台湾地区信用卡收入排名第一的中国信托银行，全年新增呆账拨备高达367亿元新台币；排名第四的台新金控公司，全年累计提存的呆账拨备暴增至约300亿元新台币。

事后来看，台湾地区银行业、消费者和监管部门，对“双卡风暴”的爆发都是负有责任的。对于银行来说，过度追求眼前利益，放松审核标准，忽视社会责任和合规风险，最终导致巨大的经济损失，甚至酿成社会危机，是风暴的始作俑者，必须负主要责任。对于监管部门来说，眼见双卡业务陷入无序竞争而不及时出台制度规范，明知发卡行种种不当行为而不及时制止，看到双卡循环授信所带来的信用风险隐患而不采取任何有效控管措施，对风暴发生要负监管责任。而对广大消费者来说，不顾实际需要和偿付能力过度举债，最终成为“卡奴”，自食其果，是直接责任人。

“双卡风暴”发生后，台湾地区舆论一边倒地站在“卡奴”一方，使得银行业成了众矢之的，银行不仅面临经济损失，也面临巨大的社会压力。“双卡风暴”不仅导致银行盈利大幅下滑，而且导致很多家庭破产，“卡奴”绝命，犯罪率上升，政府公信力下降，信用风险问题衍生成影响社会稳定的问题。

（三）台湾地区监管部门的应对措施

为处理卡债纠纷，减轻“卡奴”负担，台湾地区金融监管机构公布了卡债协商机制，根据负债情况选择不同还款利率、还款期限和方式。与此同时，台湾地区还加快修订破产法，企图为无力还债的“卡奴”解困。台湾地区行政管理机构专门成立了“关怀卡债族扶助工作小组”，协助解决家庭困难的卡债债务人所面临的问题，避免引发更严重的社会问题与金融风暴。种种措施缓解了持卡人的压力和社会矛盾，但是也引发了严重的“道德风险”。由于台湾当局的介入，各部门提出了不同的解决方案，造成债务人观望气氛浓厚，原本正常还款的债务人也出现了犹豫和观望，将希望寄托在台湾当局身上，期待债务减免或取消，形成了一种“还钱是笨蛋”的价值观。

为了从根本上解决类似问题，台湾地区金融监管机构还采取了一系列措施对双卡市场进行规范。一是提高银行发卡审核要求。发卡机构需要确认申请人经济来源、还款能力及举债情形等，提出申请人无担保债务总余额不宜超过平均月收入的22倍的原则性规定，以及每半年复审一次的要求，从而限制个人信用的无限扩张。二是对发卡广告及宣传提出了明确要求。限制不当广告诱导，要求银行必须在广告推广及申请书中加注警示语，并禁止街头设摊行销等。三是实施信用卡不良率“三五八”政策。即当不良率达到3%～5%时，金管会将警示发卡机构并限期改善；达到5%～8%时，将要求予以纠正并限期改善；达到8%以上，将暂停发卡业务。一旦银行“双卡”逾放比率超过2.5%，监管机构便会勒令其停发新卡。四是要求债务催收时不得有暴力、恐吓等不当行为。

台湾的银行机构须每季定期评价委外催收公司，并对委外的不当催收行为负责。五是强调信息公开化。保证借贷双方的信息基本对称，维护金融消费者的信息知情权，倡导持卡人正确的用卡观念，适度消费，量力而行。

二、当前大陆市场环境与台湾当年的异同比较

太阳底下没有新鲜事。当前大陆地区在宏观、微观经济金融环境与台湾当年类似，但是市场复杂程度与监管难度远胜台湾当年。如果不吸取“双卡风暴”的经验教训、加强监管力度，而是像台湾当年一样放任自流，任其发展的话，类似于“双卡风暴”金融风险事件很可能也会在大陆爆发。

（一）当前大陆市场环境与台湾地区当年类同之处

1. 宏观经济环境相似。台湾地区当年所面对的经济局势正处于亚洲金融风暴之后，整体经济不景气，市场有效需求不足，加上台湾地区经济本身体量较小，自身消费能力有限，对外依存度较高，因此台湾岛内很多企业破产或者向大陆转移，企业融资需求不足迫使银行转向消费信贷。目前，大陆地区所面临的宏观经济形势与台湾当年相类似，美国次贷危机、欧洲债务危机虽已经过去数年，但是世界经济的复苏步伐缓慢，大陆经济由高速增长期转为中低速增长阶段，大陆经济工作重点装箱以“调结构、稳增长、保质量”为主，发展模式也由出口导向型转为投资、出口、内需并重。但是，经济转型不是一朝一夕的事，转型过程中企业面临“三去一降一补”（去产能、去库存、去杠杆、降能耗、补短板）压力，也会直接或间接传导至银行体系，银行业普遍面临企业融资需求不足、资金相对过剩的局面，急需拓展零售信贷和中间业务弥补盈利增速下滑的局面。

2. 微观金融环境类似。台湾地区当年经历了利率市场化及银行业大幅扩张时期，激烈的市场竞争压力导致利差空间被大幅压缩，银行急需开拓新的高利差业务，而零售金融业务恰好满足这一需求。因此，信用卡与现金卡业务被面临同样困境的众多银行所追捧，成为了银行的重要利润来源。而业务雷同很快使信用卡业务陷入了过度竞争状态，各家银行竞相放松发卡标准，以高额授信吸引客户，诱导消费者过度消费，忽视了对业务风险的把控。同样的，近年来大陆金融业也经历了利率市场化和机构大幅扩张期，各类城信社、农信社纷纷转制为城市商业银行和农村商业银行并在异地开设网点。银行业市场竞争程度空前激烈，企业信贷的利差空间被大幅压缩，金融脱实向虚现象严重，各类机构争相开展通道业务，将资金投向收益相对较高的房地产等领域。信用卡透支、现金分期、消费信贷等成了各类机构争抢的重点业务。一些类金融机构也嗅到了个人消费信贷的商机，纷纷借助互联网平台开展网络贷款和小额信贷业务，但由于标准不一、监管不足，导致市场乱象丛生。

（二）当前大陆市场环境与台湾地区当年不同之处

1. 金融机构的种类和数量远超当年台湾地区。近年来，随着金融业逐步开放及互联网金融的快速发展，当前在大陆地区除了银行业金融机构之外，还存在着众多的类金融机构，向个人和企业提供各种金融服务，如P2P理财平台、小额贷款公司、融资担保公司、融资租赁公司、典当行以及诸如人人贷、趣店、宜人贷、拍拍贷等众多开展现金贷业务的网贷平台。这些类金融机构一般打着金融创新或普惠金融的旗号，承做的却是多数正规商业银行不敢承做的各类高风险、高收益的零售信贷业务。名义繁多的费率，使之成为真正的“高利贷”。但是，由于这些机构类型与业务界限模糊不清，监管主体不明，也缺乏相应的制度规范，因此很多机构游走于灰色地带，处于监管真空的状态，甚至违法违规从事金融业务。

2. 新技术应用导致金融业态的复杂程度大幅提高。与台湾地区当年不同的是，随着互联网、大数据、云计算和移动支付等新技术与传统银行业务的结合，现代金融体系的复杂性与监管难度远超台湾当年。一方面，新技术给传统的金融行业带来了效率与机遇，大幅提高了金融服务的便捷性，降低了金融交易的成本，促进金融市场广度与深度的提升。另一方面，新技术也极大地降低了金融业的技术门槛，打破了金融业的地域隔阂和时空限制，金融机构或类金融机构可以为不同地区的消费者提供全天候的金融服务，从而导致现代金融风险具有传播性强、流动性快、虚拟性高、复杂程度大等特点，给金融监管带来了极大挑战。

3. 消费文化的变迁增加了零售信贷的信用风险。改革开放以来，大陆地区经济快速得到了发展，物质文化生活水平极大提高，消费观念也发生了根本变化。年轻一代不再满足于吃穿住行用等基本需求，信用消费文化逐渐普及。同时，受外来文化冲击，西方国家曾经流行过的物质主义消费倾向、炫耀性消费等思潮，在传统的东方国家找到了新的市场，社会价值观以物质财富为首要目标，消费领域的奢靡之风、攀比之风成了部分先富人群显示其社会地位的标识，也带动了很多原本就不富裕的中低收入人群追求这种畸形消费观念，不惜以借贷消费、奢侈消费等方式来摆脱中下层社会地位标签。消费文化的变迁，导致个人信贷总量快速上升，信用风险明显增加，其中提前消费、透支消费、炫耀性消费等非理性消费习惯被市场广泛接受，潜在风险日积月累。

三、当前大陆消费金融领域存在的突出问题

（一）个人及家庭杯杆率上升到相当高的水平

台湾地区“双卡风暴”，在很大程度上是因为循环授信、过度授信，导致个人及家庭杠杆率过高以致无法承受而造成的。当前大陆地区尽管对信用卡业务

有相对明确的制度规范，如银监会出台的《商业银行信用卡业务监督管理办法》，对开卡人有不良信用、多头贷款或多家授信等情况的，要从严审查。人民银行也多次发文对信用卡利率、免息还款期、最低还款额和预借现金业务等进行明确规范。

但是，对于如何管控多头授信、防止过度授信等问题，目前除了上海银监局制定并执行信用卡额度“刚性扣减”机制外，其余地区并无明确规定。上海银监局曾于2012年下发《关于商业银行信用卡业务风险提示的通知》，要求辖内商业银行开展信用卡授信业务时，需根据申请人资信状况、还款能力审慎核定其信用卡总授信额度，并在此基础上扣减其在他行已获累计信用卡授信总额，作为其在本行的信用卡额度。然而，作为一项地方性监管规制，其尚未在全国推开。银行担心控制授信额度会影响业绩指标完成，收紧授信政策将导致客户流向其他地区和银行，政策执行的内生动力不足，政策执行效果大打折扣。部分商业银行对客户的信用卡授信总额达到月收入的50倍，有的甚至超过100倍。

2014年6月上海发生了因银行信用卡过度授信，引发一家三口烧炭自杀事件，引起社会极大震动。到了2017年，上海仍有部分银行因为综合授信管理不审慎而被行政处罚。可想而知，在其他未严格对信用卡综合授信额度进行管控的地区，信用卡过度授信、客户非理性消费等问题可能更加严重。同时，对于众多参与消费金融的类金融机构来说，更是缺乏相关的风险控制操作规范，也缺乏核实消费者信用状况的能力和手段，因此以高利率来弥补消费贷款风险，这进一步增加了个人和家庭的杠杆率，提高了整个社会的金融风险水平。当前，大陆居民杠杆率快速增长，狭义居民杠杆率为48.6%，比2014年上升了12.2个百分点，要特别警惕居民债务膨胀形成重大风险隐患。

（二）个人信用体系建设明显滞后

在西方发达国家，个人信用记录的优劣是能否获得消费贷款和利率优惠的先决条件，堪称个人在社会上安身立命的“通行证”，社会信用体系成为了市场经济的基石。而大陆的个人信用制度建设还处于起步阶段，据相关数据显示，目前中国有6亿人没有征信记录。

个人信用体系的不健全，也是制约消费金融业务健康发展的重要原因。由于无法获得个人信用信息，商业银行对个人消费信贷发放相对审慎。而在互联网金融蓬勃兴起的大潮之下，许多类金融机构利用互联网技术便捷、广泛、易得和无门槛的特性，迅速占据了消费金融的主阵地，消费金融客户大量从正规渠道流失，转向了互联网金融、P2P网贷公司等类金融机构，则此类机构为了平衡风险与收益，利率高昂，加剧了居民个人的还款压力，进一步提高了个人的信用风险和杠杆率水平。

（三）类金融机构及相关产品难以监管

在传统的消费金融领域，如商业银行的信用卡、消费信贷、现金分期等业务，即使存在这样那样的问题，但总体上仍然处于人民银行与银监会的严格监管之下，属于可监测、受管理、能控制的范围内。但是，目前大多数依托互联网平台开展信贷业务的类金融机构尚未纳入正规金融监管体系内，导致各类机构鱼龙混杂、业务缺乏制度规范，存在过度借贷、重复授信、不当催收、畸高利率、侵犯个人隐私等突出问题，带来较大的风险隐患。由于该类机构的贷款对象，多数属于信用不健全的低收入、高风险人群，放款综合利率大都超过了36%的法定红线，相较于台湾地区当年的双卡循环贷款利率有过之而无不及。如果不及时引起重视，爆发类似于“双卡风暴”的信用风险事件，到时候不仅会危害金融体系，甚至可能危害社会稳定。因此，从2017年起，相关部委先后发文禁止“校园贷”，规范整顿“现金贷”，取缔非法经营机构，要求持牌机构合法经营，加强利率上限和透明度管理，明确息费最高上限，加强客户尽职调查、贷款用途审查和资金来源管理等。

（四）正规金融体系与类金融机构的交叉性风险

当前包括P2P等众多网络借贷公司，其主要资金来源渠道并非股东方的自有资金，而是来自银行、信托公司、消费金融公司在内的持牌机构。互联网金融或网络借贷公司打着“金融创新”“普惠金融”的幌子，通过对个人与银行“联合贷款”“助贷获客”、ABS等方式获取银行体系的低成本资金，转手发放利率比较高的贷款。从商业银行角度来说，由于市场资金相对充裕，有效融资需求不足，迫切需要给资金找到出路，完成各种业绩考核指标。同时，由于与该类机构的合作一般参照金融同业业务进行管控，相对于一般贷款业务来说管理尺度相对宽松，从而导致大量银行资金流入高风险领域。一旦爆发类似于“双卡风暴”的信用风险事件，最终受害者还是银行和整个社会。

四、关于当前消费金融领域乱想治理的监管建议

（一）加强监管协调，尽快建立全覆盖的金融监管体系

近年来，针对消费金融领域出现的乱象，各监管部门陆续采取了一些措施，包括上海银监局推动的信用卡额度“刚性扣减”机制，加强对互联网金融、P2P网贷平台的专项整治，明确取缔“校园贷”，规范“现金贷”等行动，取得了一定的效果。但是，由于当前分业经营和分业监管的体系尚没有根本改变，针对某类机构、某种业务或产品监管力度的加强，往往导致风险转移到其他监管薄弱的领域，进而导致整个金融体系风险的复杂程度进一步提升。

另外，类金融机构作为正规融资渠道的补充，虽然可以帮助那些无法从正规渠道获取信贷资金的个人解决燃眉之急，一定程度上弥补正规金融体系的不

足，因而也有其存在的价值，但加强对该类机构和业务的监管是非常必要的。如果任其野蛮生长，在利益的驱使下，任何善意的政策初衷都有可能被曲解或滥用，引发系统性金融风险。

建议在加强金融监管的同时，打破当前按照机构类别进行分类监管的体制约束，加强监管协调，按照穿透性原则，根据业务性质确定监管主体，将所有金融业务活动都纳入金融监管视野之内。对于业务类别明确的，可参照现有的机构主体和业务种类确定监管主体；对于交叉性金融业务，建议由金融稳定发展委统筹协调。员会只有建立全覆盖的金融监管体系，才能堵住监管漏洞，完善监管薄弱环节的体制机制，切实维护公平竞争的市场环境，防范金融风险。

（二）加快社会信用体系建设，构建消费信贷的基石

信用体系是现代市场经济的基础，是解决交易双方"信息不对称"的关键环节，事关大陆经济体制改革发展成败的关键。台湾地区征信体系起步较早，但是一直缺乏统一的个人征信系统以及针对个人信用的评价体系。经历了"双卡风暴"之后，"金融机构缺乏客观一致的风险评估工具"成为重点检讨对象。为此，在台湾地区金融监管部门的要求下，2006 年台湾地区个人信用评分系统应运而生，目前已经形成了公私征信机构并存、企业信用与个人信用并重的社会信用体系，为金融业健康发展打下了良好基础。近年来，大陆地区社会信用体系建设取得了一定进展，《征信业管理条例》《征信机构管理办法》《征信机构信息安全规范》等一系列法规制度先后颁布实施，金融信用信息基础数据库以及全国信用信息共享平台的建设得以加强，统一社会信用代码制度、失信联合惩戒机制等正在积极推进中。建议借鉴台湾经验，加快个人征信系统建设，完善个人信用评估体系，建立多层次的社会信用评价和查询体系，强化对失信人的惩戒机制。

（三）加强信贷消费文化引导，推动金融消费者保护

金融消费者不仅是金融市场的重要参与者，也是金融业持续健康发展的推动者。加强消费者教育，与消费者权益保护同等重要，这对防范和化解金融风险、提升金融消费者信心、维护金融安全与稳定、促进社会和谐具有积极意义。一方面，监管机构及金融机构要大力推动金融消费者教育，倡导健康的信用消费文化，培育理性消费观念，防止过度举债、盲目消费行为。另一方面，要从体制机制上加强消费者保护，提高市场信息透明度，明确金融机构的最低行为准则和责任，规范金融机构销售行为，解决金融机构和消费者之间市场地位不对称的问题。

建议借鉴台湾地区当年处理"双卡风暴"的有效措施，如对个人信贷按照收入的倍数设定合理上限，防止杠杆率过大、过快增长。对于个别低收入家庭爆发的债务危机，可借鉴当年的债务协商机制妥善处理，明令禁止暴力催收，

避免发生影响社会稳定的极端案件。同时，还要加强社会舆论的正面引导，防止部分不良媒体对一些个案夸大其词、推波助澜，将个别风险事件渲染成社会问题甚至是政治问题，激化社会矛盾，甚至破坏社会稳定。

（四）关注家庭杠杆率过快增长，防范由此引发社会风险

根据宏观经济均衡理论，政府、企业、家庭和国外四部门的社会总需求 = 消费 + 投资 + 政府支出 + 净出口。当前环境下，投资回报率下降使得民间投资大幅萎缩，加上政府支出的边际收益率下降以及净出口持续下降，经济增长的动力正处于转轨换挡时期，因而鼓励个人及家庭消费成了刺激经济增长的重要动力源。近年来，国家已经意识到杠杆率过高所带来的问题，明确指出当前经济工作的重点之一就是去杠杆，降低政府和企业的杠杆率，避免大规模地方政府债务违约和银行坏账所引发的系统性风险。而对于居民储蓄率不断下降、杠杆率持续上升的问题，目前还未引起相关部门的足够重视。

中国社科院国家金融与发展实验室国家资产负债表研究中心 2017 年 11 月发布的《三季度中国去杠杆进展报告》指出，1996 年中国居民杠杆率只有 3%，2008 年也仅为 18%，但随后出现迅速增长态势，至 2017 年第三季度，居民杠杆率已经高达 48.6%。在政府和企业去杠杆的同时，居民加杠杆的风险同样很大，这不仅意味着居民债务负担增加，而且会因超前消费、透支消费带来巨大的风险隐患。美国的次贷危机就是因为给中低收入群体买房提供贷款、导致其杠杆率过高引起的。中国 2016 年 5 月股市剧烈动荡也是由于场内融资与场外配资、导致股市杠杆率过高引发的。如果不引起足够重视，家庭住户的杠杆率过高完全有可能引发类似于台湾“双卡风暴”或与次贷危机相类似的金融风险事件。人民日报海外版刊文称，中国家庭债务率已接近美国水平，要高度警惕。对此，监管部门以及其他经济管理部门，应该对相关家庭住户杠杆率指标加以监测和分析，不应低估中国家庭的债务问题，对可能出现的风险隐患提早预警和有效应对。

课题组组长：丛阳

成员：王玮、张海鹏

政策性银行商业化转型国际经验比较借鉴

摘要： 根据三家政策性银行改革方案，国家开发银行明确定位为开发性金融机构，而中国进出口银行、中国农业发展银行进一步明确了政策性银行的定位。目前，三家银行正在探索各自的改革发展路径。本文通过研究国外政策性银行商业化转型的历史经验，为国内开发性金融、政策性银行转型提供比较借鉴。

一、国外主要政策性银行商业化改革经验

（一）德国复兴信贷银行——金融控股集团模式

1948年11月成立的德国复兴信贷银行（KFW），最初被定位于对“联邦政府特殊政治或经济利益的项目”进行投资，主要集中在公路、铁路等交通和城市基础设施，后来转向提供出口信贷和对中小企业进行融资。KFW无分支机构，它为促进德国经济发展所提供的信贷、规划和方案是通过“批发”方式由商业银行进行“批发”与“零售”。KFW商业化改革具体做法是：将其已与商业银行产生竞争的出口信贷和项目融资业务等独立出来，纳入新建的全资子公司复兴信贷伊佩克斯银行（KFW - IPEX Bank）。复兴信贷伊佩克斯银行在2004年初至2007年底前作为“行中行”进行独立前的试运行，从2008年初起正式作为标准的商业银行运作，不再享受国家优惠待遇。

现在的德国复兴信贷银行是金融集团控股公司，由KFW促进银行、KFW中小企业银行、复兴信贷伊佩克斯银行、KFW开发银行、德国投资与开发有限公司组成。集团化管理的意义在于：一是在集团内部有效解决政策性业务与商业性业务的分业经营问题；二是集团可以用商业性业务盈利弥补政策性业务亏损，在业务运作上不依赖财政补贴等方式，更多是通过市场化方式运作，提高执行国家发展战略意图和政策的能力，德国复兴信贷银行的出口信贷和国际项目融资等商业性业务盈利较好，作为其一个重要业务构成来支撑政策性业务；三是可以有效解决监管问题，为金融监管当局对集团内部的政策性业务和商业性业务分别按不同标准进行监管提供了可能，德国复兴信贷银行受《德国复兴信贷银行法》的制约，对出口信贷和项目融资等商业性业务严格按照银行法监管。

（二）法国德夏银行——全能商业银行模式

法国德夏银行（Dexia CLF）成立于1996年，前身是地方政府投融资局

(CAECL)，并由 CAECL 过渡为法国地方信贷银行（CLF），最终转型为全功能银行。CAECL 是一家成立于 1966 年的国有机构，从事政策性业务，如向法国次主权部门提供贷款，为地方政府发债提供担保等。1981 年颁布的《分权法》使法国开始了中央政府与地方政府分权的过程。2003 年，法国地方政府获得了金融自主权，这为 CAECL 发展成为为地方政府、地方企业和公共事业项目提供项目融资为主的业务模式创造了良好的环境。伴随着金融监管局对欧洲资本市场监管的进一步放松，法国国内资本市场逐渐活跃壮大。而欧元的出现以及欧洲经济一体化的进程，为德夏银行扩大融资渠道实现转型创造了有利条件。

法国德夏银行商业化改革的具体措施是：一是提供一站式服务。在转型之前，CAECL 长期拥有 40% ~50% 的法国公用事业融资市场份额，银行本身为公共部门提供金融服务的经验充沛。在转型过程中，德夏银行的业务功能定位是为地方政府和地方企业提供项目融资和公用事业融资的一站式服务。二是政府主权逐步退出，保持信用的连续性。1987 年，CAECL 的资产负债表转入新成立的 CLF，这是 CAECL 由政策性金融机构向商业性金融机构转型的开始。CLF 的大部分股权由中央政府所有，在其后十年间政府的缓慢撤资减缓了其在商业化转型过程中资信受到的冲击，降低了转型过程中的融资成本。三是拓宽融资渠道。转型过程中，德夏银行的筹资模式由之前的对政府信用支持依赖较大转变为以发行资产抵押债券为主的批发性筹资模式。德夏银行作为向商业性金融机构转型的银行，还有一些零售型筹资，如企业和个人存款等。现在德夏银行已发展成为一家可以提供各种金融服务的全能银行。

（三）日本政策性银行——全面民营化模式

第二次世界大战后，日本陆续在几乎每一个需要扶助和支持的产业领域，都对应设立了政策金融机构，为日本经济的迅速恢复、高速增长及此后的低速稳定增长发挥了重大作用。1997 年亚洲金融危机爆发之后，政策性银行在稳定日本金融体系、恢复日本经济的过程中发挥了极其重要的作用，政策性银行贷款余额与 GDP 的比例达到 20% 左右。1999 年，日本对政策金融机构进行整合重组，形成了“二行七库”局面。

2001 年，日本开始推行政策性银行的改革。2005 年 11 月，小泉内阁提出了日本政策性银行改革的三个基本方针：第一，限定政策性银行职能，只行使三项职能——支持中小企业发展和个人业务的开展；确保国家海外资源的供应；在国际项目中进行日元贷款。第二，坚持“高效率小政府”“民间能做的事情就交给民间”，政策性金融机构“由官转民”，实现政策金融规模减半目标。到 2008 年，实现政策性银行贷款余额与 GDP 的比率从 18% 下降到 10% 左右，与国际平均水平同步。财政部不再向政策性银行补充资本金，也不会冲销亏损。第三，努力实现政策金融机构的高效率经营。通过部分担保、证券化、间接融资等手段补充完善民间金融机构，杜绝政府官员退职退休后到政策性金融机构任职的现象，对于合并后新设立的政策性金融机构进行组织简化，提高运营效率。改革后 8 家政策性金融机构中 5 家合并，2 家民营化，1 家移交地方管理。

二、对国内开发性金融、政策性银行转型的启示

（一）转型中要强化职能定位，坚持与商业银行的错位经营，避免开发性金融、政策性银行利用国家优惠政策与商业银行进行不公平竞争

国外政策性银行转型的经验表明即使进入金融资源供给较为充沛的阶段，公共服务仍需要市场以外的手段来调整分配资源。但日本的经验告诉我们，政策性金融机构若过于庞杂，会导致金融市场上资源配置的扭曲。截至 2015 年末，三家政策性银行贷款余额总量为 146 731 亿元，占当年我国 GDP 总量的比重为 21.80%。这个比例远高于 10% 的国际平均水平。因此改革方案公布 1 年以来，各行的探索实践都紧紧围绕服务国家战略的特色予以突破创新。国家开发银行立足开发性金融机构特点，发挥开发性工具、规划先行融资融智、银政合作、大额批发中长期投融资等优势，走差异化竞争发展之路，住宅、扶贫两大金融事业部先后成立，专项开展棚改等保障性安居房工程业务以及精准扶贫搬的金融服务。进出口银行紧紧围绕“一带一路”建设，支持进出口贸易和企业“走出去”。截至 2015 年末，在“一带一路”沿线国家贷款余额超过 5 200 亿元人民币，并不断推进人民币跨境结算和融资业务。目前，该行在“一带一路”沿线贷款中，人民币贷款余额占比为 37%。农发行则在全力支持粮棉油收储的同时，创新支持新型城镇化，开办水利专项过桥贷款、易地扶贫搬迁贷款等新业务，设立中国农发重点建设基金并开展大规模资本金投资，形成多元化支农模式。这样的结构优化，既可以避免政策性银行利用国家优惠政策与商业银行进行不公平竞争，同时也能使政策性银行通过较长时间建立起来并已具备了一定竞争优势的市场业务得以保留，使得资产规模保持合理增长。

（二）转型中可以通过增信、集团管理模式等多种手段，实现政府信用支持

国外政策性银行改革的经验表明，即使全面实现商业化改革，政策性银行对政府的依赖程度仍较大。目前，国开行及两家政策性银行国际评价维持在主权信用级，为其筹资提供便利。而三家银行自身也在不断加强综合性、协同性功能建设，积极开辟新的资金筹集渠道，建立完善资产管理平台，将保本微利转化为综合经营战略优势。如国开行已率先成立了上海业务总部，拟加强与多层次金融市场体系对接，寻求跨境资本补充工具使用的可能性；同时围绕产业、国际等领域搭建新的开发性金融孵化模式，构筑综合金融协同共享发展机制；农发行自 2009 年在沪成立票据营业部，通过票据转贴现业务获得了多元化业务发展的展业经验和可观收益。

（三）转型中要加强差异化监管

目前银监会层面正在牵头制订开发银行、进出口银行和农业发展银行监管办法，从顶层设计与开发性业务和政策性业务相匹配的监管指标体系。根据国务院对三家行的改革方案批复文件可以看出，下一步三家行改革将按照“一行一策”的改革原则，如国家开发银行“不断完善组织架构和治理结构，明确资金来源支持政策，合理补充资本金，强化资本约束机制”；中国进出口银行“提升资本实力，建立资本充足率约束机制，强化内部管控和外部监管，建立规范的治理结构和决策机制”；中国农业发展银行“通过对政策性业务和自营性业务实施分账管理、分类核算，明确责任和风险补偿机制，确立以资本充足率为核心的约束机制，建立规范的治理结构和决策机制”。因此，在三家银行的监管指标设计时，应该充分考虑各自业务结构特点，性质相同、运行机制相近的监管指标可以通用，业务分类、客户结构等差别比较大的监管指标应分别设计和反映。对国家开发银行，除个别指标外，主要监管要求和指标与商业银行一致，对进出口银行和农业发展银行也要建立审慎的风险指标和监管要求。在对政策性银行的日常监管应该更多地运用比例分析、结构分析、趋势分析、同质同类分析等多种分析方法，加强识别、度量、分析、判断三家行的经营情况和风险状况，及时进行风险提示。

作者：石磊明

FSB发布《应对资产管理业务结构脆弱性的政策建议》

摘要：2017年1月，FSB（金融稳定理事会）发布《应对资产管理业务结构脆弱性的政策建议》（*Policy Recommendations to Address Structural Vulnerabilities from Asset Management Activities*，以下简称《报告》）。《报告》指出资产管理业务存在结构脆弱性、可能影响金融稳定的四类主要业务活动类型并针对每类业务活动类型，分析潜在风险、防范措施、监管关注重点，提出14条具体政策建议。

一、开放式基金的流动性错配

（一）五项潜在风险

一是基金投资者可能高估在压力市场下基金资产的流动性并低估退出成本；二是长期实施货币宽松政策影响资产的正常估值，投资者为了追逐收益可能低估信用和流动性风险；三是尽管历史上，非货币类开放式基金并未影响全球金融稳定，但近年来，基金大量增持固定收益等交易不活跃的资产；四是当基金的赎回成本并不完全由发起赎回的投资者承担时，先进行赎回操作的基金投资者占有先发优势（first - mover advantage），可能引发对基金的挤兑；五是在特定领域（如美国的公司债市场），传统经纪商自营持有高风险固定收益资产的能力下降，基金作为金融中介的作用越加凸显。

（二）现有风险防范措施

一是事前措施。如基金的日常流动性管理（设置流动性比例并监测）、压力测试、投资组合和分散化要求、波动性定价（swing pricing）等。事前的流动性管理能够在前瞻基金投资资产流动性状况的同时兼顾考虑投资者行为。

二是事后措施。如设置赎回门槛、限制赎回比例或暂停赎回、设置侧袋账户（side pockets）、外部流动性支持等。事后措施具有溢出效应，可能加剧投资者对流动性状况的担忧，引发对其他基金的挤兑。此外，借助外部流动性支持增加了基金的杠杆，在持续赎回时加剧流动性风险。

（三）需要监管关注的剩余风险

现有风险防范措施的出发点主要基于保护投资者的角度，并未充分考虑系统性金融稳定的要求。需要监管关注的剩余风险包括以下三方面：一是基金向监管当局提供的信息不足以评估其对金融稳定的影响，公开信息披露缺乏基金资产流动性的透明度，相关监管当局和投资者难以评估流动性错配和基金资产的流动性风险。二是不同主体在事前和事后的风险防范措施存在差异。如：类似银行和保险公司，一些资产管理公司在设定流动性管理措施时无法有效纳入压力市场时其他参与者的可能行动；在采取针对赎回先发优势的措施时，很难区分投资者的赎回动机。三是在压力市场条件下酌情实施的流动性管理工具可能无法有效化解金融稳定风险。

（四）针对剩余风险的政策建议

建议1：监管当局应基于开放式基金对金融稳定的潜在影响，加强对其流动性状况的信息采集。应评估现有报告要求，确保其有效性、报告的信息具有合适的细致度和频度。

建议2：监管当局应评估现有开放式基金对投资者的信息披露要求，在考虑基金流动性风险对金融稳定影响的基础上决定是否增加额外的披露要求。监管当局可提高现有基金的信息披露要求以确保其质量和频度。

建议3：为减少开放式基金的期限错配问题，监管当局应考虑到正常和压力市场下资产的流动性和投资者行为，在基金的设立和运作期对基金资产和投资策略与赎回的条款的一致性提出监管要求或指引。

建议4：监管当局可适时增加开放式基金流动性风险管理工具的可用性，降低使用门槛，以增加压力市场下满足赎回要求的可能性。

建议5：在存在赎回先发优势的情况下，监管当局应允许开放式基金使用相应的流动性风险管理工具，如波动性定价、赎回费以及其他反稀释化（anti - dilution）的措施。

建议6：监管当局应就单个开放式基金的压力测试提出监管要求或提供监管指引，以强化流动性风险管理，缓释金融稳定风险。这些要求或指引应明确压力测试的必要性和具体操作方法。

建议7：监管当局应（通过监管要求或指引）推动使用特殊开放式基金流动性管理工具决策机制的透明度，这一决策机制应当向投资者和相关监管部门公开。

建议8：尽管资产管理公司应对管理的开放式基金采取特殊流动性风险管理工具承担主要职责，但监管当局应提供在压力市场下使用此类工具的监管指引。在权限范围内，监管当局在为极端情况下使用流动性风险管理工具提供方向性意见时，应从金融稳定角度兼顾考虑此类措施可能引致的成本和带来的收益。

建议9：在合适的情况下，监管当局可考虑实施全系统的压力测试，以更全面的评估基金和其他投资者集中抛售资产对金融市场稳健性的影响。

二、投资基金中的杠杆运用

（一）潜在风险

在资产管理业务领域，对冲基金的杠杆运作最为显著，可能引发系统性风险，如 1998 年的长期资本管理公司（LTCM）的运作失败。投资基金的杠杆运用对全球金融系统的潜在风险传导通过以下渠道：一是交易对手渠道，即投资基金运作失败对其交易对手产生不良影响并蔓延至整个金融体系；二是关联性渠道，即投资基金的表现可能给关联方带来声誉风险，关联方可能被迫提供资金支持，例如 2007 年贝尔斯登两只投资基金倒闭成为危机导火索；三是资产销售渠道，即为保持流动性或者在去杠杆过程中，投资基金火速抛售资产引发市场价格下跌。此外，投资基金倾向在商业周期衰退阶段降杠杆、在繁荣阶段加杠杆，具有顺周期性。

（二）现有风险防范措施

一是对表内杠杆的限额控制和报告要求；二是在衍生业务中的集中清算要求以及非集中清算交易的抵押品要求；三是巴塞尔协议三强化银行参与衍生交易和投向基金的资本管理要求。

（三）需要监管关注的剩余风险

一是缺乏一致性的、可获得的杠杆数据。一方面，杠杆的衡量并无统一标准；另一方面，监管当局汇总和分析杠杆的能力和手段有待提高；二是不同国家对表内杠杆和合成杠杆的限额控制存在巨大差异。

（四）针对剩余风险的政策建议

建议 10：国际证监会组织（IOSCO）应确定或制定基金杠杆的一致衡量标准，以有助于对杠杆的监测和全球范围内不同基金间的比较。IOSCO 应出于提高监管当局识别和监测基金杠杆潜在风险的角度，考虑确定或制定更基于风险的测量方法以补充现有手段。在上述决策过程中，IOSCO 均应考虑合适的净额结算和风险对冲假设。

建议 11：监管当局应采集基金杠杆运作的相关数据，监测未受杠杆限额控制或可能发生引发系统性风险的基金的杠杆运作情况，适时采取监管措施。

建议 12：IOSCO 应根据其确定的一致可比的杠杆计算方法，采集成员国/地区的汇总杠杆数据。

三、市场受压时期委托投资/客户账户转移引发的操作风险

委托投资（investment mandates）和客户账户转移引发操作风险主要通过以下三种途径：衍生交易合约的终止、更换辅助服务（包括 IT、托管、估值等）以及转移过程中可能面临的法律和监管问题。对此，FSB 提出：

建议 13：监管当局应要求或引导资产管理公司建立稳健的、全覆盖的风险管理框架和实践，尤其是针对业务可持续计划和过渡期安排，以在市场受压时有序转移委托投资和客户账户。上述风险管理框架和实践应与资产管理公司对系统风险的潜在影响相匹配。

四、资产管理行业中的证券借贷业务

证券借贷是金融市场做市交易、投资和风险管理策略的核心，也有助于价格发现和二级市场的流动性。通常，基金在证券借贷中作为证券贷出方，实际操作通过代理人（agent lender）根据资产管理公司的指令进行。证券借贷活动对金融稳定的潜在影响有：现金抵押再投资引发的期限和流动性转换以及杠杆问题、顺周期性引发的压力市场下抵押物抛售等。

少数大型资产管理公司承担代理人职责，并向其发行的基金提供类似保险的承诺，以补偿因证券借贷交易对手违约（未归还证券或押品价值不足）造成的损失。若上述资产管理公司偿付能力不足，将引发整体市场波动。对此，FSB提出：

建议 14：监管当局应持续监控资产管理公司/代理人因证券借贷向客户提供的损失补偿。当监测到重大风险或监管套利可能对金融稳定产生不利影响时，监管当局应进行核查并确认资产管理公司有足够的能力对因向客户补偿引致的潜在信用损失进行风险抵补。

编译者：刘敬莹

关于各国贷款型基金及我国相关情况的对比分析

摘要： 2017 年 2 月，国际证监会组织（IOSCO）发布《关于贷款型基金调研结果的报告》，分析了其在不同国家和地区的发展情况、监管要求。IOSCO 认为，虽然当前贷款型基金在全球基金业中占比较低，但已日渐成为传统渠道之外向实体经济提供融资的利基产品，对我国银行理财产品投向非标准化债权资产的监管和风险应对具有借鉴意义。

一、调研背景和范围

2008 年全球金融危机后，国际上开始关注影子银行的潜在风险，以建立有效和可持续的市场化融资（market - based finance）体系。尽管贷款型基金目前规模尚小，但在部分国家和地区的作用日渐突出，如 2015 年，欧盟发布长期投资基金监管规则（ELTIF - Regulation），允许在特定情况下投资基金可以发起贷款。在此背景下，2015 年 12 月，IOSCO 向其投资管理委员会成员发起问卷调查，调研贷款型基金相关情况。此次调研的贷款型基金属于投资基金范畴，不涉及证券化业务。贷款型基金可以分为两类，一是贷款发起型基金（Loan Originating Fund），指其投资策略允许基金资产用于发放贷款或者对贷款进行重组；二是贷款参与型基金（Loan Participating Fund），指其投资策略允许基金通过从银行等贷款发起机构或二级市场获取、重组存量贷款（整体或部分）。同时，其投资策略禁止基金资产用于发放贷款。

共有 24 个国家和地区参与调研。其中，有 14 个国家允许贷款发起型基金，17 个国家允许贷款参与型基金。美国、英国、德国、中国香港同时允许贷款发起型基金和贷款参与型基金，中国境内则均不允许。鉴于我国的证监会是 IOSCO 投资管理委员会的成员单位，可以认为证监会监管的证券期货经营机构资产管理业务禁止从事发放、受让或重组贷款等业务。

二、主要调研结论

（一）禁止贷款发起型基金的原因

不同的国家和地区禁止贷款发起型基金的原因各异。例如，发放贷款并不在基金可投资资产的白名单内（巴西、日本等）。加拿大禁止贷款发起型基金的原因是基金的运作主要是管理资产组合，而贷款的管理等已超出此范围。同时，加拿大允许贷款参与型基金，但要求基金对贷款的投资是被动管理的，即不能介入贷款的日常管理。

（二）市场概况

总体上，当前贷款型基金在全球基金行业中占比较低，在主要国家的市场份额占比在1%左右。贷款型基金的主要市场在美国。截至2016年10月末，美国贷款参与型基金的规模约2180亿美元（截至2015年末，美国投资基金规模为18.1万亿美元，贷款参与型基金的占比约为1.2%）。除美国外，贷款型基金的重要市场包括卢森堡（规模为373亿欧元，约占其国内基金市场份额的1%）和英国（规模为207亿英镑，约占其国内基金市场份额的0.4%）。

在美国，2008年全球金融危机爆发至2014年中期，投资者对贷款型基金的需求不断增长，根据FSOC（金融稳定监督委员会）2016年年报，贷款型基金在低信用等级贷款一级市场的份额占比约20%。但这可能主要是受低利率市场环境影响，仅是周期现象。在其他国家和地区，贷款发起型基金被视为传统银行贷款的替代，是不断增长的市场化融资的组成部分。

（三）监管规则

一是基金结构。针对贷款发起型基金，大部分国家允许基金运作采用开放式或封闭式，仅有4个国家禁止开放式运作；针对贷款参与型基金，均允许采用任一种运作方式。因此，主流国际市场并不限制贷款型基金必须为封闭式运作。

二是投资者适当性。针对贷款发起型基金，有9个国家和地区限制仅专业或合格投资者方可参与，仅有5个国家允许零售投资者参与；针对贷款参与型基金，仅有4个国家限制投资者为专业或合格投资者。

三是其他监管要求。在投资管理领域，仅有6个国家就贷款发起型基金制订了专门的监管规则。其他国家和地区对基金发放贷款和其他投资等同处理，遵守相同的监管规则。比利时要求70%以上的基金资产投向中小企业，基金的负债不超过净值（NAV）的10%。贷款只能投放给成长型或非上市企业，且对单个企业贷款的占比不超过20%。同时对零售投资者有专门的信息披露要求。意大利要求基金的负债不超过净值的30%，对单个企业的贷款不超过净值的10%，且贷款不得向消费者发放。德国基于银行体系的风控要求制定了基金的风险管理规则；基金的负债不超过资本金的30%；贷款不得向消费者发放；贷款组合有一定分散化要求。爱尔兰在制定基金的监管框架时也参考了银行体系，还要求基金的总资产不超过净值的2倍且贷款不能发放给自然人、资产管理人、其他基金和金融机构。西班牙限制仅有对冲基金才能发放贷款，可设置覆盖贷款期限的锁定期。基金不允许负债，但可通过衍生交易加杠杆。贷款不得向自然人发放。法国的基金资产管理人需经事前准入，须证明具有相应的能力和资质。基金负债不可用于发放贷款，且不能超过净值的30%。基金的期限不得超过贷款的期限。

（四）风险和应对

贷款型基金的风险主要集中在流动性风险、信用风险、杠杆运作、监管套利和投资者保护等方面。此外，贷款的估值、作为贷款中介的资产管理人与基金投资者之间的潜在利益冲突等问题有待未来进一步研究。当前，大多数国家和地区认为针对贷款型基金的特殊性，现有监管规则是适用的，IOSCO亦认为现阶段不需要有进一步的动作。

三、我国银行理财产品参与贷款业务的路径与监管沿革

（一）参与路径

目前，我国对贷款人的资格限定主要是中国人民银行1996年颁布的《贷款通则》，距今已二十年。在《放贷人条例》未正式实施之前，我国可从事贷款业务的主要是银行、部分非银金融机构、小额贷款公司等。各类SPV（特殊目的载体）则主要通过信托贷款等方式参与。银行理财产品不能直接发放贷款，但可通过投资非标准化债权资产参与贷款转让等业务，因而更类似于国际市场上的贷款参与型基金。

（二）监管沿革

2008年全球金融危机爆发以后，我国处于宽松货币政策和积极信贷措施促进经济复苏的宏观背景之下，全社会信贷规模迅速扩张。银行理财业务进入快速发展阶段，中资银行开始大规模将理财资金投向信贷资产和信托贷款，其中存在监管套利，主要是通过对接表外理财，信贷资产直接出表，在理财产品无法实现真正有效隔离的情况下，逃避原有拨备、监管资本等监管规则。

2009年至2012年，银监会逐渐从交易结构和规模两个维度加以规范。从交易结构上，一是禁止理财资金直接购买信贷资产，二是明确银信理财不得投向理财产品发行银行自身的信贷资产，三是禁止商业银行面向大众化客户发行标准化的理财产品募集资金发放委托贷款，四是禁止银信理财投资票据资产；从规模上，一是对信托公司融资类银信理财合作业务实行余额比例管理，二是将绝大多数形式的各类受（收）益权纳入融资类范畴，三是实施银信理财合作业务转表，要求计提拨备和监管资本，四是对信托公司实施净资本管理，明确融资类业务净资本计算标准。

四、国内外比较和思考

（一）起源和本质

我国银行理财产品源于商业银行体系，是目前我国最重要的资管类产品，自然与信贷业务有着密不可分的联系。国际市场上的投资基金更注重市场化投资，贷款型基金兴起的主要背景是全球金融危机后银行监管趋严压缩信贷，因而在整个投资基金领域占比极小。

（二）信用风险

银行理财产品投资非标资产的信用风险控制主要分三个层次，一是比照自营贷款管理，二是总量比例控制，三是未来监管可能对单个主体的贷款规模实施比例控制。这与 ISOCO 调研各国的监管要求基本一致。

（三）嵌套投资

在本文第三部分已经分析了理财资金嵌套投资非标资产产生的根源和演变。未来，在监管协作和去通道的大背景下，超过一层的 SPV 投资可能被禁。

作者：梁杰

从美国 P2P 监管经验对我国网贷行业行为监管的监管启示

摘要：本文以研究分析美国 P2P 网贷行业的监管模式及方法，提出其对于我国监管 P2P 网贷行业的启发与借鉴。通过分析美国 P2P 网贷机构的监管理论、行为监管模式引出其对我国在制定监管政策及行为监管的启示，得出了我国 P2P 网贷行业监管应主体监管和行为监管相结合、完善现行金融法律、完善信息披露、平衡监管与创新。

2016 年以来，我国加大对 P2P 网贷行业在内的互联网金融风险清理整治工作，国家层面成立了专门的互联网金融风险清理整治领导小组，其中 P2P 网贷行业的风险清理整治由银监会牵头负责，各省市则由地方政府和银监局双牵头开展清理整治的具体工作。此外，《网络借贷信息中介机构业务活动管理暂行办法》明确，银行业监督管理机构及其派出机构负责制定统一的规范发展政策措施和监督管理制度，负责网络借贷信息中介机构的日常行为监管，各地方金融监管部门负责具体负责本辖区网络借贷信息中介机构的机构监管，包括备案管理和风险防范处置工作。本文拟通过比较分析美国 P2P 网贷业务的行业现状以及监管模式，得出我国加强对 P2P 网贷行业日常行为监管，以及做好消费者保护的监管启示。

一、P2P 的定义

P2P 借贷是一种通过互无关联的个人向彼此借贷的机制，在“同伴”之间的借贷活动，没有包括银行以及其他的金融中介机构的参与，这种借贷交易发生于 P2P 公司运行的网络上。美国联邦存款保险公司（FDIC）把 P2P 定义为“在个体之间开展经营及法律结构的私人借贷交易的网站平台”。

二、美国 P2P 两大运营模式

美国 P2P 借贷服务始于 2006 年 2 月 Prosper 的成立，目前主要有两家借贷款平台：Prosper 和 Lending Club。Lending Club 的贷款量已占据美国 P2P 借贷服务市场的 80%。Lending Club 平台于 2007 年 5 月低调登陆 Facebook，至今经历了三种不同的业务模式：本票模式、银行模式和证券模式。每次业务模式的转变都是与政府监管分不开的，而且每次业务模式的转变都给 Lending Club 带来了新的机遇。

2016 年 5 月 9 日，Lending Club 联合创始人兼首席执行官宣布辞职。辞职原因是公司在最近的内部评估中发现有 2 200 万美元贷款违规出售给客户投行 Jefferies。此次事件揭露了 LC 的内部控制存在如下问题：未能防止“将不符合投资人要求的贷款售卖给投资人”事件的发生；未能防止“贷款申请日期被改动”事件的发生；未能防止“CEO 向风险委员会推荐投资自身已投资的基金（该基金的资金流向包括本平台）”事件的发生；基金风险委员会的投资未被全体董事了解。

三、美国 P2P 监管理论

（一）监管主体

美国实行联邦地方共治的双元多头分散监管体制，也就是功能监管体制。美国证券交易委员会（以下简称 SEC）和州证券监管者作为证券功能型监管者，围绕投资者保护的发行注册、信息披露和投资者资格审核，对 P2P 实施监管。同时，CFPB（美国消费者金融保护局）对平台借款人的权益进行保护性监管，避免不公正待遇。

（二）监管目标

SEC、CFPB（美国消费者金融保护局）及州证券监管机构对于 P2P 的监管以消费者保护为主要目标。经历了 2008 年的次贷危机后，2010 年 7 月，美国国会通过了《多德—弗兰克华尔街改革和消费者保护法》，是对金融危机的深刻反思的基础上的一项综合性金融监管改革方案，显示出了消费者保护在美国金融监管改革的重要性。

（三）监管法制

美国互联网引入了银行机构参与，同时将网络平台借方的权益纳入了信贷法规体系，将贷方的权益保护归到了证券法规体系中。因此，美国的监管法制基础是传统信贷法规叠加证券注册管理规则形成的，所涉信贷方面的主要法规有《诚实信贷法》《公平债务催收法》《银行保密法》《电子资金转账法》《全球和国家电子签名商务法》等。证券法规主要有《1933 年证券法》《1934 年证券交易法》等。

2016 年 5 月 10 日，美国财政部联合多家联邦机构发布了首份官方“网络借贷市场白皮书”——《机会与挑战》。这是美国监管机构首次就 P2P 行业监管制定框架。

四、美国 P2P 监管模式

对于 P2P 网络贷款，美国并未设置专门的监管法律，而是从现有法律中查找相关内容作为监管依据。P2P 网络贷款主要采用平台模式，借款人获得的贷款由 P2P 平台的合作银行提供，债权通过 P2P 平台以收益凭证的形式出售给投资人，投资人与借款人之间没有直接的债权债务关系，P2P 平台不介入担保。依据美国《证券法》，P2P 网络贷款被认定为证券交易行为，主要由证券交易监管机构负责监管。

在联邦一级，由证券交易委员会对 P2P 平台实施业务准入监管，并责成履行信息披露义务。证券交易委员会要求 P2P 平台披露收益权凭证所对应的具体条款、借款人信息等，特别强调追究错误信息披露的责任，出现资金风险时，投资者只要能够证明发行说明书的关键信息有误，就可以通过法律手段追偿损失。以下是监管的主要内容：

（一）登记规程

美国关于 P2P 的监管方式为通过要求在 P2P 合法运营之前达到一定的条件来进行。这样的一种监管方法需要在联邦和州都要用正式的文件注册登记。SEC 的注册过程相对复杂，整个过程基本需要花费数月且其中涉及较昂贵的律师费和注册费。登记标准如下：

1. 证券登记

首先，必须向投资者提供招股说明书的要求交付给投资者。招股说明书必须涵盖全面的信息，关于发行人和证券，包括：关于平台和投资说明的细节，平台财务状况和公司近期财务业绩的分析，完善的财务信息，对相关危险因素的分析，公司董事的信息，董事、职员、子公司在平台上进行的交易记录、相关法律程序材料，及其他相关细节。其次，向 SEC 提交招股说明书的补充。补充须额外信息，包括关于证券出售的数量和涉及细节的协商条款。在 SEC 登记后，除非豁免，P2P 平台必须在每个州的证券监管机构登记要出售的这些证券。

2. 信息披露

P2P 公司需要按照相关要求进行信息的披露，包括初次注册时的招股书、定期的 10 – K（年度报表），8 – K（重大事件表格），10 – Q（季报）等。同时，由于模式的特殊性，SEC 还要求 P2P 平台每天在 EDGAR（电子化数据收集、分析及检索系统）上传当日平台上列出所有借款人信息资料，以便在出现违约时能有效追索。

P2P 平台披露的招股书、年报、季报及重大事件表格都是严格参照美国上市公司的披露标准，在招股书中须披露这个平台和投资说明的细节、平台财务状况和公司近期财务业绩的分析、对相关危险因素的分析、公司董事的信息、以及相关交易信息。

3. 风险承担标准

在平台在合法运营之前，P2P 经营企业必须建立风险管理体系，应对所有发行、转让、销售的资产保留信用风险。

（二）准入限制

SEC 的注册要求设立了很高的市场准入门槛，有效阻止了那些没有优秀运营模式的新参与者加入。就 P2P 公司的运作而言，对于 P2P 公司和相关参与者都有一些限制。SEC 对 P2P 平台严格的注册要求，已经筛选掉了一部分财力、实力不足的小型网贷平台，而通过 SEC 注册的 P2P 平台在各个州开展借贷业务时仍得再次缴纳监管费用，且还会受到各州的证券监管部门不同程度上的业务限制。

1. P2P 贷款方资本化考量

美国对 P2P 资本化有重要的门槛考量标准。P2P 平台要求投资者必须经过许可或者接受未经认可的限制投资者进入平台成为“合格投资者”，这样可能会大大限制了平台的投资者的门槛。作为一个“合格投资者”的标准是：（1）机构投资者和个人、或与配偶，净资产超过 100 万美元，不包括主要居所的价值。（2）上一年的个人收入超过 20 万美元的或与配偶共同收入超过 20 万美元以及合理预计当年是否能达到同样的水平的。无论一个 P2P 平台严格要求“合格投资者”或同时接受认可和未认可的投资者，P2P 公司都必须遵守 SEC 的要求，通过注册或验证。

2. P2P 平台资本化的考量

美国对 P2P 公司的资本标准并没有一个明确的最低标准，只是可以从 Lending Club 和冗长的审批流程中看出一些关于美国证监会注册过程的端倪。Lending Club 和 Prosper 的注册说明书会被视为成功的例子，P2P 公司在美国证监会注册是一个漫长而昂贵的过程。

3. 无担保

关于美国 P2P 市场另一个相关的问题是市场的担保问题。投资银行等像 Lending Club 这样的公司是不由任何政府担保的。这些 P2P 平台不享受像银行存款一样的保护。

目前美国的 P2P 平台监管体系主要包括 SEC 和各州的证券监管部门，而诸如《多德—弗兰克法案》这样的纲领性法案对 P2P 平台的总体发展起着引导性的监管作用，并辅以美国问责办公室、美国审计总署等机构的支持。美国的 P2P 平台所接受的监管与披露要求基本与上市公司看齐，标准之严苛，这也是为什么美国目前的网贷行业只有两大巨头瓜分市场。

五、美国 P2P 的行为监管模式

金融危机后，行为监管越来越受到重视，行为监管包括对互联网金融基础设施、互联网金融机构及相关参与者行为的监管，目的是确保互联网金融交易更安全、公平和有效。

P2P产品在利用信息优势拓展交易边界，为传统金融无法覆盖的长尾人群创造投资机会的同时，也把风险承受能力最差的人群和风险最高的项目连接在了一起。金融消费者对P2P产品的收益和风险认识处于信息劣势，面临严重的侵害风险。美国监管机构提出了以下几个方面予以关注的互联网金融交易中的相关问题。

（一）投资人认证管理

美国借助其完善的信用制度，对投资人进行资产认证和阶梯式风险管理，按照投资人资产的高低对其投资额度做出相应的限制，在吸引更多社会闲散资金进入小微企业的同时，避免给投资者的资产安全带来过大的冲击。

（二）强化信息披露

美国监管局要求金融机构加强信息披露，充分履行风险告知义务，并用普通消费者能够理解的语言加以描述，使金融消费者明确知晓产品的风险和收益。要求P2P平台详尽披露收益权凭证所对应贷款的具体条款和借款人信息。

（三）消费者保护措施

美国P2P网络借贷监管体系中队消费者保护措施主要有以下方面：首先对投资者说，平台平等对待所有的投资者，并设定投资者的投资上限，降低投资风险；其次，对于借款人来说，平台有义务保护借款人的隐私。美国监管当局要求互联网进入机构揭示对消费者的隐私保护规则，并制定了违规时的惩罚性措施，如对于第三方支付业务机构施行差异化监管，在州层面要求颁布法律，第三方支付机构定期公开披露数据的情况；最后，平台应注重消费者的教育，培养消费者的风险意识，使其做出合理的投资决策。

（四）建立维权渠道

美国金融在金融危机后设立的CFPB（美国消费者金融保护局），专门负责监管包括P2P在内的消费金融产品和服务，其职责包括消费者金融保护相关法律的制定、监督和执法，同时接受消费者投诉，消费者可通过CFPB网站提交投诉并查询受理进程。

六、美国P2P监管经验对我国的启示

（一）主体监管和行为监管相结合

目前P2P等互联网参与主体来自多样化的领域，既有传统金融机构也有互联网公司，既有持牌机构也有非持牌机构，从事的互联网进入业务比较多元化，施行传统的主体监管难度越来越大。美国的对策是逐步加大对P2P等互联网机构的行为监管，这非常值得我国借鉴。（Prosper在过去的4年中总共向美国证券交易委员会递交了1 700份报告，比通用汽车公司所递交的还要多，Lending

Club 更是提交了 3 200 份报告）行为监管可减小风险盲区，避免监管套利，促使市场有效的开放，让市场主体平等参与竞争。

行为监管的主要目的是使 P2P 网络借贷运营优化，使交易安全、公平和有效。结合国外优秀经验，我国可从以下两个方面强化行为监管。第一，对 P2P 网络平台的行为监管，设置 P2P 网络借贷平台的准入标准，并监管其股东或管理者的行为。例如，对 P2P 网络借贷平台的股东或管理者进行背景审查，排除有不良记录的股东或管理者。建立 P2P 网络借贷平台的 IT 基础设施、软件系统升级和防止黑客攻击的风险管理体系，防范网络安全技术风险的发生。第二，对参与 P2P 网络借贷的第三方机构的监管，部分 P2P 网络借贷平台跟第三方担保机构合作，对第三方担保机构的担保资质进行准入限制及核查，确保其能够为投资者提供有效的担保。

（二）完善现行金融法律

法律是保障国家实施金融监管、保障金融安全的根本依据。美国在进行互联网进入监管时并没有另起炉灶，而是依托已有的金融监管法律法规，运用得当的金融监管方法，因地制宜地构建符合国情的互联网进入监管框架。我国应借鉴美国及其他国家的优秀经验，从建立社会信用体系、消费者权益保护、网络信息安全等方面加快相关法律法规建设，强化互联网金融监管。

（三）完善信息披露

以 P2P 为首的互联网金融为长尾客群创造投资机会的同时，暴露了高风险的特性。所以为了维护互联网金融的稳定，需要更加注重保护金融消费者的合法权益。参照美国在消费者保护方面的经验积累，我国应当要求 P2P 等平台如实定期披露业务数据、运营情况、财务报告、资金用途等信息。监管部门也可以借鉴美国模式，敦促平台建立“合格投资者”制度，对投资者投资额度及投资方向做出适当限制。同时，也要加强消费者的宣传教育，提高消费者的风险防范意识，纠正消费者长期以来“刚性兑付”的观念及完善消费者投诉处理机制。

（四）平衡监管与创新

P2P 及互联网金融的稳定健康发展需要监管，但监管过度也会损害市场创新。监管部门可借鉴美国在这方面的经验，它们制造了一定的限制条件，抬高企业进入互联网金融领域的门槛，同时采取有效手段推动行业竞争。同时，监管部门应当持续评估 P2P 等互联网金融的创新发展进程，建立动态的监管模式，根据实际情况及时调整监管策略。

作者：姚伟、曹晨萍

后 记

2017 年，原上海银监局认真开展防控金融风险专项治理，不断完善监管方式方法，探索引领并推动上海银行业改革转型，有效服务于实体经济供给侧结构性改革的实际需求，形成了一批具有实践参考价值的研究成果，现汇集成册。经多次斟酌修改，《金融大治理中的上海银行业监管思考》一书终于付梓。

本书是继 2016 年《供给侧结构性改革下的银行业监管治理探索》一书出版后，紧密结合新形势的再探索和深挖掘，集中体现了上海银行业服务实体经济优化升级、防范化解重点风险、深化金融改革的新思考和新认识，凝结着上海银行业和银行监管人员的集体智慧和辛勤汗水，也体现了监管部门与上海银行业金融机构的良性互动和密切合作。在此，谨向对银行业监管工作给予大力支持的上海市银行同业公会和在沪银行业金融机构表示衷心的感谢！

我们还要感谢中国银保监会和上海市委、市政府及各部门一直以来对上海银行业发展的正确指导、全面关心和大力支持，感谢中央监管部门在沪机构和兄弟局在日常工作中的无私交流和密切协作，感谢所有支持和关心上海银行业发展和监管的专家学者与各界人士。

本书仅代表作者观点，不代表本机构观点，书中表述仍沿用撰稿时的原单位名称。在机构改革期间，本书的出版流程相对较长，受水平所限，本书难免有疏漏之处，挂一漏万，敬请读者批评指正，不吝赐教。

编委会

二〇一八年十二月